LES TRADITIONS

D'AINAY

PAR

L'Abbé Florent DUMAS

PARIS

DELHOMME et BRIGUET, 13, RUE DE L'ABBAYE

LYON

E. PARIS, PHILIPONA et Cᵉ   DELHOMME et BRIGUET
30, rue Condé   3, avenue de l'Archevêché

1886

LES TRADITIONS D'AINAY

Imprimé avec l'approbation de Son Eminence le Cardinal CAVEROT, archevêque de Lyon.

LES TRADITIONS

D'AINAY

PAR

L'Abbé Florent DUMAS

PARIS

DELHOMME et BRIGUET, 13, RUE DE L'ABBAYE

LYON

E. PARIS, PHILIPONA et Cⁱᵉ | DELHOMME et BRIGUET
30, rue Condé | 3, avenue de l'Archevêché

1886

LETTRE DE M. ALPHONSE DE BOISSIEU

Auteur des *Inscriptions antiques de Lyon*, correspondant de l'Institut

A M. LE CURÉ D'AINAY

Monsieur le Curé,

Vous m'avez fait l'honneur de soumettre à mon appréciation le manuscrit d'un ouvrage que se propose de publier M. l'abbé Florent Dumas sous le titre de *Traditions d'Ainay*.

La manière trop bienveillante dont l'auteur parle d'un petit travail que j'ai fait, il y a quelques années, sur une partie du sujet qu'il traite avec tant d'ampleur et de compétence, la thèse historique et archéologique qu'il soutient avec moi, et les preuves identiques aux miennes, quoique plus développées, sur lesquelles il s'appuie, sembleraient devoir faire récuser mon jugement, ou tout au moins le rendre suspect dans une cause où je peux paraître personnellement intéressé.

Cependant, puisque vous m'engagez à faire taire ces scrupules, j'oserai vous dire, en toute liberté, que l'ouvrage de M. l'abbé Fl. Dumas, en dehors même de l'intérêt qui s'attache à nos traditions locales, offrira une lecture éminemment attrayante et profitable à tous ceux dont la foi aime à se retremper aux sources vivifiantes de nos origines religieuses. Par l'ordre, l'enchaînement des récits et la doctrine toujours élevée et pratique qui le distinguent, ce livre sera un aliment précieux pour la piété des nombreuses âmes qui conservent le culte des temps héroïques de l'Eglise ; de ces âmes que le sacrifice attire et qui, ne pouvant rendre le témoignage du sang, sont, par la générosité de leurs vertus, les dignes héritières de nos martyrs.

Daignez agréer, Monsieur le Curé, etc.

ALPH. DE BOISSIEU.

INTRODUCTION

Tout ce que la philosophie chrétienne a pu écrire de plus énergique sur la brièveté, sur le néant de la vie humaine, s'applique aux événements d'ici-bas, périssables comme les êtres qui les ont produits. Les hommes, a dit Bossuet développant une admirable image de l'Ecriture, les hommes « ressemblent tous à des eaux courantes. Leurs années se poussent successivement comme des flots ; ils ne cessent de s'écouler, » jusqu'à ce qu'ils disparaissent « après avoir fait un peu plus de bruit et traversé un peu plus de pays les uns que les autres. » Voilà bien le sort qu'a subi, depuis long-temps déjà, la grande masse des faits accomplis sur la terre.

Ces faits, l'érudition les a recueillis, elle les a consignés avec soin dans les livres : mais l'histoire, à la considérer de près, qu'est-ce autre chose qu'une immense nécropole pleine, comme les cimetières de nos villes, d'inscriptions funèbres qui s'efforcent en vain de conserver la mémoire de ceux qui ne sont plus ? Tout, dans l'histoire, appartient à un monde évanoui, et les surprises mêmes du lecteur explorant ces régions froides et silencieuses lui prouvent qu'en effet, il parcourt la *terre de l'oubli,* ainsi que nos Livres Saints appellent avec tant de vérité le séjour des morts.

L'oubli est la condition naturelle des faits qu'enfante l'humanité : et toutefois, il en est parmi eux quelques-uns dans lesquels se concentre tant de force et de puissance, il en est d'où découle une telle abondance de vie morale et religieuse, que les peuples dont ces faits glorieux ornent les annales, ne peuvent les oublier sans perdre quelque chose de leur grandeur. A mesure que ces nobles souvenirs s'effacent, la religion, toutes les vertus s'affaiblissent par degrés; les hommes s'amoindrissent, la société se dirige insensible-ment vers les pentes fatales de la décadence. Lyon, au deuxième siècle, alors qu'il était la cité gallo-romaine récemment convertie à la foi chrétienne par les envoyés de saint Polycarpe, vit un de ces rares événements qui datent dans l'histoire des nations : je veux parler du martyre de saint Pothin et des quarante-sept Confesseurs qui souffrirent avec lui près de l'autel d'Auguste, sous l'empereur Marc-Aurèle, l'an de Jésus-Christ 177. A coup sûr, il serait injurieux aux catholiques de notre ville de supposer que le fait éternellement mémorable qui donna parmi nous naissance au Christianisme soit maintenant oblitéré dans les esprits ; et cependant, qui oserait se flatter que les traditions nées près du berceau de notre Eglise aient pleinement échappé à l'action dévastatrice du temps ?

Mettons de suite le doigt sur la blessure. Peut-on nier que tout ce qui tient au lieu où les Quarante-huit Confesseurs subirent leur supplice, soit devenu un mystère pour la généralité de nos concitoyens? A l'heure actuelle, sauf un petit nombre d'érudits, les Lyonnais, en supposant qu'ils songent à se faire cette question, ignorent absolument ce qu'on en doit penser.

Que dis-je? à une époque où, sous toutes les formes et par toutes les mains, la Révolution s'attaque avec une aveugle rage aux institutions qui ont fait jusqu'ici la sauvegarde et la gloire des sociétés, il fallait bien s'attendre que la pioche des démolisseurs se lèverait contre les monuments qui rappellent la mémoire de nos martyrs. Depuis trente ans bientôt, ces respectables souvenirs sont battus en brèche avec un acharnement qui ne fait que s'accroître, et déjà dans le camp ennemi on entend retentir le chant du triomphe. Il est vrai que la nouvelle école lyonnaise d'archéologie a quelque raison de s'applaudir, puisque les faux dehors de science dont elle se pare commencent à séduire les catholiques eux-mêmes. Bon nombre d'entre eux ne sont pas loin de tourner le dos à saint Grégoire de Tours, à saint Adon de Vienne, au moyen-âge tout entier, aux maîtres si doctes, si consciencieux du grand siècle, pour se ranger humblement parmi les disciples de M. Martin-Daussigny. Voilà où nous en sommes aujourd'hui.

C'est pour cela que nous présentons au public l'histoire complète des Traditions d'Ainay. Dans cet ouvrage à la fois scientifique et religieux, l'auteur s'est proposé un double but : remettre ses concitoyens sur la trace des vrais souvenirs de l'ancien Lugdunum, et, tout ensemble, réchauffer dans les âmes, s'il est possible, l'ardente piété de nos pères pour les protecteurs naturels de leur illustre cité.

Mais, dans l'affaiblissement actuel des notions traditionnelles relatives à nos martyrs, il est, croyons-nous, fort à craindre que le seul titre de ce livre, que la seule annonce de mon sujet ne soulèvent des doutes chez un certain nombre de mes lecteurs. Qu'est-ce, nous dira-t-on, que ces traditions dont on nous parle pour la première fois? Qu'elles soient contestées, la religion n'est pas en péril pour cela : de pareilles discussions sont affaire entre savants. Puis, cette décadence de la dévotion aux Confesseurs lyonnais est-elle bien réelle? Nous avons des églises dédiées à saint Pothin, à sainte Blandine; le peuple chrétien les invoque pieusement au jour de leur fête : nos ancêtres faisaient-ils beaucoup plus en leur honneur?

Il importe, en effet, que sur tous ces points le lecteur ait, dès le principe, une opinion parfaitement arrêtée. S'il n'avait pas entrevu du moins les bases inébranlables où s'appuient nos traditions; s'il n'avait pas comparé, ne fût-ce que d'un coup d'œil rapide, la foi éclairée et le saint enthousiasme des temps anciens avec l'ignorance et la froideur contemporaines, l'apogée avec la chute, soupçonnant à peine l'urgente nécessité du travail que nous entreprenons, il s'arrêterait bien vite, rebuté par les controverses qu'il verrait naître les unes des autres, et n'aurait jamais la patience de pousser jusqu'à la conclusion dernière où nous prétendons aboutir. Il nous a donc paru à peu près indispensable de placer en tête de cet ouvrage un résumé de la question des Martyrs lyonnais, soit dans le passé, soit dans le présent. Je ne me dissimule pas que les préfaces, d'ordinaire, sont assez mal accueillies; celle-ci me sera pardonnée en raison de son incontestable utilité.

Son titre de capitale des Gaules prédestinait Lugdunum à être, de ce côté des Alpes, la Ville des martyrs. Ouvrez les fastes sanglants de la persécution païenne sous les successeurs de Néron : dans aucune autre cité de l'empire les témoins du Christ ne se montrent aussi nombreux qu'à Rome et à Lugdunum. Ce douloureux honneur, la grande Rome et la Rome gauloise en furent également redevables au rang qu'elles occupaient.

Fidèles à la pensée du fondateur de leur dynastie, les premiers Césars pensaient, non sans raison, que la paisible possession des Gaules était une des solides garanties de la domination romaine. Il leur fallait un boulevard au delà des Alpes ; dans ce but, ils avaient établi à Lugdunum comme un second siège de leur empire. Auguste s'arrêta près de trois ans dans cette ville afin de compléter l'organisation des provinces gauloises. Agrippa, son gendre, traça les grandes voies qui mirent Lugdunum en communication avec la Narbonnaise, l'Aquitaine, l'Océan et la Germanie. Drusus, fils adoptif d'Auguste, fut, après Agrippa, Gouver-

neur des Gaules, et eut son frère Tibère pour successeur.
Le célèbre Germanicus y séjourna ; Claude naquit sur la
colline de Fourvière ; Caligula, on le sait, institua dans
notre presqu'île des jeux et des concours académiques. Les
Césars des âges suivants perpétuent les traditions de la
famille d'Auguste. Lyon voit dans ses murs Vitellius.
Domitien s'y livre aux charmes de la poésie en attendant le
jour où il pourra se donner la jouissance d'abattre des
milliers de têtes humaines. Septime Sévère, habile guerrier
mais persécuteur farouche, réside un grand nombre d'années
dans le palais impérial qui domine le confluent de nos deux
fleuves. Ainsi les maîtres du monde avaient l'œil incessamment ouvert sur Lugdunum et de Lugdunum sur la
Gaule. On ne s'étonnera plus que ces défenseurs acharnés
des faux dieux aient frappé aux bords de la Saône le Christianisme aussi impitoyablement qu'ils le faisaient sur les
bords du Tibre.

Les prémices du sang chrétien parmi les Gaulois furent
offertes par les Quarante-huit confesseurs que la voix des
siècles a surnommés les Martyrs d'Ainay, *Martyres Athanacenses*. Un concours de circonstances tout exceptionnelles,
l'éclat des fêtes données en ce moment auprès de l'autel
d'Auguste, la foule innombrable des assistants, la présence
du Gouverneur romain et des plus illustres citoyens de la
Gaule, mais surtout la lutte gigantesque engagée entre
toutes les forces du paganisme doublées de la puissance
impériale, et la patience toujours calme, toujours humble
et douce des combattants de la Foi ; puis, après deux mois
d'incroyables souffrances, le triomphe complet des victimes

sur leurs bourreaux, en face de la divinité augustale et des dieux gaulois humiliés et confondus, tout cet ensemble extraordinaire entoura le sacrifice de Pothin, d'Attale, d'Alexandre, de Blandine, de Sanctus, d'une splendeur qui étonne au milieu même des miracles d'héroïsme si communs dans les sublimes annales du martyre.

Trente ans après la mort de saint Pothin, presque tous les habitants de Lugdunum adoraient Jésus-Christ. Cette victoire de la croix devait provoquer une persécution nouvelle. Autant, malgré ses emportements féroces, la première avait eu de grandeur et d'éclat, autant la seconde fut sombre et terrible. Le cruel Septime Sévère, outré de rage en voyant que la capitale des Gaules avait déserté le culte des dieux et des empereurs, ordonna, l'an 208, à ses légions de cerner la ville et de faire main basse sur tous ceux qui se déclareraient chrétiens. On ne vit ni tribunaux ni juges. La justice païenne n'était représentée que par des soldats ivres de carnage. Les fidèles tombaient sous le tranchant du glaive, comme les épis sous la faux du moissonneur. D'après Grégoire de Tours, le sang ruissela dans les rues et sur les places publiques. Saint Irénée fut soumis à d'horribles tortures qu'on ne fit cesser que pour lui trancher la tête. D'après une inscription antique, nos historiens religieux portent à 19,000, sans compter les femmes et les enfants, le nombre des martyrs qui périrent en même temps que saint Irénée. Leurs noms inscrits aux diptyques immortels, sont demeurés inconnus sur la terre.

Après cette effroyable extermination, Lugdunum resta longtemps dépeuplé. Il avait perdu son titre de capitale;

humainement, la grande cité ne présentait plus que l'ombre d'elle-même. Cependant, cette noble victime de la barbarie païenne comptait toutes ses pertes pour peu de chose au regard de la gloire dont elle se voyait maintenant couronnée.

« O Rome, chante l'Eglise catholique, Rome fortunée, que les deux princes de l'apostolat ont consacrée de leur sang! Parée de cette pourpre, il n'est pas sur la terre de grandeur qui ne s'abaisse devant toi (1)! »

Aussi, que d'honneurs Pierre et Paul, Clément et Urbain, Sixte et Laurent, Cécile et Agnès n'ont-ils pas reçus dans la capitale du Catholicisme! Rome chrétienne est plus fière de son éblouissante couronne de martyrs que Rome idolâtre ne le fut de ses orateurs et de ses guerriers.

Or, Lugdunum avait également, à la tête de son *peuple de martyrs,* comme parle saint Eucher, deux immortels apôtres, Pothin et Irénée, en qui la Gaule avait vu revivre deux fois le « Disciple que Jésus aimait. » A Lugdunum, prodige inouï, les deux premières générations de fidèles avaient, presque jusqu'au dernier, cimenté de leur sang les fondements de leur Eglise; les deux premières générations de fidèles, après avoir construit les autels catholiques, avaient mérité d'y prendre place et d'y recevoir les hommages de la foi. Et cette phalange de triomphateurs que la Rome gauloise avait donnée au Roi des martyrs, n'était pas seulement

(1) O Roma felix, quæ duorum principum
     Es consecrata glorioso sanguine ;
     Horum cruore purpurata, ceteras
     Excellis orbis una pulchritudines.
              (*Hymnus in festo SS. Petri et Pauli.*)

l'honneur de la cité, elle en était le secours. Du ciel devenu leur patrie, ils ne demandent qu'à être les protecteurs et les amis de leurs compatriotes encore exposés aux dangers de la vie. Qui pourrait dire tout ce que les chrétiens lyonnais du troisième siècle puisaient dans ces hautes pensées de consolation surnaturelle pour leurs âmes, de sainte fierté pour leur patriotisme? Ne vous étonnez pas qu'à peine affranchis du joug païen, ils s'empressent de travailler à la glorification publique de leurs martyrs bien-aimés. Tous, prêtres et laïques, leur vouent un culte véritablement populaire. Temples magnifiques érigés en leur honneur, hommages assidus, pieuses institutions nées du souvenir de leur héroïsme, solennités pompeuses où, confondus dans une même supplication, émus de la même joie, les chrétiens de tout âge et de toute condition n'avaient qu'une voix pour bénir leurs célestes protecteurs; voilà ce qu'on vit pendant plus de douze siècles.

De ces nombreuses solennités la plus brillante attire naturellement notre attention, c'est la fête des Merveilles. La célébration en était fixée au 2 juin, jour où l'Eglise honore saint Pothin et les compagnons de son sacrifice. Jamais ville chrétienne n'accueillit avec de pareils élans d'allégresse l'anniversaire d'un grand événement religieux. Dans les majestueuses cérémonies de cette journée le clergé ne figurait pas seul; le peuple de Lyon et les habitants des contrées voisines entraient en scène; ils affirmaient par eux-mêmes leurs sentiments et leurs croyances; et ce pieux enthousiasme dura près d'un millier d'années. La fête des Merveilles, dont il sera longuement parlé dans le cours de

cet ouvrage, suffirait à démontrer que, chez les Lyonnais
d'autrefois, la piété pour nos premiers martyrs régnait dans
toutes les âmes, qu'elle se manifestait, également vivante,
à tous les degrés de l'échelle sociale, héritage sacré que
chaque génération transmettait à la génération suivante.

Ainsi, Lyon ne fut pas seulement la Ville des Martyrs
par la multitude et l'héroïsme des fidèles qui répandirent
leur sang dans ses murs, il mérita de plus ce titre par l'amour
tout filial qu'il leur voua, par le culte éclatant qu'il leur
rendit, par les fêtes triomphales qu'il créa pour les honorer;
circonstances qui lui donnèrent autrefois une physionomie
à part au milieu même de la sainteté du monde catholique.

Quelle influence une dévotion si générale et si constante
ne dut-elle pas exercer sur la religion, sur l'esprit, sur les
mœurs de notre pays, et de quelles abondantes bénédictions Dieu ne dut-il pas la rémunérer ? On a dit mille fois
que le sol lyonnais montra toujours une étonnante fécondité en tout genre de vertus et d'œuvres charitables ; cet
éloge est devenu banal à force d'être répété : mais le principe
générateur d'une impulsion si énergique, où le faut-il chercher ? Bien aveugle qui n'en rattacherait pas la date au
second et au troisième siècle de l'ère chrétienne! Oui, c'est
de notre ancien confluent, c'est de la colline romaine que le
mouvement partit avec une irrésistible puissance. Né dans
l'âge des persécutions, régularisé par saint Eucher, entretenu
jusque vers le xve siècle par les ferventes pratiques d'un
culte assidu, si, dans la période moderne, il a perdu de sa
force première, encore lui en est-il demeuré assez pour
rappeler aux plus oublieux que nous sommes bien la posté-

rité d'un *peuple de martyrs*. Sous les empereurs romains, la conversion des Gaules fut due, en partie, aux Confesseurs de Lugdunum. Voyez, au xixᵉ siècle, se former une association qui répandra dans l'univers entier la semence du salut, tout en soulageant les douleurs corporelles, tout en couvrant de ses bienfaits les contrées du globe les plus sauvages, les plus délaissées : d'où sort cette admirable création ? Elle sort de la Ville des Martyrs, et la foi lyonnaise rayonne encore sur le monde, comme elle rayonnait aux beaux jours de saint Pothin.

Mais sur quel point de la cité nos traditions supposaient-elles que les Quarante-huit martyrs avaient subi la mort ? Grégoire de Tours a dit, et le grand évêque de Vienne, saint Adon, a répété : « Le lieu où ils souffrirent s'appelle Athanacum ; c'est pour cela qu'ils reçurent le surnom de martyrs athanaciens ; *Locus in quo passi sunt Athanaco vocatur, ideoque dicuntur martyres Athanacenses* (1). » Ces mots rendent fidèlement la croyance universelle des temps anciens. Du ivᵉ au xviiiᵉ siècle, c'est là un fait certain qu'établira notre ouvrage tout entier, Lyon n'eut qu'une voix pour attester que les Confesseurs de l'autel d'Auguste répandirent leur sang à l'endroit même où s'éleva le monastère d'Athanacum, aujourd'hui Ainay.

Nous voilà fixés sur la dévotion de la vieille cité lyonnaise pour ses premiers martyrs ; nous savons quelles étaient ses croyances par rapport au lieu qui fut le théâtre de leur lutte suprême : transportons-nous maintenant en plein xixᵉ siècle.

---

(1) Ado, in martyrologio, 2ᵉ junii. — Greg. Turon., l. 1 *De gloria martyrum*, cap. 49.

Des traditions relatives aux nobles enfants de saint Pothin, qu'avons-nous conservé?

D'abord, je dois dire, à la décharge des écrivains modernes dont je m'attacherai principalement à combattre les opinions, que la déviation première avait commencé bien longtemps avant eux.

Les immortels hagiographes du xviie siècle durent soumettre au tribunal de la critique nombre de légendes forgées pour la plupart sous l'ère carlovingienne par des clercs, par des moines jaloux d'inscrire parmi les conquêtes des âges apostoliques l'évangélisation de leur pays et la fondation de leur Eglise. Les travaux de Sirmond, de Mabillon, des Bollandistes, étaient sans doute un éminent service rendu à la science; mais, comme il est arrivé mille fois, du bien naquit le mal, à côté du remède sortit tout à coup le poison. Bientôt, dans un salon de Paris, une école prétendue hagiographique se forma, composée en majeure partie de catholiques douteux, de jansénistes et de protestants. Launoy et ses adeptes avaient pour but avoué de faire la guerre aux traditions particulières des Eglises de France : on les surnomma les « Dénicheurs de saints. » A peine quelques croyances locales trouvèrent grâce à leurs yeux ; les autres, vraies ou fausses, furent indistinctement l'objet des attaques les plus acharnées. Leurs écrits enflés d'une fastueuse érudition dégénèrent presque toujours en pamphlets, où la moquerie insultante, l'injure grossière, le mensonge audacieux se mêlent à d'incontestables vérités. Devant ce déluge de publications satiriques, souvent assez mal réfutées par les champions du camp opposé, l'hagiographie s'intimida ;

elle n'eut plus qu'une foi craintive, hésitante aux témoignages mêmes de la vénérable antiquité.

Pour nous borner aux traditions de l'Eglise lyonnaise, le premier qu'on vit tristement faiblir fut le P. Ménestrier, dans son *Histoire ecclésiastique de Lyon* interrompue par la mort de l'auteur en 1705, et demeurée trop imparfaite, trop défectueuse pourqu'on ait cru jusqu'à ce jour devoir livrer à l'impression l'œuvre dernière du savant écrivain. Là, au milieu d'équivoques misérables et de contradictions incompréhensibles, l'historien abandonne la voie tracée par Grégoire de Tours et place arbitrairement le martyre des Quarante-huit Confesseurs au théâtre de Claude, dans l'enclos actuel des Minimes. L'autorité du célèbre jésuite entraîna Brossette, son ami, et le P. de Colonia qui, manifestement, prit connaissance des deux volumes manuscrits laissés par son docte confrère au collège de la Trinité. Dans le nouveau système, cette remarque est très importante, on ne prétendait pas nier que l'emplacement de l'autel d'Auguste se trouvât sur le territoire d'Ainay. Brossette et Ménestrier l'affirment expressément en toute occasion, fournissant ainsi contre eux-mêmes un argument invincible, car il est indubitable que l'immolation des fils de saint Pothin servit, dans la pensée des persécuteurs de l'an 177, à rehausser l'éclat des fêtes instituées près de l'*Ara Lugdunensis* par Drusus, en souvenir de la dédicace du temple qu'il avait consacré à son père adoptif.

L'altération des souvenirs d'Ainay que je reproche à l'*Histoire ecclésiastique de Lyon* n'était qu'un acte de faiblesse; l'auteur, on le sent, n'épargna rien pour concilier de son mieux une opinion erronée avec le respect qu'il a toujours professé pour saint Grégoire de Tours, premier témoin de nos traditions. Tout autres sont les procédés de la nouvelle école archéologique, inaugurée parmi nous, il y a quelque trente ans, par MM. Aug. Bernard et Martin-Daussigny.

Dans un siècle où l'on ne craint pas de tout remettre en doute, ceux de nos érudits qui s'occupent de recherches scientifiques devaient se sentir attirés vers l'un des points les plus intéressants de l'antiquité lyonnaise, l'emplacement du temple d'Auguste et celui de l'amphithéâtre qui en était voisin. Cette question vient, en effet, d'être discutée avec une vive animation; les systèmes, depuis un certain nombre d'années, ne font que succéder aux systèmes. Si nous en croyons les néo-archéologues lyonnais, le problème a été mal posé. La clé de l'énigme? Elle est à Saint-Pierre, dit l'un. Non, réplique l'autre, c'est au bas de la côte Saint-Sébastien. Erreur! s'écrie un troisième, le panthéon gaulois ornait le bord de la Saône, tout près de l'église métropolitaine de Saint-Jean. Ainsi, chacun des novateurs, à son tour, déplace le théâtre du martyre des fils de saint Pothin, puisque, je le répète, d'après la lettre des chrétiens de Vienne et de Lyon, les témoins du Christ endurèrent leur supplice en présence de la grande Assemblée des Gaules réunie pour la célébration des jeux annuels. S'il ne s'agissait ici que d'une controverse entre savants, les catholiques n'auraient pas à se mêler de leurs débats; mais il n'est personne qui ne comprenne quelle est, dans l'ordre des choses religieuses, la portée de ces changements. Qu'un seul de nos adversaires puisse avec quelque raison se glorifier d'avoir découvert la

vérité, c'est là pour toute l'Eglise lyonnaise un échec indéniable. Saint Grégoire de Tours, saint Adon, nos archevêques, notre clergé, pendant un laps de quinze siècles, auraient
admis une grossière fausseté. Croyances populaires, témoignages historiques, tout s'écroule. Ainay, que nos pieux
ancêtres comblèrent de tant d'honneurs, Ainay reste dépouillé, découronné.

Découronné? Non, il ne le sera pas : enfin un combattant
d'élite s'est levé pour défendre nos glorieuses traditions. Il
appartenait au savant interprète des inscriptions gallo-
romaines de Lugdunum d'apprécier à leur juste valeur les
prétentions de la nouvelle école, et tout spécialement les
découvertes archéologiques de M. Martin-Daussigny. Quiconque lira cette vigoureuse réponse avec l'attention qu'elle
mérite, reconnaîtra que la correction est appliquée de main
de maître. M. Alphonse de Boissieu, dans un opuscule de
130 pages, reprend une à une toutes les propositions de son
adversaire, et je ne crains pas d'affirmer qu'il les écrase,
qu'il les pulvérise par une masse d'arguments irrésistibles.
Au point de vue scientifique, la cause des traditions athanaciennes a vaincu.

Mais, alors, qu'avons-nous à craindre? Comment les droits
d'Ainay se trouvent-ils encore compromis? Répondre à cette
demande, c'est rendre compte à mes lecteurs des motifs qui
m'ont déterminé à me charger, après de longues hésitations,
d'un travail dont j'ai senti, mieux que personne, les graves
difficultés.

Au triomphe de nos traditions, il a manqué une diffusion
plus large de la meilleure, de la plus solide des réfutations.

Un ouvrage de grand format, imprimé en beaux caractères, avec des dessins très soignés, et dont le fond se composait de discussions archéologiques, ne pouvait guère prétendre qu'à une publicité restreinte, et, sans nul doute, l'auteur n'avait pas visé au delà. Cette circonstance a été mise à profit par les antagonistes de M. de Boissieu, qui ont su merveilleusement organiser contre lui la conspiration du silence. On dirait que l'apparition d'*Ainay, son autel, son amphithéâtre, ses martyrs,* est encore, pour eux tous, un fait inconnu.

Aussi n'ont-ils rien perdu de cette hardiesse à laquelle ils doivent tout leur succès, auprès d'un public mal instruit du véritable état de la question. A l'heure présente, les mêmes erreurs que la critique avait mises en pièces, sont reproduites comme autant de principes ou de faits incontestés. Sans prendre la peine de citer une autorité, on fait voyager les monuments, on détourne le cours des fleuves, on transforme en marécages des lieux habités depuis dix-huit siècles. Si l'histoire lyonnaise est en désaccord avec certaines théories, tant pis pour l'histoire lyonnaise : l'archéologie moderne ne prononce que des arrêts sans appel ! Mon Dieu ! je sais bien qu'en cela nos adversaires ont une excuse, ils suivent l'impulsion de leur siècle. Aujourd'hui, les instincts dominants ne poussent pas au respect du passé, et beaucoup de nos contemporains croient très sincèrement que toute vérité politique, sociale, philosophique même et, s'il se pouvait, historique, date de l'ère où, disent-ils, fut affranchi l'esprit humain. Que leur parlez-vous de traditions? Est-ce que les traditions ne sont pas nées, est-ce qu'elles n'ont pas grandi dans l'âge des ténèbres ? Pour moi, que Lyon possède une classe d'érudits portant l'étiquette caractéristique de leur époque, je n'en suis pas le moins du monde étonné; je le serais bien plutôt qu'il en fût autrement. Oui, mais les motifs mêmes de cette indulgence font toucher au doigt la grandeur du mal. Ils sont un signe évident que les ombres de cet oubli fatal dont nous parlions en commençant, envahissent de plus en plus les cœurs et les esprits, qu'enfin les souvenirs antiques de notre Eglise se perdent irrémédiablement dans la masse de la population.

Nous, cependant, défenseurs de la vérité, n'avons-nous rien de mieux à faire que de compter sur le secours d'en haut, et d'attendre dans la patience, dans l'inaction? Je n'ai pu me le persuader. A tout désordre il y a une cause. Des hommes de mérite repoussent du pied une tradition jadis universellement respectée; au gré de leurs caprices d'archéologues, ils promènent au nord, à l'est, au midi l'amphithéâtre où la Gaule assista frémissante au martyre des Quarante-huit Confesseurs. Le mal ne vient pas, j'en suis certain, d'une passion hostile ni d'un mépris calculé; non, il vient surtout, à mon avis, de ce qu'Ainay n'a jamais eu d'annaliste. Les titres sur lesquels se basent les revendications de notre paroisse sont épars, ici dans des manuscrits à peu près inconnus, là dans des ouvrages qu'une érudition patiente va seule consulter. Mais que, sous la forme historique, un livre, sinon populaire, du moins accessible au commun des lecteurs, rassemble, coordonne, développe ces titres divers : alors, nos adversaires sauront ce qu'ils attaquent, et les esprits les plus aventureux seront forcés de compter avec le bon sens public. L'histoire mettra en pleine lumière ces traditions athanaciennes que les disciples de M. Martin-Daussigny s'obstinent à déclarer invisibles; l'histoire démontrera par des preuves multipliées que, dans la pensée des Lyonnais d'autrefois, la mémoire de nos premiers martyrs resta toujours attachée aux lieux que sanctifiait la prière des moines d'Ainay. Telle est la conviction qui m'a fait consentir à courber les épaules sous un fardeau bien lourd; j'ai cru me dévouer à une œuvre qui intéresse également la science et la religion.

Le drame de la première persécution écrit par des témoins oculaires de l'héroïsme de nos martyrs est un récit sublime auquel le protestant Joseph Scaliger a donné cette louange que tant d'écrivains ont répétée avant moi : « Je n'ai rien lu dans l'histoire de l'Eglise qui m'ait au même degré transporté hors de moi-même. Cette admirable lettre me laisse brûlant de zèle et d'ardeur pour la foi; elle me transforme en un homme tout nouveau. » De cette page si belle des annales ecclésiastiques les néo-archéologues nous forcent à faire une thèse des plus compliquées; voici quel en sera le plan :

Puisque, sans nul doute, c'est dans un amphithéâtre voisin de l'autel d'Auguste et du confluent de nos deux fleuves que souffrirent les compagnons de saint Pothin, je dois prouver dès le début que l'autel d'Auguste, l'amphithéâtre et le confluent se trouvaient, sous la domination romaine, au lieu appelé Athanacum. Ce point, base de toute notre histoire, suffisamment établi, l'auteur peut avec sécurité entreprendre le récit de la persécution de Marc-Aurèle et de la glorieuse mort des Quarante-huit Martyrs.

Mais ce ne sont pas quelques dénégations seulement que les novateurs nous apportent; chacun d'eux a découvert son autel d'Auguste et son amphithéâtre. Divisés entre eux, ils se réunissent tous contre Ainay : ils nient, à bien peu d'exceptions près, qu'au second siècle le terrain de la presqu'île fût habitable; ils soutiennent que le Rhône et la Saône joignaient leurs eaux au pied du coteau de Saint-Sébastien, à 1,500 mètres plus haut qu'Athanacum. De là, pour nous, la nécessité absolue d'examiner à fond les systèmes archéologiques de la jeune école et sur l'*ara lugdunensis* et sur le confluent tel qu'il existait au temps des Romains. Cet examen ne laissera pas, je l'espère, subsister l'ombre d'un doute sur la validité des titres d'Ainay. Ici, toutefois, je n'ai pas oublié que les savantes controverses, nécessaires dans certains sujets, n'en sont pas moins arides pour certains lecteurs qu'elles n'intéressent que médiocrement ; et, tout bien pesé, il m'a paru préférable de réunir dans un appendice la discussion soulevée par M. Martin-Daussigny et son école, sur l'emplacement de l'autel d'Auguste et la position du confluent de nos deux rivières sous l'ère des Césars.

Cependant, un nouvel ordre de choses commence avec le Lugdunum chrétien, et notre thèse en faveur de l'abbaye de saint Badulphe se complète par l'histoire des honneurs rendus aux généreux athlètes de l'amphithéâtre après leur triomphe. Cette histoire dont les éléments, je crois, n'ont jamais été rassemblés en un tableau, ne sert pas seulement ici de preuve à nos traditions. Elle déroule aux regards étonnés le spectacle, à peine compréhensible aux hommes de notre époque, du merveilleux enthousiasme des Lyonnais pour leurs martyrs. Elle nous initie aux institutions, aux coutumes, aux solennités religieuses, à toutes les vertus de ce Lugdunum du ive et du ve siècle que la vénération du monde catholique appelait communément : *la sainte Eglise de Lyon, sancta Ecclesia Lugdunensis.* Dans cet ensemble nous remarquerons particulièrement deux faits capitaux. D'abord, c'est à Ainay que, dès le règne de Constantin, s'établit pour toute la durée du moyen-âge le culte de saint Pothin, de sainte Blandine et des Quarante-huit Martyrs. En second lieu, c'est à Ainay qu'au jour de la fête des Merveilles, le 2 juin, les archevêques de Lyon, toutes les églises de la ville et des pays d'alentour venaient invoquer notre premier pontife et les compagnons de son martyre, avant d'aller prier devant leurs cendres sacrées dans la basilique des Apôtres nommée depuis Saint-Nizier.

Ce court exposé renferme le fond des traditions athanaciennes que nous nous sommes proposé de ressaisir et de renouer solidement dans cet ouvrage. L'auteur peut se rendre le témoignage qu'il n'a rien négligé pour que l'œuvre dont il vient d'esquisser le plan reproduisît le tableau fidèle du passé. Autant qu'il l'a pu, c'est aux sources qu'il est allé puiser. Puis, il a compulsé les livres et les manuscrits du xviie siècle, où l'on trouve tout ce qu'il était possible encore d'apprendre de la bouche des derniers enfants de saint Badulphe; nulle investigation ne lui a paru trop pénible. Par dessus tout, il s'est tenu en garde contre le vice qu'il blâmera fréquemment dans les novateurs, contre cet esprit de système obstiné à repousser toute idée, toute preuve qui auraient le tort de ne pas s'accommoder à une théorie préconçue. En ferai-je l'aveu? Bien des fois, alors que je croyais inattaquable quelqu'une de mes thèses historiques, éclairé tout à coup par un document, par un texte dont je n'avais pas eu connaissance, à l'instant j'ai sacrifié le résultat de longues recherches et recommencé à bâtir sur ce fondement nouveau.

C'est donc avec la conviction intime d'avoir constamment cherché la vérité, mieux encore, d'avoir eu souvent le bonheur de la rencontrer et de la suivre, que j'offre les pages sorties de ma plume au clergé de ce grand diocèse, à tous les catholiques de Lyon dont le cœur eut toujours un écho pour les noms bénis de saint Pothin et de sainte Blandine. Je les offre tout particulièrement aux paroissiens d'Ainay qui foulent, sans y penser peut-être assez fréquemment, le sol où ces généreux athlètes du Christ remportèrent leur immortelle couronne. Je les offre aussi, pour les mêmes raisons, aux paroissiens de Sainte-Croix et de Saint-François de Sales, puisque, d'après la disposition de l'amphithéâtre gallo-romain, d'après des conjectures très fondées par rapport au lieu où les corps des saints Confesseurs furent consumés par le feu, une partie de la tragédie d'Athanacum s'est passée sur leur territoire.

Pour ceux-là mêmes qui se borneraient au côté purement humain, la lecture de cet ouvrage ne sera pas non plus dénuée d'intérêt. Le drame de la première persécution lyonnaise a toute la grandeur de l'épopée, et les questions qu'il a fait naître, questions que le défenseur d'Ainay s'est efforcé de résoudre, ne sont pas de celles dont un homme instruit ait le droit de se désintéresser complètement. A tous ces titres, j'ose espérer que les hommes studieux ne recevront pas défavorablement le modeste fruit de mon travail.

Quel accueil, cependant, lui réservent les néo-archéologues lyonnais ? A cet égard, l'illusion n'est guère permise. L'auteur ne se flatte pas que son livre mettra fin aux controverses et qu'il ralliera toutes les dissidences; il s'attend bien plutôt à être contredit, à être combattu, vivement peut-être, et il s'y résigne sans beaucoup de peine. Ce qu'il a voulu prouver c'est que, malgré la destruction totale de ses archives par les calvinistes, Ainay a pour lui l'histoire de douze siècles ; c'est que, seul, Ainay peut fonder de justes prétentions sur une longue série de témoignages et de faits constituant d'âge en âge la chaîne d'une véritable tradition. Au contraire, il restera démontré que ceux qui s'obstinent à placer le martyre des compagnons de saint Pothin au Jardin des Plantes, aux Minimes, dans le quartier Saint-Jean, à Saint-Pierre, ont contre eux toute l'histoire de Lyon, et, par là même, qu'ils n'ont fait autre chose que créer de pures hypothèses auxquelles il serait impossible de trouver dans le passé aucun fondement sérieux. Peut-être, sur des points accessoires, prêterai-je le flanc à la critique, mais le fond de la thèse restera, j'en ai la confiance; le but capital aura été atteint; et, n'eussé-je réussi qu'à cela, mes laborieuses recherches n'auront pas été inutiles à la cause que je défends.

Je manquerais à un devoir si je n'exprimais pas ici toute ma gratitude à M. le Curé d'Ainay, pour le concours bienveillant qu'il m'a toujours prêté. Son prédécesseur, M. Boué, si docte archéologue lui-même et qui aimait avec tant de passion le vénérable monument confié à sa vigilance, avait cherché pendant bien des années un écrivain qui voulût entreprendre la monographie de son église; il ne parvint pas à le rencontrer. En prenant sa place, M. l'abbé François Dutel héritait de ce même zèle pour l'honneur de nos bienheureux Martyrs. Dans quelques mois la construction d'une nouvelle sacristie permettra de rendre au culte cette chapelle antique de sainte Blandine où les mères lyonnaises sont venues durant plusieurs siècles déposer leurs nouveau-nés devant son autel, et supplier l'héroïque vierge d'appeler sur eux, par ses prières, les bénédictions d'en haut. M. Dutel, à qui souriait aussi le projet de M. Boué, a dès le premier jour encouragé mon travail, et si ma bonne volonté obtient quelque succès, il aura vu se réaliser un de ses vœux les plus chers. Par là, indépendamment des titres de noblesse de sa paroisse pour jamais consacrés, il aura défendu contre l'oubli dont ils étaient de plus en plus menacés des souvenirs éminemment salutaires et fortifiants pour les âmes; par là il aura contribué à raviver parmi nous le culte des Martyrs lyonnais, ces puissants intercesseurs qui, peut-être, si nous recourions à eux avec autant de foi que nos ancêtres, seraient encore notre salut, le salut de la France, dans les redoutables crises que nous traversons.

CHAPITRE PREMIER

AINAY ET L'AUTEL DE LUGDUNUM

La politique romaine fait choix de la presqu'île lyonnaise pour les réunions annuelles de la Gaule Celtique : elle y construit, près du confluent de nos deux fleuves, l'autel de Rome et d'Auguste, une académie, un amphithéâtre, un forum. Athanacum se trouve ainsi merveilleusement disposé pour les grandes assemblées de la Gaule, et devient la propriété collective des soixante peuples fondateurs. Voilà pourquoi la Sagesse divine choisit de son côté ce lieu pour y faire entendre la prédication des premiers martyrs gaulois. Ces faits, universellement acceptés jusqu'ici, sont niés aujourd'hui. Réalité des titres d'Ainay prouvée sommairement : par le culte rendu plus tard aux Quarante-huit Martyrs, par les témoignages de l'histoire et de l'archéologie, par le voisinage du confluent.

IL est des lieux prédestinés et bénis : dès l'éternité, une mystérieuse harmonie entre leur situation et les événements que la Providence veut accomplir dans le temps, les a signalés au choix divin. L'homme s'y établit, il y prépare à loisir l'exécution de ses projets ; mais quand l'heure providentielle a sonné, le Tout-Puissant, d'un souffle de sa bouche, disperse tous ces éléments humains ; il s'empare de la montagne, de la vallée qu'il lui a plu de se sanctifier, et Jérusalem ou Rome sont consacrées pour les siècles. Quelque chose de pareil se réalisait, il y a dix-sept cents ans, sur l'étroite langue de terre où, naguère encore, se joignaient les eaux du Rhône et de la Saône et qu'on nomme de nos jours Ainay.

Lugdunum dont l'enceinte, assez peu étendue d'ailleurs, renfermait beaucoup d'édifices publics, se trouva bientôt à l'étroit sur la colline de Fourvière et ne tarda pas à déverser son trop-plein sur la pente méridionale du mont qui porte aujourd'hui le nom de Croix-Rousse (1). L'antique naumachie ensevelie maintenant sous les ombrages du Jardin des Plantes, les nombreuses ruines, les débris de mosaïques, les objets d'art découverts tout à l'entour, l'aqueduc qui amenait sur ce point les eaux du plateau bressan, ce sont là des indices certains que la population de la cité occupait à la fois les hauteurs où siégeait le légat impérial, et celles qui s'abaissaient doucement entre nos deux fleuves dans la direction de leur confluent. Or, en vue de ces deux moitiés de Lugdunum, bien qu'à distance inégale, s'étendait entre les deux rivières une plage qu'en ce temps-là fréquentaient seuls les marins ou *nautes* de la Saône. Ce coin de terre, obscur jusqu'alors, attira l'attention de Drusus, gouverneur de la Gaule et fils adoptif d'Auguste. Drusus résolut de bâtir en ce lieu le temple qu'il projetait d'élever à la divine Rome et au fondateur encore vivant de la dynastie des Césars : *Romæ et Augusto.* Ce choix lui fut inspiré par une pensée toute politique.

A une époque où les voies de communication étaient rares et difficiles, Lugdunum, aisément accessible par ses deux rivières et par les quatre magnifiques routes qu'il dirigeait vers le Rhin, la Narbonnaise, l'Aquitaine et l'Océan, était devenu en peu d'années le grand marché de la Gaule : notre ville, centre d'un vaste commerce aussi bien que du pouvoir impérial, voyait donc tous les peuples voisins affluer à ses portes. Eh bien,

---

(1) Voyez M. Alph. de Boissieu, *Ainay, son autel*, etc., p. 101.

Drusus veut que le premier objet qu'apercevront, à la pointe du confluent, les voyageurs arrivant de l'est, du midi, du pays des Ségusiens ou de celui des Arvernes, soit le symbole de la puissance romaine divinisée ; il veut que, des deux collines de Lugdunum, étrangers et citoyens aient devant les yeux, à toutes les heures du jour, le monument qui érigera en dogme la déification de Rome et celle d'Auguste. On rapporte qu'en sa qualité d'augure et d'interprète des dieux, il montra, d'un air inspiré, aux chefs indigènes qui l'entouraient l'extrémité de notre presqu'île, affirmant que là, d'après la volonté céleste, devait se dresser l'autel où serait scellée l'union éternelle des Romains et des Gaulois.

L'habile Drusus eut l'art d'engager les soixante peuples de la Gaule à construire à frais communs le temple de son père adoptif. C'est avec une pompe incomparable qu'il en célébra la dédicace l'an de Rome 743, dix ans avant l'ère chrétienne, et le 1er août, ainsi que le marque expressément Suétone. Des jeux annuels furent institués à cette occasion. De ce jour, l'asservissement de nos ancêtres à la suprématie politique et religieuse des Romains était un fait consommé.

Tite-Live, un des familiers d'Auguste, avait longuement décrit, au 137e livre de son histoire, les circonstances qui accompagnèrent la consécration du temple de Lugdunum. Pour nous consoler de la perte malheureuse de ces pages qui nous eussent appris tant de choses, nous n'avons que l'aride sommaire de Florus ; l'abréviateur du grand historien de l'ancienne Rome dit simplement : « Drusus combattit les peuples de la Germanie en deçà et au delà du Rhin ; il apaisa les troubles qu'avait soulevés parmi les Gaulois la création de nouveaux impôts. Un autel fut dédié à César au confluent de la Saône et du Rhône ; on désigna pour en être le pontife C. Julius Verecundatus, Eduen des bords du Doubs (1). » Pas un détail de plus, et nul auteur

(1) « Civitates Germaniæ cis Rhenum et trans Rhenum positæ oppugnantur à Druso, et tumultus qui ob censum exortus in Gallia erat, compositus : ara Cæsari ad confluentem Araris et Rhodani dedicata, sacerdoteque creato C. Julio Verecundato Dubio Heduo. » (Epitome Livii, l. cxxxvii.)

contemporain arrivé jusqu'à nous n'a décrit l'œuvre de Drusus.
Nos ressources pour faire connaître l'autel du Confluent se bor-
nent donc aux médailles de bronze frappées à Lyon sous les
règnes d'Auguste, de Tibère et de Claude, images grossièrement exécutées, où tout ce qu'on peut distinguer c'est que le
monument, de forme carrée, s'aplatissait par le haut en
terrasse, avec une bordure d'ornements percés à jour. A droite et
à gauche, une haute colonne s'élançait, surmontée d'une Victoire
colossale qui tenait à la main une couronne de laurier. Voilà
ce qu'on sait de l'*Ara lugdunensis*.

Mais à cet autel, qui semble être resté toujours extérieur et
indépendant, on doit joindre un majestueux édifice mentionné
par Strabon, car le géographe grec place devant Lugdunum, à
la rencontre de nos fleuves, deux autels et un temple qu'il
appelle « mémorable, digne d'être considéré, » dans lequel chacune des soixante nations qui l'érigèrent avait gravé son nom
et s'était fait représenter par une statue. Si, comme l'ont cru
avec assez de vraisemblance plusieurs écrivains, les soixante
peuples, ou du moins une partie d'entre eux, étaient figurés par
leur divinité favorite, le Confluent possédait un vrai panthéon
gaulois, une sorte d'Olympe où les dieux indigènes s'inclinaient
humblement devant la majesté souveraine de Rome et d'Auguste. Au fond, que les emblèmes fussent religieux ou civils,
la Gaule était là prosternée aux pieds des Césars tout-puissants.

Le temple de Lugdunum eut, comme les grands temples de
Rome, son pontife perpétuel ; et comme chacun des soixante
peuples tint à honneur d'entretenir un ministre à l'autel national,
on créa un nombreux collége de prêtres augustaux composé des
citoyens les plus illustres de la Gaule, pour qui le sacerdoce *ad
Aram lugdunensem* devint le couronnement envié des carrières
les plus brillantes. Nos inscriptions gallo-romaines nous ont
révélé l'existence d'un second collége de soixante aruspices
attaché aussi à l'autel du Confluent, et celle d'autres dignitaires,
les Sévirs — *sex viri* ou *seviri augustales* —, ordonnateurs des
jeux annuels. En somme, tel fut l'empressement des Gaulois à

faire leur cour à l'heureux héritier de Jules César, que Rome ne reconnut par un culte public la divinité de son premier empereur que bien après Lugdunum : les prêtres augustaux *ad confluentem Araris et Rhodani* avaient précédé de 24 ans les *Sodales augustales* des bords du Tibre. Du reste, Auguste ne demeurera pas longtemps le titulaire unique du grand autel lyonnais. A leur tour, les autres césars divinisés prendront place autour du fondateur de l'empire ; et dès le règne de Tibère, que la Gaule se hâtera d'associer aux honneurs divins, l'*ara lugdunensis* sera nommé assez fréquemment *temple des Augustes*.

Evidemment, il serait téméraire de hasarder un dessin de l'autel de Lugdunum, d'en fixer les dimensions et les formes architecturales ; mais on peut affirmer sans crainte que, dans son ensemble, il embrassait un nombre considérable d'édifices dont l'ampleur et la beauté répondaient à la hauteur du but que deux grands peuples s'étaient proposé dans sa construction. « Sans vouloir entrer dans de plus grands détails, dit M. de Boissieu, je pense que notre temple était une vaste enceinte ornée d'inscriptions et de statues, et comprenant, avec les deux principaux autels, ainsi que les noms et la représentation des soixante peuplades fondatrices dont parle Strabon, une basilique ou tribunal, et un certain nombre de monuments nationaux qui y furent successivement ajoutés par les trois provinces de la Gaule. C'est ce qui explique pourquoi les médailles d'Auguste et de Tibère frappées dans nos pays et portant au revers l'autel de Lyon, ne représentent pas la façade d'un édifice, mais bien le principal objet de la vénération des peuples, l'autel de Rome et d'Auguste sur lequel leur nationalité était venue s'immoler, le centre et le résumé de la célèbre fondation de notre confluent à laquelle chaque génération, pendant deux siècles, ajouta son idole. » Les inscriptions honorifiques rappelant les noms des prêtres de l'autel national « sont, en général, fait observer le même auteur, d'un très beau style et d'une bonne époque. On les trouve gravées sur des blocs de pierre qui devaient se lier à un ensemble imposant : par leurs dimensions, ces blocs faisaient partie ou de soubassements, ou d'entablements, ou de frises, ou enfin de piédestaux (1). »

Outre le temple d'Auguste, la presqu'île renfermait une académie d'un très grand renom, un forum et l'amphithéâtre où, suivant la lettre des chrétiens de Lyon aux Églises d'Asie, furent immolés tous ceux d'entre les Quarante-huit martyrs qui ne moururent pas en prison.

Caïus Caligula, dont les premières années s'étaient passées en partie à Lugdunum, durant les séjours divers qu'y fit Germanicus son père, songea, quand il devint empereur, à doter notre ville d'une double institution qui accrût encore les splendeurs de l'autel des Augustes. Il établit au confluent des *jeux mêlés, miscellos,* ainsi que des concours d'éloquence dans les langues grecque et latine. On a cru généralement que l'académie de la presqu'île fut mise sous l'invocation de Minerve, la déesse de l'intelligence ; peut-être son autel était-il le second de ceux qu'a désignés Strabon. *Athene* ou, dans le dialecte dorien, *Athana* est le nom grec de la fille de Jupiter. Ce nom suivi de la terminaison gauloise, *ac, aco,* aurait donné au quartier sa dénomination d'*Athanacum,* d'où, avec le temps, serait sortie celle d'Ainay. Telle a été parmi nous l'opinion presque universelle des érudits (2).

(1) *Inscriptions antiques de Lyon,* p. 83.

(2) Seul parmi les défenseurs de nos traditions, Artaud a pensé que le nom d'Ainay tirait son origine du martyre même des fils de saint Pothin. D'après l'auteur du *Lyon souterrain,* la piété des chrétiens, dont beaucoup étaient Grecs, aurait salué les Quarante-huit Confesseurs du glorieux surnom d'Ἀθάνατος, immortels, et de ce mot serait dérivé *Athanatum,* puis Ainay. Artaud a commis là une grosse inexactitude. Adon et Grégoire de Tours disent au contraire : « Le lieu où ils souffrirent s'appelle *Athanaco* ; c'est pour cela que les martyrs eux-mêmes furen nommés Athanaciens. » De fait, jusqu'en 1200 et au delà, la forme *Athanatum, Athanalenses* est inconnue : l'histoire et les chartes du moyenâge désignent constamment notre abbaye sous le vocable d'*Athanacum,* nos martyrs sous celui d'*Athanacenses.* C'est au xiiie siècle que, dans une bulle adressée à l'abbé d'Ainay, le pape Innocent IV, par allusion à l'éclat qui avait toujours entouré les autels de saint Pothin et de ses compagnons, transforma, par l'altération d'une seule lettre, l'épithète *Athanacenses* en *Athanalenses, Athanaciens* en *immortels.* Le jeu de

Non loin de l'autel d'Auguste et de l'athénée de Caïus s'ouvrait l'amphithéâtre.

La raison principale dont s'arment les adversaires de nos traditions pour nier que les Quarante-huit martyrs aient souffert à Ainay, c'est qu'on n'aperçoit entre nos deux fleuves aucune ruine ayant appartenu à un monument destiné aux luttes des gladiateurs et aux combats d'animaux féroces. Est-il admissible, en l'absence de tout vestige de pierre et de marbre, que le quartier d'Ainay ait autrefois renfermé un amphithéâtre pouvant contenir de 80,000 à 100,000 spectateurs? Cette difficulté n'en est pas une, d'après M. Alph. de Boissieu :

« L'objection tirée de ce qu'on n'a retrouvé sur notre presqu'île aucune trace d'un monument qui devait avoir de si vastes proportions me touche peu, et je n'y répondrai que très brièvement. Cet amphithéâtre n'a pu et dû être qu'en bois, et cela pour les raisons suivantes qu'on me permettra de ne pas développer : 1º Les premières fêtes qui s'y sont données remontent probablement à l'érection ou à l'inauguration de l'autel d'Auguste; or, à cet époque, Rome ne possédait que depuis bien peu d'années l'amphithéâtre insuffisant de Statilius Taurus. On pouvait bien, en province, s'en tenir au système adopté par César (1), dont les Romains s'étaient longtemps contentés et

mots, qu'on me passe l'expression, fit fortune, et, depuis, les deux formes furent employées à peu près indifféremment. Voilà ce qui a trompé Artaud et d'autres avec lui. Au surplus, la transformation du mot *Athanacenses* remonterait plus haut que la bulle d'Innocent IV, ce fait, s'il est jamais constaté, ne saurait modifier l'étymologie que nous avons cru pouvoir assigner, avec le plus grand nombre de nos écrivains, au nom d'Ainay.

Je n'aurais pas relevé l'erreur de l'un des plus savants antiquaires de notre ville, si, d'un fait de si mince importance, les novateurs n'avaient essayé de tirer un argument contre nous. De la confusion qu'a pu faire naître dans l'esprit de quelques étymologistes cette double épithète d'*Athanacenses* et d'*Athanatenses,* tel néo-archéologue de notre ville conclut triomphalement, avec quelle puissance de logique, on le voit, que les défenseurs d'Ainay n'ont jamais bien su de quelle origine ils faisaient sortir leurs traditions.

(1) « Varia spectacula edidit : aedificato theatro ex tabulis, ad venationes apto, quod, quia undequaque habet sedes scenâque caret, amphitheatrum nominatum est. » Dio, Jul. Cæs. XLIII, 22. ed. Sturzius.

auquel on revenait lorsqu'il s'agissait de réunir de grandes multitudes ; 2° Hors de la capitale comme à Rome, les plus anciens amphithéâtres furent construits en bois. On sait la chute effroyable de celui de Fidènes qui, sous le règne de Tibère, causa la mort de près de 50,000 personnes (1). A Rome même, avant que le Colisée de Titus donnât satisfaction à toutes les exigences des représentations amphithéâtrales, en présence du monument de Taurus, de l'amphithéâtre *Castrense*, bâti par Tibère, Caligula, qui avait pourtant jeté les fondations d'une nouvelle arène, fit démolir tout un quartier pour créer une vaste enceinte dont les gradins reposaient sur des poutres (2). Néron, qui aimait les grands spectacles et qui voulait en jouir promptement, employa une seule année à la construction d'un édifice semblable auprès du Champ-de-Mars (3). Si ces empereurs ne trouvaient pas ces amphithéâtres en bois indignes de la majesté du peuple romain, on doit croire que les provinces ne se montraient pas plus exigeantes, surtout lorsqu'il s'agissait d'enserrer un espace considérable. Les pièces et appareils dont on se servait pouvaient d'ailleurs se prêter soit aux courses du cirque, soit à ces jeux mêlés qui furent institués par Caligula, auprès de l'autel de Rome et d'Auguste ; 3° Enfin, l'amphithéâtre national ne s'ouvrant, chaque année, que pour un nombre assez limité de représentations, les peuples de la Gaule, déjà suffisamment pressurés par le fisc impérial, ne se seraient pas imposé, pour une jouissance aussi passagère, l'effrayante dépense qu'aurait entraînée une construction en maçonnerie et en pierres de taille.

« Je n'insiste pas davantage et je me borne à poser en fait : avec les frères de nos premiers martyrs, qu'il y avait un amphithéâtre dans lequel ces généreux athlètes ont souffert ; avec Grégoire de Tours, que cet amphithéâtre était à Ainay ; avec le

(1) Tacit. Annal. iv. 62. — Cf. Sueton. Tiberius, 42.

(2) « Alibi etiam, maxima ædificia, non pauca demolitus, tabulata fecit, contempto Tauri theatro. » Dio, LIX, 10.

(3) « Munere, quod in amphitheatro ligneo, in regione Martii campi, intra anni spatium fabricato. » — Sueton. Nero, 12.

bon sens et l'histoire monumentale, qu'il était construit en
bois (1). »

Un autre lieu de la presqu'île où comparurent souvent les
disciples de saint Pothin fut le Forum. Artaud déclare ne
pouvoir admettre que ce Lugdunum où l'empereur Auguste
avait résidé trois ans, où son gendre Agrippa et ses deux fils
adoptifs Drusus et Tibère avaient exercé les fonctions de gouverneur, où plusieurs de ses petits-neveux, Germanicus, Claude,
Caligula, étaient venus si fréquemment, que Lugdunum, disons-
nous, eût un *Forum Trajani* sans avoir eu longtemps auparavant un *Forum Augusti*. Si donc, affirme-t-il, le Forum de
Trajan dominait la ville haute sous les Antonins, c'est que celui
d'Auguste s'élevait depuis un siècle près du temple national. Au
surplus, ce n'est point ici une simple conjecture, attendu que
les débris de ce grand édifice ont jonché le sol de la presqu'île
jusque bien avant dans le moyen-âge. « La plupart des monuments qui nous restent des prêtres de Rome et d'Auguste,
lisons-nous dans M. de Boissieu, proviennent originairement du
quartier d'Ainay... Ces monuments, ainsi que les restes épars
du temple et les débris du Forum encore existants au moyen-
âge à l'état de ruine, et tels que les invasions des Barbares et
la réaction religieuse qui suivit l'anéantissement du paganisme
les avaient laissés, furent, du IXe au XIIe siècle, employés comme
matériaux dans les constructions ou réparations des églises
d'Ainay, de Saint-Jean, de Sainte-Croix, de Saint-Pierre, de
Saint-Côme. de Saint-Paul et du vieux pont du Change (2). »

Ainsi, lors des réunions annuelles du mois d'août, la presqu'île lyonnaise offrait aux soixante peuples fondateurs toutes
les conditions de bien-être désirables dans la vie publique telle
que l'entendait la civilisation romaine : pendant les deux premiers siècles de notre ère, le confluent fut pour toutes les provinces
gauloises le rendez-vous des intérêts, des plaisirs et même du
bel esprit.

(1) *Ainay, son autel, son amphithéâtre, ses martyrs*, p. 17 et suiv.
(2) *Inscriptions antiques de Lyon*, p. 84.

Les gouverneurs romains, en effet, avaient eu soin de rattacher au jour anniversaire de la dédicace du temple d'Auguste, les marchés dont notre ville, avec ses fleuves et ses grandes voies militaires, était le centre naturel. Ils s'abouchaient alors avec les chefs des différentes cités; les affaires politiques se traitaient en même temps que les affaires commerciales. Aussi, à ce moment, voyait-on accourir de tous les coins de la Gaule les personnages influents, les magistrats, les commerçants, traînant à leur suite une foule innombrable d'oisifs, d'intrigants, d'ambitieux. Ce qui attirait encore vers la presqu'île les visiteurs étrangers, c'étaient les jeux solennels qu'on y célébrait, soit les jeux augustaux contemporains de l'inauguration du temple, soit les jeux mêlés, *miscelli*, institués par Caligula. Dans ceux-ci, devenus célèbres même chez les Romains, qui leur donnaient le nom de *jeux gaulois*, les luttes des athlètes et des gladiateurs alternaient avec les courses de chevaux, les danses, les pièces de théâtre, les farces des bateleurs. Parmi tous ces divertissements, les plus barbares n'étaient pas les moins appréciés. Si, par exemple, un gouverneur organisait des *chasses, venationes* — c'était le terme consacré — c'est-à-dire s'il exposait dans l'arène des malheureux tantôt liés nus à une croix, tantôt enveloppés dans un filet, gibier humain que se disputaient les panthères, les lions et les tigres, dans ce cas, l'ivresse montait à son comble, et la multitude enthousiasmée acclamait à l'envi la générosité du représentant de César. Cette jouissance, nouvelle sans doute pour beaucoup, ne sera pas longtemps refusée aux sanguinaires désirs des païens de la Gaule.

De leur côté, les amateurs de la littérature grecque et latine avaient à l'académie du Confluent leurs jours de bonheur et de triomphe. La colonie grecque était nombreuse à Lugdunum, et jusqu'à Massilies, la ville des Phocéens, on retrouvait sur tout le parcours du Rhône des hommes de cette nation. Quant à la langue de Cicéron et de Virgile, les lettrés gaulois l'avaient pleinement adoptée, abandonnant leur propre idiome, moins connu, pour cette raison, des philologues modernes que le langage des Ninivites et des Babyloniens. La lice ouverte par

Caligula aux luttes de l'éloquence trouvait donc sans peine et
des auditeurs et des concurrents. Je n'ignore pas que les écrivains français, prenant au pied de la lettre la plaisanterie d'un
satirique ancien, n'ont vu, pour la plupart, dans les joutes oratoires de notre presqu'ile, que des visages glacés par la crainte ;
mais, à mon sens, ils se trompent du tout au tout. Les monstres
ont parfois leurs moments de belle humeur : Caïus, quand il
fonda l'athénée de Lugdunum, édicta pour la circonstance un
règlement que sa bizarrerie a rendu immortel. Ceux d'entre les
orateurs vaincus qui avaient mis à de trop rudes épreuves la
patience de l'auditoire, devaient effacer leur discours avec une
éponge ou avec la langue ; à moins qu'ils ne préférassent recevoir des férules ou prendre un bain réfrigératif dans la rivière
voisine (1). Par allusion à cette pénalité plus qu'étrange, le
poète Juvénal s'est avisé de dire : « Qu'il pâlisse comme l'infortuné qui, de son pied nu, a pressé un serpent, ou comme le rhé-
teur qui s'apprête à parler en face de l'autel lugdunais (2). » Et,
de ce badinage, on a conclu que dans les doctes assemblées de
notre académie une tristesse morne assombrissait les fronts !
Qui ne voit, au contraire, le parti que la malice gauloise ne
manqua pas de tirer d'un code si singulier et quels éclats d'hila-
rité homérique durent ébranler mille fois les voûtes de l'athénée?
Sans nul doute, si les marchés, si les jeux publics attiraient les
multitudes à l'autel d'Auguste, les mésaventures qui acciden-
taient les fêtes littéraires, exercèrent aussi sur les lettrés des
trois provinces une attraction puissante.

(1) Suétone, Caligula, xx.

(2)   Palleat ut nudis pressit qui calcibus anguem,
             Aut lugdunensem rhetor dicturus ad aram.

                              (Juvénal, Sat. i, 43.)

M. de Boissieu fait ici une remarque très judicieuse : « Les déclamations de tous nos historiens au sujet du règlement des combats littéraires institués par Caligula m'ont toujours paru souverainement ridicules, et j'avoue qu'en présence de l'abus qu'on fait aujourd'hui de la
parole et de la plume, je me suis souvent pris à regretter les peines
infligées aux méchants discours par le terrible Caïus. »

De tout ce que nous venons d'exposer, on arrive aisément à conclure que notre presqu'ile appartenait en toute propriété non aux Lyonnais, mais aux soixante peuples fondateurs de l'autel national. L'honneur de cette découverte, si importante pour l'histoire de Lyon, revient tout entier à M. Alphonse de Boissieu. L'estimable écrivain, il y a déjà plus de trente ans, signalait le premier « la distinction primitive des deux territoires, celui de la montagne, du vieux Lugdunum, appartenant à la colonie lyonnaise, et celui de la presqu'ile ou de la ville actuelle, propriété de la province entière et de quelques agrégations commerçantes. Là, disait-il, c'est le peuple, c'est la curie lyonnaise qui élèvent les monuments publics ou en autorisent l'érection ; ici, ce sont les trois provinces de la Gaule, ou les corporations par lesquelles s'exercent leur commerce et le transport de leurs marchandises ou de leurs redevances, qui ont l'entière disposition du sol. Sur la colline est la cité de Plancus qui graduellement descendra dans la plaine ; à ses pieds est le forum de la Gaule où se réunissent les assemblées nationales, où s'élève immense et splendide le temple des Césars ; où les prêtres de la divinité augustale, les citoyens honorables et les agents des empereurs reçoivent de la part des peuples des témoignages publics de reconnaissance et d'estime, témoignages toujours libres et flatteurs pour les premiers, quelquefois imposés pour les seconds ; là encore est le Caire de la Gaule, admirable par sa position, où les exportateurs des tributs payés en nature avaient leurs entrepôts, où les marchands de vin, les nautes, les utriculaires avaient leurs marchés et leurs établissements (1). »

On connaît maintenant la transformation merveilleuse que Drusus et ses successeurs ont opérée dans la presqu'ile lyonnaise. Les vastes marchés, les jeux et les plaisirs de tout genre qu'ils ont su rassembler près du temple national en ont fait le rendez-vous annuel des soixante peuples fondateurs. Or, c'est pour cela même que, de son côté, la Sagesse d'en haut a choisi Athanacum pour l'accomplissement de ses desseins miséricor-

_____

(1) *Inscriptions antiques*, p. 286.

dieux. Au confluent de la Saône et du Rhône doit retentir le premier témoignage que, dans la Gaule celtique, encore idolâtre, des bouches chrétiennes rendront au divin Crucifié. La voilà devant nous cette tribune dressée par des mains humaines, mais que l'éternelle Vérité a préparée, elle aussi, pour que la doctrine du salut y soit prêchée avec éclat à des nations trop lentes à la recevoir. Sur ce théâtre qu'ont orné à l'envi les légats impériaux, le Dieu du Calvaire, à l'heure marquée dans ses conseils éternels, amènera des acteurs inattendus, ses martyrs, dont l'immolation préparera de loin la ruine du paganisme dans un de ses boulevards les plus inexpugnables.

La destination providentielle du lieu nommé sous les Romains Athanacum fut, durant de longs siècles, admise de tous comme un fait consacré à la fois par la religion et par l'histoire. Suivant la constante tradition de notre Église, les premiers Martyrs, après avoir été emprisonnés dans la ville haute, furent conduits au temple d'Auguste, près du confluent des deux fleuves qui se rencontraient alors un peu au dessous d'Ainay, et c'est dans l'amphithéâtre voisin du temple qu'ils subirent la mort, en présence d'une foule d'étrangers venus de toute la Gaule pour assister aux fêtes augustales. Aussi, en d'autres temps, les simples notions contenues dans ce chapitre auraient suffi ; il n'en est plus de même aujourd'hui.

Depuis une trentaine d'années, nos traditions sont en butte à une hostilité toujours croissante. Nos adversaires, il est vrai, ne s'entendent guère entre eux, chacun arborant son drapeau et combattant pour son système : mais, s'agit-il de repousser les revendications d'Ainay, l'accord se fait aussitôt ; tous, d'instinct, ont reconnu dans Ainay leur commun, leur plus redoutable ennemi.

En 1857, M. Martin-Daussigny, conservateur de nos collections antiques, prétendit avoir retrouvé au pied de la côte Saint-Sébastien les marbres mêmes qui ornaient l'autel national, ainsi qu'une partie de l'inscription *Romæ et Augusto*. L'amphithéâtre baigné du sang des compagnons de saint Pothin était là tout auprès, assurait-il encore : on avait donc sous les yeux des

preuves matérielles de la vérité. Peu auparavant, M. Auguste
Bernard avait déterminé avec une précision non moins infaillible, à quelques pas de l'église Saint-Pierre, l'emplacement de
l'autel d'Auguste, et par là même le lieu qui vit tomber les victimes de la première persécution. Enfin, en 1879, M. le baron
Raverat mettait heureusement la main sur la solution vraie du
grand problème archéologique. Les Lyonnais ont appris par une
brochure de l'écrivain dauphinois, intitulée : *Fourvière, Ainay
et Saint-Sébastien,* que nul d'entre eux n'avait connu encore
l'histoire de son pays : car le panthéon gallo-romain n'était nullement sur la rive gauche de la Saône, comme tous les historiens l'ont imaginé faussement ; il occupait la place de notre
église métropolitaine, et c'est dans un amphithéâtre voisin, dont
la rue Tramassac coupe l'enceinte, que furent martyrisés les disciples de saint Pothin.

Pour couper court aux objections, les novateurs soutiennent
qu'au temps de la domination romaine, le Rhône et la Saône
réunissaient leurs eaux non point à Ainay, comme vers la fin
du moyen-âge, mais beaucoup plus haut. Ainay, île misérable,
de toute part séparée des terres environnantes, n'offrait pas, sous
les Césars, une surface où l'on pût songer à bâtir ni temple, ni
athénée, ni amphithéâtre, ni forum. Aussi, comme M. Raverat
prend en pitié la prétendue erreur du P. Ménestrier et de tous
nos écrivains ecclésiastiques ! « Mais, dit-il dans sa dédaigneuse
surprise, ces respectables historiens ignoraient donc que la place
Bellecour fut conquise sur un confluent et sur des marécages
qui ne furent comblés que plusieurs siècles après l'ère chrétienne, et que, par conséquent, aucun monument ne peut avoir
été érigé en ce lieu (1). »

Les assertions des néo-archéologues ruineraient de fond en
comble, si elles n'étaient pas d'insignes faussetés, l'édifice entier
des traditions athanaciennes : impossible à nous d'entrer dans
notre récit avant d'avoir fait justice de cette objection fondamentale. Toutefois l'auteur ne donnera, pour le moment, qu'un

_____

(1) *Fourvière, Ainay,* etc.

petit nombre d'arguments généraux ; il n'exposera que les notions strictement nécessaires pour que le lecteur, après avoir lui-même exploré d'un coup d'œil le terrain où il va mettre le pied, consente à marcher sans trop de défiance sur les pas de l'historien. Quant à l'examen des systèmes inventés par la nouvelle école lyonnaise, nous le renvoyons, sous forme d'appendice, à la fin du volume. Les développements d'une discussion aussi étendue seraient ici, on le conçoit, complètement déplacés.

Où se trouvait, à l'époque romaine, l'emplacement du temple national élevé aux frais des trois provinces de la Gaule ? Telle est la question préliminaire dont on réclame de nous la solution.

Avant tout, Ainay oppose à des prétentions toutes récentes, un raisonnement dont aucun de nos adversaires, quelque système qu'il ait imaginé, ne saurait éluder la force. A tous ceux qui se vantent d'avoir découvert en dehors de la presqu'île l'emplacement de l'*Ara lugdunensis,* nous répondons : Où il n'existe nulle trace de culte, il est parfaitement inutile de chercher les traces d'un martyre. De votre aveu, les Confesseurs de l'autel d'Auguste n'ont pas eu de sanctuaire, ils n'ont pas reçu d'honneurs particuliers dans le lieu où furent, d'après vous, cet autel et l'amphithéâtre qui l'avoisinait : donc ce n'est point là qu'ils ont souffert la mort ; ce n'est point là que les Gaulois des trois provinces adoraient la divinité de Rome et des Césars ! La conséquence que nous tirons repose sur une vérité de fait tellement universelle qu'elle équivaut, pour ainsi dire, à une loi du catholicisme.

Il est un instinct de la foi chrétienne signalé de tout temps par les historiens catholiques. Voyez comme, au jour de la ruine du paganisme, les fidèles se hâtent de prendre possession des lieux arrosés du sang de leurs frères morts pour le nom de Jésus. Dans la suite, s'ils ont un sanctuaire préféré, ce sera celui où les restes présents d'un martyr les encouragent plus énergiquement à vaincre les passions d'ici-bas et leur font espérer une intercession plus secourable auprès de Dieu. « De tous les lieux sacrés que vénérait la foi des premiers chrétiens, les plus célèbres et les plus fréquentés, dit le Bréviaire Romain, furent toujours ceux où reposaient les corps des saints, ceux qui renfermaient des tombeaux ou quelques traces de martyrs (1). » On ne citera pas une contrée au monde où, libre de suivre ses coutumes et les instincts de son cœur, un peuple catholique ait laissé sans honneur et sans culte la terre sanctifiée par le sacrifice des héroïques témoins de l'Homme-Dieu. Ce ne sont pas les Lyonnais qu'on accusera d'avoir fait exception à la loi générale par un oubli coupable de leurs magnanimes compatriotes tombés sous le glaive des persécuteurs.

Ce principe lumineux qui aurait dû être le point de départ de leurs recherches, les novateurs ne l'ont point aperçu, ils ne l'ont pas même soupçonné.

Des fouilles pratiquées au Jardin des Plantes mettent au jour un fragment d'inscription composé d'un caractère entier R et d'une moitié de lettre où l'on peut voir un O, un C, un Q ; plus quelques débris de marbre antique dont la destination est à tout le moins très incertaine. C'en est assez, et M. Martin-Daussigny adresse au monde savant cette déclaration solennelle : « Les dernières découvertes archéologiques ne permettent plus de croire que l'emplacement du temple d'Auguste ait été à Ainay. » Ainsi en sera-t-il de M. Raverat. Un souvenir traditionnel a toujours signalé la présence d'anciens matériaux enfouis sous la rue Tramassac, près Saint-Jean : et de là plus d'un antiquaire avait conjecturé dès longtemps que peut-être des arènes existaient autrefois non loin de notre église métropolitaine. « On a découvert depuis peu, dans la maison de M. le comte d'Albon, dit l'auteur de l'*Histoire consulaire de Lyon*, la base d'un ancien portique qui *pouvait* avoir servi à de semblables jeux. Il reste un bout d'inscription sur cette base où l'on ne voit que les noms des consuls :

(1) « Ex locis sacris quæ olim apud christianos venerationem habuerunt illa celeberrima et frequentissima fuerunt in quibus condita sanctorum corpora vel aliquod martyrum vestigium aut monumentum esset. » Office de la dédicace des basiliques de Saint Pierre et de Saint Paul apôtres. 18e jour de novembre ; leçon IV·

DEDIC. XVIII SEPT.

ORFITO ET MAXIMO

COS (1). »

Cet édifice construit l'an 172, au pied du coteau de Fourvière, était-il, comme l'ont pensé Ménestrier et plusieurs autres, le temple des Antonins, ou bien un amphithéâtre? Nul ne le sait. Cette dernière supposition se changerait en fait démontré qu'on n'aurait pas encore le droit d'affirmer qu'un amphithéâtre bâti dans l'enceinte de Lugdunum fût celui-là même où les trois provinces de la Gaule célébraient les jeux augustaux sur le terrain qui leur appartenait. M. Raverat n'y regarde pas de si près, et, tous tant que nous sommes, nous n'avons plus qu'à nous incliner devant sa conclusion : « Donc, les péripéties de cette sainte odyssée (!) se déroulèrent dans le Lugdunum de la colline de Fourvière. On chercherait vainement ailleurs (2). »

« On chercherait vainement ailleurs ! » Mais nous n'avons point à chercher, nous, chrétiens d'Ainay ; car il y a bien quinze cents ans que nous possédons. De même que, dès le troisième siècle, le culte de saint Irénée et des vingt mille Martyrs fut principalement établi sur la colline qu'avait inondée de sang le massacre de Septime Sévère ; de même, et pour une raison toute semblable, le culte de saint Pothin et de ses compagnons fut comme circonscrit dans la presqu'île dès les temps les plus reculés. La basilique des Apôtres (Saint-Nizier) renfermait les ossements et les cendres des Confesseurs de l'autel d'Auguste ; tandis qu'Ainay possédait à la fois le sanctuaire des Quarante-huit Martyrs, la crypte de sainte Blandine et l'autel spéciale-ment consacré dans la cité au fondateur de l'Église lyonnaise. Alors même que toutes les preuves historiques auraient péri dans les bouleversements du moyen-âge, c'est encore Ainay que ce

(1) Claudius Maximus et Cornelius Scipio Orfitus, consuls l'an 172. Ménestrier, *Histoire consulaire*, p. 99.

(2) *Fourvière, Ainay et Saint-Sébastien*, par le baron Raverat.

culte constant désignerait avec une certitude presque entière comme le lieu où les premières victimes de la persécution de Marc-Aurèle subirent la mort. Les novateurs concevront-ils enfin que les coutumes, que les lois de la piété catholique par tout l'univers déposent en faveur de nos traditions, et nous autorisent à repousser par une fin de non-recevoir des hypothèses auxquelles leurs auteurs n'ont jamais su trouver un fondement dans les pratiques de la foi, ou dans les souvenirs religieux de la contrée ?

Assurément, l'archéologue est, comme tout autre citoyen, libre devant la société civile de croire ou de ne pas croire à nos dogmes sacrés. Qu'il soit dans son for intérieur ce qu'il lui plaît d'être ; il n'en doit compte qu'à Dieu : seulement, dès qu'il s'adresse au public, quelle que soit la matière qu'il traite, le public est en droit d'exiger de lui de la logique et du bon sens. Or, qu'ont fait les néo-archéologues de notre ville dans leurs recherches sur l'autel d'Auguste ? Ils avaient là une question scientifique sans doute, mais aussi religieuse en partie, et qui ne pouvait, dans le silence presque absolu de l'histoire, être éclairée qu'avec le secours des traditions catholiques.

— « Les traditions catholiques ? Tout cela est bien démodé, bien vieilli. De nos jours, la science ne se traîne pas si complaisamment à la remorque du passé. » Sur la foi de ce grand principe, notre jeune école, tournant le dos à la seule route qui pouvait la conduire au but, s'est égarée sans guide, sans direction ; elle n'a, bien entendu, rencontré sur ses pas que le vide. Mais, parce qu'il fallait trouver quelque chose, nos savants ont ramassé, chacun de leur côté, le premier fragment venu de marbre ou de pierre antique, et nous les avons entendus s'écrier, l'un après l'autre, ce trophée à la main : « La science moderne a résolu enfin le problème. On sait maintenant où fut l'autel d'Auguste ; on sait où moururent l'évêque Pothin et ses illustres compagnons. Désormais le doute n'est plus permis. » Comme si le Christianisme n'avait jamais eu à Lyon ni temples pour y célébrer ses fêtes, ni chaires pour y glorifier ses héros ! Comme si douze siècles voués au culte de nos premiers martyrs, douze

siècles pleins de leurs noms et de leurs louanges n'avaient pas;
au point de vue historique, un mot à dire dans la question !

Après l'Eglise lyonnaise interrogeons l'histoire : quoique
réduite à de bien faibles ressources, elle va confirmer hautement la réponse que nous a fournie le culte public des Martyrs.

Mais, d'abord, une observation est nécessaire. La lettre des
chrétiens de Lugdunum et de Vienne à leurs frères d'Asie dit
en termes exprès que le supplice des Confesseurs eut lieu à l'endroit où les diverses nations gauloises tenaient annuellement
leur « marché, » leur « assemblée ; » et, de l'aveu de tous, ce
marché, ce Concile des Gaules, comme on l'appelait aussi,
accompagnait les jeux augustaux institués par Drusus dans le
voisinage de l'autel national. Il y avait donc, près de l'*Ara lug-
nensis*, un amphithéâtre où, dans l'année 177, la mort des chrétiens condamnés servit de spectacle aux païens venus des trois
provinces au commencement d'août. Dès lors, les auteurs anciens qui ont nommé l'un de ces deux monuments, ont par cela
même désigné l'autre. Amphithéâtre, autel, ont ensemble une
connexité indissoluble : cette remarque essentielle devra, dans
l'exposé qui va suivre, être toujours présente à l'esprit de nos
lecteurs.

Des trois siècles qui suivirent le drame d'Athanacum il n'est
pas arrivé jusqu'à nous un seul témoignage indiquant le quartier de Lugdunum où le légat de Marc-Aurèle interrogea et fit
exécuter les Quarante-huit Confesseurs. Cette absence de documents est due aux irruptions successives des Vandales, des Huns,
des Lombards, des Sarrasins, des Hongrois, qui tous prenaient
plaisir à détruire les monuments d'une civilisation qu'ils détes-
taient. Qui ne sait que les écrits des Pères latins, que les
poètes, les orateurs, les historiens de Rome seraient tous perdus
pour nous, sans l'infatigable dévouement des moines qui usèrent
leur vie à transcrire tant de chefs-d'œuvre de la science et du
génie humain ?

Oui, mais comment se fait-il que l'abbaye d'Ainay, floris-
sante à partir de l'époque des croisades et sécularisée seulement
en 1685, ne présente à l'appui de ses revendications que des titres

incomplets? En effet, on ne comprendrait guère qu'un tel reproche ait pu être mérité par un monastère de Bénédictins ; aussi
n'est-ce pas sur eux qu'on doit le faire tomber. Il n'est pas
douteux qu'au xvi° siècle les moines du Confluent, après cinq
cents ans de profonde paix, n'eussent recueilli les souvenirs
qui faisaient la partie la plus glorieuse de leur histoire : malheureusement, ils eurent à subir en 1562 une dévastation qui sur-
passa par ses horreurs celles des Arabes et des Hongrois. Les
Huguenots, maîtres de Lyon, ne laissèrent pas de l'abbaye, de
son magnifique cloître pierre sur pierre, et ce qui est bien plus à
déplorer, livres, manuscrits, archives, tous ces trésors laborieuse-
ment amassés par vingt générations de religieux, devinrent en un
jour la proie des flammes. Le monastère des Bénédictins de l'Ile-
Barbe fut également ravagé, détruit de fond en comble par les
farouches sectateurs de Calvin. Des chanoines réguliers de
Saint-Augustin avaient, de leur côté, enrichi de documents
inappréciables pour l'histoire ecclésiastique de Lyon le prieuré
de Saint-Irénée, et surtout la somptueuse abbaye de Saint-Just,
asile ouvert à la papauté pendant les révolutions de l'Italie au
moyen-âge. Là aussi, les Huguenots incendièrent les bibliothèques, en même temps qu'ils brisaient les marbres et démolis-
saient les temples. Ainsi, l'Ile-Barbe, Ainay, Saint-Just, Saint-
Irénée, ces foyers de la science lyonnaise, prêts à répandre au
dehors leur éclat, s'éteignirent à la fois, au moment de la
renaissance des belles-lettres, laissant sur le passé de notre
Eglise autant d'obscurité qu'ils avaient promis de lumière.
S'étonnera-t-on après cela que nos titres historiques soient en
si petit nombre ? Et pourtant, il nous en reste assez pour mettre
nos droits hors de contestation.

Grégoire de Tours, lorsqu'il consignait dans l'histoire les
noms des premiers athlètes de la foi à Lugdunum, terminait
son récit par ces mots : « Le lieu où ils souffrirent s'appelle
Athanacum : de là vient que les martyrs eux-mêmes ont reçu de
quelques-uns le surnom d'Athanaciens. » Trois cents ans plus
tard, l'archevêque de Vienne, Adon, répète dans son martyrologe
la phrase de saint Grégoire : « Le lieu où ils souffrirent s'ap-

pelle Athanacum ; de là vient qu'on les a surnommés les martyrs Athanaciens (1). »

Ce qui donne à ce double témoignage une force invincible
c'est que les évêques de Tours et de Vienne s'appuyaient sur
une tradition constante, c'est qu'ils n'étaient que les interprètes
de l'Église et de la cité lyonnaise : car la piété pour nos Martyrs
s'était, depuis des siècles, enracinée au cœur d'une population
profondément chrétienne, grâce à l'énergique influence d'une
suite de pontifes à qui leurs grandes qualités et une situation
exceptionnelle donnaient sur leurs ouailles un empire qu'on a
peine à concevoir aujourd'hui. Les fêtes de saint Pothin et de
ses disciples étaient pour la ville entière des jours de joie et de
triomphe ; les sermons, les panégyriques ne cessaient de redire
leurs vertus et leurs louanges, en sorte que non seulement le
clergé, mais toutes les classes des citoyens connaissaient parfaitement la vie des Quarante-huit Confesseurs et les circonstances principales de leur glorieuse immolation.

Que les deux saints prélats n'aient fait aucune allusion à
l'autel d'Auguste, on n'en doit pas être surpris. Comme l'a
remarqué M. de Boissieu, « des chroniqueurs racontant assez
sommairement la gloire de nos martyrs n'avaient pas à se
préoccuper de ce détail, très accessoire pour eux et même très
inutile à leur point de vue (2). » D'ailleurs, souvenons-nous
de l'importante observation faite un peu plus haut : les deux
témoins de nos traditions, en plaçant à Ainay le théâtre du
martyre, ont affirmé implicitement que là aussi s'élevait l'autel
national des Gaules.

Pendant que les écrits de saint Grégoire et de saint Adon
perpétuaient de génération en génération leur témoignage, le
peuple et le clergé lyonnais le confirmaient par un acte nouveau,
chaque fois qu'au 2 juin ils venaient honorer les Quarante-huit

---

(1) « Locus in quo passi sunt Athanaco vocatur, ideoque et ipsi martyres a quibusdam vocantur Athanacenses. » Lib. 1. *De gloria mart.*
c. 49. — « .... ideoque dicuntur martyres Athanacenses. » Adonis martyrol. 2ª junii.

(2) *Ainay, son autel*, etc., p. 123.

Confesseurs dans l'église d'Ainay, à l'exclusion de tout autre sanctuaire, hors Saint-Nizier où la procession se rendait en dernier lieu, pour prier devant les restes sacrés des Bienheureux. Sans nul doute, cette foule pieuse, agenouillée au jour de la fête des Merveilles ou plutôt l'année tout entière devant l'autel de sainte Blandine, s'inquiétait peu des souvenirs du paganisme ; peut-être même arriva-t-il un temps où la mémoire de ce Panthéon fameux fut presque universellement effacée dans le pays. Toutefois, quand la Renaissance eut fait refleurir l'étude de l'histoire, les érudits n'eurent pas de peine à saisir la connexion qui reliait l'amphithéâtre des Martyrs au temple élevé par Drusus ; et voilà comment, au seizième, au dix-septième siècle, il n'y eut qu'une voix pour fixer l'emplacement de l'ancien autel d'Auguste au confluent de la Saône et du Rhône, sur les terrains que recouvrait l'abbaye de saint Badulphe.

Paradin, dont l'ouvrage parut dix ans après le saccagement de Lyon par les Calvinistes, assure que le temple d'Auguste fut bâti « à la pointe de l'embouchure des deux rivières où, de présent, est l'abbaye d'Aisnay... Et fut ce temple nommé Athenæum, lequel nom est encore demouré aujourd'hui à l'abbaye d'Aisnay qu'on dict : *monasterium Athenacense* (1). » Ainsi pense le protestant Spon : « Il y avait deux autels dans ce temple célèbre, l'un dédié à Auguste, l'autre à la déesse Minerve ; d'où vient qu'il fut appelé aussi *Athenæum* ou *Athenacum*... parce que *Athene* est le nom de Minerve dans la langue grecque. On tient qu'Enay vient de là ; cette abbaye étant bâtie dans le même endroit que cet ancien temple dont il ne reste que le nom (2). » Le sentiment de Paradin et de Spon est celui d'un estimable annaliste, le P. Pierre Bullioud, jésuite lyonnais, qui s'occupa dans les premières années du dix-septième siècle à compiler sur les antiquités de sa ville natale une quantité immense d'utiles documents : « Quant au lieu où les martyrs triomphèrent dans leurs dernières luttes, il ne peut,

(1) *Mémoires sur l'hist. de Lyon*, p. 90, 91.
(2) *Recherches des antiquités et des curiosités de la ville de Lyon*, p. 135.

assure-t-il, y avoir là-dessus de controverse. Tous s'accordent à dire qu'ils tirèrent leur surnom d'Athanaciens de l'endroit même où ils souffrirent non loin du Rhône, près de l'académie consacrée à Minerve et qu'on appelait Athénée (1). »

Ouvrez la *Gallia christiana* au mot *Athanacum*, vous y lisez : « C'est en ce lieu que souffrirent les célèbres martyrs lyonnais que, pour ce motif, Grégoire de Tours appelle Athanaciens (2). » Le P. Théoph. Raynaud dit de son côté : « Le lieu de leur passion est appelé *Athanacum* par Grégoire de Tours et Adon : or, où se trouve *Athanacum*, il n'est personne qui l'ignore. Ce quartier s'étend à l'extrémité de la ville, dans la plaine, au confluent du Rhône et de la Saône. C'est en ce lieu, nommé dans notre langue Ainay, que nos saints consommèrent heureusement leur martyre (3). » Je laisse la Mure, le P. de Saint-Aubin et une foule d'autres, parce qu'ils désignent seulement le lieu où périrent les combattants du Christ ; mais je ne puis omettre l'illustre auteur de l'*Histoire civile de Lyon*, qui, de même que le docte Spon, a pris soin de fixer l'emplacement de l'*ara lugdunensis*.

« Pour le temple dédié à Rome et à Auguste, dit Ménestrier, il étoit au concours du Rhône et de la Saône, au lieu où est à présent l'abbaye d'Ainay (4). » Ailleurs il ajoute : « L'autre raison que j'ai de croire que la Saône n'a pas changé de lit est la situation de l'ancien temple d'Auguste que TOUS nos auteurs ont *constamment* établi à Ainay (5). » Ce dernier trait nous dispense de rien ajouter.

(1) « De loco vero quo supremo certamine coronati sunt martyres, nulla hic controversia. Consentiunt omnes de loco quo passi sunt, ab eodem Athanacenses vocati, scilicet Rhodano imminenti, et juxta academiam Minervæ dicatam, quam Athenæam vocabant. » (*Lugdunum sacro-proph.*, Index 2. Mss. de la biblioth. de Lyon.)

(2) « Cœnobium Athanacense sive Athanatense, vel Athenæum ad confluentes Araris et Rhodani... Eo in loco martyrium passi sunt martyres illi lugdunenses, exinde apud Gregorium Turonensem dicti Athanacenses. » Tom. IV.

(3) *Hagiolog. lugdun.*, p. 16 et 602.

(4) *Hist. civile de Lyon*, vi⁰ dissertation.

(5) Ibid., p. 85.

Ainay a donc une histoire, une histoire qui remonte aux premiers siècles chrétiens et qui s'est perpétuée jusqu'à nous. De
leur côté, les auteurs des nouvelles découvertes nous présentent
quoi? L'un, une pierre où sont gravés les noms de deux consuls
de la Rome impériale; l'autre, un marbre où j'aperçois une
lettre et une demi-lettre. Mais, l'historique du lieu d'où sont
sortis ce marbre, cette inscription, quel est-il? Êtes-vous à
même de trouver dans les âges antérieurs un témoin, un seul,
qui dépose pour vous? Non; l'histoire est muette sur les débris
du Jardin des Plantes, muette sur ceux de la rue Tramassac. Je
me trompe, l'histoire parle, et voici ce qu'elle nous dit. Elle dit
que la postérité n'eut pour ces deux édifices, quelle qu'ait pu
être leur destination, qu'une indifférence profonde. Puis, à la
longue, de l'indifférence naquit l'oubli, c'est-à-dire la mort éternelle des choses dont les vivants ont dédaigné le souvenir. On
ne peut qu'admirer le prodigieux aveuglement des néo-archéologues incapables, paraît-il, d'apercevoir l'immense supériorité
des traditions athanaciennes sur des hypothèses inconnues hier,
et qui risquent fort, selon nous, de n'avoir pas de lendemain.

Mais si les novateurs ont eu le tort de négliger à la fois l'histoire et les souvenirs du catholicisme, sans doute ils avaient
cherché un solide appui dans les sciences dont ils se disent les
représentants; sans doute ils se sentaient forts du côté de l'archéologie. Quand ils reprochent à des écrivains tel que Ménestrier, Théophile Raynaud, M. de Boissieu d'avoir ignoré « que
la place Bellecour fut conquise sur un confluent et sur des marécages comblés plusieurs siècles après l'ère chrétienne; que,
par conséquent, aucun monument ne peut avoir été érigé en ce
lieu, » eux-mêmes, on doit le croire, avaient préalablement étudié le sol dont ils définissent la nature avec tant d'assurance;
ils savaient de la façon la plus positive que nul vestige d'édifice
antique n'existe dans le quartier d'Ainay! Qu'on se détrompe:
en ce qui touche notre presqu'île, l'école de M. Martin-Daussigny n'a pas mieux consulté l'archéologie que les annales de
Lyon, que le culte de nos martyrs.

Je conviens sans peine que des deux autels et du grand

temple mentionnés par Strabon, de l'athénée de Caligula, du
forum d'Auguste, il ne reste pas un pan de mur visible au dessus
du niveau de nos rues. A une époque où nul ne prévoyait les
controverses nées de nos jours, nos historiens ont constaté que
durant une partie notable du moyen-âge les architectes lyonnais trouvèrent, de la place Bellecour à la pointe du confluent,
une abondante mine de matériaux. M. de Boissieu en a déjà
fait l'observation à propos du forum de la presqu'île ; on me
permettra de joindre à son témoignage celui de la Mure, dans
son histoire manuscrite de l'abbaye d'Aînay.

« Le nom de *martyres athanacenses* que l'antiquité sacrée
défère à nos saints Confesseurs, et les honneurs du culte spécial
qu'ils ont toujours reçu en ce lieu, suppléent, dit ce consciencieux écrivain, au défaut des vestiges matériels qu'on n'y trouve
plus. Les palais de justice où ils furent cités, les prisons où ils
furent suppliciés ont disparu : mais s'il n'existe aucun de ces
monuments, non plus que de l'ancien temple d'Auguste et de
l'Académie impériale qui avaient autrefois rendu ce quartier si
fameux, il ne s'en faut pas étonner. Comme le remarque le
P. Ménestrier en son *Eloge historique de Lyon,* les matériaux
de ces édifices publics ont été transportés en d'autres endroits
de la ville, et par les pierres chargées d'inscriptions romaines où
il est fait mention du territoire voisin du confluent, on reconnaît
que les bâtiments qui ornaient autrefois le quartier d'Ainay
furent employés soit à élever diverses églises, soit à construire
les deux ponts du Rhône et de la Saône (1). »

Par conséquent, on ne peut arguer contre nous de l'absence
de tout monument romain autour d'Ainay. Toutefois la même
excuse, nous le confessons, ne serait plus valable si les fouilles
opérées dans les environs de notre église n'avaient pas exhumé
des débris dignes des splendides constructions qui, d'après nous,

(1) La Mure, *Chronique de l'abbaye d'Ainay*, ch. vi. — Que le confluent,
le vrai, le seul confluent, ait toujours été au dessous d'Ainay, avant le
prolongement de la presqu'île, œuvre toute moderne, c'est là une vérité
que l'auteur établira bientôt, en attendant la discussion plus étendue
qui formera le second chapitre de l'appendice.

embellissaient les rives du confluent. La question archéologique se pose donc en ces termes : L'autel national et le célèbre athénée de la Gaule ont dû laisser sur le sol antique des preuves de leur présence, inscriptions, marbres, mosaïques, ornements d'architecture ; ces preuves, les défenseurs des traditions athanaciennes sont-ils en état de les fournir ?

Notons avant toute chose un fait qui n'est peut-être pas à la gloire de notre ville, mais que mon sujet m'impose l'obligation de signaler. Le moyen-âge dépouilla notre sol de ses plus rares antiquités sans laisser le moindre souvenir des trésors qu'il nous enlevait. Dans la suite, Paradin, Syméoni, Bellièvre, Spon, Ménestrier, tout en sauvant de l'oubli nombre de monuments épigraphiques, n'ont guère fait qu'enregistrer des débris épars. Le premier, Artaud a rédigé sous le titre de *Lyon souterrain* le journal des découvertes que les travaux publics ou privés produisirent sous ses yeux pendant une trentaine d'années. C'est au milieu de cette insouciance générale que, depuis l'an 1728 où M. d'Haussonville de Vaubecourt, abbé commendataire d'Ainay, perça la rue à laquelle il a donné son nom, les immenses jardins de l'abbaye se sont peu à peu couverts d'habitations qui rendent impossible, sur l'espace qu'elles occupent, toute recherche archéologique. De nos jours même où la science est prônée si haut, à quoi se réduisent, la plupart du temps, les fouilles qui enrichissent notre musée, qui fournissent aux écrivains leurs documents les plus curieux ? On creuse les fondations d'une maison, on ouvre une tranchée le long d'une rue. Dans le vide, quelques amateurs de l'antique ont entrevu avec ravissement un bloc de pierre sculptée, un fragment de corniche, une inscription, le pavé d'une voie romaine : c'est une jouissance que leur réserve assez fréquemment l'ancienne capitale de la Gaule. Mais qu'ils se hâtent d'observer, de mesurer, de transcrire ! Demain, hélas ! la terre se sera refermée sur la voie romaine ; demain, l'inscription, le morceau de sculpture, le fragment de corniche seront convertis en ignobles moellons. Nul, je le sais, n'est directement responsable d'une si triste incurie et je n'incrimine personne ; mon but est seulement d'expliquer pourquoi l'archéologue se voit dans l'impuissance de dessiner, d'après les révélations du sol romain, le plan exact du quartier qui fut autrefois la propriété de la communauté gauloise.

Cela posé, traçons, à partir des bords de la Saône, un vaste rectangle dont les côtés remontent jusqu'à la rue Saint-Joseph, l'un par les deux rues Martin et Sainte-Hélène, l'autre par une ligne que déterminerait l'axe de la rue Bourgelat : ces limites renferment, suivant tous nos vieux auteurs, l'emplacement de l'autel national et de la grande Académie de Caligula. Si maintenant le lecteur veut bien, de la rue Vaubecour, se tourner vers celle de Jarente, voici quels témoins des âges antiques chacun de ses pas va rencontrer dans la voie qui s'ouvre devant lui.

Au commencement du mois d'avril 1884, à l'entrée même de la rue de Jarente, une tranchée de canalisation mit au grand jour une mosaïque d'une finesse exquise, où divers dessins s'entremêlaient à des compartiments symétriques. Sur ce point, elle n'avait guère plus de 1 mètre 80 de profondeur ; mais ensuite son niveau s'abaissait sensiblement : des témoins dignes de toute confiance et qui avaient suivi les travaux avec une infatigable assiduité, ont évalué devant nous sa longueur totale à 40 mètres environ. Ce chiffre donne-t-il la vraie mesure de la salle dont cette belle mosaïque formait le pavé ? Rien ne le prouve et nous croyons fort probable que, destinée à des réunions très nombreuses, elle s'étendait bien au delà, sur une largeur proportionnée. Peut-être la partie la plus haute servait-elle d'estrade à des orateurs, à des magistrats. En plusieurs endroits on a découvert de remarquables débris d'une autre couche de ciment épaisse de quatre ou cinq centimètres, mélange de sable et de chaux, que recouvrait, à sa surface, un enduit bleu tendre ou rouge vif : de gracieuses colombes apparaissaient çà et là, interrompant la monotonie de la couleur. Il existe dans plus d'une ville d'Italie, nous a-t-on assuré, de fort beaux spécimens de cette espèce de ciment colorié dont, paraît-il, les artistes grecs possédaient seuls le secret.

Avant la fin du même mois, toujours dans la rue de Jarente, on pratiqua contre la façade des Incurables, entre la porte d'entrée et la rue de l'Abbaye, une excavation profonde d'à peu près huit ou neuf pieds. Les ouvriers en tirèrent de gros blocs de magnifique pierre de choin ; c'étaient des fragments uniformes d'une corniche monumentale, dont le style sévère et grandiose ne pouvait convenir qu'à un édifice de très vastes dimensions. Ces débris sont restés plusieurs jours exposés sur la voie publique.

Avançons. La rue de Jarente, ouverte en 1772 par M. de Jarente, dernier abbé commendataire d'Ainay, ne fut longtemps qu'un chemin de communication entre les rues d'Auvergne et Vaubecour ; on songea sous Napoléon Ier à la prolonger jusqu'à la rue de Puzy, aujourd'hui rue Saint-Joseph.

Dès le premier pas on put admirer dans le jardin Macors la mosaïque où l'artiste a dépeint une course de chars, les quatre factions aux couleurs distinctes qui disputent le prix, la loge prétorienne où siégeaient les juges, *la Spina* avec ses décorations en bas-reliefs, les bornes à tourner, les barrières à franchir. Sur un autre point du même jardin, une seconde mosaïque représentait Méléagre offrant à la fière Atalante la dépouille du sanglier de Calydon, scène charmante, rehaussée par la délicatesse des rinceaux, des compartiments divers qui lui servent d'encadrement. Un peu plus loin, le jardin Vial, qu'on rencontrait sur la même ligne, enfin la rue de Puzy elle-même renfermaient aussi de très beaux fragments de ces merveilleux produits de l'art romain. La voix publique imposa, dans le principe, à ce prolongement de la rue de Jarente la dénomination de *rue des Mosaïques* (1).

Les fouilles opérées dans le voisinage immédiat de l'église d'Ainay amenèrent de semblables résultats. Cochard, qui publiait dans ce temps-là même ses recherches si estimées sur

(1) *Description historique de Lyon*, par M. F. Cochard, avocat à la Cour royale, 1817. Rue des Mosaïques, p. 46. — Voyez aussi le *Lyon souterrain* d'Artaud, page 161 et suiv., ainsi que ses *Mosaïques de Lyon et du midi de la France*.

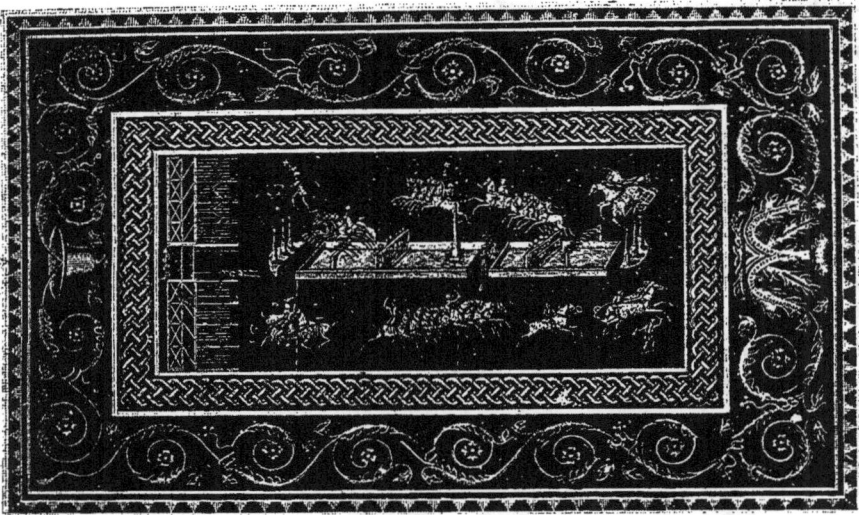

les monuments de notre ville, vante spécialement la mosaïque
découverte dans les jardins de la brasserie Kock : « Des rosaces
et des ornements d'une variété admirable, dit-il, y sont figurés
avec beaucoup de talent et en font une composition extrêmement élégante. On ne se lasse pas de considérer ce beau travail,
exécuté avec des cubes de marbre de diverses couleurs et d'un
volume si petit qu'on ne peut concevoir comment des hommes
ont pu se livrer à un genre d'ouvrage qui exige des soins si
minutieux et un si grand fonds de patience. Tout le terrain qui
environne l'église d'Ainay, poursuit-il, recèle des fragments
considérables de mosaïques. Pernetti annonce qu'on en découvrit une grande quantité en fondant la rue Vaubecourt (1). Il ne
peut plus y avoir de doute que la plupart des grands personnages
qui habitaient Lyon à l'époque où cette ville était soumise à la
domination des Romains, n'eussent leur demeure auprès de
l'autel élevé par les Gaulois à Rome et à Auguste : la richesse
et la beauté de ces parquets ingénieux suffiraient à le prouver. »

C'est donc un fait acquis au débat que le carré long limité
par l'église Saint-Martin et les rues Saint-Joseph, de Jarente,
Vaubecour, n'était guère, sur toute la surface du sol romain,
qu'un parterre de mosaïques. Quant à l'assertion de Cochard
que ce quartier réunissait les demeures privées des grands personnages fixés à Lyon au temps des Césars, nous ne saurions
l'admettre. Aux dimensions extraordinaires de ces pavés superbes, à la perfection du travail qui leur assigne pour auteurs les
artistes les plus consommés, à l'immensité des sommes qu'ils
durent coûter, on reconnaît l'emplacement d'un ou de plusieurs
de ces majestueux édifices que la magnificence impériale avait
construits en face du temple national de la Gaule. Bullioud,
de nos annalistes religieux le mieux renseigné parce qu'il en
fut le plus laborieux et le plus ancien, Bullioud nous a dit :
« Les martyrs souffrirent non loin du Rhône, près de l'Académie consacrée à Minerve et qu'on appelait Athénée. » A

---

(1) Pernetti, *Lyonnais dignes de mémoire*. T. I, p. 40.

notre sens, les données archéologiques les plus sérieuses confir-
ment cette opinion; elles indiquent encore fort clairement la
proximité d'un cirque, d'un amphithéâtre dont les jeux avaient
inspiré les dessinateurs de ces riches tableaux de marbre trouvés
dans le périmètre dont nous venons d'étudier le sol.

Après l'Athénée, l'autel d'Auguste qui s'élevait, assurent tous
nos historiens, à l'endroit où l'on voit aujourd'hui Saint-Martin
d'Ainay. Ne recherchons pas les débris de la construction de
Drusus : comment les découvrir dans les fondations d'une église
du IVe siècle sous laquelle ils gisent ensevelis, à moins que les
deux reconstructions du sanctuaire, l'une par saint Salonius
vers 460, l'autre par l'archevêque Amblard vers 970, n'en aient
fait disparaître depuis longtemps jusqu'aux dernières traces?
Toutefois, si les ruines matérielles de l'édifice n'existent plus
pour nous, il est bien d'autres objets sortis originairement de
notre sol ou qui ne le quittèrent jamais, dans lesquels j'aperçois
un rapport plus ou moins direct avec le culte de la divinité
augustale. Témoin les monolithes de granit qui se dressaient à
droite et à gauche de l'*ara lugdunensis*, surmontés chacun d'une
statue de la Victoire, et qui, sciés en quatre, supportent la coupole d'Ainay; témoin les colonnes de la grande nef que, sans
nul doute, les Gallo-Romains du second siècle virent dans
quelque péristyle voisin du temple national ; témoin surtout les
tables honorifiques votées par les trois provinces de la Gaule
Celtique, à la mémoire de citoyens illustres attachés en qualité
de prêtres à l'autel du confluent, et que d'heureuses fouilles ont
exhumées sur la rive gauche de la Saône, entre la rue Sainte-
Colombe et celle du Peyrat. Mon sujet m'inviterait à discuter
dès maintenant la valeur de ces titres, mais j'aime mieux réser-
ver la question tout entière. Plus tard, quand s'ouvrira la controverse provoquée par M. Martin-Daussigny à propos de l'autel
d'Auguste, je m'étendrai sur les preuves que je ne fais qu'effleu-
rer en ce moment. Alors je traiterai plus au long et des colonnes de notre église et des antiques fragments qu'on y retrouve
çà et là, et des inscriptions nombreuses qu'a fournies le quartie
d'Ainay, particulièrement dans la zone que je viens d'indiquer.

Bornons-nous à rappeler ici deux faits d'un ordre secondaire.

« Il nous a été donné, raconte M. de Boissieu, lors des excavations pratiquées pour la fondation et l'adjonction de la chapelle de Saint-Martin, de rencontrer, dans le terrain qui les avoisinait, tout un monde de débris antiques, parmi lesquels Artaud se borne à citer des tronçons de colonnes en brèche d'Egypte blanches et noires, des amphores, des placages de marbre, etc. Ces fragments, dont quelques-uns appartenaient aux meilleures époques de l'art romain, étaient malheureusement trop divisés pour qu'on en pût tirer quelque lumière ; ils formaient un remblai d'environ deux mètres au dessus du sol autrefois habitable, qui se reconnaissait à une mosaïque d'un bon dessin et d'un beau travail, enfouie à dix pieds du niveau actuel (1). » C'est la mosaïque dite *du Berger* ; Artaud l'a reproduite dans ses *Mosaïques de Lyon et du midi de la France*.

L'autre découverte qui date à peine de quelques mois, a passé, malgré son importance réelle, complètement inaperçue. Non loin du chevet de l'église, en face de l'orphelinat des Sœurs de Saint-Vincent de Paul, rue Bourgelat, le sol romain mis à nu a révélé la présence d'un bloc massif, ou plutôt d'un blocage qui semble n'avoir eu qu'une destination possible, celle de soutenir un monument, colonne, statue, autel peut-être. Combien il est regrettable que nos édiles n'aient pas ordonné d'élargir la tranchée, de sonder le terrain à deux ou trois mètres au delà ! A quelques pas du lieu où tous les écrivains lyonnais des âges antérieurs ont placé l'*ara lugdunensis,* n'est-il pas évident que les moindres découvertes ne sauraient être indifférentes à la science archéologique ? Qui ne voit qu'elles peuvent confirmer des présomptions, servir de base à de savantes conjectures, composer peut-être tout un ensemble de preuves ?

Mais n'oublions pas qu'il nous reste à explorer le quatrième côté de notre quadrilatère, celui qui se dirige vers la Saône par

_____

(1) *Ainay, son autel,* etc., p. 59. — La citation d'Artaud est empruntée à la page 161 du *Lyon souterrain*.

les rues Sainte-Hélène et Martin. Apercevrons-nous sur cette ligne des vestiges d'antiquités romaines ?

Oui, car, à l'angle même du parallélogramme, au dessous du vaste bâtiment occupé de nos jours par la gendarmerie à pied, est cachée, nous dit le *Lyon souterrain* d'Artaud, une mosaïque dont la longueur ne mesure pas moins de soixante pieds. A droite, en descendant la rue Sainte-Hélène, se montre un grand atelier de poterie sur lequel, à cette heure, nous ne pouvons que jeter un regard en passant. Sur notre chemin, les amphores vinaires qu'on a rencontrées, d'un côté comme de l'autre, couchées depuis seize siècles sur le gravier du Rhône, attestent qu'entre ces deux mêmes lignes de maisons qui bordent maintenant la rue, des Gallo-Romains habitaient sous Marc-Aurèle, sous Trajan, sous Domitien. La voie qu'ils suivaient, pavée, comme toutes les voies romaines, de belles pierres cubiques, nos contemporains l'ont entrevue : des travaux exécutés contre le couvent des Sœurs de Bon-Secours la mirent à découvert, il y a dix ou douze ans. L'auteur des *Inscriptions antiques de Lyon*, l'un des rares témoins qui purent la considérer, a reconnu, outre son parfait état de conservation, qu'elle se dirigeait dans le même sens que la voie moderne ; d'où il suit, pour le remarquer en passant, que la modeste rue Sainte-Hélène serait très authentiquement la plus ancienne de la cité lyonnaise.

La place Saint-Michel franchie, arrêtons-nous devant les murs construits par le marchand de meules à qui la continuation de la rue Sainte-Hélène doit son nom de rue Martin. Je laisse encore ici la parole à M. de Boissieu :

« Au mois de juin de l'année 1829, des ouvriers creusant les fondations de la maison Martin, à l'angle de la rue Sainte-Colombe et de la place Saint-Michel, mirent à découvert un chapiteau, des bas-reliefs, des fragments de sculpture en marbre de Paros, et un certain nombre de gros blocs de choin qui ont dû faire partie d'un édifice antique. Parmi ces matériaux se rencontrèrent deux bases destinées à recevoir des statues et faisant lire sur leur face principale des inscriptions en l'honneur de personnages qui avaient accepté le patronage d'importantes corporations. » Artaud (1), en enregistrant cette découverte, a noté « que les blocs qui ont supporté les bases de ces statues se voyaient encore sur place, dans l'état où ils étaient jadis : les piédestaux seuls se trouvaient renversés et détachés à peu de distance de cet endroit (2). » Si « les blocs qui ont supporté les bases des deux statues se voyaient encore sur place, dans l'état où ils étaient jadis, » la conséquence ne saurait être éludée : c'est en ce lieu même que la communauté gauloise avait érigé la statue de Minthatius Vitalis, Lyonnais, patron des nautes de la Saône, des chevaliers romains, des sévirs, des utriculaires, des *fabri*, et celle d'Apronius Raptor, décurion de la cité de Trèves, patron des nautes de la Saône et des marchands de vin de Lugdunum. Ces deux statues faisaient donc partie des monuments que la reconnaissance des trois provinces dressait à quelques-uns de leurs enfants, sur le terrain où se rassemblait chaque année l'élite des soixante peuples fondateurs.

Un passage de M. de Boissieu fait très bien ressortir la force que l'agglomération sur un seul point de tant d'inscriptions et de monuments semblables prête aux traditions d'Ainay : « A défaut, dit-il, de textes contemporains, on a exhumé de notre sol un grand nombre de monuments épigraphiques concernant les prêtres attachés à notre autel national. Des légendes honorifiques, des bases de statues, votées par les trois provinces de la Gaule, ont conservé jusqu'à nous la mémoire de hauts dignitaires et de personnages considérables qui avaient bien mérité soit des villes et des corporations dont ils avaient le patronage, soit de la communauté gauloise tout entière. Ces inscriptions découvertes exclusivement dans la presqu'île formée par la réunion de nos fleuves, et toujours sur les rives de la Saône, jettent quelque lumière sur la circonscription de notre territoire à l'époque romaine. On est amené à reconnaître qu'il était la

(1) Artaud, *Lyon souterrain*, p. 169.
(2) *Ainay, son autel*, etc., p. 65.

propriété des peuples des trois Gaules, puisque ce sont eux qui, sans l'intervention d'aucune autre autorité, sans aucune concession de terrain faite par une curie quelconque, ont érigé ces monuments sur le lieu même où se tenaient leurs assemblées annuelles, leurs foires et leurs marchés, où se célébraient les jeux et les fêtes en l'honneur de la divinité impériale. Cet ensemble de titres homogènes retrouvés sur une même zone, détermine et circonscrit les limites dans lesquelles s'aperçoit l'action de la communauté gauloise. A proprement parler, ces titres n'appartiennent pas au temple d'Auguste, mais ils se rattachent à la fois à son culte et à la glorification des hommes qui avaient honoré le pays. Ils constituent une sorte de Panthéon dont la divinité augustale occupe le sommet (1). »

J'arrive au terme de ma démonstration. Il y a dans la question du temple de Lugdunum un point capital que je n'ai pas encore touché. Tite-Live a écrit du vivant même d'Auguste : « Un autel fut dédié à César au confluent de l'Arar et du Rhône. *Ara Cæsari ad confluentem Araris et Rhodani dedicata* (2) ; » et, dans la suite, les inscriptions gallo-romaines signalaient, comme un titre d'honneur suprême, le sacerdoce de la divinité augustale exercé « au confluent de l'Arar et du Rhône, *ad confluentes Araris et Rhodani.* » Si donc nous parvenons à prouver qu'au temps des Romains, de même qu'au siècle dernier, nos deux rivières se réunissaient au dessous d'Ainay, on ne pourra plus nier que là ne s'élevât l'*Ara lugdunensis.* La proximité du confluent est ici la pierre de touche de la vérité.

Aussi n'est-il rien que nos adversaires n'aient tenté pour s'emparer d'une arme dont ils ont senti toute la puissance. C'est, j'en ai dit plusieurs fois la raison, c'est à la fin de ce premier volume que nous pèserons les systèmes créés par les néo-archéologues de notre ville tant sur l'emplacement de l'autel d'Auguste que sur le point de jonction du Rhône et de la Saône, et

(1) *Ainay, son autel*, etc., p. 54 et suiv.
(2) Sommaire du 137e livre de Tite-Live ; *Epitome* de Florus.

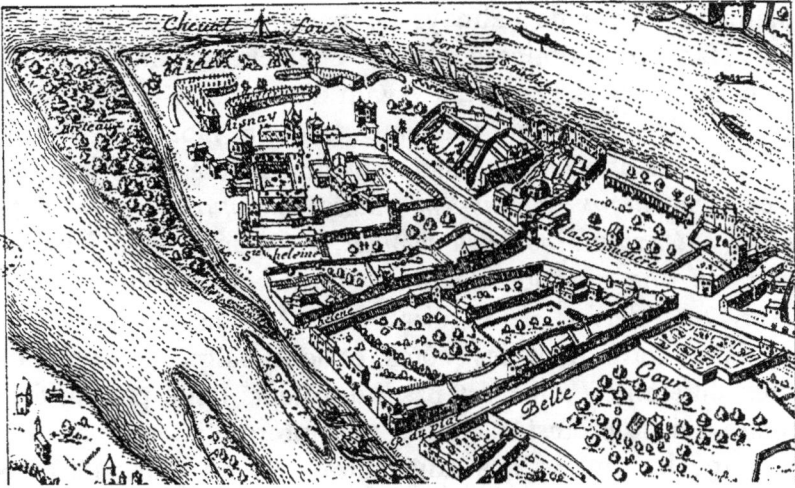

cette étude, nous l'espérons, édifiera nos lecteurs sur la valeur
réelle de ces conquêtes scientifiques dont les novateurs lyonnais
font si grand bruit. Actuellement, je ne dépasserai pas, en fait
de preuves, l'essentiel, l'indispensable.

Deux témoignages d'un grand poids vont établir que, sous
les empereurs romains et depuis, les moines d'Athanacum habi-
tèrent toujours, non une île, comme on l'a dit faussement, mais
une véritable presqu'île qui s'étendait sans interruption de leur
monastère à la colline de Saint-Sébastien.

Les Bollandistes publièrent en 1658 un document historique
jusqu'alors enseveli dans la bibliothèque d'un monastère dont
l'origine remontait à l'an 440 environ ; c'est la Vie de saint
Romain, fondateur de l'abbaye de Saint-Claude en Franche-
Comté. Dans cette notice écrite au ve siècle par un des disciples du Saint, nous lisons : « Avant d'embrasser la profession
religieuse, Romain avait conversé avec un moine vénérable
nommé Sabin, abbé du monastère lyonnais situé entre les deux
fleuves : *quemdam venerabilem virum, Sabinum nomine, lugdunensis interamnis abbatem viderat.* » Ce mot nous jette en
plein dans une question de pure latinité. *Interamnis, entre-
rivières, interfluvial,* ne se disait chez les anciens que d'une
ville, d'une terre dont les côtes étaient baignées par deux
rivières différentes : il n'est pas un auteur latin, pas un dictionnaire qui ne protestât contre une interprétation contraire.
Si, comme le veulent nos adversaires, un ou plusieurs confluents avaient coupé la presqu'île en amont d'Ainay, les deux
fleuves étant désormais confondus, la formule descriptive à
employer pour le couvent de saint Badulphe devait être la
même qu'on trouve incessamment répétée dans l'histoire d'une
abbaye voisine, celle de l'Ile-Barbe : « *Monasterium Insulæ
Barbaræ situm in medio Araris fluvii; le monastère de l'Ile-
Barbe situé au milieu des eaux de la Saône* (1). » Les auteurs de
la *Gallia christiana* ont remarqué, à l'occasion de la Vie de saint
Romain, que très souvent, *sæpius,* l'abbaye d'Ainay fut dési-

---

(1) *Masures de l'Ile-Barbe,* par le P. le Laboureur, très fréquemment.

gnée par la seule épithète *interamnis* (1) ; les Pères Mabillon
et Lecointe affirment également que l'expression *lugdunensis
interamnis* ne peut s'entendre que d'Ainay. Mais si Mabillon,
Lecointe, le chroniqueur de Saint-Claude et la *Gallia christiana*
disent vrai, si le surnom d'*interamnis, interfluvial,* était la désignation propre du couvent de saint Badulphe ; comme, d'autre
part, on n'a jamais nié qu'il n'y eût un confluent en aval du
monastère, là se trouvait donc l'unique, le vrai confluent, et le
temple d'Auguste était bien sur l'emplacement d'Ainay.

Je citerai en second lieu une pièce appartenant à l'ère carlovingienne ; c'est un diplôme du fils de Boson, Louis surnommé
l'Aveugle, roi de la Bourgogne Cisjurane. Quand Louis, en 892,
transfère à l'église métropolitaine la possession des biens d'Ainay, il fixe, relativement à la Saône, la situation de l'abbaye.
La place-t-il au delà ou en deçà de la rivière ? Le texte sera,
dans le présent débat, un arrêt décisif. Mais, avant tout, il faut
que, moi-même, je désigne le quartier de notre ville où se trouvait alors le siège du pouvoir royal ; il faut que je dise comment
le souverain de la Cisjurane devait s'orienter par rapport au
confluent : pour cela une explication est indispensable.

Boson, déjà duc de Provence, fut nommé par l'empereur
Charles le Chauve, son beau-frère, comte du Lyonnais, mais
seulement pour la partie qui s'étend à gauche de la Saône ; tandis que Guillaume, tige des comtes de Forez, recevait le même
titre pour la partie située par delà la rive droite de la rivière.
Boson commandait au Lyonnais oriental, Guillaume au Lyonnais occidental, et la Saône servait de limite aux deux provinces. Lyon se trouvait ainsi divisé en deux parts dont chacune
avait son gouvernement : à l'est, la colline Saint-Sébastien et
la presqu'île ; à l'ouest, les quartiers de Vaise, de Saint-Paul,
de Saint-Irénée. Après l'élévation de Boson à la dignité royale,
sauf les enclaves qui, à d'autres titres, pouvaient appartenir à
l'une ou à l'autre des deux puissances, les deux comtés créés
par Charles le Chauve restèrent distincts et séparés. C'est

(1) *Gallia christiana,* IV, p. 234.

pour cela qu'à la mort de Boson, lorsque son royaume fut divisé
en Bourgogne Transjurane et Cisjurane, la Transjurane resta
bornée à l'ouest par la Saône, tandis que la Cisjurane continuait
d'avoir la Saône d'abord, puis le Rhône pour limite occidentale.
Ce point d'histoire bien défini, des pentes de la Croix-Rousse,
où s'élevait le palais des rois de la Bourgogne Cisjurane,
tournons-nous vers la pointe de la presqu'île. Le diplôme de
Louis l'Aveugle dit textuellement : « ... Nous avons accordé
à l'église métropolitaine du Bienheureux protomartyr saint
Etienne,... en dehors des remparts de la cité, l'église Saint-
Laurent avec le petit bénéfice qui en dépend ; *en deçà de la
Saône*, l'abbaye de Saint-Martin qu'on appelle Athanacum, y
compris la totalité des biens appartenant à la dite abbaye.
*Concessimus ecclesiæ beatissimi protomartyris Stephani lugdu-
nensi..... foris murum ipsius civitatis, ecclesiam S. Laurentii
cum beneficiolo ad ipsam pertinente ; cis Ararim vero, abbatiam
S. Martini quæ Athanacus vocatur, cum omnibus sub integritate
ad ipsam abbatiam pertinentibus* (1). »

Nous avons là un texte formel : par rapport à la Croix-
Rousse, l'abbaye de Saint-Martin était située *en deçà de la
Saône, cis Ararim*. Qu'en disent les néo-archéologues ? Sou-
tiendront-ils encore que le confluent était en amont d'Ainay,
qu'Athanacum formait une petite île perdue à l'extrémité d'une
langue de terre que les deux fleuves réunis et confondus couvraient à demi ? Si telle eût été la forme de la presqu'île, les
ministres de Louis l'Aveugle se seraient, évidemment, servis de
l'expression la plus fausse. Or, qu'on lise la pièce entière ; on
reconnaîtra avec quelle précision rigoureuse le donateur désigne
et circonscrit chacune des propriétés concédées, par exemple,
cette église Saint-Laurent attenante à celle de Saint-Paul, et
placée par là même, ainsi qu'il est dit, « en dehors des remparts » de la cité bourguignonne. L'indication qui a trait au
monastère d'Athanacum ne prête à aucune ambiguité. Elle

(1) *Ex schedis Jac. Sirmondi. — Baluzii Miscell.,* l. 11, p. 153. — Dom
Bouquet, *Rerum gallicarum et franc. Scriptores,* t. IX, p. 674. — Monfalcon.

est donnée par les premiers administrateurs du royaume, lesquels, sans doute, connaissaient la configuration du pays qu'ils habitaient et qu'ils gouvernaient ; elle est, de plus, conforme à l'opinion unanime des historiens lyonnais jusqu'à nos jours : nulle argutie ne prévaudra contre ces raisons. Nos adversaires ne s'attendaient pas, sans doute, qu'un roi oublié de la Cisjurane, après avoir été le spoliateur du couvent de saint Badulphe, viendrait, au XIXe siècle, par l'ordonnance même qui priva les religieux de leurs biens, appuyer nos traditions de son irrécusable témoignage.

Je m'arrête ; quatre sources diverses de preuves suffisent, sans doute, à déterminer chez tout esprit impartial l'assentiment aux traditions d'Ainay.

D'abord, Ainay, soit par le culte populaire de saint Pothin, de sainte Blandine et des Quarante-huit martyrs, soit par les prérogatives dont il jouissait dans la solennité patriotique du 2 juin, fut universellement reconnu pour avoir été le théâtre des grands triomphes religieux de l'an 177 : l'humble abbaye remplaçait donc l'autel de Rome et d'Auguste.

Ce que fait présumer le culte rendu aux premiers Confesseurs de Lugdunum, le témoignage humain le confirme. Du jour où notre histoire nationale prit naissance jusqu'aux temps modernes, les Lyonnais, par la plume de tous leurs écrivains, ont répété avec Grégoire de Tours : « Le lieu où souffrirent ces héros de la foi s'appelle Athanacum ; c'est pour cela que les martyrs eux-mêmes ont reçu le surnom d'Athanaciens. »

L'archéologie, de son côté, proclame l'ancienne splendeur d'un quartier où l'œil étonné n'aperçoit qu'un parterre de mosaïques d'une magnificence inouïe.

Enfin, le moyen-âge, en nous apprenant que nos deux rivières eurent, avant comme après la chute de la puissance romaine, leur confluent à l'endroit même où il se trouvait encore au dix-huitième siècle, assigne au territoire d'Ainay le monument dont Tite-Live a raconté l'érection : « On dédia un autel à César près du confluent de la Saône et du Rhône. *Ara Cæsari ad confluentem Araris et Rhodani dedicata.* »

Ce premier chapitre a fixé la scène où va s'accomplir le drame d'Athanacum; les acteurs qui doivent y figurer, les circonstances qui en relèveront l'éclat, voilà ce qu'il nous faut exposer présentement.

CHAPITRE II

AVANT LA LUTTE

Nécessité d'un exposé préliminaire de l'état religieux de la contrée avant le récit du martyre des Quarante-huit Confesseurs. — La foi chrétienne a pénétré en Gaule par le midi, mais lentement. — Vienne. — Mission asiatique : saint Pothin envoyé par saint Polycarpe vers l'an 135. — Preuves de l'origine grecque de notre Église. — Premier sanctuaire de Lugdunum. — Causes qui favorisèrent le développement du Christianisme. — Sagesse de l'enseignement chrétien au point de vue social. — La haine des païens se rallume sous Marc-Aurèle. — Décennales et quinquennales. — Temple d'Antonin, sa position. — Les chrétiens se préparent au martyre. — Pourquoi l'auteur, avant d'aborder son sujet, doit prouver que le paganisme régnait en maître dans le nord de la Gaule. — Deux opinions en présence : la légende et l'histoire. — Témoignages historiques de nos premiers siècles : tous affirment que le centre et le nord de la Gaule ne furent pas évangélisés avant le martyre de saint Pothin. — Les sept évêques envoyés en 250 par saint Fabien sont les véritables apôtres de la Gaule Celtique. — Raison fondamentale en faveur du récit de Grégoire de Tours. — Jugements des hagiographes du xvıı° siècle. — *Inscriptions chrétiennes de la Gaule*, par M. le Blant.

J'AI reconstitué aussi fidèlement qu'il m'a été possible la configuration des lieux où doivent se passer les grandes scènes d'Athanacum ; entrons maintenant dans l'intérieur de la célèbre colonie de Plancus. L'état religieux de Lugdunum à l'heure où commence notre récit, les forces respectives du Christianisme et du paganisme, soit dans la cité, soit dans la

5

Gaule entière, sont des points que nous devons connaître; car,
par là seulement, nous pourrons juger des effets qu'eut pour la
conversion des peuples gaulois l'héroïsme des premiers martyrs
de Lyon. Dans ce but, il est nécessaire d'esquisser en quelques
traits la marche et les progrès de la foi dans notre patrie.

La Méditerranée mettait la Gaule en communication avec
Rome où Pierre venait d'établir le siége de la vérité, avec les
côtes de l'Asie, la Grèce, les îles de l'Archipel, qu'ébranlait la
voix de l'Apôtre des nations, avec la Judée, d'où le Rédempteur, avant d'expirer, avait poussé sur la croix le cri victorieux
qui appelait tous les peuples au salut : c'est par les rivages de
la Provence que les premiers messagers de l'Evangile péné-
trèrent dans nos contrées. Dès l'aurore de l'ère chrétienne,
saint Pierre envoyait Trophime dans la cité d'Arles ; Lazare
de Béthanie fondait l'Eglise de Marseille, et Maximin, disciple
du Sauveur, celle d'Aix en Provence. Beaucoup ont cru, sans
que ce fait soit jamais sorti des limites de la controverse, que
l'Apôtre des gentils établit évêque de Narbonne Sergius Paulus,
de proconsul romain devenu le compagnon des courses apostoliques de saint Paul. D'autres tentatives furent faites sans
doute sur divers points; mais l'orgueil du Gaulois, son humeur
railleuse, son exaltation innée, son attachement opiniâtre aux
superstitions de son pays (1), opposèrent aux dogmes nouveaux
une barrière longtemps insurmontable ; et même dans la Narbonnaise où, cependant, il avait pris racine, le Christianisme,
comme paralysé dans sa force habituelle d'expansion, n'attei-
gnit que d'assez faibles développements.

Dans les lettres échangées au ive et au ve siècle entre les
papes et les évêques de la province d'Arles, de part et d'autre
il est affirmé que l'Evangile ne fut pas annoncé simultanément
dans les Gaules dès l'origine du Christianisme ; mais que, des
régions méridionales, la vérité se répandit lentement et difficilement dans le centre, le nord et l'ouest. « Le Siége apostolique,

_____

(1) « Natio est omnium Gallorum admodum dedita religionibus. »
Cæsar de bello Gall., l. vi, c. 16.

dit le pape Zosime, envoya le grand pontife Trophime dans la ville d'Arles : ce fut la source d'où la foi coula sur toutes les Gaules en faibles ruisseaux. » Et les évêques de la province d'Arles disent de leur côté : « C'est une chose connue de la Gaule entière, et la sainte Eglise de Rome ne l'ignore pas, que la ville d'Arles a mérité, la première d'entre les cités gauloises, d'avoir pour évêque saint Trophime, envoyé par le bienheureux apôtre Pierre, et que, de là, le bien de la foi et de la religion s'est étendu peu à peu dans les autres contrées des Gaules (1). »

Entre le midi et la cité de saint Pothin nous rencontrons Vienne, qui doit fournir plusieurs combattants à la glorieuse troupe de nos martyrs : l'histoire de cette Eglise, sœur de la nôtre, nous intéresse presque au même degré que celle de Lugdunum.

Est-il vrai que saint Paul ait envoyé à Vienne, ville riche alors et populeuse, un de ses disciples, Crescent, qui en serait le premier évêque ? Je n'ose me prononcer là-dessus. L'un des plus savants Bollandistes, le P. Henschenius, n'a pas cru devoir émettre un avis personnel sur l'apostolat de Sergius Paulus à Narbonne (2) ; combien plus la prudence commande-t-elle de s'abstenir au sujet de saint Crescent qui, de l'aveu de tous, mourut en évangélisant la Galatie ? Toutefois, l'autorité de saint Adon, fortifiée des lettres de plusieurs papes, donne un poids réel aux prétentions viennoises. Adon fit des questions hagiologiques l'occupation de sa vie entière ; ses nombreux voyages en France, en Allemagne, en Italie, n'eurent d'autre but que de recueillir des notes exactes pour son martyrologe, et, durant

---

(1) « Ad quam Arelatensem urbem primum ex hac sede Trophimus, summus Antistes, ex cujus fonte totæ Galliæ fidei rivulos acceperunt, directus est. » Epist. Zosimi ad episc. Gall. Sirmond, Conc. antiq. Gall., t. 1, p. 42. — « Omnibus gallicanis regionibus notum est, sed nec sanctæ Romanæ Ecclesiæ habetur incognitum, quod prima intra Gallias Arelatensis civitas missum à B. Petro apostolo S. Trophimum habere meruit sacerdotem, et exinde aliis paulatim regionibus Galliarum bonum fidei et religionis infusum. » Preces episc. prov. Arelat. ad Leonem papam. — Sirmond, ibid., p. 80.

(2) Ad diem xxii martii, p. 371 et seq.

le séjour de cinq années qu'il fit à Rome, le docte Bénédictin put consulter à loisir les archives pontificales dont la formation remonte, on le sait, au premier siècle de l'ère chrétienne.

Je dois convenir aussi que les historiens ecclésiastiques diffèrent d'opinion sur les successeurs immédiats de saint Crescent; mais, ici encore, de tous les annalistes Adon est, à nos yeux, le plus croyable. On ne saurait douter, en effet, qu'une fois archevêque de Vienne, il n'ait mis tout en œuvre pour dresser le tableau vrai des origines de sa propre Église, et la preuve qu'il avait foi dans l'exactitude de ses recherches c'est qu'il les a consignées dans sa *Chronique,* abrégé de l'histoire du monde, auquel, même aujourd'hui, les écrivains consciencieux sont obligés plus d'une fois de recourir. C'est donc avec une confiance réelle, bien qu'elle ne soit pas absolue, que je puise dans la Chronique du saint archevêque des indications rapides sur une époque dont nul autre document n'é claire l'obscurité.

Crescent, avant de retourner en Asie, se choisit pour successeur Zacharie qui, sous l'empereur Trajan, remporta dans une vieillesse avancée la palme du martyre. Après Zacharie viennent saint Martin, disciple des Apôtres, et saint Verus, grand par sa science et par sa fermeté inébranlable dans les tourments. Le cinquième évêque, Justus, après avoir longtemps édifié son peuple par ses vertus, souffrit sous le règne de Marc-Aurèle un long exil et enfin la mort, quelques années avant la première persécution lyonnaise (1).

(1) A dater du xviiᵉ siècle, les histoires ecclésiastiques ont mentionné à Vienne, sous l'épiscopat de Justus, la mort de plusieurs martyrs dont l'un des futurs confesseurs de l'autel d'Auguste, le célèbre Attale, aurait en 166 porté le récit au pontife romain. Il serait revenu de Rome avec deux lettres du pape saint Pie, pleines d'éloges pour la magnanimité des martyrs viennois. Ces documents ont une grande importance historique en ce qu'ils modifieraient le sens du texte fameux de Sulpice Sévère, affirmant qu'avant Marc-Aurèle il n'y avait pas eu de persécution dans les Gaules, *tum primum intra Gallias martyria visa.* Je dois sur ce point une explication à mes lecteurs.

Les lettres de Pie Iᵉʳ à Justus de Vienne, complètement inconnues jusque-là, furent découvertes et publiées par Jean Dubois, Parisien de

La force vitale qu'avait dû conserver l'Eglise de saint Crescent nous porte à croire que, jusqu'à l'arrivée de saint Pothin, le clergé viennois se fit un devoir de prêter assidûment le secours de son ministère au peu de fidèles, étrangers pour la plupart, qui vivaient disséminés dans l'enceinte de Lugdunum. Ainsi, déjà les deux Eglises tenaient l'une à l'autre par les liens d'une tendre charité avant que ces nœufs fussent resserrés pour jamais par la fraternité de l'héroïsme au fond des cachots ténébreux, sous la morsure des tenailles de fer, sur l'arène sanglante, en face des tigres et des lions.

Suivant une tradition conservée autrefois dans les chrétientés de l'Asie Mineure, saint Jean l'Evangéliste aurait annoncé à l'un de ses jeunes lévites nommé Pothin qu'un jour il défricherait au delà des mers le sol gaulois, champ épineux dont le Père de famille confiait la culture à son dévouement (1). Cette pré-

naissance, qui, sur la fin du xvɪᵉ siècle, chercha au couvent des Célestins de Lyon un port après les orages d'une vie extrêmement agitée. Bientôt il entreprit d'écrire sur les antiquités viennoises parmi lesquelles il rangea les deux lettres pontificales dont il est ici question. Elles paraissaient à peine, que Baronius les enregistrait dans ses *Annales de l'Eglise;* depuis, on les a généralement acceptées sur la foi de Baronius. Or, le P. Ménestrier, dans son *Histoire ecclésiastique de Lyon,* œuvre restée manuscrite, attaque très vivement l'authenticité de ces pièces qu'il repousse comme apocryphes; à ses yeux, Dubois n'est qu'un faussaire sans pudeur. Voici le début de sa longue réfutation : « Le Célestin du Bois qui veut que ce soit notre Attale qui ait porté des lettres du pape Pie à Juste, évêque de Vienne, l'an de Jésus-Christ 164 ou, selon le cardinal Baronius, l'an 166, nous jetterait encore dans de grands embarras si je ne faisais voir que ces deux lettres rapportées par Baronius sont des lettres supposées dont je soupçonne du Bois d'avoir été lui-même le fabricateur. Elles portent tant de caractères de fausseté qu'on ne peut s'étonner assez que d'habiles gens les aient reçues comme légitimes, sans apercevoir ces signes d'une imposture manifeste. » (T. I, saint Pothin, p. 255-276.) Dans l'impossibilité où je me vois d'analyser la dissertation de Ménestrier, j'ai cru du moins devoir la faire connaître. Il serait très souhaitable que ce procès fût repris et qu'un juge éclairé, impartial, prononçât entre l'accusateur et l'accusé. Le sujet est digne assurément d'exercer la sagacité de l'hagiographe, de l'historien religieux.

(2) Au témoignage de saint Jérôme, le Disciple Bien-aimé mourut l'an de Jésus-Christ 101. Saint Pothin expira plus que nonagénaire en

diction a pu sortir des lèvres du prophète de l'Apocalypse; au fond, elle n'était pas nécessaire pour diriger vers nous le zèle des admirables ouvriers évangéliques formés alors dans les Egl... .s de Smyrne et d'Ephèse. Depuis qu'une colonie de Phocéens avait fondé sur la côte gauloise une ville florissante, insensiblement, la vallée du Rhône, de Marseille à Lugdunum, s'était peuplée de Grecs qu'enrichissait un commerce actif entre l'Asie et l'intérieur de la Gaule. Que ces trafiquants fussent ou non chrétiens, les évêques du littoral asiatique ne pouvaient manquer d'étendre leur sollicitude pastorale sur des compatriotes qu'ils regardaient comme une portion du troupeau dont ils auraient à répondre au tribunal de Dieu. Or, la capitale des Gaules n'avait pas encore de pontife catholique, et le nombre des Grecs qui figurent parmi les Confesseurs de l'autel d'Auguste indique assez pourquoi, de Smyrne dont il occupait le siège, saint Polycarpe prit si vivement à cœur les intérêts spirituels d'une grande cité qui n'était plus étrangère à l'Asie.

Polycarpe, disciple de saint Jean, gouverna l'Eglise de Smyrne de l'an 97 à l'an 169 : son administration fut si utile aux âmes qu'on a douté si le nom de Polycarpe (*qui porte beaucoup de fruits*) n'était pas un surnom donné au saint par allusion à la merveilleuse fécondité de son apostolat. Témoin des âges anciens, il avait connu plusieurs de ceux qui vécurent avec le Sauveur. C'est lui qui vint à Rome, au nom des évêques d'Orient, conférer avec le pape Anicet, relativement aux disputes que soulevait déjà la diversité des usages dans la célébration de la Pâque. Polycarpe avait en quelque sorte succédé à saint Jean, comme lui modèle, oracle et pasteur suprême des Eglises d'Asie. Les Lyonnais lui doivent ces puissants prédicateurs de l'Evangile à qui le ciel réservait la gloire de forcer les portes de la Gaule Celtique et d'y préparer le triomphe complet de la foi. Il consacra évêque un de ses prêtres les plus éminents,

177; il avait donc pu vivre auprès de saint Jean jusqu'à sa quinzième ou seizième année. V. l'*Hagiologium lugdunense* du P. Théoph. Raynaud, p. 78.

Pothin que d'autres ont appelé Photin (1), et l'envoya dans
notre ville avec des coopérateurs d'élite de qui les noms sont
malheureusement ignorés. C'est, pensons-nous, sous le règne
d'Hadrien, vers l'an 135, quand l'évêque de Lugdunum atteignait sa cinquantième année, qu'il passa pour la première fois
inconnu, pauvre, le bâton du voyageur à la main, devant ces
temples d'où la parole divine allait bientôt chasser les faux
dieux, devant cet immense forum, ce palais impérial, tous ces
monuments superbes qui ne devaient plus recevoir, au bout de
deux siècles, qu'un peuple et des gouverneurs chrétiens (2).

Le fait de la fondation de notre Eglise par une mission grecque est attesté par Grégoire de Tours et par tous nos historiens ;
s'il pouvait rester sur ce point quelque doute, il disparaîtrait
devant les preuves que fournissent les Actes du martyre de saint
Bénigne de Dijon, envoyé peu après par l'évêque de Smyrne,
en compagnie de saint Irénée et des saints Andoche, Thyrse et
Andéol. Suivant les Actes primitifs de saint Bénigne, Actes
antérieurs de beaucoup à Grégoire de Tours, le saint interrogé
sur son pays, répond : « C'est de l'Orient que nous sommes
venus, mes frères et moi, sur l'ordre de saint Polycarpe, *ab
Oriente venimus, ego et fratres mei, a sancto Polycarpo missi.* »

---

(1) Ποθεινός, *aimable, désirable* ; φωτεινός, *lumineux.* Eusèbe de Césarée,
saint Jérôme, Photius, Nicéphore Calliste et d'autres auteurs non moins
anciens donnent à l'envoyé de saint Polycarpe le premier de ces deux
noms qui semble être le véritable. Grégoire de Tours, Adon de Vienne,
les rituels de l'Eglise de Lyon, les missels de l'abbaye d'Ainay appellent
toujours notre saint Photinus.

(2) Je ne fais que me conformer ici au sentiment du P. Ménestrier qui
dit dans son *Histoire ecclésiastique* manuscrite : « C'est ce temps (sous
Hadrien) que je regarde comme l'époque la plus apparente de l'établissement du Christianisme dans Lyon. » Hadrien mourut en 138. Ceux qui
ne font arriver saint Pothin dans notre ville qu'en 150, ont-ils réfléchi
qu'une mission aussi laborieuse ne pouvait guère être confiée à un vieillard de 67 ans ? Prenons garde aussi que l'action du Saint fut nécessairement ralentie par les précautions extrêmes qu'il était forcé de prendre
et par le mystère profond dont il dut l'envelopper : dès lors il semble
qu'un épiscopat de quarante ans répondrait bien mieux à la grandeur
des résultats obtenus.

« On trouve, dit M. l'abbé Bougaud, la même réponse dans
toute la série des monuments qui concernent saint Bénigne. Il
en est de même de tous les Actes de ses compagnons et de ses
disciples. Nous connaissons quatre ou cinq Vies de saint Andoche, écrites à différentes époques. Eh bien, quelle est dans tous
ces manuscrits la réponse des saints martyrs ? La voici toujours
la même : *Orientales homines sumus, a sancto Patre nostro Polycarpo missi.* C'est aussi ce que répond saint Andéol, l'apôtre
de Viviers : *De partibus Orientis, ab episcopo smyrnensi, in
istam provinciam cum dominis et patribus meis missus sum* (1).

C'est donc au zèle des disciples de saint Jean que Lyon a dû
d'entendre la parole de vie longtemps avant les provinces sep-
tentrionales de la Gaule Celtique. L'envoyé de saint Polycarpe
choisit pour l'exercice de son ministère sacré la partie supérieure
de notre presqu'île. A cette époque, l'espace entre les deux rivières

---

(1) *Etude historique et critique sur la mission de saint Bénigne...* par
M. l'abbé Bougaud, p. 36. — Plusieurs écrivains veulent que saint Bénigne et d'autres compagnons de saint Irénée soient venus non d'Asie,
mais de Rome ; car, disent-ils, leurs noms latins prouvent qu'ils n'étaient
pas originaires de la Grèce ; cet argument est sans aucune valeur. Au
temps de saint Polycarpe, l'unité de l'empire avait mêlé les deux races
grecque et latine assez pour que les noms n'offrissent plus guère qu'une
présomption par rapport à l'origine des individus : M. de Champagny
établit ce fait par une foule d'exemples dans son *Histoire des Césars.*
Notre docte helléniste, M. Egger, questionné au sujet de saint Bénigne
par M. l'abbé Bougaud, lui répondait : «... En général, il ne faut pas,
dès le premier siècle de l'ère chrétienne, conclure, du nom grec ou
romain, à la nationalité. Rien ne serait plus trompeur. Vous remarque-
rez que la plupart des écrivains grecs de l'empire portent des noms
romains. » Et, de fait, ne rencontrons-nous pas au nombre des Pères
grecs l'apologiste saint Justin, Clément d'Alexandrie, Quadratus, évêque
d'Athènes ? Parmi les chrétiens d'Orient, que de Marcus, de Caïus, de
Clément, de Victor, de Félix, dans les épîtres de saint Paul ou de saint
Jean, dans l'Apocalypse, dans le martyrologe d'Eusèbe ? Et comme on
prenait en Orient des noms latins, on en prenait de grec en Occident. A
Autun, le fils de Faustus et d'Augusta, martyrisé sous Marc-Aurèle, porte
le nom grec de Symphorien. A Langres, sainte Léonilla, sœur de Faustus,
a pour petits-fils les trois saints jumeaux Speusippe, Eleusippe et Mélasippe. Déjà, dans une note sur saint Bénigne, Tillemont avait posé le
principe qu'en ces matières, les noms ne sauraient trancher la difficulté.
(*Mémoires.* T. III.)

avait beaucoup plus d'étendue, car le Rhône descendait directement sur Villeurbanne et ne se rapprochait de la cité qu'à la
pointe d'Athanacum, où les deux fleuves réunissaient leurs
eaux (1). Entre les monuments voisins de l'autel d'Auguste et
le pied de la colline de la Croix-Rousse, le terrain à peu près
abandonné était partout couvert de touffes d'arbres et de saulaies épaisses, parmi lesquelles on apercevait seulement de
temps à autre quelques huttes de pêcheurs. C'est là que le plus
ancien sanctuaire de notre ville fut érigé dans l'humble demeure
d'un chrétien gaulois ou d'un compatriote du saint pontife, au
lieu même où se trouve aujourd'hui la crypte de Saint-Nizier.
Saint Pothin le plaça sous la protection particulière de Marie :
on reconnaît bien, à ce trait, le disciple de l'apôtre à qui le
Sauveur en croix confia sa mère avant de rendre le dernier
soupir. Ce fut, disait le pape Innocent IV dans un bref adressé
au Recteur et aux clercs de Saint-Nizier, le premier autel que la
piété chrétienne ait consacré à la très sainte Vierge au delà des
monts. Certes, si la Reine du ciel eut rarement sur la terre un
trône plus modeste, rarement aussi elle reçut des hommages
plus fervents et plus purs.

Il semble que la divine Providence eût marqué l'heure de

---

(1) « Le Rhône, dit Ménestrier, a coupé le terrain qui est le long du
rempart d'Ainay et qui fait à présent une île, depuis que ce fleuve, qui
avait son lit au dessous de Villeurbanne, s'en est creusé un nouveau le
long du boulevard Saint-Clair, où il a détruit un ancien grand chemin,
et un aqueduc qui servait à l'entretien du canal des Terreaux, et dont
on ne voit plus que quelques débris renversés dans le Rhône au dessous
de la Croix-Rousse. » (Hist. de l'Église de Lyon, ms. T. II, p. 208.) On
peut, du reste, s'assurer de ses propres yeux que le Rhône a longtemps
coulé près de Villeurbanne. Sous les murs du cimetière de cette commune, au lieu qu'on appelle aujourd'hui les Balmes viennoises, se
dessine la berge élevée d'un grand fleuve : l'ancien fond, rebelle encore
à la culture, porte les traces visibles du courant impétueux qui l'a tour-
menté durant plusieurs siècles. L'église de Saint-Julien de Cusset,
noyau primitif de la paroisse de Villeurbanne, fut, originairement, une
simple chapelle bâtie par les mariniers de la localité, sur un mamelon
au pied duquel un tournant subit de la rivière formait un passage des
plus périlleux.

l'arrivée du saint évêque à Lugdunum, tant les circonstances y favorisèrent le développement de la foi jusqu'au jour de la terrible persécution que nous aurons à décrire. Hadrien, nous l'avons dit, laissa les serviteurs du Christ en paix ; à plus forte raison, le premier des Antonins, de tous les Césars de Rome païenne le plus modéré, le plus naturellement équitable : ces deux empereurs publièrent même des édits de tolérance en faveur des justes persécutés. Je sais que le bon vouloir des maîtres du monde n'empêcha pas toujours les magistrats d'appliquer contre les chretiens les anciens décrets ; il est certain, toutefois, que, de la mort de Trajan en 117 à l'avénement de Marc-Aurèle en 161, l'Eglise jouit d'une tranquillité relative que depuis longtemps elle ne connaissait pas, et ce calme de quarante années aida singulièrement l'apostolat de saint Pothin.

Ce qui mit plus efficacement encore la chrétienté nouvelle à couvert du glaive des persécuteurs c'est le secret profond qui dérobait son existence à tous les regards. Dans les âges antérieurs, les fidèles n'auraient pu que bien difficilement se dissimuler ainsi : à l'époque où nous sommes arrivés, leur absence des cérémonies idolâtriques était beaucoup moins remarquée. C'est que, chez les Grecs et les Romains du second siècle, le dégoût des fables mythologiques avait introduit une sorte de cosmopolitisme religieux où tous les rites avaient également droit de cité. Chose singulière, sous les Antonins, en Grèce, en Italie, dans l'Occident tout entier, on désertait les dieux du pays pour ceux de l'Orient, et partout s'établissait le culte d'Isis, d'Osiris, de Sérapis, d'Ammon, de la Bonne Déesse, d'Astarté, d'Adonis. A Rome et jusque dans les palais impériaux, c'était la conviction générale qu'il n'y avait plus guère de manifestation sensible de la divinité que dans le temple de la Diane d'Éphèse, devant la statue de Memnon frappée des rayons du soleil levant, ou dans la mystérieuse caverne de Mithra. On conçoit que, dans une grande ville où le polythéisme gaulois, grec et romain se présentait sous mille formes diverses, les magistrats n'aient témoigné aucune surprise de voir des Asiatiques s'abstenir de paraître dans les temples de Jupiter, de Mercure ou de Junon.

D'ailleurs, les préteurs et les proconsuls n'adorent plus maintenant, ils ne craignent plus qu'un dieu, le dieu César (1); presque
toujours le crime des martyrs de l'ère Antonine sera le refus
d'offrir de l'encens au génie des empereurs.

Protégée par son obscurité même, toujours en progrès sous
l'active influence d'un pontife puissant par la parole et par les
œuvres, zélé comme Paul, doux comme Jean l'Evangéliste, la
petite société chrétienne allait croissant en nombre et en ferveur.
Parmi les ministres de l'autel on distinguait surtout Irénée,
alors dans la force de l'âge, orateur aussi éloquent que savant
controversiste, Marcel et son parent Valérien, dignes par leurs
vertus d'unir l'auréole du martyre à celle de l'apostolat. Je crois
pouvoir, à ces noms vénérés, joindre le prêtre Zacharie que la
liturgie lyonnaise, que saint Adon et Grégoire de Tours ont
inscrit sur la liste des Quarante-huit Confesseurs. Celui-ci devait
être un Juif converti au Christianisme et venu de l'Asie Mineure
où quelques villes, Antioche notamment, renfermaient un grand
nombre de Juifs prosélytes. Peut-être aussi, dès la fin du premier
siècle, une famille chrétienne, juive d'origine, aurait émigré de
l'Orient avec Zacharie, successeur de saint Crescent, et de cette
famille seraient issus notre martyr ainsi que le troisième évêque
de Lyon. En dehors du clergé, trois laïques semblent avoir été
les membres les plus marquants de cette assemblée de saints :
Attale de Pergame, à qui la Lettre d'Eusèbe accorde cette
louange singulière « qu'il fut la colonne et l'inébranlable soutien des Eglises de la Gaule, le témoin fidèle et constant de la
vérité; » Vettius Epagathus, Gallo-Romain dont la haute naissance était relevée par tous les talents qui attirent l'estime et la
considération; enfin le médecin Alexandre, né en Phrygie,
« homme pieux et prudent, » qui, « agréable à tous, aimé de
tous, » usait des facilités que lui donnait son état pour répandre
les bons conseils, affermir la foi et faire des conquêtes à Jésus-
Christ.

(1) « Majore formidine et callidiore timiditate Cæsarem observatis,
quam ipsum de Olympo Jovem. » Tertull. Apolog. xxxiii.

La chapelle de la presqu'île ne recevait pas seulement des personnages illustres, elle recevait encore des pauvres et des esclaves, témoin Blandine, l'immortelle héroïne de l'amphithéâtre d'Athanacum ; et ce mélange, inconnu jusque-là, des patriciens avec leurs serviteurs, avec leurs esclaves, démontre avec quelle efficacité le Christianisme travaillait, par la seule diffusion de nos dogmes divins, à délivrer sans danger, sans violence, le corps social des effroyables maladies qui le rongeaient, la lèpre de l'esclavage, l'égoïsme cruel du riche, l'oppression tyrannique du faible par le puissant. Imbus de la doctrine évangélique, les néophytes de Lugdunum n'ont tous, comme les premiers fidèles, qu'un cœur et qu'une âme, sans distinction de rang ni de fortune. Attale, Vettius Epagathus, Epipode et ses nobles parents, la famille non moins illustre du jeune Alexandre, s'agenouillent devant l'image de Marie sur la même dalle que ceux en qui les philosophes d'Athènes et de Rome n'ont vu que des êtres dégradés, nés inférieurs à l'homme libre par toutes les facultés du corps et de l'esprit. Sans doute ces vrais disciples de la Croix se préoccupent assez peu de l'organisation des sociétés, l'amour divin absorbe toutes leurs pensées ; et pourtant, sans y songer, ils donnent un exemple nouveau, l'exemple salutaire de l'égalité de toute créature humaine devant Dieu, principe dont la connaissance abolira chez les nations civilisées par la foi l'orgueilleuse inhumanité du paganisme.

Un jour vint où l'oratoire de la presqu'île ne suffit plus à contenir le troupeau. Sur la colline, dans l'isolement des sépultures gallo-romaines, s'ouvrait une profonde excavation où l'on ne pénétrait qu'avec peine à travers d'épaisses broussailles. Le saint pasteur la fit agrandir, l'appropria aux besoins du culte, et consacra ces nouvelles catacombes sous le vocable de Saint-Jean l'Évangéliste (1). Les catholiques lyonnais du dix-neuvième siècle ont le bonheur de contempler dans les cryptes de Saint-Nizier et de Saint-Irénée les deux premiers sanctuaires érigés au vrai Dieu dans leur ville, ceux-là mêmes où

---

(1) *Grands Souvenirs de l'Église de Lyon*, par D. Meynis, p. 12.

saint Pothin, après avoir durant quarante années d'épiscopat donné les enseignements du salut à ses chers disciples, dut mettre enfin tous ses soins à les fortifier pour les grandes luttes du martyre.

Si, comme nous le remarquions tout à l'heure, le païen du second siècle n'avait dans ses dieux qu'une foi bien incertaine, au fond, il n'en était pas moins obstiné dans son erreur, dans son fanatisme, dans sa haine furieuse de tout ce qui portait le nom de chrétien. La manie déjà très ancienne de s'en prendre de tous les malheurs publics aux adorateurs de la Croix, était restée comme endormie durant les quarante-quatre années de paix et de prospérité que l'empire venait de savourer avec délices ; tout à coup elle se réveille plus vivace que jamais au milieu des calamités qui marquent l'arrivée au pouvoir de Marc-Aurèle et de son collègue Lucius Verus. La guerre, dont les légions s'étaient désaccoutumées depuis Trajan, recommence en Asie d'abord, puis en Germanie. De l'Orient, l'armée victorieuse rapporte la peste qu'elle sème partout sur son passage. En Italie les ravages du fléau sont affreux ; il gagne la Gaule, passe le Rhin, envahit l'empire tout entier. En moins de six ans la famine sévit deux fois sur le monde romain. Aussitôt les cris : mort aux chrétiens ! mort aux impies ! se font entendre sur les bords opposés de la Méditerranée. Sans que les deux Augustes aient publié aucun rescrit nouveau, la persécution se rallume à Rome et dans plusieurs provinces, particulièrement dans les Eglises de l'Asie Mineure. Deux apologies du Christianisme sont adressés directement à l'empereur philosophe : saint Justin et Méliton, évêque de Sardes, en appellent à sa raison, à sa justice, à son humanité. Marc-Aurèle ratifie par son silence les cruautés iniques des persécuteurs ; ceux-ci comprennent qu'ils ont en lui, quoi qu'ils puissent oser, sinon un complice, du moins un approbateur complaisant. D'un autre côté, les chrétiens, dont beaucoup commençaient à se flatter, après un demi-siècle de calme, que l'ère des tortures était finie, raniment leur courage pour le combat. On ne peut douter que, bien des années avant que l'orage éclatât sur leurs têtes, les disciples de saint Pothin n'aient pressenti que plusieurs d'entre eux seraient appelés à rougir de leur sang l'amphithéâtre de Lugdunum.

En effet, outre le frémissement général du paganisme dans tout l'empire, un formidable danger menaçait à Lyon même la nouvelle chrétienté. Ainsi que nous l'avons expliqué, les fidèles pouvaient, sans trop d'inconvénient, se dispenser d'assister à des sacrifices particuliers qui n'attiraient jamais à l'autel de l'idole une foule bien nombreuse, mais il n'était plus possible de se soustraire à une surveillance hostile dès là que les ordres du gouverneur convoquaient indistinctement à des fêtes païennes tous les habitants de la cité.

Drusus avait élevé, près du confluent de nos deux rivières, à Auguste, son père adoptif, un temple desservi par un nombreux et brillant cortége de prêtres. « Je trouve, dit Ménestrier, par quelques inscriptions qui se voient encore à Lyon et dans les provinces voisines, que l'on offrit de semblables sacrifices pour les Antonins, qu'ils eurent des temples et des autels, des prêtres, des pontifes, et que leur maison avait reçu le nom de maison divine. » Bien qu'Antonin le Pieux fût la principale divinité de ce sanctuaire, Marc-Aurèle eut sa part des honneurs décernés à son prédécesseur. Les magistrats, toujours prêts à faire leur cour, décrétèrent qu'on célébrerait à Lugdunum, de dix en dix ans, une grande solennité où tous les citoyens participeraient aux sacrifices offerts pour la vie et la félicité du souverain. Bientôt même, le terme de dix ans sembla trop long et fut abrégé de moitié : c'est ce qu'on appela les décennales et les quinquenna - les des Antonins. Ménestrier conjecture avec beaucoup de vrai- semblance que ces décrets amenèrent la persécution de l'an 177.

« Les décennales de Marc-Aurèle, dit-il, donnèrent occasion à la première persécution des Gaules, parce que c'était la coutume de faire alors de grandes fêtes, des jeux et des festins publics, d'offrir des sacrifices et des vœux, et de faire jurer les peuples par le nom, le génie et la fortune des empereurs. » Il réitère ailleurs son affirmation : « Sous Antonin Pie, l'Église n'eut pas beaucoup à souffrir, du moins dans les régions dont il était éloi- gné ; mais, après sa mort, Marc-Aurèle ne fut pas si réservé, et les gouverneurs qu'il envoyait dans les provinces, plus ardents que lui à maintenir le culte de leurs dieux, et à célébrer les quinquennales et les décennales des Antonins, voyant que les chrétiens évitaient de se trouver à ces fêtes, qu'ils refusaient d'offrir des vœux comme les autres, et de jurer publiquement par la fortune, le génie et les noms des empereurs, les traitèrent d'impies et de criminels de lèse-majesté (1). »

Il est donc à présumer que le temple dédié par les Lyonnais à l'empereur Antonin est le point précis où commencera la tragédie dont l'autel d'Auguste verra le dénouement. A ce titre il n'est pas indifférent à nos lecteurs de connaître le lieu où les athlètes du Christ engageront avec l'enfer leur premier combat. Essayons de découvrir sur notre sol tant de fois ravagé les traces du temple d'Antonin le Pieux.

Jusque bien avant dans le moyen-âge on vit au pied de la montagne de Fourvière, non loin des églises de Saint-Étienne et de Saint-Jean, les ruines d'un vaste monument romain dont on croit que la rue Tramassac — *trans-massam* — a tiré son nom. Ce que pouvait être cet édifice, un érudit lyonnais des plus distingués, Adamoli, l'a savamment discuté ; sa conclusion est que ces débris sont ceux du temple d'Antonin (2). Artaud dit à son tour : « La vérité est qu'il a dû y avoir dans cet endroit un grand édifice, et la tradition veut que ce soit le temple d'An-

---

(1) Tertullien, dans son *Apologétique* adressée au Sénat de Rome, lui disait : « Les chrétiens ne sont pas coupables envers l'empereur, parce qu'ils refusent de lui sacrifier et de l'appeler un dieu, ce qui est une misérable flatterie. Du reste, nous prions pour lui, nous lui sommes fidèles, nous ne conspirons point contre sa personne, comme le font souvent ceux qui l'appellent un dieu. » Tertullien dit encore : « Nous rendons à l'empereur le culte qui nous est permis et qui lui convient le mieux à lui-même : nous l'honorons comme un mortel qui est le premier après Dieu, qui a reçu de Dieu tout ce qu'il est, inférieur à Dieu seul. » (Ad Scapulam, c. 11.)

Pour revenir à l'opinion de Ménestrier, on la trouve reproduite assez fréquemment dans la partie de son *Histoire ecclés. de Lyon* intitulée *Saint Pothin*. Il l'affirme une dernière fois, page 308, pour tirer un argument nouveau de la *Vie de Marc-Aurèle* par Julius Capitolinus.

(2) 3ᵉ lettre à M. de Migieu.

tonin (1). » Il est vrai que l'auteur de *Lyon souterrain* ajoute
aussitôt : « Nous serions porté à croire que c'était le lieu des
arènes adossées contre la colline, puisque Ménestrier assure que,
de son temps, on trouva dans les fondations de l'hôtel d'Albon
quelques arcades relatives à un amphithéâtre où l'on voyait le
nom d'Orfitus ; » mais cette velléité d'opposition de la part
d'Artaud est sans importance, attendu que sa citation est complètement inexacte.

Voici les propres paroles de Ménestrier : « On a découvert
depuis peu, dans la maison de M. le comte d'Albon Saint-
Fourgeul, archidiacre de Lyon, la base d'un ancien portique,
qui *pouvait* avoir servi à de semblables jeux (2). » Il énonce
en passant une simple possibilité qu'il ne discute pas ; tout autre
est son opinion vraie, celle qu'il a toujours suivie comme la
mieux fondée. « Il y avait, dit-il, un grand temple au cloître
devant l'église de Saint-Jean et de Saint-Étienne ; une partie
du pont de Saône a été bâtie des débris de ce temple, dont on
voit de grandes corniches au bas des piles, quand la rivière est
basse. On en voit aussi quelques morceaux aux fondements du
chœur de l'église de Saint-Jean, avec des lettres d'un pied de
hauteur. On a aussi trouvé dans la maison de l'archidiacre un
grand piédestal, avec la naissance du congé d'une colonne et
ce reste d'inscription :

> DEDICATUM XVIII SEPTEMBRIS
> ORFITO ET MAXIMO
> COS

« La rue Tramassac est nommée dans les anciens titres *Retro
massam,* parce qu'elle était derrière la masse de ce temple. Les
grands quartiers de pierre dont le bas de la maison du chamar-
rier, ses écuries et ses remises sont bâties, sont des débris de ce

(1) *Lyon souterrain,* p. 181.
(2) *Hist. consul. de Lyon,* p. 99.

temple, dont on voit aussi quelques tronçons de colonnes canne-
lées dans la maison du doyen (1). » Consultons maintenant
l'*Histoire ecclésiastique* de Lyon, où l'écrivain a consigné ses
dernières pensées. Il cite l'inscription latine : *Dedicatum XVIII
sept...* et poursuit ainsi : « Je soupçonnne que cette dédicace
fut celle du temple bâti à l'honneur des Antonins, que j'ai dit
avoir été construit dans la place qui est devant la grande
église de Saint-Jean, bâtie en partie des débris de cet ancien
temple (2). » N'est-il pas évident qu'Artaud et, d'après Artaud,
MM. Meynis, Raverat et bien d'autres ont prêté au P. Ménestrier un sentiment qui n'est pas le sien ?

A l'appui de ce sentiment, les raisons se présentent d'elles-
mêmes à l'esprit. Il est clair, d'abord, qu'au jugement de
Ménestrier, les matériaux énumérés, corniches, colonnes can-
nelées, inscriptions monumentales, durent sortir d'un temple
beaucoup plutôt que d'un cirque ou d'un amphithéâtre. Ensuite,
au moment où fut construit le sanctuaire d'Antonin, il n'était
guère possible de le placer dans l'enceinte de la cité romaine,
encombrée à tel point de monuments et d'habitations qu'on
s'était vu contraint de l'étendre sur une autre colline ; tandis
qu'au bord de la Saône, entre la ville haute, Athanacum et le
quartier de la Croix-Rousse, il occupait un emplacement des
plus heureux. Comment, d'ailleurs, ne pas être frappé de l'accord
que cette opinion établit entre les faits historiques et la date
assignée à la dédicace du monument ? Antonin mourut en 161.
Alors même que le légat de César eût conçu de suite l'idée de
dresser un autel à l'empereur défunt, encore fallait-il négocier
avec les divers peuples gaulois qui, sans doute, supportèrent
les frais de la construction, comme, un siècle et demi auparavant, ils l'avaient fait pour le panthéon national. Il fallait en
outre de longs travaux pour créer un chef-d'œuvre d'architecture tel que dut l'être un temple qu'on voulait rendre digne
de la capitale des Gaules, digne de Marc-Aurèle, digne d'une

(1) Préparation à l'*Hist. consul. de Lyon*, p. 16.
(2) *Hist. ecclés. de Lyon*, ms. T. 1, p. 304.

époque où l'art romain venait d'atteindre son apogée. Prenons
pour tout cela une dizaine d'années : eh bien, le consulat de
Scipion Orfitus, date marquée dans l'inscription, tombe justement en 172. Et les fêtes quinquennales cadrent-elles aussi
avec notre explication? Oui ; car, si les magistrats, par une
combinaison très naturelle, firent coïncider la dédicace avec
une de ces solennités, la quinquennale suivante eut lieu en 177 :
or, l'année 177 est celle où nous verrons éclater la première
persécution lyonnaise.

D'après ces différentes inductions et l'autorité de juges dont
on ne saurait nier la compétence, il est, selon nous, très probable que l'antique édifice de la rue Tramassac n'est autre que
le temple des Antonins ; et, par là même, nous connaissons
maintenant le lieu où les enfants de saint Pothin feront entendre
pour la première fois la généreuse protestation qui leur méritera
la couronne des martyrs.

Dans le tumulte des fêtes qui accompagnèrent la dédicace du
« temple divin, » les chrétiens de Lugdunum réussirent encore
à s'effacer, mais ils ne pouvaient plus désormais se faire d'illusion. Dans un terme prochain, il leur faudrait affronter le tribunal du Gouverneur et les fureurs populaires ; ils n'avaient
plus qu'à se disposer au sacrifice de leur vie. De ce moment, les
deux oratoires de la presqu'île et de Saint-Jean prirent une physionomie nouvelle. A la veille d'une persécution, disait Tertullien, nous courons à nos églises, nous multiplions nos jeûnes,
nous répétons nos stations et nos prières ; nous redoublons de
foi, de zèle, d'amour de Dieu et d'amour mutuel (1). En même
temps, les instructions du vieux pontife et de ses ministres
n'eurent plus guère qu'un objet, purifier les âmes et, par tous les
moyens que la divine Miséricorde met au pouvoir de l'homme,
les préparer à la mort volontairement soufferte pour Jésus-
Christ. Pothin, Irénée prêchant sur l'obligation, sur la gloire
du martyre, et, devant eux, pour auditeurs, les prêtres Marcel
et Zacharie, Attale, Valérien, le jeune Épipode et Alexandre

_____

(1) Tertull. *De fuga*, 1, sub finem.

son ami, cet autre Alexandre qui s'offrira de lui-même aux
bourreaux, l'ardent Épagathus, le sévère Alcibiade, Ponticus
à peine sorti de l'enfance, Blandine auprès de sa pieuse maîtresse, et tout un groupe de fidèles également prédestinés au
témoignage du sang, quel spectacle, même pour les anges de
Dieu, même pour leur auguste souveraine !

Ici, nous pouvons indiquer avec certitude un sujet de réflexions
pieuses qui dut revenir mille et mille fois sur les lèvres du maître et sur celles des disciples, toujours présent à leur esprit,
éveillant toujours en eux les sentiments qui transformaient alors
en héros les néophytes, les adolescents, les vierges les plus
timides. Dans le cours de l'année 169, Smyrne, résidence du
proconsul, venait d'être témoin de plusieurs martyres : douze
Confesseurs avaient scellé leur foi de leur sang, et parmi eux
le bienheureux pontife Polycarpe, dont la sainteté frappa les
païens d'un tel respect qu'en dépit de l'acharnement des Juifs,
la persécution s'arrêta tout à coup. Les fidèles de Smyrne adres-
sèrent « à toutes les communautés de la sainte Église catholique dans l'univers entier » un récit de la mort du vénérable
évêque et de ses compagnons, récit dont Eusèbe nous a conservé la majeure partie et qu'on doit ranger parmi les morceaux
les plus touchants et les plus sublimes qui nous soient restés
des premiers âges du Christianisme. Cette lettre encyclique fit
le tour du monde chrétien ; les croyants de Lugdunum, unis
par des nœuds si étroits aux auteurs de la narration, durent en
recevoir directement une copie.

Les Actes des martyrs étaient lus autrefois, aussi bien que la
Sainte Écriture, dans les assemblées chrétiennes ; mais, pour
les disciples du bienheureux Pothin, les Actes de saint Polycarpe étaient bien plus qu'une relation édifiante, c'était l'exhor-
tation suprême du premier fondateur de leur Église, c'était le
testament sacré d'un père. Ils relisaient donc cette lettre admirable, ils la commentaient ; dans chacune des paroles du Saint
de Smyrne, ils voyaient une leçon, un encouragement personnel
à subir avec constance les mêmes épreuves. Ils aimaient, dans
le silence de leurs méditations, à suivre sur la voie de ses dou-

leurs ce vieillard presque centenaire, et Polycarpe leur enseignait encore, du haut du ciel, à gravir d'un pas ferme et sûr les pentes escarpées du Calvaire. Ainsi de quelle émotion ne devaient pas être saisis nos futurs martyrs, quand la narration asiatique leur montrait la fermeté calme et douce de la victime en face de ceux qui la cherchaient pour la traîner au lieu du sacrifice !

« Le saint pontif., disait la lettre encyclique, avait consenti, sur la prière des fidèles, à se retirer dans une maison de campagne, non loin de la ville. Le secret de sa retraite fut trahi, et les soldats vinrent l'y surprendre. C'était le jour de la Parascève (le Vendredi saint) ; Polycarpe aurait pu s'enfuir, il aima mieux rester, en disant : « Que la volonté de Dieu se fasse ! » Entendant les soldats, il descendit, leur parla, faisant admirer à tous sa vieillesse et son courage ; puis, il leur fit donner à boire et à manger tant qu'ils voulurent, et leur demanda seulement une heure pour prier en liberté. Il resta ainsi debout, en prière, plein de la grâce de Dieu, priant pour tous ceux qu'il avait connus, grands et petits, illustres et obscurs, priant surtout pour l'Église catholique répandue sur toute la terre. Pendant deux heures, il pria ainsi à haute voix : ceux qui l'entendaient étaient pleins d'admiration, quelques-uns même de repentir, en pensant qu'ils étaient venus apporter la mort à un vieillard si grand ami de Dieu. »

Amené devant le proconsul : « Maudis le Christ, lui dit le magistrat, et je te laisse libre. » — Polycarpe : « Il y a quatre-vingt-six ans que je le sers, et il ne m'a fait aucun mal. Puis-je maudire mon roi qui m'a sauvé ? »

L'évêque de Smyrne avait su faire pénétrer dans le cœur de ses compagnons son tranquille mépris de la mort. Les uns souriaient quand leurs chairs déchirées laissaient les os à découvert ; d'autres, étendus sur un brasier, se plaignaient à leurs bourreaux de ne pas ressentir assez de chaleur. Un jeune homme, du nom de Germanicus, condamné aux bêtes par le juge qui, néanmoins, le suppliait d'épargner sa jeunesse, provoqua l'animal féroce, afin d'en être plus sûrement dévoré. Quant à Poly-

carpe, son supplice est d'être brûlé vif : la populace, les Juifs
surtout, ont apporté des bains publics et des boutiques voisines
tout ce qu'ils ont pu ramasser de bois et de sarments. Écoutons
le texte même de la lettre :

« Lorsque le bûcher fut prêt, Polycarpe ôta son vêtement,
dénoua sa ceinture, essaya même de se déchausser. On voulut
l'attacher avec des clous : « Laissez-moi, dit-il ; Celui qui me
donne la force d'affronter le feu, me donnera aussi la force de
rester immobile sur le bûcher. » Ses mains, cependant, furent
liées derrière son dos ; et alors, victime agréable à Dieu, debout
et regardant le ciel, il prononça cette prière : « Seigneur, Dieu
tout-puissant, vous dont le Fils béni et bien-aimé, Jésus-Christ,
nous a appris à vous connaître, Dieu des anges et des Puissances,
Dieu de toute la création et de toute la race des justes qui vivent
devant vous, je vous bénis parce que vous m'avez jugé digne, à
ce jour et à cette heure, de participer avec vos martyrs au calice
de votre Christ, à l'éternelle résurrection de l'âme et du corps
dans la vie incorruptible de l'Esprit Saint... (1). »

La fin du récit des chrétiens de Smyrne présentait des traits
de ressemblance bien frappants avec plusieurs des circonstances
qui vont se produire dans le drame d'Athanacum. Polycarpe
ne périt point par le feu ; les tourbillons de flamme se courbè-
rent autour de lui et se rejoignirent au dessus de sa tête, formant
une voûte d'où s'exhalait un parfum délicieux. Le proconsul
stupéfait commanda au bourreau d'abattre la tête du pontife,
et l'on se hâta de brûler son corps pour le soustraire à la vénération de ses disciples. Nous verrons de même les martyrs de
Lugdunum, invulnérables à la dent des lions, mourir sous le
glaive au milieu des bêtes féroces couchées à leurs pieds. L'odeur
des parfums les plus exquis sortira aussi des cachots infects où
le cruel légat de Marc-Aurèle retiendra ses prisonniers, et leurs

(1) La traduction des passages guillemetés appartient à M. de Champagny, *Les Antonins*, t. III, ch. IV, *Persécution*.

membres mutilés seront pareillement réduits en cendres, toujours par la crainte que ces restes échappés au fer et à la flamme
ne reçoivent de la part des chrétiens les honneurs d'un culte
religieux. Quand saint Pothin, les yeux pleins de larmes, rappelait à ses auditeurs les prodiges par où la tendresse paternelle
de Dieu s'était manifestée dans la mort de l'évêque de Smyrne,
quand il leur racontait les détails intimes de cette vie toute
céleste qu'il avait pu étudier de si près, de quelles ardeurs il les
enflammait ! Avec quels transports, en l'écoutant, ils répétaient,
au fond de leur cœur, ce cri familier au grand Apôtre : « Le
Christ est ma vie, et mourir pour lui c'est avoir tout gagné (1) ! »

Il n'est pas invraisemblable qu'aux exhortations de saint
Pothin et, si je puis le dire, de saint Polycarpe, se mêlèrent des
secours divins de l'ordre le plus élevé. Au temps des persécutions lyonnaises, Dieu accordait encore abondamment à son
Eglise ses dons surnaturels, les révélations, la connaissance de
l'avenir. Dans le seul récit qui existe d'un martyre de cette
époque, écrit jusqu'à l'heure du supplice par les martyrs eux-
mêmes, sainte Perpétue de Carthage et l'un de ses compagnons,
Saturus, sont instruits par des visions de tout ce qui doit leur
arriver. Perpétue voit la lutte, Saturus voit le triomphe ; si
bien qu'une jeune femme de vingt-deux ans, noble, riche, délicate de complexion, marche à la mort comme à une fête. Elle
chantait sur la porte de l'amphithéâtre, comme si déjà elle tenait
le rameau d'or, prix de sa victoire, que le Christ lui avait tendu,
la veille, dans un songe mystérieux. Il semble qu'envers des
chrétiens tels que les Confesseurs de l'autel d'Auguste, l'infinie
bonté n'ait pas dû mesurer avec parcimonie des faveurs qu'elle
avait prodiguées bien des fois à de nouveaux baptisés. Malheureusement, les merveilles qu'on soupçonne sont cachées pour
nous. Le résultat, nous le toucherons du doigt ; les moyens que
la grâce a mis en œuvre pour élever le courage de nos athlètes
au niveau des épouvantables tortures qu'ils sont destinés à
supporter, resteront toujours le secret de Dieu.

(1) Mihi vivere Christus est, et mori lucrum. Ad Philip., I, 21.

Nous reviendrons aux enfants de saint Pothin sitôt que le retour de la fête quinquennale de Marc-Aurèle donnera le signal de la première persécution ; consacrons, cependant, les dernières pages de ce chapitre à l'examen d'une question que l'historien ne peut consentir à laisser indécise. Je dois, sous peine d'amoindrir et de rapetisser mon sujet, donner, dans cet ouvrage, à la tragédie d'Athanacum la grandeur qu'elle eut devant la Gaule assemblée. Or, pour cela, il faut, au préalable, établir une vérité historique. Au moment où nos Martyrs furent immolés près du temple d'Auguste, le paganisme régnait en souverain dans tout le nord de la Gaule : c'est l'impression produite par ce témoignage héroïque sur l'élite des peuples fondateurs présente à ce spectacle qui réussit enfin à ébranler l'obstination gauloise, et prédisposa de loin les cœurs à la prédication des sept évêques-missionnaires envoyés au IIIe siècle par le pape saint Fabien. Avant de passer outre, il est donc indispensable de prouver à nos lecteurs que la Gaule n'avait pas été, comme on l'a prétendu faussement, évangélisée et convertie à la foi dès les temps apostoliques. Il me faut ici condenser la matière d'un volume ; tout ce que je puis faire c'est de tracer les lignes principales, c'est d'indiquer, par quelques jalons largement espacés, les sommités des faits.

Avant que les ambassadeurs grecs venus de Constantinople pour solliciter l'alliance du successeur de Charlemagne, eussent, dans leur astuce byzantine, imaginé la fusion en un seul personnage de saint Denys l'Aréopagite et de saint Denys de Paris ; avant qu'Hilduin, abbé de Saint-Denis, eût gagné au nouveau système historique de nombreux adhérents, grâce à la protection de Louis le Débonnaire et surtout à l'ignorance naïve de cet âge, il n'y avait jamais eu deux opinions sur les origines de nos Eglises de France : jusque-là tous admettaient que la Mission apostolique avait apporté la lumière du Christianisme dans le midi, que la Mission asiatique avait converti Lyon, Chalon et Tournus, Autun, Dijon, Langres, Besançon, Valence, le Vivarais ; qu'en dernier lieu, la Mission romaine avait conquis à la foi le Parisis, la Belgique et l'ensemble de

nos provinces du nord (1). Mais, à partir du IX⁰ siècle, surgis-
sent de toute part des prétentions à une plus haute antiquité.

A mesure que les pieuses imaginations se donnent carrière,
la fleur des personnages secondaires de l'Évangile et du livre
des Actes se retrouve à point nommé dans notre pays : Zachée,
Nathanaël, Simon le lépreux, l'aveugle-né, Rufus, fils du Cyré-
néen, l'enfant loué par le Fils de Dieu comme un modèle de
droiture et de candeur ; le maître de la maison où fut célébrée
la dernière Cène, un de ses amis qui aurait emporté la nappe
eucharistique, la femme qui, du milieu de la foule, cria : « Bienheureux le sein qui vous a porté ! » Joignez-y l'Égyptien qui
donna pendant sept ans l'hospitalité à la Sainte Famille, le
serviteur habituel de la Mère de Jésus, plusieurs des disciples
du Sauveur ou de ceux des Apôtres, et vous ne serez pas surpris qu'en France soixante-quinze Églises particulières aient, au
moyen-âge, daté du premier siècle leur acte de naissance, où,
tout naturellement, la double couronne du martyre et de l'apostolat se réunissait sur la tête du fondateur. Nous allons, nous,
demander à l'histoire des dates et des faits dont l'authenticité
soit un peu moins contestable.

Vers l'an 300, l'auteur des Actes de saint Saturnin, premier
évêque de Toulouse et martyr, fixait l'époque de la venue des
apôtres qui évangélisèrent l'Aquitaine et la Gaule Celtique :
« Après l'incarnation de Notre-Seigneur Jésus-Christ, lorsque
le soleil de justice luisant dans les ténèbres commençait à illu-
miner des clartés de la foi les régions de l'Occident, l'Évangile
se répandit sur toute la terre peu à peu et par degrés. Lors de
la prédication des Apôtres, ses progrès se firent avec la même

---

(1) Un écrivain que recommandent son profond savoir et la sage
modération de ses jugements, semble avoir dit le dernier mot sur la
grande question de l'établissement du Christianisme dans les Gaules.
Les assertions que j'émets ici sont empruntées, pour la plupart, aux
Origines de l'Église de Paris, ouvrage remarquable de M. l'abbé Eug.
Bernard, professeur à la Sorbonne. Je ne puis que renvoyer ceux de mes
lecteurs qui voudraient approfondir la matière à ce volume si plein de
choses, où les preuves les plus solides sont constamment éclairées par
une savante et lumineuse critique. — Paris, Jouby et Roger, éditeurs, 1870.

lenteur dans nos contrées. De rares églises s'élevaient dans quelques cités, grâce à la dévotion d'un petit nombre de fidèles. Au contraire, les temples des idoles ne pouvaient se compter, et partout la déplorable folie du paganisme les remplissait de la fumée des sacrifices. Il y a cinquante ans, sous le consulat de Decius et de Gratus, ainsi qu'on en garde le fidèle souvenir, la ville de Toulouse reçut son premier pontife saint Saturnin. »

Il n'est pas inutile de faire observer que les Actes du grand martyr toulousain ont trouvé place parmi les *Acta Sanctorum selecta et sincera* de Dom Ruinart. Déjà édités par Surius, en 1570, l'illustre Bénédictin nous avertit qu'il les a soigneusement revus, et qu'il s'est fait un devoir de les collationner avec de nombreux manuscrits dont il donne toutes les variantes, principalement avec un manuscrit de Saint-Maur-les-Fossés, qui comptait plus de 900 ans d'antiquité. La phrase capitale que, de son temps, Grégoire de Tours lisait dans ces Actes : « Sous le consulat de Decius et de Gratus, la ville de Toulouse reçut son premier pontife saint Saturnin, » phrase que Surius avait également lue, se retrouve, au témoignage de Ruinart, dans tous les manuscrits ; et il n'en est aucun qu'il n'ait soumis à l'examen le plus consciencieux. Le martyrologe romain et celui de saint Adon mettent aussi saint Saturnin au nombre des victimes de la persécution de Dèce.

Au IV° siècle, Sulpice-Sévère, à qui la sagesse de ses pensées autant que l'élégante concision de son style a mérité le surnom de Salluste chrétien, présente dans son *Histoire sacrée* le tableau des persécutions qui ensanglantèrent le berceau de l'Eglise. Arrivé au règne de Marc-Aurèle: « Alors pour la première fois, dit-il, on vit des martyrs dans les Gaules, parce que la vraie religion ne fut embrassée que plus tard au delà des Alpes (1). » Assurément Sulpice-Sévère n'entend pas nier que, çà et là, des chrétiens ont pu être martyrisés par ordre de quelques magistrats, à l'instigation des prêtres des idoles ou du peuple ameuté ;

---

(1) « Tum primum intra Gallias martyria visa, serius trans Alpes Dei religione suscepta. »

il veut dire qu'il n'y a pas eu jusqu'à ce jour, en deçà des Alpes, de persécution générale organisée par les dépositaires du pouvoir impérial. J'admets cette restriction, et je demande encore comment on concilie avec le texte si clair, si précis du grave historien les actes légendaires qui font périr en France tant de pontifes entourés de nombreux néophytes, sous Néron, Domitien et Trajan.

Saint Jérôme, dans sa traduction de la *Chronique d'Eusèbe*, fait-il la moindre allusion aux contre-coups que les trois premières persécutions auraient eus de ce côté des Alpes? Non, il ne parle de notre patrie qu'au moment où saint Pothin et ses compagnons ouvrent pour nous l'ère des martyres. A l'année 166, il s'exprime ainsi : « Dans les Gaules un grand nombre de chrétiens sont glorieusement mis à mort pour le nom du Christ : on conserve encore aujourd'hui la relation de leurs luttes héroïques (1). » Remarquons aussi le silence de saint Irénée. Ce terrible adversaire des premières hérésies leur oppose de préférence l'argument de *prescription*, c'est-à-dire l'enseignement invariable des pasteurs de tous les temps et de tous les lieux. Si Denys l'Aréopagite, si tant de disciples des Apôtres avaient prêché le dogme catholique dans les Gaules, est-il croyable que le saint Docteur n'ait jamais songé à faire valoir l'antique foi de son pays d'adoption? Une des plus belles œuvres de Tertullien est son livre des *Prescriptions contre les hérétiques*, où il manie avec une incomparable vigueur l'argument de saint Irénée : Tertullien n'a jamais cité la Gaule du premier siècle ; il n'a pas tiré un seul exemple de la croyance des Eglises dont les fondateurs, assure-t-on, avaient reçu la doctrine évangélique de la bouche des amis les plus intimes de l'Homme-Dieu, dont quelques-uns même avaient eu le bonheur d'écouter ses divines leçons ! On aura beau subtiliser ; il y a dans le silence de saint Irénée, de Tertullien, de saint Jérôme, quelque chose de bien significatif. Mais reprenons la série de nos témoignages historiques.

_____

(1) La divergence qui existe entre saint Jérôme et nous ne surprend guère lorsqu'on se rappelle combien nos historiens ont varié sur la date précise de la persécution de Marc-Aurèle.

Au VIe siècle, les évêques des principales Eglises du nord et de l'ouest de la France pensaient, sur la question qui nous occupe, exactement comme Sulpice-Sévère et l'auteur des Actes de saint Saturnin. Sans nier que l'Evangile eût été prêché dans les Gaules dès les premiers temps du Christianisme, ils affirmaient que, durant cette période, ses progrès furent très pénibles et très lents. Sept évêques réunis en concile, Euphronius de Tours, Prétextat de Rouen, Germain de Paris, Félix de Nantes, Domitien d'Angers, Victor de Rennes, Damnolus du Mans, écrivaient à sainte Radegonde : « Dès son apparition sur la terre, la foi catholique rayonna sur les confins de la Gaule; mais peu d'esprits s'ouvrirent à la connaissance du mystère ineffable d'un Dieu en trois personnes (1). »

C'en serait assez pour établir que l'immense majorité des habitants de la Gaule Celtique adorait les faux dieux quand éclatèrent les deux persécutions lyonnaises, et, rigoureusement, nous pourrions nous en tenir là : toutefois, pour que la démonstration soit complète, il est bon de fixer, en outre, la date certaine de la conversion au Christianisme des provinces gauloises du nord et de l'Occident. Laissons la parole à Grégoire de Tours.

« Sous l'empereur Dèce, dit l'historien, de longues persécutions furent suscitées contre le nom chrétien, et il y eut un si grand carnage qu'on ne pouvait compter les martyrs. En ce temps-là, sept hommes investis de la puissance épiscopale furent envoyés pour prêcher dans les Gaules, ainsi que le rapporte l'histoire du saint martyr Saturnin : « Sous le consulat de Decius et de Gratus, ainsi qu'on en garde le souvenir fidèle, la ville de Toulouse eut pour premier évêque saint Saturnin. » Voici ceux qui furent envoyés : Gatien, évêque de Tours ; Trophime à Arles, Paul à Narbonne, Saturnin à Toulouse,

---

(1) « Itaque, quum ipso catholicæ religionis exortu cœpissent gallicanis in finibus venerandæ fidei primordia respirare, et adhuc ad paucorum notitiam tam ineffabilia pervenissent Trinitatis dominicæ sacramenta... » Concil. Gal. T. I., p. 348.

Denys à Paris, Strémoine à Clermont, Martial à Limoges.
Parmi ces pontifes, Denys, évêque de Paris, subit divers supplices pou le nom du Christ, et, frappé du glaive, termina sa vie
en ce monde. Saturnin, attaché à la queue d'un taureau en
fureur, fut précipité du capitole et trouva la mort dans ce supplice. Gatien, Trophime, Strémoine, Paul et Martial s'élevèrent
à une haute sainteté et conquirent à l'Église des peuples divers.
Après avoir étendu au loin le règne de Jésus-Christ, ils sont
morts dans une heureuse confession (1). »

Cette page d'histoire donnait par avance un démenti caté-
gorique aux fables que la ruse ou la crédulité devaient propager trois cents ans plus tard. Saint Denys de Paris n'avait donc
rien de commun, si ce n'est le nom, avec saint Denys l'Aréopagite, converti par saint Paul et premier évêque d'Athènes.
Martial de Limoges, Gatien de Tours, Saturnin de Toulouse ne
furent donc envoyés dans les Gaules ni par les Apôtres ni par
leurs premiers disciples, mais par saint Fabien, qui occupait le
trône pontifical en 250. Aussi, pour échapper à cette conséquence inévitable, les faiseurs de légendes ont repoussé avec
mépris la narration de l'historien des Francs. On a torturé le
sens naturel des Actes de saint Saturnin et des paroles, si
nettes cependant, de Sulpice-Sévère. A l'autorité du pape
Zosime, de saint Jérôme, des sept évêques réunis à Tours, on a
préféré les contes pieux inventés par des clercs, par des moines
du IXe ou du Xe siècle ; et c'est ainsi que, dans plusieurs de nos
histoires ecclésiastiques, la vérité de faits incontestables a pu
être obscurcie, niée même jusqu'à nos jours.

Mais le récit de Grégoire de Tours a par lui-même une force
contre laquelle aucun sophisme ne saurait prévaloir. Au fond
de toutes nos légendes locales en contradiction avec l'historien
des Francs, se retrouve un vice originel : nées après le commencement de l'ère carlovingienne, jamais elles ne sont parvenues
à se rattacher par un fil visible à ces temps apostoliques d'où
elles se prétendent sorties. Prenons l'aréopagitisme pour exem-

(1) *Histoire des Francs*, l. I, ch. 28.

ple. Il n'a pas de racine dans l'antiquité puisque, de l'aveu d'Hilduin, avant le VIII° siècle, l'Orient et l'Occident avaient toujours vu dans les deux pontifes qui ouvrent la liste des évê-ques d'Athènes et de Paris deux personnages distincts (1). Ainsi en est-il de vingt autres légendes. C'est partout la même impuissance de se faire un solide appui sur le sol antique ; partout des pièces apocryphes, des documents altérés ou inter-polés par des mains aussi maladroites que peu scrupuleuses ; jamais cette chaîne ininterrompue de témoins qui constitue l'authenticité d'une tradition.

Voilà pourquoi les maîtres de la science ont fini, après huit cents ans d'incertitude, par donner gain de cause à Sulpice-Sévère et à Grégoire de Tours. Les Bénédictins de Saint-Maur acceptent pleinement l'apostolat des sept évêques-missionnaires, à la date marquée par l'historien des Francs. « Ce fut, disent-ils, grâce à la prédication de ces grands évêques associés pa· saint Grégoire de Tours dans la même mission, que la lumière de l'Evangile qui, dès le siècle précédent, s'était répandue dans la Gaule Celtique par le ministère des disciples des Apôtres et des hommes apostoliques de la Grèce, pénétra dans presque tout le reste des Gaules (2). »

En même temps, les immortels hagiographes du dix-septième siècle font, dans le champ des traditions religieuses, le discer-nement sévère de l'ivraie et du bon grain. En face des arche-vêques de Paris qui s'intitulent encore successeurs du disciple athénien de saint Paul, le P. Jacques Sirmond, armé de sa

---

(1) Hilduin a consigné ce fait capital dans sa lettre à Louis le Débon-naire : « De cujus Dionysii Areopagitæ obitu nihil Græci scriptores dixerunt quia, propter longinquitatem terrarum, transitus ipsius penitus eis fuit incognitus. » Ad Ludov. imperat. X. — Hincmar de Reims, ami d'Hilduin et fervent propagateur de l'aréopagitisme, confesse, lui aussi, qu'avant le IX° siècle, ni les Grecs ni les Romains n'avaient ouï parler du passage de saint Denys d'Athènes dans les Gaules : « Per quos et qualiter gesta martyrii beati Dionysii sociorumque ejus ad Romanorum notitiam, indeque ad Græcos pervenerint. » Epist. ad Carolum Calvum.

(2) *Histoire littéraire de la France*, t. I, p. 225. Etat des lettres dans les Gaules au III° siècle.

puissante dialectique et de son immense érudition, met en poudre les *Aréopagitiques* d'Hilduin. Adrien de Valois, Morin,
Lecointe, Pagi, Tillemont, les auteurs de la *Gallia christiana*
répudient à leur tour l'erreur huit fois séculaire qui amenait à
la bourgade encore inconnue de Lutèce le converti de l'Aréo-
page. Enfin, aux yeux des Bollandistes, c'est une vérité historique irréfutable que « toute l'antiquité, chez les Grecs comme
chez les Latins, distingua deux saints Denys, et qu'on doit en
toute certitude séparer l'évêque d'Athènes de celui de Paris(1). »
Et ce n'est pas seulement aux *Aréopagitiques* d'Hilduin que
les Bollandistes se sont montrés hostiles, ils ont rejeté toutes
celles des légendes françaises qui ne se fondaient pas sur
une tradition véritable, particulièrement cette Vie toute fabu-
leuse de saint Martial de Limoges qu'ils n'ont pas même
voulu insérer dans les vastes colonnes de leurs in-folio.
Comme eux, les Bénédictins de Saint-Maur ont refusé de
voir dans saint Martial un disciple du Sauveur, proche
parent de Pierre, et que le chef des Apôtres aurait envoyé directement dans les Gaules. Les deux fameuses lettres de
l'évêque de Limoges aux habitants de Toulouse et de Bordeaux,
ils les déclarent apocryphes, et ajoutent : « Elles semblent
avoir eu le même auteur que la Vie de saint Martial, autre
ouvrage qui porte avec lui encore plus de marques de supposition et d'imposture que les lettres (2). »

Aujourd'hui, en dépit de la résistance désespérée de M. l'abbé
Darras, ce long conflit entre l'histoire et les légendes locales
semble toucher à son terme : nous devons cette dernière
victoire à la science de l'épigraphie. Les innombrables travaux
de terrassements, d'excavations entrepris sur tous les points
de la France, ont mis au jour une foule de fragments antiques,
inscriptions, débris d'édifices, qui, joints à ceux qu'on avait

---

(1) « Opinionem de duobus Dionysiis tam apud Græcos quam apud
latinos antiquitus viguisse, Dionysiumque Areopagitam à Parisiensi cer-
tissimè esse diversum concluditur. » *Acta Sanctorum*, T. IV, oct. die
nona: S. Dionysii Areopagitæ, § XIII.

(2) *Histoire littéraire de la France*, t. I, IIIᵉ siècle; saint Martial, p. 409.

déjà recueillis, permettaient de fixer, relativement à l'origine des Eglises diverses, les bases d'une chronologie certaine. De cette idée féconde, M. le Blant a fait sortir son magnifique ouvrage des *Inscriptions antiques de la Gaule;* il en expose la pensée fondamentale au début même de sa préface : « L'une des œuvres les plus considérables de l'érudition française, dit-il, le *Galha christiana,* réunit les noms, trace l'histoire des hommes qui gouvernèrent et servirent l'Eglise de notre patrie : à côté de cette liste des pasteurs inscrire celle des fidèles, c'est demander aux monuments antiques en quels temps, dans quels lieux de notre sol la foi chrétienne a paru, a grandi ; dans quelle mesure nos frères ont écouté la voix, suivi l'exemple de leurs vénérables guides. Interrogée avec un soin patient, l'épigraphie peut servir à reconstituer une part de ce tableau... Restituer exactement à chaque contrée les inscriptions chrétiennes qu'elle a fournies, c'est constater la marche, les progrès de la foi (1). »

L'accueil fait par la France entière au livre de M. le Blant prouve assez quel service il a rendu à l'histoire de notre pays. Ecoutons ce qu'en disait, à l'époque où l'ouvrage parut, l'un des critiques les plus éminents de notre siècle, M. Vitet : « Il est impossible de contester le rapport étroit et direct que voit M. le Blant entre les données de l'épigraphie et le témoignage de l'histoire, contrairement à ceux des traditions locales. Comment ne pas admettre que les lieux où se rencontrent aujourd'hui le plus grand nombre d'épitaphes et de débris de sculptures chrétiennes doivent être ceux où l'Evangile fut le mieux accueilli, rencontra le moins de résistance et recruta les plus nombreux adeptes ?

« Ce qui ressort pour nous, poursuit M. Vitet, de l'heureuse coïncidence de ces travaux simultanés et de l'accord encore plus heureux des résultats qui en découlent, c'est plus qu'un progrès notable, c'est un changement complet dans l'étude et dans la connaissance des premiers siècles de l'Eglise. On peut

---

(1) *Inscript. chrét. de la Gaule,* préface, p. 1 et 37.

dire que cette grande époque était restée jusqu'à ces derniers temps presque à l'état légendaire ; elle passe franchement aujourd'hui dans le domaine de l'histoire. L'ère des récits traditionnels, des assertions sans preuve, des controverses dans le vide, a désormais pris fin; nous procédons sur un terrain solide. La multitude des monuments que la terre nous avait rendus et que nous possédions dans nos dépôts publics, mais plutôt comme de vénérables restes de temps obscurs et presque inconnus que comme de sûrs témoins qu'il importait d'interroger, les voilà, grâce aux savants efforts d'une méthode rigoureuse, qui prennent une vertu et une vie nouvelles. Ils se classent, se coordonnent, se rangent chacun à sa date, et par là même dissipent les obscurités, rectifient les erreurs, et nous apportent sur tous les points en litige d'incontestables preuves, des faits, des certitudes. Ainsi les origines de nos Églises se dégagent de leur enveloppe mystique : la date de leur établissement ne demeure plus à l'état de fiction. « Nos marbres, dit M. Le Blant, gardent le souvenir de ceux qui les premiers apportèrent dans la Gaule, avec la semence de l'Évangile, le germe des nobles vertus (1). »

Ces marbres ont parlé, et qu'ont-ils dit? Ils ont confirmé de point en point ce qu'avaient raconté autrefois Sulpice-Sévère et Grégoire de Tours sur l'établissement du Christianisme dans les Gaules. Et pour conclure avec M. Vitet, c'est un fait désormais avéré que « dans la Narbonnaise, dans la Viennoise, dans la première Lyonnaise, les monuments chrétiens sont infiniment plus nombreux et plus anciens que dans les provinces du centre, du nord et même du sud-ouest. Les données de l'épigraphie concordent donc exactement avec celles de l'histoire et opposent un démenti formel aux prétentions des traditions locales. »

Cet important débat est résumé avec autant de modération que de sagesse par un savant Dominicain de Rome, dont l'ouvrage sur les *Origines et Antiquités du Christianisme* fait autorité dans le monde catholique. On lit dans le *P. Mamachi* : « Rien n'empêche que Trophime ait introduit la foi dans les

---

(1) *Journal des Savants*, mars 1867, p. 145, 148.

Gaules, et que Pothin, disciple de Polycarpe, n'ait trouvé en fondant l'Eglise de Lyon que très peu de fidèles ; car je ne fais aucune difficulté d'avouer que le nombre des croyants dans la Gaule entière, était, à cette époque, extrêmement restreint. » Quand l'auteur, un peu plus loin, rappelle les prétentions des Eglises de Limoges, de Toulouse, de Paris et d'autres, il répond ainsi : « Chacune de ces Eglises s'attribue la gloire d'avoir été foi lée par les disciples des Apôtres : ce qu'il y a d'indubitable c'est que, dans les premiers temps, ces régions n'avaient qu'un très petit nombre d'habitants qui fissent profession de la foi chrétienne ; c'est qu'au second siècle, les chrétientés gauloises s'accrurent considérablement, en sorte qu'à Lyon et à Vienne beaucoup de martyrs furent traînés au supplice et livrés à tous les genres de tortures, *événement qui fut d'un puissant secours pour la consolidation et l'extension des Eglises.* Au troisième siècle, la religion se développe et se fortifie. Enfin, au quatrième, sous l'empire de Constantin, elle est si bien affermie que, par leur splendeur, par l'éclat de leur piété, par l'illustration de leurs évêques, les Eglises des Gaules peuvent rivaliser avec toutes celles de l'univers (1). »

Nous venons de l'entendre, tels sont les faits dont le germe va mûrir dans le sang des Quarante-huit Confesseurs de l'autel d'Auguste. L'époque fixée par les décrets divins est arrivée.

_____

(1) « Quid obstabat quominus Trophimus primus Christianismum in Galliam introduxerit, tametsi Pothinus Polycarpi discipulus lugdunensem postea Ecclesiam moderatus sit, in qua perpaucos christianos reperisset ? Nam exiguum fuisse tunc ætatis in Gallia numerum nostrorum facile patior. » (Mamachi, *Origines et Antiquitates christian.*, lib. xi, c. 22, p. 245.) — « Alii aliis discipulis Apostolorum institutoribus gloriantur. Hoc certum est, secundo sæculo auctum magis magisque eorum fuisse numerum, adeo ut Lugduni ac Viennæ permulti rapti ad supplicium variisque tormentorum generibus excruciati martyres demum magno Ecclesiarum commodo atque utilitate decesserint. Tertio sæculo amplificatas nostrorum hominum opes fuisse, ac quarto, cùm Constantinus potitus esset imperio populi romani, ità confirmatam rem christianam fuisse, ut Ecclesiæ Galliarum neque amplitudine cuiquam, neque pietatis cultu, neque celebritate episcoporum cedere viderentur. » (Ibid., p. 247.)

Les passions humaines auront pouvoir de se déchaîner contre le Christ et contre ses saints ; le glaive frappera jusqu'à extermination : en apparence, le Christianisme aura cessé de vivre à Lugdunum. C'est alors que Dieu accomplira son œuvre : de ce tombeau il fera sortir, pour des peuples entiers, la résurrection et le salut.

CHAPITRE III

La persécution éclate, en l'absence du Gouverneur. Il revient. Son vrai titre était celui de Préfet des Gaules. Sa haine du Christianisme. — Plan qu'il adopte pour l'extermination des chrétiens et choix définitif de l'autel d'Auguste. Solennité extraordinaire qu'il se propose de donner aux interrogatoires et aux supplices ; en même temps, Dieu prépare à ses témoins un monument éternel de gloire dans la lettre aux Eglises d'Asie. — Tactique des persécuteurs au second siècle. — Les chrétiens au tribunal du légat. Grandeur d'âme de Vettius Epagathus. Apostasie de plusieurs. — Nouvelles arrestations. Machination infernale du Gouverneur : les fidèles accusés de crimes affreux par les esclaves païens qu'ils avaient eus à leur service. La fureur du peuple redouble. — Sainte Blandine, le diacre Sanctus. — Prison des martyrs. Témoignage et mort de saint Pothin. — Joie divine des Confesseurs, tristesse des apostats. — Maturus et Sanctus, Attale et Blandine sont exposés aux bêtes. Mort des deux premiers ; héroïsme de Blandine et d'Attale. — Le Préfet déconcerté consulte Marc-Aurèle. La persécution est suspendue. Marcel et Valérien s'échappent miraculeusement. — Date vraisemblable des événements qui viennent de s'accomplir.

E paganisme décrépit n'adorait plus que par habitude ses dieux sourds et muets ; pour lui, la divinité réelle, unique, c'était César, le dispensateur souverain des grâces, des richesses, des dignités. « Dis seulement : *Seigneur César*, et fais un sacrifice, » répétait à saint Polycarpe Hérode, le magistrat supérieur de Smyrne. En 203, la ville de Carthage célébrait la

fête du César Géta, fils de Septime Sévère, et le Procureur
Hilarianus, qui avait reçu le droit du glaive en remplacement
du proconsul mort depuis peu, disait à sainte Perpétue :
« Épargne les cheveux blancs de ton père, épargne l'enfance
de ton fils ; sacrifie pour le salut des Empereurs ! » Aussi croyons-
nous que des circonstances pareilles firent naître la crise terrible où nous entrons. Lors des fêtes décennales ou quinquennales de Marc-Aurèle, quelques-uns des chrétiens furent, sans
doute, traînés de force dans le temple des Antonins ; ils protes-
tèrent, ils confessèrent leur foi, et le peuple soulevé contraignit
les magistrats à intervenir ; car, en ce temps-là, c'est du peuple
que partait presque toujours l'impulsion première de la persécution ; le pouvoir ne faisait guère qu'obéir.

Au surplus, quelle que soit l'occasion qui révéla tout à coup
l'existence de la chrétienté lyonnaise, les disciples de saint
Pothin devenaient trop nombreux pour échapper longtemps
encore à l'œil défiant des païens. La 17ᵉ année du règne de
Marc-Aurèle et la 177ᵉ de notre ère, Lugdunum reconnut
avec effroi le changement survenu dans ses murs. Sans bruit,
de foyer en foyer, la nouvelle religion s'était insinuée dans la
capitale des Gaules, protégée en vain par le palais et l'autel des
Césars. L'émotion fut immense, et, dès le principe, la fougue
gauloise mêla au fanatisme idolâtrique ce délire qui, dans notre
pays, a toujours imprimé aux mouvements populaires une sorte
de cachet national. Partout à la fois les chrétiens se virent tra-
qués. On les poursuivait de vociférations et d'insultes ; on les
traînait violemment par les rues de la ville ; on faisait pleuvoir
sur eux une grêle de pierres. Ils durent se résigner à subir tous
les outrages, toutes les brutalités auxquelles s'abandonne, à
l'heure de ses accès les plus sauvages, une multitude dont les
passions n'ont plus de frein.

La crédulité du Gaulois était proverbiale chez les Romains (1) ;

---

(1)   Et tumidus galla credulitate fruar.
Je m'enivrerai des hommages de la crédulité gauloise.

                                              (MARTIAL.)

cet autre vice national accrut dans une large mesure les atroci-
tés de la persécution. On sait quel débordement de calomnies
eurent à repousser les premiers apologistes de la vraie foi.
Parce que les chrétiens adoraient un Dieu invisible, on les avait
accusés d'athéisme ; parce qu'ils nourrissaient leurs âmes du pain
eucharistique, on leur avait reproché de se réunir dans d'horribles festins pour dévorer la chair de leurs enfants égorgés ;
parce qu'ils refusaient toute participation aux fêtes impures du
polythéisme, il n'était pas d'infamies, pas d'incestes monstrueux
dont ne les eussent chargés les dévots de Vénus et d'Adonis. Ces absurdités venaient d'être tout récemment réfutées par
Quadrat, Méliton, Apollinaire, saint Justin, Athénagore, dont
les admirables apologies ne pouvaient être entièrement inconnues à Lugdunum. Néanmoins les mêmes imputations se propagèrent de bouche en bouche, et bientôt produisirent sur les
esprits déjà si échauffés l'effet d'une tempête sur les flammes
d'un incendie.

Cette première phase de la persécution présente tout le désordre d'une émeute populaire. « En ce temps-là, disent les Actes
de saint Marcel, un de nos martyrs, une atroce persécution sévissait à Lugdunum. Le peuple en fureur commandait, et, par son
ordre, on poursuivait avec acharnement les fidèles, sans distinction de sexe, d'âge ni de condition (1). » En l'absence du
légat de César, le chef militaire et les magistrats civils obéirent
complaisamment à la tyrannie plébéienne. De tous les côtés les
chrétiens furent saisis, traînés tumultuairement au forum de
Trajan, interrogés en présence de la foule ; puis, comme une
généreuse profession de foi fut leur seule réponse, on les jeta
dans la prison du palais des empereurs.

On voit encore les sombres voûtes sous lesquelles nos martyrs furent incarcérés au début de la persécution, pendant une
partie notable du mois de mai. Les religieuses de la Visitation,
devenues, en 1629, propriétaires de l'emplacement où s'élevait
autrefois la demeure impériale, « trouvèrent, dit M. Meynis, la

(1) Apud Surium, 4 sept.

prison où furent enfermés les Martyrs dans le même état qu'à l'époque de la domination romaine. Il y avait des portes de fer grillées en forme de losanges, devant chaque cachot... On remarquait, en outre, autour du pilier de pierre qui soutient la voûte naturelle de la prison, plusieurs anneaux où l'on prétendait que les chrétiens avaient été attachés. Ces lieux ne recevaient de l'air et du jour que par une avenue oblique, fermée par une porte de fer, fort lourde. La même relation dit enfin que le plus vaste de ces cachots donnait accès à trois autres encore plus affreux, et à un corridor souterrain par lequel on communiquait jadis avec le palais des Césars (1). » C'est dans les ténèbres de cet horrible réduit que les chrétiens attendirent le retour du Gouverneur, qui seul avait le droit de les juger.

A la nouvelle des événements de Lugdunum, le légat de Marc-Aurèle se hâta de revenir. Cet implacable ennemi des chrétiens, qui était-il ? Son nom n'est pas arrivé jusqu'à nous et nous tenons peu à le connaître : ce qui nous importe davantage, c'est de bien définir le rang qu'il occupait dans la hiérarchie des dignitaires impériaux. Alors même que ce fonctionnaire n'eût été que le Gouverneur de la première Lyonnaise, l'une des cinq grandes divisions administratives établies par Auguste dans les Gaules, il aurait pu, vu surtout la faiblesse notoire, vu les oscillations perpétuelles de la volonté du César-philosophe, il aurait pu, dis-je, prononcer sur les chrétiens incriminés un arrêt à peu près souverain. En effet, le Gouverneur d'une des grandes provinces de

(1) *Les grands souvenirs de l'Eglise de Lyon*. p. 513.

Dans les flancs de la même colline et sur la pente qui descend au nord de Fourvière, était creusée aussi une excavation où, suivant quelques-uns, les magistrats de Lugdunum auraient enfermé un certain nombre de leurs prisonniers. Cet autre souterrain dont Ménestrier parle dans son *Histoire ecclésiastique de Lyon*, se trouvait, dit-il, *dans la maison de Thunes*, propriété occupée aujourd'hui par les religieuses de Jésus-Marie ; et il est assez remarquable qu'à l'époque où Lyon avait des reclus, plusieurs de ces captifs volontaires élurent ce même emplacement pour s'y sanctifier par la prière et la pénitence. Ces souvenirs, trop vagues peut-être pour être mentionnés par l'histoire, m'ont paru cependant ne devoir pas être complètement négligés. Il sera question plus tard de la propriété de Thunes.

l'empire était une sorte de vice-roi investi en même temps des pouvoirs militaire, civil, religieux, judiciaire, financier, sous le contrôle immédiat de l'autorité impériale. Mais ce n'est pas un simple Gouverneur de la première Lyonnaise que nous avons en face de nous, c'est bien certainement le Préfet de toutes les Gaules. Dion a fait le récit de la préture de Septime Sévère au delà des Alpes ; il y affirme expressément que, sous les Antonins, le Préfet général de cette contrée avait sa résidence à Lugdunum. Ménestrier s'appuie sur la déclaration si positive de l'historien grec quand il n'hésite pas à faire asseoir le Préfet des Gaules sur le tribunal devant lequel seront traînés nos saints Confesseurs (1). Ainsi en est-il du P. Théophile Raynaud. D'après l'auteur de l'*Hagiologe lyonnais,* c'est le Préfet des Gaules qui écrira dans peu à Marc-Aurèle au sujet du martyr Attale ; c'est lui que l'empereur chargera de l'exécution de ses volontés, lui qui prononcera toutes les sentences de mort (2).

Le magistrat qui, bientôt, va convoquer les soixante peuples gaulois autour de l'autel d'Auguste et y citer les chrétiens, n'est donc rien de moins que le lieutenant, le représentant de César pour la Gaule entière. Et, comme le remarque Ménestrier, sans nul doute, ce personnage avait déjà passé par les charges les plus hautes, puisque la préfecture de la Gaule était une dignité suréminente, remplie, à l'origine, par Agrippa, gendre d'Auguste, par Tibère, son successeur, par Drusus, son fils adoptif. Dans le fait, à mesure que les événements se dérouleront, qu'on examine de près ce juge de nos martyrs. tout dans ses actes indiquera une position voisine de l'indépendance ; tout, derrière le voile dont l'histoire l'a laissé couvert à nos yeux, trahira un de ces proconsuls romains en qui la fierté patricienne se confondait avec la haine des Néron et des Domitien contre les adorateurs de la Croix.

Le légat césarien annonce immédiatement sa résolution de contraindre par tous les moyens la secte nouvelle à obéir aux

(1) *Hist. eccl. de Lyon*, p. 69.
(2) *Hagiologium lugdun.*, p. 11 et 601.

édits des empereurs : dès lors, la persécution est légalement
organisée. Il est vrai qu'un changement a paru se faire dans
les dispositions de Marc-Aurèle à l'égard des chrétiens. Huit
ans auparavant, le miracle de la Légion Fulminante a sauvé
l'armée romaine et son empereur cernés par les Marcomans au
fond de la Germanie, où ils risquaient de subir le même sort que
Varus et ses malheureux soldats. En souvenir du prodige opéré
en sa faveur à la prière des victimes du paganisme, Marc-Aurèle
a interdit dans toute l'étendue de la domination romaine de
faire mourir, pour le seul motif de leur foi, les adorateurs du
Christ. L'obstacle paraît sérieux, de fait il est nul ; car il
n'est pas un de ses lieutenants qui ne connaisse à fond le caractère du philosophe couronné : majestueux en paroles, irrésolu
et timide dans ses actes ; affectant la justice envers les chrétiens, et dans le secret de ses pensées, plein d'une aversion
jalouse pour le Christianisme ; publiant de pompeux édits de
tolérance qu'il laisse ensuite déchirer et fouler aux pieds par ses
magistrats. De ce côté donc, il est permis au légat d'oser
beaucoup : un peu de prudence et d'habileté suffiront à écarter
le péril.

Il restait à prendre une détermination importante. Entre deux
religions inconciliables allait se livrer un combat complètement
nouveau pour la Gaule ; en quel lieu le drame se passerait-il ?
Où réunir, plus convenablement pour l'effet à produire, la masse
immense des spectateurs?

Si le champion des faux dieux n'eût été que le commandant
d'une ville ou d'une province, son ambition se fût bornée, sans
doute, à détruire le Christianisme dans les limites où il exerçait l'autorité ; mais, ce mortel ennemi du Christ ayant sous
sa juridiction la Gaule entière, on doit lui supposer, dans sa
lutte contre la religion nouvelle, des intentions, des plans
proportionnés soit à la profondeur de ses haines, soit à l'étendue
de son pouvoir. Arrêter du premier coup, dans toutes les contrées qui lui obéissaient, la propagation de l'Évangile ; anéantir du Rhin aux Pyrénées, des Alpes à l'Océan une secte
odieuse, voilà quel était certainement son but. Pour l'atteindre,

il ne suffisait pas de frapper les chrétiens d'une cité, il fallait épouvanter la Gaule ; il fallait, dans l'intérêt du paganisme, appeler tous les peuples qui lui étaient soumis à la défense de leur religion menacée. Or, quel théâtre plus favorable à l'exécution d'un tel projet que la presqu'île où se dressait le grand autel national ? Là, il ne parlait pas à Lugdunum seulement, il se faisait entendre des soixante nations qui, chaque année, y envoyaient leurs délégués.

Deux mois devaient s'écouler encore avant les jeux, avant les marchés qui appelaient au temple d'Auguste la foule venue des trois provinces ; mais le légat savait que les spectateurs ne manqueraient pas pour cela. Avec l'autorité presque souveraine dont il disposait, il n'avait qu'à faire appel, par l'annonce d'une persécution, à la curiosité, au fanatisme des Gaulois du dehors. Aussitôt, du pays viennois, auquel appartenaient plusieurs martyrs, et de toutes les régions voisines, des flots de visiteurs se hâteraient d'accourir ; masse mobile peut-être, mais qui, par l'adjonction des Lyonnais, formerait autour du tribunal une couronne d'assistants assez nombreuse pour que les scènes qu'on préparait eussent tout le retentissement désirable. Du moment que cette combinaison offrait des chances de succès, le haineux Gouverneur dut la préférer. Son plan fut rapidement arrêté. Peu de jours après le milieu de mai, il ordonnait le transfert des prisonniers dans la presqu'île ; lui-même venait s'installer près de l'autel d'Auguste avec son cortége d'assesseurs, de satellites et de bourreaux. Voici venir pour l'Église de Lugdunum l'heure des épreuves, l'heure des gloires immortelles.

A l'origine du Christianisme, ce fut à Rome, centre et citadelle du polythéisme, que Pierre et Paul périrent, l'un par le glaive, l'autre sur la croix. Les princes de l'apostolat proclamèrent les droits éternels du Christ à quelques pas de ce Panthéon où les faux dieux se trouvaient rassemblés de tous les points du globe, et sous l'œil de Néron, le chef des Césars persécuteurs. Le Sauveur l'avait ainsi décrété afin que sa victoire fût plus éclatante ; car l'arrêt de mort qui frappait les deux apôtres, allait bientôt, à l'encontre de toute vraisemblance humaine, retomber sur le paganisme et sur les maîtres du monde, ses tout-puissants défenseurs.

Eh bien, toute proportion gardée, quelque chose d'analogue va se passer dans la Rome gauloise. Sur les rives de la Saône, au pied de la colline que couronne le palais des empereurs, se dresse pareillement un Panthéon où le paganisme romain et le paganisme de nos ancêtres ont concentré toutes leurs forces, en même temps qu'ils y ont étalé toutes leurs magnificences. Vainqueurs et vaincus ont, d'un commun accord, érigé ce temple somptueux à Auguste encore vivant, avec qui, dans la suite, tous ses successeurs sont venus l'un après l'autre partager les honneurs divins. Les soixante nations de la Gaule ont fait de leurs dieux particuliers une sorte de cour au dieu César; toutes, par l'assiduité de leur culte, témoignent à l'envi qu'elles ne mettront pas moins de zèle à défendre la divinité d'Auguste et de Tibère que celle d'Hésus et de Teutatès. Tel est l'autel redoutable où comparaîtront les enfants de saint Pothin. Beaucoup d'autres martyrs ont confessé la foi devant l'image de Diane ou d'Apollon : c'est devant l'Olympe réuni des Romains et des Gaulois que les nôtres rendront hommage au Fils unique du Dieu éternel et tout-puissant.

Et parce qu'il entre dans les desseins providentiels qu'un éclat extraordinaire environne la confession de nos premiers martyrs, Dieu veut aussi qu'un monument historique de premier ordre éternise, avec le nom des victorieux, le souvenir de leurs héroïques vertus. La lettre des chrétiens de Vienne et de Lugdunum aux Eglises d'Asie a été souvent reproduite ; mais, à vrai dire, elle est un peu notre bien personnel ; et où doit-elle trouver place plutôt que dans un livre écrit en vue de populariser de nouveau la mémoire et le culte de nos martyrs ? C'est donc l'émouvant et sublime récit dont Eusèbe a sauvé de trop courts fragments, qui va nous servir de guide : le lecteur ne se plaindra que de le voir finir trop tôt :

« Les serviteurs du Christ qui habitent Vienne et Lugdunum à leurs frères d'Asie et de Phrygie qui ont la même foi et qui espèrent dans le même Rédempteur ; paix, grâce et gloire en Dieu le Père et en Jésus-Christ notre Seigneur.

« Si grandes ont été nos tribulations, si effroyable le déchaînement des Gentils à l'égard des saints martyrs, que nous serions impuissants à l'exprimer de vive voix, bien moins encore pourrions-nous le faire comprendre par écrit. L'ennemi s'est précipité sur nous avec une violence extrême ; ses premières fureurs nous ont révélé tout d'abord ce que nous devions attendre des ministres qu'il avait instruits à faire la guerre aux serviteurs de Dieu. On commença par nous interdire l'accès des maisons, des bains, du forum : bientôt il nous fut impossible de nous montrer dans aucun lieu public, dans aucune demeure privée. Cependant la grâce divine nous a soutenus. Elle a soustrait aux mains des persécuteurs les plus faibles d'entre nous, et réservé pour l'action des combattants fermes comme des colonnes, et capables par leur patience non seulement de soutenir les plus formidables assauts de l'ennemi, mais encore d'aller au devant, de s'offrir d'eux-mêmes à tous les opprobres, à toutes les tortures, et, sous le fer des bourreaux, de compter ce qu'ils souffraient pour peu de chose, parce qu'ils ne voyaient dans la vie qu'un obstacle qui retardait l'heure de leur union tant désirée avec le Christ. Par chacun de leurs actes, par les miracles de leur courage, ils semblaient dire que « les souffrances de ce monde ne sont rien au regard de la gloire future qui doit se révéler en nous. »

« Ils supportaient donc avec une grande force d'âme les clameurs et les outrages de la populace : des louanges leur eussent été moins douces que ces ignominies. Frappés, lapidés, jetés en prison, ils acceptaient tout sans murmure ; leur sérénité restait inaltérable devant la démence d'un peuple furieux. Enfin, comme nos frères étaient en présence du tribun et des premiers de la ville, sans autre motif que les vociférations de la foule, ils furent saisis et incarcérés jusqu'à la venue du Préfet. A peine arrivé, on les traîna devant lui, et telle fut à leur égard sa barbarie qu'inutilement la parole humaine essaierait d'en peindre les excès. »

Ici commencent les interrogatoires publics en usage dans la jurisprudence romaine. Un lecteur peu familiarisé avec les Actes des Martyrs ne soupçonne pas combien était redoutable cette lutte de la faiblesse contre un préteur omnipotent qui, secondé par un peuple nombreux, mettait en œuvre tous les genres d'artifices pour ébranler la constance du chrétien. Si nous voulons nous bien rendre compte des scènes que le récit d'Eusèbe ne fait qu'indiquer, il nous faut examiner de près l'épreuve à laquelle vont être soumis les fils de saint Pothin. Essayons donc de nous représenter avec sa véritable physionomie l'interrogatoire que les magistrats impériaux faisaient subir aux Confesseurs de Jésus-Christ, surtout à l'époque des Antonins.

A l'origine, les tyrans armés contre l'Eglise n'eurent qu'une pensée, assouvir leur rage, se baigner dans le sang chrétien. Néron ordonnait simplement et sans autre procédure d'enduire de poix et de brûler vifs, en guise de flambeaux, les sectateurs de la religion nouvelle ; ou encore, de les envelopper de peaux de bêtes et de les jeter en pâture aux léopards et aux tigres. Du haut de son tribunal, un président n'était que le premier d'entre les bourreaux et se contentait de ce rôle ignominieux. Peu à peu, cependant, le paganisme rougit de tant de brutalité. De nombreuses apologies du Christianisme avaient paru dans le monde romain ; les dépositaires de l'autorité comprirent qu'il était plus noble de vaincre les intelligences que de broyer les corps : sans renoncer à l'usage du fer et du feu, ils se proposèrent plus souvent pour but de ramener aux idoles ceux qui les avaient abandonnées. Si le peuple, dans ses colères aveugles, ne songeait qu'à torturer, qu'à tuer, le juge, lui, mettait sa gloire maintenant à faire des apostats.

L'apostasie, voilà, d'un côté, la grande ambition des persécuteurs, de l'autre, le principal effroi des persécutés. Ceux-ci, à la première menace partie du trône impérial, accouraient dans la maison de Dieu. Ils s'imposaient des jeûnes et des pénitences ; ils priaient, prosternés contre terre, avec des gémissements et des larmes. Demandaient-ils au Seigneur de les sauver de la mort ? Non, mais d'éloigner d'eux, d'éloigner de chacun de leurs frères l'infamie du renoncement à la foi. L'Eglise, dans le même but, s'empressait d'ouvrir à ses enfants, même coupables, tous les trésors des grâces divines. Elle pardonnait aux pécheurs, elle réconfortait les faibles, elle armait les vaillants pour le combat. Dans le camp opposé, on se préparait aussi. Le magistrat païen dressait toutes ses machines; il s'efforçait d'assurer à tout prix le triomphe de ses dieux, et, ce triomphe, il le voyait beaucoup moins dans la mort que dans l'apostasie du chrétien. En effet, la résistance poussée jusqu'au dernier soupir, c'était la défaite du persécuteur, c'était la victoire du martyr.

Aussi, l'interrogatoire commencé, le magistrat cherchait d'abord à gagner par la persuasion. Il déployait son savoir, multipliait les flatteries et les promesses, s'intéressait à la jeunesse, aux belles qualités de sa victime, ou s'apitoyait sur l'avenir qu'allait lui créer son aberration. Il fallait que toutes ces avances fussent repoussées pour qu'à cette douceur hypocrite succédât l'intimidation et la menace. Aux violences comme aux tentatives de séduction le confesseur opposait tantôt le silence, tantôt cette parole qu'on entendit si fréquemment sur les lèvres des martyrs et qui répondait à tout : Je suis chrétien ! Souvent aussi, plein du souffle de Dieu et se souvenant de ce mot du Sauveur : « A cette heure il vous sera inspiré d'en haut ce que vous devrez dire, » le témoin de Jésus-Christ acceptait la discussion avec son juge. Il appelait tour à tour à son aide la raison, la science, la foi, l'indignation, l'ironie, jusqu'à ce que son adversaire, à bout d'arguments, convaincu de n'être que le bourreau de l'innocence, n'eût plus qu'une ressource pour dissimuler sa honte, les fouets, la flamme, les ongles de fer.

La lutte n'était pas toute concentrée autour du tribunal : les ministres, les soldats, le peuple, tous soutenaient le magistrat de leurs vociférations, de leurs cris menaçants. Quelquefois le confesseur apercevait des amis, des parents idolâtres dont les uns lui tendaient les bras et le suppliaient de se laisser fléchir, tandis que d'autres l'accablaient de leurs malédictions. Il est vrai qu'à cette foule hostile se mêlaient des chrétiens venus au péril de leur vie, pour affermir les combattants de la foi. Peut-être une mère était là, montrant le ciel au jeune athlète du Christ, et l'exhortant à sacrifier quelques années d'une existence misérable pour des biens qui ne finissent pas ; peut-être une épouse, qui le conjurait de ne pas séparer dans un moment de défaillance deux cœurs que l'amour divin, bien plus qu'une affection terrestre, avait unis pour l'éternité. Ainsi, dans cette assemblée confuse et plus agitée que les flots de l'océan, les deux religions se livraient une lutte terrible en vue de conquérir, celle-ci des apostats, celle-là des martyrs.

C'est pour cela que le juge, si ardente que fût sa haine, en retardait l'explosion, et faisait durer le conflit tant qu'il conservait l'espoir de surprendre dans ses victimes un signe de lassitude morale. Cet acte du renoncement à la foi chrétienne, il l'attendait de la faiblesse de l'âge ou du sexe, des souffrances de la prison, de la longueur des supplices, de leur variété infinie, de leur renouvellement quotidien : seulement, quand l'invincible constance du martyr le forçait de lui accorder la mort, le tyran se ménageait une compensation suprême. Dans les proscriptions de Marius, de Sylla, d'Antoine, qui avaient ensanglanté l'ancienne Rome, on se hâtait de tuer ; il ne s'agissait que de faire disparaître un ennemi : ici, le fanatisme exaspéré, l'orgueil irrité et avide de vengeance recouraient à des raffinements de barbarie tout à fait indignes de la civilisation romaine. Le magistrat vaincu multipliait et prolongeait savamment les tortures ; il savourait avec délices l'agonie bien lente, bien douloureuse de son vainqueur.

Trop souvent il arrivait que les juges réussissaient à effrayer des âmes imparfaitement détachées de la terre : l'apostasie, en même temps qu'elle portait la joie dans les temples païens, répandait la consternation parmi les fidèles. Presque toujours, sans doute, les *tombés* de la veille venaient pleurer leur faute à la porte du lieu saint ; malgré ce retour, l'assemblée chrétienne s'affligeait, s'humiliait avec les criminels, comme si la flétrissure eût été commune à tous. Dans ces jours de désolation, il semblait aux plus fervents que Dieu eût détourné d'eux sa face, et que,

suivant l'expression du prophète, les voies de Sion fussent cou-
vertes de deuil. Mais si, par une mort généreuse, les soldats de
la Croix avaient mérité la couronne, la douleur de les avoir perdus disparaissait devant l'allégresse du triomphe. Partout la
piété rendait honneur à leur dépouille sacrée ; l'Eglise universelle célébrait leurs louanges ; mille bouches publiaient jusqu'aux
derniers confins du monde catholique le récit de leur martyre ;
et l'éclat de tant d'hommages rejaillissait en partie sur l'Eglise
particulière qu'ils avaient illustrée par l'effusion de leur sang.

J'ai décrit la nature, les conditions, l'enjeu de la lutte : on
voit que rien n'est plus littéralement exact que les mots de
combat, de victoire, de triomphe qu'offrent à chaque ligne les
Actes des martyrs. Un de ces combats, dramatique, mémorable
entre tous, commence dans la presqu'île lyonnaise, auprès de
l'autel des Césars. Le Préfet a mandé au prétoire les saints confesseurs. Il a pris place sur son tribunal qu'entourent les instruments de supplices : devant lui, toute une cohorte de bourreaux,
un peloton de soldats ; puis la multitude déjà nombreuse qui,
des provinces voisines, s'est rassemblée à Lugdunum, au premier bruit de la persécution.

Le procès des disciples de saint Pothin ressemblait, pour le
fond, à tous ceux que le paganisme intentait à leurs frères dans
tout le reste du monde, c'est-à-dire qu'il était non seulement
inique, mais aussi plein de contradictions et d'absurdités. On
commençait par imputer aux chrétiens le meurtre, l'inceste, l'anthropophagie ; l'acte d'accusation faisait d'eux le plus dangereux fléau des sociétés humaines ; et, d'autre part, on leur pro-
mettait la liberté, les honneurs, pourvu qu'ils s'engageassent à
n'être plus chrétiens. « Confessons-nous notre foi, disait Tertullien dans son Apologétique, vous nous torturez ; persévérons-
nous dans cette confession, vous nous mettez à mort ; abjurons-
nous, vous nous renvoyez absous : c'est donc sur un nom que
roule tout le débat (1). N'est-il pas absurde de punir les chré-

_____

(1) « Torquemur confitentes, punimur perseverantes, et absolvimur
negantes, quia nominis prælium. » Apolog., c. 11. — Dans une savante

tiens à cause de leur nom? Vous nous accusez de toutes sortes de crimes, et c'est chez vous qu'ils abondent. Les lois, il est vrai, commandent l'adoration de vos dieux, mais ces dieux sont de pures fictions, et de telles lois n'obligent point. » A Lyon, en particulier, l'horreur des accusations portées contre le Christianisme et le retentissement qu'elles avaient eu dans la cité, imposaient aux confesseurs une obligation plus étroite de repousser d'aussi abominables impostures. Protester énergiquement et jusqu'à la mort que les assemblées chrétiennes étaient pures des infamies dont les païens s'étaient plu à les noircir, c'était défendre l'honneur et l'Evangile du Dieu crucifié. Au contraire, on ne pouvait trahir, on ne pouvait déguiser sur ce point la vérité, sans calomnier l'innocence, et sans jeter l'outrage à la sainteté de nos mystères. On tombait par le fait même dans la dernière des apostasies.

La série des interrogatoires se poursuivit un jour ou deux peut-être avec un calme apparent de la part du juge; mais ni les ruses, ni la fausse douceur, ni les menaces ne purent arracher aux martyrs l'aveu des monstruosités dont on les chargeait. Irrité de son insuccès, le légat ne se maîtrise plus; il lève le masque et laisse le champ libre aux bourreaux. Les peignes de fer, les chevalets, les tenailles ardentes, tous les tourments inventés par la haine des persécuteurs sont déployés; les « tortureurs, » comme les nommait si bien la langue romaine, frappent, brûlent, déchirent sans relâche.

Les incidents des interrogatoires, le caractère de plusieurs de nos martyrs vont se dessiner dans la lettre des deux Eglises : « On avait amené nos frères, et comme, en instruisant leur

---

brochure intitulée : *Le Droit criminel romain dans les Act. s des martyrs,* M. J. Rambaud, professeur de Droit romain à la Faculté catholique de Droit de Lyon, démontre que la procédure universellement suivie contre les chrétiens par les magistrats persécuteurs ne violait pas seulement les principes éternels de l'équité, mais aussi la législation écrite. On ne regrette qu'une chose en parcourant ce remarquable travail, c'est qu'un excès de modestie ait empêché l'auteur de lui donner une publicité plus étendue.

cause, le Président les traitait avec la barbarie la plus révoltante, un des nôtres, Vettius Epagathus, dont le cœur brûlait d'une ardente charité pour Dieu et pour le prochain, ne put se résigner à entendre un magistrat prononcer ainsi des jugements contraires à tout droit, à toute justice. La vertu d'Epagathus ne consistait pas seulement à remplir avec un zèle infatigable les obligations que nous impose la loi de l'amour mutuel ; embrasé des flammes de la charité divine, toujours guidé par l'Esprit Saint, il marchait d'un pas ferme dans la voie des préceptes et des justifications du Seigneur. Sa vie était si pure qu'à la fleur de son âge, il a mérité les éloges donnés par nos livres sacrés à un prêtre plein de jours, au saint vieillard Zacharie. Vettius donc, incapable de contenir plus longtemps son indignation, demande qu'on lui permette de parler librement dans l'assemblée au nom des chrétiens; il démontrera jusqu'à l'évidence, affirme-t-il, que les accusés ne sont coupables d'aucun crime, d'aucune impiété. Ceux qui entourent le tribunal lui répondent par des cris de fureur ; car il était distingué, illustre entre tous les citoyens. De son côté, le Président s'obstine à lui refuser la faveur sollicitée avec tant de raison ; il ne veut savoir qu'une chose, si Vettius est chrétien. Celui-ci, à l'instant même, confesse hautement sa croyance, et, sur l'ordre du juge, est adjoint à la troupe des martyrs. On l'a depuis lors appelé l'avocat des chrétiens; dénomination qui lui convenait assurément, puisque dans son cœur résidaient Jésus, notre avocat, et l'Esprit Saint, qui répandait sur lui ses dons bien plus abondamment que sur Zacharie. Certes, il a montré assez clairement quels trésors inépuisables de charité son âme renfermait, et quels ont été son empressement, sa joie à s'immoler pour la défense de ses frères ; fidèle et vrai disciple du Christ, digne « de suivre l'Agneau partout où il va. » Aussi le reconnaissait-on facilement parmi les autres chrétiens. En effet, les principaux d'entre les martyrs marchaient sans crainte sous les yeux du public, prêts, on le sentait, à supporter tous les supplices. Par une ardeur toujours nouvelle, ils satisfaisaient surabondamment à cette confession de la foi qui est l'essence même du martyre. »

Malheureusement, toutes les âmes n'étaient pas à cette hauteur, et l'effroi qui environnait le lieutenant de César ne tarda
pas à étonner les faibles. Un triste discernement s'opéra de lui-
même entre les serviteurs fidèles qui dès longtemps s'étaient pré-
parés à la lutte, et les tièdes qui, dans leur négligence, l'avaient
à peine prévue. « L'apostasie d'une dizaine des nôtres environ
nous plongea, dit la Lettre, dans le deuil et la tristesse : bien
des courages qu'avait enflammés la foi des premiers combattants, furent comme brisés. Nous étions tous dans l'épouvante,
non parce que la cruauté des supplices allait toujours croissant,
mais à cause de l'issue d'un combat qui devenait incertain. La
chute de nos frères nous pénétrait d'une douleur bien plus profonde que les tourments qu'on leur faisait subir. »

« Mais, dit l'auteur des *Antonins* (1) dans son récit sommaire
de la première persécution lyonnaise, comme de vieux soldats qui
viennent à leur tour renouveler la bataille perdue par la faiblesse
de quelques recrues, d'autres confesseurs paraissent. C'est le
diacre de Vienne, Sanctus. C'est le néophyte Maturus, déjà *mûr*
en effet pour combattre dans l'armée du Christ. C'est un Grec
de Pergame, homme riche et considéré, Attale, qu'on appelait la
colonne de l'Eglise de Lyon. C'est, auprès de ce patricien de la
province, l'esclave Blandine, qu'à son nom et à la délicatesse de
sa personne, on peut reconnaître pour une de ces esclaves favo-
rites qui, dès leur enfance, conquéraient l'amitié, quelquefois
capricieuse, quelquefois tendre et sincère, de leurs maîtres. Elle
et sa maîtresse s'étaient aimées jusqu'au point de devenir chrétiennes ensemble et d'être martyres ensemble. » Bientôt, par
suite des recherches et des arrestations que le Gouverneur
ordonna coup sur coup, les cachots renfermèrent tous les membres les plus éminents des deux Eglises de Lugdunum et de
Vienne, tous ceux dont le zèle, la prudence, les infatigables travaux avaient accru si fort le nombre des prosélytes.

A ce moment, une complication survint qui allait porter à son

---

(1) *Les Antonins*, par M. le comte de Champagny, de l'Académie française ; livre VI, ch., VIII. *Nouvelle persécution.*

comble d'un côté la joie des persécuteurs, de l'autre la détresse
de l'innocence opprimée. Peu auparavant, Athénagore, dans la
défense du Christianisme adressée par lui à Marc-Aurèle, avait
dit : « Si nous mangeons de la chair humaine, nous commençons donc par tuer? Qui nous a vus tuer? Nous avons des esclaves, les uns peu, les autres beaucoup; rien de ce qui se fait
dans nos maisons ne peut leur échapper : quel est celui de nos
esclaves qui a dénoncé de pareilles choses?... » Il semble que
cet argument d'Athénagore ait été pour le perfide magistrat un
trait de lumière. Il donne ordre à ses satellites de saisir les esclaves païens qui ont été au service des prisonniers; on fait de sa
part à ces misérables les plus séduisantes promesses, et il s'assure par là des témoins prêts à confirmer ses plus infâmes calomnies. Ce fut un vrai coup de théâtre. Les serviteurs du Christ
accusés d'inceste, d'infanticide, de cannibalisme, continuaient à
repousser énergiquement des imputations sans preuves; tout à
coup leurs anciens esclaves sont introduits et déclarent avoir vu
de leurs yeux, vu constamment et pendant des années, les abominations en usage parmi les sectateurs du culte nouveau.

« Ces malheureux, lisons-nous dans le récit d'Eusèbe, soit
par l'impulsion du démon, soit crainte des supplices que, sous
leurs yeux mêmes, on faisait subir aux saints, conseillés d'ailleurs par les soldats qui en avaient reçu l'ordre, nous accusèrent
d'avoir dévoré comme Thyeste la chair de nos enfants, de nous
être souillés des mêmes incestes qu'Œdipe, et d'autres excès
tellement monstrueux que nous ne saurions les rapporter ni
même y penser sans crime, ni croire qu'il se soit jamais rencontré des hommes capables de les commettre. A peine ces révélations furent-elles divulguées que nous devînmes l'objet de l'exé-
cration de tous, de ceux mêmes qui jusqu'à cette époque avaient
cru devoir se tenir à notre égard dans les limites d'une certaine
modération. Ainsi vîmes-nous s'accomplir la parole du Seigneur : *Un temps viendra où quiconque vous donnera la mort,
pensera faire un acte agréable à Dieu.* A partir de cet instant,
le nombre et l'horreur des tortures dont on accabla les saints
martyrs défient toute description : Satan aiguillonnait ses

ministres dans l'espoir que les infamies qu'on nous attribuait
seraient constatées enfin par la confession de quelques-uns
d'entre nous. La fureur du peuple, des soldats, du juge, de tout
le tribunal, bouillonnait toujours au même degré, acharnée tout
particulièrement sur un diacre viennois du nom de Sanctus ; sur
Maturus, simple néophyte, mais d'une foi, d'une patience inébranlables ; sur un citoyen de Pergame, Attale, en toute circonstance la colonne et le soutien de notre Eglise, et sur une
femme appelée Blandine, en qui le Christ a montré que des
êtres dédaignés et méprisés du monde jouissent quelquefois
auprès de Dieu d'une grande gloire, et que ce qu'il y a par
nature de plus fragile, acquiert par son amour et par sa grâce
une invincible fermeté.

« Tous nous tremblions pour Blandine et, plus que tous les
autres, sa maîtresse selon la chair, qui était au nombre des martyrs, appréhendait que, lorsqu'il lui faudrait descendre dans la
lice, l'infirmité du corps ne l'empêchât de faire une libre et généreuse confession de sa foi. Cependant tels furent son courage et
sa force d'âme que les bourreaux, après avoir épuisé sur elle,
depuis le point du jour jusqu'au soir, en se relayant à tour de
rôle, tous les genres de torture, tombaient accablés de fatigue,
avouant qu'ils étaient vaincus par une femme, et qu'il ne leur
restait plus de tourments à lui faire subir. Ils témoignaient un
étonnement profond de ce qu'elle continuait à vivre dans un
corps qui ne présentait plus que de misérables lambeaux de
chair. De leur aveu hautement exprimé, un seul des supplices
qu'elle avait endurés aurait dû lui arracher la vie, loin qu'il
lui fût possible d'en supporter d'aussi nombreux et d'aussi
divers. Cependant notre bienheureuse sœur, comme un athlète
magnanime, puisait des forces dans son témoignage même. A
mesure qu'elle répétait : « Je suis chrétienne, » et : « Nul crime
ne se commet parmi nous ! » ces paroles apportaient aux souffrances qui la déchiraient un apaisement merveilleux ; elles
étaient le baume de ses blessures, la délivrance de toutes ses
angoisses.

« Ce fut aussi avec une intrépidité véritablement incroyable

que le diacre Sanctus supporta l'affreux tourment de la flagel-
lation. Ses perfides bourreaux espéraient qu'au milieu de tortures si longues il lui échapperait quelque faiblesse, quelque
aveu en désaccord avec sa profession ; mais lui leur opposa une
âme si ferme et si haute qu'il refusa toujours de dire même son
nom, sa terre natale, quel lieu il habitait, s'il était de condition
libre ou servile. A toutes les interrogations il répondait en langue latine : « Je suis chrétien ! » C'était là son nom, son pays,
sa condition : jamais les païens ne purent lui arracher d'autre
parole. La colère du gouverneur et de ses satellites dépassait
toutes les bornes. Ne sachant plus qu'inventer en fait de supplices, ils prenaient plaisir à lui appliquer, aux endroits les plus
sensibles, des lames d'airain rougies au feu.

« Tandis que son corps brûlait ainsi, le martyr impassible
persistait dans sa confession ; car le Christ répandait sur les
plaies de son serviteur, comme une rosée douce et fortifiante,
les eaux qui jaillissent des sources de l'éternelle vie. Son corps
labouré par les verges et tout couvert de sanglantes meurtris-
sures, disait bien haut le nombre et l'horreur des tourments
endurés : les chairs étaient si affreusement lacérées et contractées
que le héros chrétien avait perdu jusqu'aux traits extérieurs de
l'homme. Mais le Dieu qui partageait l'agonie de son martyr,
accomplit en lui pour sa propre gloire de grandes choses, soit
en terrassant l'ennemi, soit en montrant au monde par un illustre exemple qu'il n'existe plus de crainte là où domine l'amour
du Père, plus de souffrance où règne la foi dans la parole du Fils.

« En effet, peu de jours après, les bourreaux appliquèrent
Sanctus à la question une seconde fois. En renouvelant, pensaient-ils, les mêmes tortures dont ses chairs étaient encore
tuméfiées et tout enflammées, ils viendraient à bout de sa résistance, vu que la victime ne supportait plus même l'attouche-
ment de la main. Et s'il arrivait qu'il succombât à l'excès de
la douleur, sa mort imprimerait sans doute à ses compagnons
une terreur salutaire. L'espérance des impies fut complétement
déçue. Aux yeux des assistants stupéfaits, le corps du Confesseur,
ranimé par une vertu divine et rendu à son état naturel, reprit

avec sa forme première le libre usage de ses membres : la grâce du Christ fit de ce nouvel assaut non une épreuve, mais un remède. »

Un tel héroïsme ne pouvait manquer d'agir jusque sur les âmes les plus timides. Une femme du nom de Biblis avait trahi sa foi. Les païens exigèrent qu'elle confirmât les accusations d'inceste et d'infanticide dont une première fois elle avait chargé ses frères, et, dans ce but, la soumirent de nouveau à la question. Mais elle, tandis que le fer la déchirait, se réveillant comme d'un rêve, s'écria tout à coup avec véhémence : « Eh ! comment voulez-vous que les chrétiens se nourrissent du sang de leurs enfants, eux qui ne mangent pas même le sang des animaux (1) ? » En parlant ainsi, elle se confesse chrétienne, et, fortifiée par la torture même, reprend courageusement sa place parmi les martyrs.

Si la sainteté des Confesseurs éclatait au grand jour des interrogatoires, elle n'apparaissait pas moindre au fond des cachots qui les attendaient à leur retour du tribunal. Que trouvaient-ils alors pour reposer leur corps couvert de plaies ? Un étroit espace sur la terre nue de leur prison. Ils gisaient là plus de cinquante, sous des voûtes humides et basses, dans une nuit profonde, à demi étouffés par l'infection d'une atmosphère effroyablement viciée : intolérable supplice qui, néanmoins, sembla trop doux à la haine du barbare légat. Il sut créer aux saints captifs, loin même du tribunal, des souffrances de tout genre et prolonger ainsi pour eux les douleurs du prétoire. Entre autres tourments, il les condamnait à rester de longues heures les jambes distendues jusqu'au cinquième trou de l'horrible machine connue dans le monde romain sous le nom de *nervus* (2).

(1) La loi mosaïque interdisait aux Juifs de se nourrir du sang des animaux. Cette loi, confirmée par le concile des Apôtres (Act. Apost., c. 15.), est restée durant les premiers siècles en usage parmi les chrétiens.

(2) « Le *nervus* était un appareil en bois dans lequel la tête, les bras et les pieds de la victime étaient fixés. On écartait les pieds plus ou moins, au moyen de chevilles qu'on plaçait dans des trous plus ou moins distants les uns des autres. On a trouvé à Pompéi un *nervus* propre à recevoir dix condamnés. Rufin traduisant la lettre des Églises, dit : *le septième trou ;* mais le texte dit *le cinquième,* et celui-ci semble avoir été le maximum... » Note de M. de Champagny, *Antonins,* l. VI, ch. VIII.

« Un grand nombre, dit la narration d'Eusèbe, succombèrent dans la prison et Dieu couronna leur mort généreuse : à d'autres de ses combattants il daigna montrer sa commisération toute-puissante. Quelques-uns de ceux qui avaient eu à subir les plus atroces tortures et qu'on avait ensuite abandonnés sans aucun remède humain, guérirent tout à coup par la seule vertu d'en haut. Leur âme fut inondée d'une joie subite ; leur corps se redressa plein de vigueur ; aussi exhortaient-ils sans relâche leurs compagnons de captivité à ne s'effrayer jamais d'aucun sacrifice. Les plus débiles pour supporter les misères de leur position furent ceux qu'on venait seulement d'arrêter, et dont les membres n'étaient pas encore fortifiés par les supplices. L'immobilité, les ténèbres, l'infection horrible de ces caveaux sans air, les firent promptement périr. »

La lettre aux fidèles d'Asie n'a rien dit encore du Père, du chef spirituel des martyrs. Nous venons de voir que l'Église de Lugdunum avait, longtemps à l'avance, trouvé son saint Laurent dans le diacre Sanctus ; elle possédait pareillement son Sixte dans le vénérable pontife qui la gouvernait. Quatre-vingts ans plus tard, dans la grande Rome, le pape Sixte, marchant au martyre, consolera la tristesse de Laurent par ces belles paroles : « Je ne vous abandonne pas, mon fils ; mais de plus rudes épreuves vous sont réservées pour l'honneur du Christ. A moi, vieillard, un bien court espace m'est assigné dans la carrière ; vous, jeune encore, Dieu vous destine à remporter sur le tyran de plus nobles victoires ! » On croit entendre saint Pothin se substituer ainsi, pour les combats de l'arène, son magnanime lévite ; on croit voir le vieil évêque lui tendre, de sa main mourante, la palme que le jeune héros doit bientôt cueillir. Voici quelle fut la noble fin de l'ami de saint Polycarpe, du fondateur de l'Église de Lyon :

Le Gouverneur, habile à varier les scènes du drame d'Athanacum, pensa que l'heure était venue de produire aux yeux de la multitude l'évêque des chrétiens. Peut-être avait-il craint dans les premiers jours que le courage, que la fière assurance du pasteur ne fût un obstacle aux défections que, d'abord, il s'était flatté d'obtenir. Peut-être aussi le saint vieillard doit-il être compris dans les dernières arrestations qui, suivant le récit d'Eusèbe, privèrent les deux Églises de leurs membres les plus illustres ; et l'on conçoit, d'ailleurs, que les chrétiens lyonnais n'avaient rien épargné pour soustraire leur pontife aux perquisitions de la police impériale. Toujours est-il qu'au 31 mai seulement le légat donna l'ordre d'amener Pothin à son tribunal. La lutte du premier évêque de Lyon sera courte : il ne fait guère que paraître dans la lice ; mais quelle majesté sublime ! C'est la même grandeur tranquille et douce que dans Ignace d'Antioche et dans Polycarpe de Smyrne :

« Nous ne saurions omettre ici le glorieux témoignage du bienheureux Pothin, à qui était confié parmi nous le fardeau de l'épiscopat. Plus que nonagénaire et par le nombre des années et par la défaillance des organes, déjà presque mort à tout le reste, il ne vivait plus que par le désir du martyre. On le conduisit au prétoire, ou plutôt on l'y porta, tant la vieillesse avait miné les forces d'un corps en qui l'âme s'attardait uniquement pour que le Christ remportât dans ces frêles membres un triomphe plus signalé. Les magistrats de la ville et une troupe de soldats l'environnaient ; la multitude l'insultait avec des vociférations tumultueuses. Sitôt qu'il est au pied du tribunal, un cri s'élève de toutes parts : « C'est le Christ lui-même (1) ! » — Le Dieu des chrétiens, quel est-il ? lui demande le Gouverneur. — Tu le sauras, répond le martyr, si tu en es digne. — A ces mots, une sorte de délire furieux s'empare des assistants. Les plus voisins, sans respect pour son grand âge et pour la dignité empreinte sur tous ses traits, le frappent brutalement, les uns à coups de poing, les autres à coups de pied. Ceux qui sont plus éloignés lui lancent tout ce qu'ils rencontrent à leur portée. Il n'en est pas un parmi eux qui n'eût cru se rendre

(1) On trouve dans la traduction de Rufin ce détail que j'ai cru devoir conserver, parce qu'il rend tout ce que les Gaulois, au milieu de leurs grossières moqueries, reconnurent de grand et de surhumain dans le saint évêque de Lugdunum.

coupable d'un crime s'il n'avait ajouté aux outrages des autres
son outrage personnel. C'est ainsi qu'ils entendaient venger
la cause de leurs divinités. Pothin expirant fut rapporté dans
son cachot où, deux jours après, il rendit le dernier soupir. »

Dieu qui sut, dans la fournaise de Babylone, rafraîchir avec
des flammes les trois jeunes compagnons de Daniel, se sert
aussi, bien des fois, de ce que la douleur a de plus cruel pour
réjouir le cœur de ses saints : les païens de Lugdunum furent
contraints de reconnaître la réalité de ce prodige. Le Préfet
avait jeté dans la même prison martyrs et apostats ; ceux-là
comme chrétiens, ceux-ci comme coupables des noirceurs dont
eux-mêmes s'étaient accusés. Les malheureux n'avaient donc
obtenu par leur lâcheté criminelle aucun adoucissement à leur
sort ; et tandis que leurs frères goûtaient par avance les délices
du ciel, ils n'avaient en partage, eux, que la détresse absolue
et sans secours, que l'irrémédiable désespoir. A ce contraste
déjà saisissant par lui-même se mêlèrent des traits vraiment
miraculeux que je reproduis d'après la lettre aux Eglises d'Asie.
Les uns, dit-elle, étaient dans la joie, le visage radieux, parés
de leurs chaînes, comme au jour de ses noces la vierge se pare
de ses bracelets et de ses franges d'or. Au sortir de souterrains
infects, ils exhalaient la céleste odeur du Christ ; si bien que,
dans le public, on n'était pas éloigné de croire qu'ils faisaient
usage de parfums précieux. Les autres traînaient leur humilia-
tion et leur honte, l'œil abattu, la contenance embarrassée.
Lorsqu'on les menait ensemble au tribunal, le peuple distinguait, à leur seule physionomie, les Confesseurs des renégats ;
et, parce que ceux-ci s'étaient reconnus infanticides et meurtriers,
partout, sur leur passage, on les qualifiait d'assassins. A ce
spectacle, les chrétiens encore libres sentaient se ranimer leur
courage. L'apostasie paraissait plus hideuse, le martyre plus
beau ; et si quelque nouveau captif était conduit dans la prison,
il se hâtait de faire une déclaration généreuse de sa foi, comme
pour repousser plus loin les hontes de la défaillance.

Le légat ne peut plus se dissimuler que la victoire qu'il a cru
tenir un moment s'échappe de ses mains. Les fouets, les lames

ardentes, les peignes de fer n'ont rien pu sur ces hommes incompréhensibles dont il a mis le corps en lambeaux sans atteindre
leur âme. Il a espéré beaucoup des horreurs de la prison ténébreuse où il les a entassés ; la prison n'a eu d'autre effet que
de rendre leur résistance plus ferme, leur front plus serein.
Pourtant, il ne veut pas être vaincu. Que faire? Il essaiera de
frapper un coup plus énergique, un coup qui abatte enfin l'obstination chrétienne. Assurément, pour un subordonné. il a déjà
poussé bien loin l'audace de l'arbitraire; n'importe. Puisqu'il
n'y a qu'un moyen de s'épargner l'ignominie d'une défaite, il
n'hésitera pas. Le tigre populaire est déchaîné : Lyonnais idolâtres, curieux accourus du dehors, toute cette foule attend impa-
tiemment l'heure où il lui sera donné de voir, comme à Rome,
comme dans tout le reste de l'empire, les chrétiens livrés à la
dent des bêtes. Le Préfet sait que, s'il prend sur lui d'oser, les
trois provinces de la Gaule applaudiront, et qu'en définitive,
Marc-Aurèle laissera faire son lieutenant. L'amphithéâtre s'ouvrira donc.

On annonce, par ordre du légat, une journée extraordinaire
de jeux publics dont la religion du Christ fera tous les frais.
Dans la cité, dans les campagnes, dans les régions voisines,
une longue clameur a retenti pour la première fois : « les chrétiens aux lions ! »

« Les Confesseurs, dit la Lettre, devaient former, dans la
diversité de leur martyre, comme une couronne de fleurs brillantes et variées, digne d'être offerte par le Seigneur Jésus à
Dieu son Père. Au jour fixé exceptionnellement pour le supplice
de nos frères, Maturus et Sanctus, Attale et Blandine furent
exposés aux bêtes, afin de procurer aux idolâtres le plaisir inhu-
main des spectacles dont ils sont si avides. Maturus et Sanctus
sont de nouveau soumis à toutes sortes de tortures, comme s'ils
n'en avaient souffert aucune. Ou plutôt, pareils à de vaillants
athlètes qui, après s'être illustrés par plusieurs triomphes, n'ont
plus qu'à remporter une dernière victoire pour saisir la couronne
de vie suspendue sur leur tête, ils s'offrent à toutes les épreuves :
déchirés à coups de verges, suivant la coutume de ce pays,

traînés sanglants à travers l'arène par les animaux féroces, livrés enfin à toutes les espèces de tourments que réclament les mobiles caprices d'une populace insensée et furieuse. En dernier lieu on les fait asseoir sur des chaises de fer rougies au feu qui, dans quelques instants, grillent et calcinent les chairs des victimes. L'odeur nauséabonde qui s'en exhale incommode ces barbares; mais rien ne les rebute et leur rage ne fait que s'accroître; car leur vœu suprême est de briser le courage des martyrs. Ils n'y réussissent pas; en particulier, ils ne peuvent tirer de Sanctus d'autre parole que celle qui, dès le commencement, lui a servi de profession de foi : *Je suis chrétien!*

« Une journée entière les deux martyrs sont donnés en spectacle au peuple. Leur lutte prodigieuse lui a tenu lieu des combats singuliers dont les chances et les vicissitudes plaisent tant à ces nations. Comme, après tant de tourments, ils respirent encore, la hache termine enfin leur agonie.

« Blandine, liée à un poteau, fut abandonnée aux bêtes qu'on avait lâchées dans l'arène. Suspendue par les bras en forme de croix, adressant à Dieu de ferventes prières, elle inspirait, au milieu des affres du combat, une ardeur indicible aux autres martyrs. Car, dans la personne de leur sœur ainsi attachée à l'arbre du salut, ils croyaient contempler Celui qui fut crucifié pour nous, et cette vue était pour eux comme une preuve palpable que celui qui souffre quelque chose pour sa gloire, entrera certainement un jour en participation de l'héritage du Dieu vivant. Mais comme aucune bête n'osait toucher au corps de Blandine, elle fut détachée du poteau et replongée dans son cachot, en attendant qu'on l'en retirât pour un autre spectacle. Il fallait que, victorieuse dans toutes sortes de conflits, elle mît le dernier sceau à la condamnation du dragon infernal, et que, par son exemple, elle encourageât ses frères à une fidélité inébranlable, elle, cette vierge faible, obscure, méprisée, mais qui, revêtue de l'armure du Christ, le Roi des martyrs, avait infligé à l'ennemi défaite sur défaite, et conquis, dans le plus formidable des combats, une couronne immortelle.

« Cependant le peuple appelait à cris redoublés Attale, dont le nom jouissait d'une grande célébrité. Attale était armé pour la lutte. Accoutumé depuis longtemps à tous les exercices de la milice chrétienne, sa conscience lui rendait un bon témoignage ; toujours il s'était montré parmi nous le fidèle témoin de la vérité. La multitude l'accueillit avec des frémissements de rage qui se répétaient à mesure qu'on le promenait autour de l'amphithéâtre, précédé d'un écriteau sur lequel on lisait : « *Celui-ci est Attale, le chrétien.* » Au milieu de ces clameurs furibondes, le martyr proclamait par sa ferme contenance combien peu la mort l'effrayait, et quel serait son bonheur si la couronne de Sanctus et de Maturus pouvait en ce jour être accordée à ses vœux.

Ce dernier échec déconcerta le Préfet. Troublé, hésitant, ne sachant plus à quel parti s'arrêter, on le vit se retirer tout à coup de la lutte. M. de Champagny n'explique pas autrement ce qu'a d'étrange la brusque détermination du Gouverneur : « Le légat, dit-il, à bout de voie et craignant cette multiple exécution qui serait pour lui une multiple défaite, découvrit à ce moment qu'Attale était citoyen romain, que l'empereur seul pouvait disposer de sa vie, qu'il fallait consulter l'empereur et sur Attale et sur tous les autres, heureux de pouvoir en rester là et d'abriter ses embarras derrière le nom de l'empereur. » Lorsqu'on s'y attendait le moins, le magistrat interrompt le spectacle si pompeusement annoncé. Attale est reconduit dans sa prison ; les messagers du Préfet de la Gaule partent pour l'Italie.

Marc-Aurèle était revenu l'année précédente de son voyage en Orient, et les guerres continuelles qu'il soutint pendant dix-neuf ans de règne lui laissaient en ce moment même un intervalle de repos : il eut donc tout le loisir nécessaire pour donner aux difficultés pendantes une solution mûrement réfléchie. Cette solution ne fut rien moins que prompte, et l'on pourrait croire que ni les troubles de Lugdunum ni les souffrances des chrétiens n'inspirèrent au vieil empereur beaucoup d'intérêt, puisque, ayant reçu vers le milieu de juin le rapport de son légat, il ne rendit de réponse que peu avant la fin de juillet. Les Confesseurs durent passer tout ce temps dans les horribles ténèbres de leurs cachots. Quant au Préfet, il ne put que se réjouir de ces longs retards qui servaient ses calculs en l'aidant, il l'espérait du moins, à briser l'obstination de ses prisonniers.

Le nombre total des chrétiens incarcérés dépassait d'abord cinquante ; mais deux d'entre eux, Marcel, prêtre, et Valérien, son parent, recouvrèrent leur liberté par un prodige pareil à celui qui arracha saint Pierre d'entre les mains des Juifs. Une nuit, la porte de leur prison s'ouvrit tout à coup. Les deux Confesseurs passèrent, invisibles, au milieu de leurs gardiens et, remontant le cours de la Saône, s'en allèrent où les conduisait l'Esprit de Dieu. La Providence les destinait à répandre la bonne nouvelle au pays des Éduens jusqu'au moment où le martyre viendrait couronner leurs travaux. Ces courageux apôtres, que Lyon revendique à juste titre, aimaient à répéter qu'à l'école du bienheureux Pothin et de ses compagnons ils avaient appris à ne plus craindre les tortures ni la mort (1).

C'est avec réflexion qu'en racontant les phases principales de cette première moitié de la persécution lyonnaise, nous avons évité de fixer aucune date ; un simple retour sur le mois qui vient de s'écouler nous permettra de réparer une omission volontaire.

L'Eglise de Lyon a, dès la plus haute antiquité, célébré la fête de son illustre fondateur le 2 juin : ce jour fut, d'après tous les martyrologes, celui où saint Pothin consomma son sacrifice. Or, prenons garde qu'avant l'entrée en scène du pontife, la lettre aux fidèles d'Asie place toute une série d'événements. Les premiers interrogatoires, la comparution des esclaves idolâtres, l'apostasie de quelques chrétiens, les perquisitions faites tant à Vienne qu'à Lugdunum et qui amenèrent dans la prison les membres principaux des deux Églises, les tortures où brilla surtout l'héroïsme de Blandine et de Sanctus, tous ces faits qui forment dans la citation d'Eusèbe un enchaînement, une progression visible, ont précédé le témoignage rendu par saint Pothin, et, sans nul doute, leur exécution ne réclame pas moins de dix à douze jours. Ainsi, la persécution dut éclater au

(1) *Acta S. Marcelli* apud Surium, 4 sept.

commencement de mai : le Préfet des Gaules rentrait à Lyon vers le 15 et citait peu après les Confesseurs à son tribunal. Entre le 4 et le 10 de juin avait lieu la journée extraordinaire de jeux qui se termina par la mort des saints Maturus et Sanctus. Puis la persécution est suspendue pendant six semaines environ, pour recommencer plus furieuse le 1er août, époque de l'ouverture des solennités augustales. L'extrême limite du combat des Quarante-huit martyrs sera fixée par l'immolation de la dernière des victimes, sainte Blandine, honorée par l'Eglise lyonnaise le 9 du même mois.

CHAPITRE IV

TRIOMPHE

Avant de recommencer le combat, les saints prisonniers triomphent de l'endurcissement des apostats qu'ils ramènent et de l'hérésie des montanistes dont ils signalent les dangers aux Eglises de Phrygie. — Réponse de Marc-Aurèle ; elle coïncide avec les jeux augustaux. Reprise des interrogatoires et des tortures. — Fermeté d'Alexandre : il est condamné aux bêtes ainsi qu'Attale. Mort admirable des deux martyrs. Vingt-quatre d'entre les Confesseurs ont la tête tranchée. Le jeune Ponticus et Blandine sont couronnés les derniers. — Noms des Quarante-huit Martyrs et genre de mort de chacun d'eux. — Leurs cendres et leurs ossements, que les païens ont jetés dans le Rhône, sont rendus par les eaux du fleuve aux chrétiens, que les Confesseurs avertissent dans une vision. — La persécution continue : Epipode, Alexandre et leurs compagnons. — Mort de Marc-Aurèle. L'autel de Rome et d'Auguste entièrement abandonné. — Le sang des témoins du Christ est une semence de chrétiens à Lyon et dans les provinces voisines. L'enthousiasme du martyre s'empare des néophytes. Conquêtes de la foi dans les Gaules, fruit de l'immolation des Quarante-huit Martyrs. — On nous oppose qu' « Eusèbe ne parle ni du temple ni des *fêtes d'Auguste ;* » frivolité de cette objection.

AVANT même que les Confesseurs eussent de nouveau paru au grand jour pour recommencer la lutte, déjà, dans l'ombre de leurs cachots, ils préparaient la défaite de leur superbe persécuteur. La réponse au rapport adressé de Lyon à Marc-Aurèle sur les événements de la cité ne devait arriver, nous l'avons dit, que dans les derniers jours de juillet ; les martyrs employèrent ce long délai à réveiller le remords dans l'âme des *tombés*. Le retour des apostats, récompense d'une héroïque charité, fut la première joie qui ranima l'Eglise de Lugdunum à la suite de ses immenses douleurs.

Il n'était pas rare de rencontrer alors dans les assemblées chrétiennes des esprits durs et absolus qui n'accordaient aux faiblesses humaines aucune indulgence, aucune pitié. Quand la peur des tourments avait arraché à un chrétien débile l'abjuration de sa foi, si le coupable venait à résipiscence, à peine comprenaient-ils que le Christ ne lui fermât pas impitoyablement les entrailles de sa compassion. Bien autres étaient les pensées de nos martyrs pour les frères égarés qui, au milieu d'eux, souffraient les mêmes douleurs sans être consolés par les mêmes espérances. « A l'égard de ceux qui ne s'étaient pas relevés encore de leur chute, dit la lettre aux Eglises d'Asie, les saints n'avaient que des paroles d'une incroyable douceur. Leur sollicitude pour eux égalait celle d'une mère qui veille sur son enfant au berceau. Ils ne cessaient d'implorer sur eux la miséricorde infinie de Dieu, la suppliant de rendre ces infortunés à la vie de la grâce. La couronne même du martyre et le bonheur céleste leur semblaient moins désirables s'il était donné à l'Ange des ténèbres de ravir à l'Eglise quelques-uns de ses membres, malheureuses dépouilles réservées au triomphe de l'ennemi. N'accusant personne, excusant toujours, déliant sans jamais lier, ils priaient pour les apostats, ils priaient pour les bourreaux. Tout en eux respirait un esprit de profonde paix. Ils nous exhortaient à garder précieusement cette vertu, et, avec la paix, l'amour mutuel, lien de l'unité et de la concorde. »

Ce merveilleux esprit de mansuétude n'étonne plus lorsqu'on apprend par la même lettre à quel degré ces héros chrétiens poussaient la sainte ignorance de leur valeur personnelle ; combien, à leurs propres yeux, ils étaient petits et vils. « Eux, menés et ramenés à la torture, eux dont le corps saignant, déchiré, avait tant de fois senti la dent des bêtes et le feu des lames embrasées, ils refusaient humblement le titre de martyrs. Une telle gloire, disaient-ils, n'est due qu'au premier-né d'entre les morts, qu'à l'auteur de la vie éternelle, à Jésus-Christ, incorruptible témoin de la vérité. Après lui, ceux-là sont vraiment martyrs à qui leur confession a coûté la vie et que le Christ a reçus dans son sein. Pour nous, faibles et misérables, notre témoignage n'est pas complet. Priez, ajoutaient-ils avec larmes, priez sans relâche, afin que nous ne chancelions pas, et qu'au jour de notre mort, nous méritions de parvenir à la récompense. »

Il ne fallait pas moins que ces prodiges de douceur et d'humilité pour toucher le cœur des apostats. « Les saints obtinrent grâce pour les criminels, continue la Lettre, et l'Église, cette mère immaculée de tous les fidèles, embrassa vivants, avec des transports de joie, ceux qu'elle avait dû rejeter de son sein. La charité des martyrs avait engendré une seconde fois à la vie ces membres morts, désormais vigoureux et tout prêts à combattre pour la foi. »

La victoire des saints prisonniers sur l'endurcissement des apostats fut suivie d'une seconde qu'ils remportèrent sur les montanistes dont l'hérésie, nouvelle encore, commençait à désoler cette même Grèce asiatique d'où étaient sortis les premiers apôtres de Lugdunum. A peine entré dans le sein du Christianisme, Montan, qu'on dit avoir été un ancien prêtre de Cybèle, se fit passer pour inspiré tout particulièrement par l'Esprit Saint. Organe du Paraclet, le plus puissant, assurait-il, et le plus complet qui eût jamais paru, sa mission était de conduire, par une plus grande perfection des préceptes moraux, l'Église de Jésus-Christ à la maturité de l'âge viril. Le montanisme s'attaquait à l'ensemble de la discipline, il renversait toute l'économie de la morale chrétienne. A cette époque, ainsi que le remarque Eusèbe (1), les dons de vision et de prophétie étaient encore assez communs dans le Christianisme : il ne fut pas difficile à l'audacieux hérésiarque de faire croire qu'il appartenait à la classe des privilégiés que le ciel honorait de ses plus précieuses faveurs. Condamné dans plusieurs synodes par

(1) C'est vers l'an 171 que Montan avait commencé à dogmatiser.

les évêques d'Asie, il n'en affirma pas avec moins de hauteur sa mission providentielle. Une scission profonde s'opéra bientôt parmi les croyants de la Phrygie, patrie de Montan, et le trouble gagna rapidement les provinces environnantes. Aux yeux des sectaires, les vrais catholiques n'étaient plus que le peuple des *Charnels;* les montanistes seuls formaient la pure assemblée des *Spirituels.*

En apprenant ces tristes nouvelles, nos martyrs oublièrent leurs souffrances pour venir en aide à leurs frères d'Asie. Ils écrivirent des lettres aussi touchantes de modération et de charité que fermes au point de vue de l'orthodoxie, et chargèrent l'oracle du clergé lyonnais, le prêtre Irénée, de porter aux catholiques d'Orient ce témoignage de leur union fraternelle dans la foi du Seigneur Jésus. Mais ils voulurent qu'avant de passer en Asie, Irénée allât informer le pape Eleuthère des périls dont l'hérésie montaniste menaçait l'autre côté de la Méditerranée. Ce projet ne put se réaliser dans son entier : de Rome où il vit saint Eleuthère, Irénée, rappelé par les besoins de l'Eglise lyonnaise, revint directement en Gaule, sans poursuivre son voyage vers les chrétientés asiatiques.

Ce que le successeur de saint Pothin n'a pu dire de vive voix, les martyrs le diront eux-mêmes dans la lettre des chrétiens de Vienne et de Lugdunum à leurs frères d'Asie et de Phrygie. Là, en effet, se trouve une leçon à l'adresse des montanistes, leçon indirecte sans doute, mais dont tous, hérétiques et fidèles, comprendront sans peine le sens. La même lettre, dit Eusèbe, contient un autre récit qui m'a paru digne d'être rapporté pour l'avantage de mes lecteurs. Entre les martyrs il y en avait un, nommé Alcibiade, qui s'était prescrit un genre de vie tout à fait insolite. Jamais, avant son arrestation, il n'avait consenti à prendre d'autre nourriture que du pain, de l'eau et un peu de sel. Comme, en prison même, il refusait de se départir en rien de ses habitudes, Attale, après sa première lutte dans l'amphithéâtre, apprit par révélation que la conduite d'Alcibiade méritait quelque blâme, en ce qu'il s'obstinait à ne point user des créatures de Dieu et qu'il pouvait laisser aux autres, après lui, une occasion de scandale (1). Alcibiade, averti de cette vision, céda aussitôt et dès lors mangea de tous les mets qu'on lui offrit, en rendant grâce au Dieu qui le nourrissait. « Je devais, observe l'historien grec, recueillir pour l'instruction des chrétiens les enseignements pleins d'autorité que nous ont donnés de si grands hommes. »

C'est ainsi qu'en arrachant à l'enfer sa proie, en portant à une dangerereuse hérésie les premiers coups partis de l'Occident, nos courageux athlètes ont préludé aux triomphes que leur réserve dans peu de jours l'amphithéâtre d'Athanacum.

Enfin Marc-Aurèle a parlé, et ce modèle accompli de toutes les vertus païennes n'a pas un seul instant hésité à sacrifier l'innocence. Son édit, assemblage de contradictions et monument d'insigne lâcheté, porte « qu'il faut punir de mort les chrétiens qui persisteront dans leur confession, mais que ceux qui renieront, doivent être mis en liberté. » Après les accusations d'inceste, d'infanticide et d'anthropophagie dont les tribunaux de Lugdunum ont tant de fois retenti, ordonner la mise en liberté des prévenus à la seule condition qu'ils aient renié leur foi, c'est avouer implicitement que les horreurs imputées aux disciples de l'évêque Pothin ne sont qu'une fable ; c'est réduire à néant toute la procédure du légat : les chrétiens sont donc innocents de ce chef. Mais alors, en condamnant à mourir ceux qui sont demeurés fermes, l'empereur-philosophe s'inflige à lui-même le plus cruel démenti. N'a-t-il pas confessé, à la face de toutes les nations, que dans les guerres de Germanie l'empire et son chef ont dû leur salut à la puissance du Christ ? N'a-t-il pas défendu

_____

(1) Ce n'est point l'abstinence en elle-même qui est ici l'objet d'un blâme, c'est la persistance outrée d'où l'on eût pu inférer qu'Alcibade inclinait vers l'erreur des montanistes, qui attachaient une fausse idée de souillure à la manducation de la chair. En cela, les montanistes se rapprochaient beaucoup des gnostiques, d'après lesquels il existait des créatures essentiellement mauvaises, dont jamais le chrétien ne devait user. On ne sera pas surpris que les 43e et 45e Canons apostoliques aient prononcé la peine de la déposition contre « les clercs qui se seraient abstenus de chair et de vin, non par mortification, mais par un sentiment de réprobation contre ces aliments. »

qu'on fît périr aucun de ses adorateurs pour le seul motif des croyances qu'il professait ? Et maintenant, il n'ose pas, lui, maître du monde, protéger contre une populace ameutée des hommes dont il connaît la vie pure et les vertus surhumaines ! Pilate abandonne le juste ; César se range honteusement à la suite des meurtriers !

Le rescrit impérial était arrivé au moment de l'ouverture du « Concile des Gaules ; » c'est le nom qu'on donnait alors aux jeux et aux grandes réunions commerciales dont les fêtes religieuses, instituées par Drusus en souvenir de la dédicace de l'autel d'Auguste, donnaient chaque année le signal au premier jour d'août. Cette coïncidence que Dieu fera servir à l'exécution de ses desseins est marquée très expressément dans la lettre aux Églises d'Asie : « Au commencement de l'assemblée solennelle qu'on a coutume de tenir ici et qui est très célèbre à cause de la multitude d'étrangers qui s'y rendent en foule de tous les pays, le Président, ayant pris place sur son tribunal, se fit amener les chrétiens pour donner aux assistants le spectacle de leurs supplices. On étala de nouveau tous les instruments de torture. Les confesseurs qui avaient le titre de citoyens romains furent condamnés à être décapités, les autres à être livrés aux bêtes. Quant à ceux qui avaient abjuré la foi, le Gouverneur donna ordre qu'on les lui présentât séparément, persuadé qu'il n'y avait plus qu'à les renvoyer libres. Mais, contre son attente, ils se dirent chrétiens avec une énergie qui rendit gloire à Jésus-Christ, effaça l'ignominie de leur parjure, et leur mérita l'honneur d'être associés aux martyrs. Seuls quelques enfants de perdition persévérèrent dans leur impiété. Ceux-là n'avaient jamais eu au fond de l'âme ni foi ni crainte de Dieu. Ils avaient souillé l'innocence de leur baptême, et déshonoré par leurs vices la pureté de l'Évangile. »

Un accroissement notable dans le chiffre des martyrs, et, pour compensation unique, la conquête définitive de deux ou trois renégats, voilà donc, après deux mois d'efforts acharnés, quel était le bilan de la lutte ; et le Gouverneur n'était pas au bout de ses mécomptes. Dans le cours des interrogatoires dont chacun ajoutait à son mortel dépit, la cohorte des confesseurs se recruta tout à coup d'un de ses plus vaillants champions. La narration d'Eusèbe va nous faire connaître ce nouveau combattant.

« Un chrétien nommé Alexandre, Phrygien de naissance, médecin de profession, et depuis longues années établi dans les Gaules, osa se montrer près du tribunal. Il était universellement connu par son ardente charité envers Dieu et la sainte liberté avec laquelle il annonçait la parole de vie ; car Alexandre possédait à un haut degré les dons et les vertus du ministère apostolique. S'étant donc placé en face de ses frères, il les exhortait par gestes à confesser la foi, mais avec tant de vivacité que ses voisins prétendaient par moquerie qu'il souffrait les douleurs de l'enfantement. La multitude, cependant, irritée de voir ceux-là mêmes qui avaient apostasié se déclarer chrétiens, accusa hautement Alexandre d'avoir conçu et ourdi toute cette trame. Le Gouverneur se tourne vers lui et demande qui il est. Je suis chrétien, répond Alexandre. Le juge furieux le condamne à être exposé aux bêtes. »

C'est que le persécuteur a compris, après tant d'échecs, qu'il ne lui reste plus qu'une consolation, la vengeance ; et les exécutions vont maintenant se succéder avec rapidité.

« Dès le lendemain, Alexandre parut dans l'amphithéâtre, accompagné d'Attale que le Gouverneur, par complaisance pour le peuple et malgré les ordres de l'empereur, avait condamné une seconde fois à ce supplice. Mais les bêtes ne leur ayant fait aucun mal, ils durent parcourir tous les deux une longue série de tortures, et leur martyre fut des plus douloureux. Ils périrent enfin par le glaive.

« Alexandre, tout le temps qu'il fut entre les mains des bourreaux, ne fit pas entendre un gémissement, pas un murmure. Profondément recueilli en lui-même, il ne cessa jusqu'au dernier instant de s'entretenir avec Dieu. Pour Attale, on l'assit sur un siège de fer incandescent, et comme l'odeur de ses membres grillés se répandait dans l'assistance : « Les abominations dont vous nous chargez, s'écria-t-il, c'est vous qui les

commettez ! Voilà bien ce qui s'appelle manger des hommes.
Quant à nous, non seulement nous ne dévorons pas la chair
humaine, mais nous évitons encore toute espèce de crime. »
Quelqu'un lui demanda quel était le nom de son Dieu ; Attale
répondit : « A vos dieux, ainsi qu'aux hommes, il faut des noms
pour se distinguer les uns des autres ; notre Dieu n'a pas besoin
de porter un nom. »

Attale et Alexandre, comme deux mois auparavant Sanctus
et Maturus, ont disparu de la scène, et dix-huit autres confesseurs ont succombé en prison. A ces glorieuses victimes joignons ceux qui durent au bon plaisir du légat, ou, plus vrai-
semblablement, à leur titre de citoyen romain de ne pas être
condamnés aux bêtes. Les circonstances de leur martyre sont
inconnues, Eusèbe s'étant borné à détacher de l'ensemble les
figures les plus saillantes, et ayant laissé les autres dans l'ombre. Ce qu'il y a de certain c'est que, jusqu'au bout, l'impitoyable Gouverneur mit en œuvre toutes les tortures pour tirer des
combattants du Christ une parole qui ressemblât à un reniement,
et que, jusqu'au bout, ces témoins fidèles confondirent devant
l'autel des Césars les faux dieux de la Gaule et de Rome. De
plus, le récit d'Eusèbe signale un des moyens employés pour
répandre quelque variété sur l'horrible boucherie que la persécution étalait aux yeux des spectateurs. On y parle du « dernier
jour des combats singuliers (1), » d'où il suit que, pendant les
solennités augustales de cette année, l'amphithéâtre fut, comme
d'ordinaire, occupé par des gladiateurs ; à moins, peut-être,
qu'à Lugdunum comme à Rome, il ne se trouvât des hommes
de guerre, des patriciens, des sénateurs, jaloux de remplacer les
rétiaires et les andabates. Reconstituons la scène d'après ces
données. Lorsque les assistants éprouvaient le besoin de diver-
sifier leurs jouissances, on suspendait la lutte. Alors de pures
victimes s'avançaient résignées, silencieuses, comme l'Agneau
de Dieu au prétoire ou sur le Calvaire : puis, aux applaudissements de la foule, les têtes de ces héros de la foi roulaient sur

(1) « Postremo die singularium certaminum adventante, Blandina... »

l'arène ensanglantée. Vingt-quatre Confesseurs de l'un et de l'autre sexe perdirent ainsi la vie dans les premiers jours du mois d'août.

Les cachots de la presqu'île ne renferment plus que deux chrétiens, l'esclave Blandine et un adolescent nommé Ponticus. Le Préfet avait ajourné leur sacrifice dans l'espoir qu'une faible femme, qu'un enfant de quinze ans ne resteraient pas toujours inaccessibles à la crainte, et qu'à la suite de la crainte se glisserait peut-être l'apostasie. Chaque jour, à l'heure des interrogatoires, il faisait comparaître devant lui les deux prisonniers, pour qu'ils fussent témoins des tortures et de la mort de leurs frères. Peine inutile ! Ces spectacles ne servaient qu'à fortifier leur courage, qu'à exciter en eux un désir plus ardent du martyre. Le légat dut se résigner ; d'ailleurs les jeux sanglants de l'autel d'Auguste touchaient à leur fin.

« Le dernier jour des combats singuliers amène le tour de Blandine et du jeune Ponticus, âgé d'environ quinze ans. On les avait chaque jour conduits tous deux pour les faire assister au supplice de leurs frères. Ils sont introduits dans l'amphithéâtre. Aussitôt on les presse de jurer par les idoles des nations ; les Confesseurs demeurent fermes et méprisent les faux dieux. Le peuple s'abandonne à des transports de fureur, sans pitié pour l'âge de Ponticus, sans respect pour le sexe de Blandine. On les fait passer sans relâche d'un tourment à un autre tourment ; on épuise sur eux toutes les inventions de la cruauté la plus raffinée ; et, cependant, des milliers de spectateurs continuent de presser tantôt l'un, tantôt l'autre de jurer par les divinités qui sont sous leurs yeux ; mais toujours en vain. Ponticus demeure invincible, exhorté par sa sœur, qui, de l'aveu des assistants, fut constamment le soutien et la force de son compagnon. Enfin, après avoir supporté avec un admirable courage de si horribles douleurs, Ponticus rend le dernier soupir.

« Restait la bienheureuse Blandine. Telle qu'une mère magnanime qui, après avoir soutenu jusqu'au bout le courage de ses enfants et les avoir envoyés vainqueurs aux pieds de leur roi, a parcouru ensuite la même carrière de douleurs et livré les mêmes combats, Blandine maintenant se hâte de les rejoindre, joyeuse, transportée du bonheur de se voir parvenue au terme. On dirait qu'elle marche non au devant des bêtes qui doivent la dévorer, mais vers un fiancé qui la convie au festin nuptial. Déjà battue de verges, déchirée par les bêtes, brûlée sur les grils ardents, elle est enveloppée d'un réseau, et, dans cet état, livrée à un taureau furieux. Longtemps cet animal frappe la vierge et la soulève avec ses cornes ; elle reste complètement insensible, absorbée dans la contemplation des biens que la foi lui promet et dans ses amoureux colloques avec le Dieu crucifié. Enfin le bourreau lui tranche la tête d'un coup d'épée, et tous ces peuples confessent alors que jamais femme dans leur pays n'a souffert avec une pareille constance tant et de si atroces tourments. »

La mort de sainte Blandine termina, en même temps que cette longue série de martyres, les fêtes et les divertissements du *Concile des Gaules* dans cette mémorable année 177. Quels divertissements ! quelles fêtes ! Et comme ils sont dans le vrai ces écrivains modernes qui font honneur de l'adoucissement progressif des mœurs à cette époque, non au Christianisme, mais à la philosophie stoïcienne, à l'esprit de justice et de modération des Antonins, surtout à la profonde sagesse de Marc-Aurèle !

L'histoire d'Ainay doit consigner les noms de ses Quarante-huit martyrs. En voici la liste telle que nous l'ont laissée, à part quelques légères variantes, Grégoire de Tours, Adon, le martyrologe attribué à saint Jérôme, et la copie antique des litanies de nos saints qu'on chantait au jour de la fête des Merveilles.

Moururent en prison : Pothin (2 juin), Aristæus, Cornelius, Zosimus, Titus, Zoticus, Julius, Apollonius, Geminianus ; Julia, Ausonia, Æmilia, Pompeia, Jamnica, Domna, Justa, Trophima, Antonia.

Eurent la tête tranchée : Zacharie, prêtre (1), Vettius Epa-

(1) Le nom de Zacharie est discuté aujourd'hui ; je dois compte de cette difficulté à mes lecteurs.
Il y a désaccord complet entre les deux textes auxquels seuls nous pouvons recourir, le texte grec d'Eusèbe et la traduction latine de Rufin,

gathus, Macaire, Alcibiade, Sylvius, Primus, Ulpius, Vitalis, Cominus, October, Philuminus, Geminus, Albina, Grata, Rogata, Potamia, Rhodana, Biblia, Quarta, Materna, Helpes, et trois autres chrétiennes qui ont des homonymes parmi celles de la première catégorie : Æmilia, Julia, Pompeia.

Livrés aux bêtes : Sanctus et Maturus, dans la journée des jeux extraordinaires accordés par le Préfet ; Attale et Alexandre, Ponticus et Blandine, pendant l'assemblée annuelle du confluent.

Après trois mois d'effroyables souffrances, les héroïques enfants de saint Pothin se reposent dans l'éternelle joie, et cependant la série de leurs victoires n'est pas épuisée : du sein de la mort, ils triompheront une fois encore de leurs bourreaux. Le miracle qui va remettre les fidèles en possession des reliques

le même qui, d'ami de saint Jérôme, devint plus tard son adversaire. Eusèbe compare les vertus du jeune Epagathus à celles de Zacharie, père de saint Jean-Baptiste ; Rufin fait de Zacharie un prêtre lyonnais qui aurait été l'instituteur d'Epagathus et le compagnon de son martyre. Qui des deux faut-il accuser d'erreur ? Eusèbe aurait-il défiguré un passage qu'il ne comprenait pas, et Rufin, mieux instruit, aurait-il rétabli le texte original et la vérité des faits ? Ou bien, est-ce le contraire qui aurait eu lieu ? Les avis sont partagés.

Au XVIIe siècle, Henri de Valois, dans sa belle édition des *Histoires ecclésiastiques d'Eusèbe, de Socrate*, etc., se prononçait contre Rufin ; tandis que le P. Théophile Raynaud maintenait parmi nos confesseurs le prêtre lyonnais Zacharie. Le savant jésuite s'appuie particulièrement sur la raison suivante : Grégoire de Tours et Adon indiquent nettement le genre de mort subi par Zacharie, ils le rangent au nombre des confesseurs qui furent décapités, détail dont Rufin ne dit pas un mot. Ils eurent donc, outre la version de Rufin, d'autres documents relatifs au prêtre et martyr Zacharie. En outre, les litanies des Quarante-huit martyrs, chantées à la fête des Miracles et qui remontent à la plus haute antiquité, invoquaient saint Zacharie immédiatement après saint Pothin.

Ces raisons ne paraîtront pas sans valeur ; et si grande que soit l'autorité de H. de Valois, une chose restera toujours vraie : rien n'est plus dangereux que de trancher à cent lieues de distance des questions d'histoire locale, quand cette histoire a pour vous à peine quelques points lumineux. Aussi, entre l'historiographe de Louis XIV d'un côté, et de l'autre Grégoire de Tours, Adon, Bullioud, Théophile Raynaud, M. de Champagny, la *Gallia christiana*, le rituel de l'Église lyonnaise, le martyrologe gallican, n'ai-je pas cru devoir hésiter.

de nos martyrs précipitées dans les eaux du Rhône par le Gouverneur, est un fait qui se lie essentiellement aux traditions d'Ainay ; je le rapporterai donc, et d'autant plus volontiers que je puis emprunter aux fragments d'Eusèbe la majeure partie de mon récit :

« La mort des saints n'apaisa pas la rage de ces peuples cruels. Ils poursuivirent leurs victimes au delà même de la vie, et inventèrent contre ces tristes restes un genre de persécution qu'on aurait cru ne convenir qu'à la férocité des bêtes sauvages. La haine du Président et des citoyens se déchaînait contre nous plus furieuse par cela même qu'elle était plus inique. Il fallait que l'oracle de l'Ecriture s'accomplît : *Que la malice du méchant croisse encore ; que la justice du juste augmente toujours.* (Apoc., 22.) Ces barbares jetèrent à la voirie, ils abandonnèrent à la voracité des chiens les corps de ceux d'entre nos frères qui avaient succombé à l'infection des cachots (1). Puis, tous ces débris humains que les flammes et les bêtes avaient épargnés, ces têtes coupées, ces troncs mutilés par le fer, ils les réunirent en monceaux, ayant bien soin, pour nous empêcher de leur donner la sépulture, de les faire garder nuit et jour par des soldats. A la vue de ces membres sacrés, les uns frémissaient de rage et regrettaient de ne pouvoir plus leur faire sentir de nouveaux supplices ; d'autres, en insultant ces glorieuses dépouilles, exaltaient leurs fausses divinités dont la puissance avait abattu la fierté des martyrs. Les plus modérés prenaient en pitié notre foi, et disaient : « Où est leur Dieu ? Cette religion qu'ils ont préférée à leur existence, de quoi leur a-t-elle servi ? »

« Pour nous, notre grande douleur était de ne pouvoir ensevelir les restes de nos frères. Nous comptions, pour la réalisation de nos désirs, sur les ombres de la nuit, sur nos pressantes sup-

---

(1) Saint Augustin crut devoir expliquer aux fidèles de son temps dans quel but Dieu avait permis que les corps des martyrs de Lugdunum fussent déchirés par la morsure des chiens et consumés en partie par les flammes. (*De cura pro mort.*, c. 6.) — L'homélie de sainte Blandine par saint Eucher contient sur le même sujet un mouvement sublime d'éloquence et de foi.

plications aux sentinelles, sur l'appât des récompenses que nous leur promettions ; tout fut inutile. Le seul bonheur après lequel soupiraient ces hommes féroces était de voir tomber en lambeaux les cadavres confiés à leur vigilance. Les corps de nos chrétiens demeurèrent ainsi durant six jours, en butte à tous les outrages. Enfin les païens les brûlèrent et en jetèrent les cendres dans le Rhône, afin qu'il n'en restât plus de vestige sur la terre. En agissant de la sorte, ils croyaient sérieusement l'emporter sur le Tout-Puissant, et empêcher la résurrection des martyrs. « Il faut, disaient-ils, leur ravir ce fol espoir de ressusciter qui les pousse à nous apporter on ne sait quelle religion étrangère. C'est dans ce but qu'ils bravent tous les tourments, qu'ils subissent la mort avec joie : nous verrons bien si leur Dieu viendra les secourir, et s'il est assez fort pour les arracher de nos mains. »

Ici s'arrête dans l'histoire d'Eusèbe la lettre aux Églises d'Asie. C'est Grégoire de Tours qui nous fournit la suite du récit, qu'on lit pareillement avec toutes ses circonstances dans le martyrologe de saint Adon. Ce récit faisait-il partie de la lettre même dont, au sixième siècle, on aurait possédé dans les Gaules les passages qu'Eusèbe n'a pas cités ; ou bien l'historien des Francs l'a-t-il puisé à la source des traditions lyonnaises ? Il est impossible de se prononcer aujourd'hui sur cette question. Voici, tel que le racontent Grégoire de Tours et Adon, le fait de l'apparition des martyrs :

« Pendant que les chrétiens s'attristaient dans la pensée que tant de bienheureuses reliques avaient péri, une nuit les saints apparurent à plusieurs fidèles dans l'endroit même où leurs membres avaient été consumés par le feu : ils étaient debout, entiers, et sans aucune trace de souffrance. S'étant tournés vers les chrétiens, ils leur dirent : « Retirez de ce lieu nos restes ; car aucun de nous n'a péri. D'ici nous avons été transportés au lieu de repos que nous avait promis le Christ, roi du ciel, pour le nom de qui nous avons souffert. » Ces hommes pieux firent part à leurs frères de la vision qu'ils avaient eue. Tous rendirent grâce à Dieu et se sentirent fortifiés dans la foi. Les cendres

sacrées des martyrs furent recueillies, puis déposées avec de
grands honneurs sous le saint autel, où, par d'éclatants miracles, ils ne cessent de rappeler qu'ils habitent avec Dieu (1). »

Le prodige que rapportent Grégoire de Tours et saint Adon
est tenu pour certain par une foule d'écrivains des plus recommandables, Longueval, Théophile Raynaud, Ménestrier, la
Mure ; MM. Meynis, Alphonse de Boissieu, de Champagny :
ajoutons qu'il cesse pour ainsi dire d'étonner quand on se rappelle combien de fois il se reproduisit pendant l'ère des persécutions. Il faudrait plusieurs pages pour énumérer seulement le
nombre des martyrs dont le corps fut rendu, contrairement à
toutes les lois naturelles, par la mer ou par les fleuves ; et si
l'on cherche un fait identique au miracle de Lugdunum, on le
trouve dans l'histoire des Quarante martyrs de Sébaste, si célèbres dans l'Eglise. « Leurs corps furent brûlés, dit le Bréviaire
romain, et les restes abandonnés au courant des eaux. Mais, ces
reliques s'étant réunies miraculeusement en un même lieu, les
chrétiens les retrouvèrent dans toute leur intégrité, et leur donnèrent une sépulture honorable (2). »

La persécution ne finit pas avec les solennités du confluent.
Chaque païen se crut le droit d'exterminer partout où il les rencontrait les disciples du Christ. Le fanatisme, la cupidité, les
haines privées, les tumultes populaires en firent périr des multitudes, ici dans l'ombre, là au grand jour (3). Aussi les idolâtres
se flattaient-ils d'avoir anéanti à Lugdunum la superstition du
Galiléen, quand ils découvrirent dans une retraite obscure de
Pierre-Scise deux nobles jeunes gens, Epipode et Alexandre,
l'un Gaulois et l'autre Grec, dont les parents portaient le titre de

(1) Gregor. Turon. *De gloria martyr.*, l. 1, c. 49. — Ado, Martyrolog.,
2 junii.

(2) « Combustis illis, eorum reliquiæ projectæ in profluentem, cum
mirabiliter in unum profluxissent locum, salvæ et integræ repertæ,
honorifico sepulchro conditæ sunt. » Die x martii.

(3) « ... Alios præterea bene multos eadem persecutione Lugduni
passos, prædicta epistola satis perspicue prodit. Imo innumeros passos
fuisse, habetur in Actis SS. Epipodii et Alexandri... » (*Hagiolog. lugd.*,
p. 18.)

Clarissimes : trente-quatre chrétiens furent saisis en même temps. La vue de cette nouvelle proie réveilla toute la fureur du peuple. Les chevalets se dressaient de nouveaux, les bûchers se rallumaient, la foule altérée de sang réclamait des supplices ; mais le juge, celui sans doute que nous connaissons, se ravisa promptement. Il avait appris par sa propre expérience que la longueur des tortures serait pour ses dernières victimes, comme pour les premières, l'occasion d'un triomphe plus beau. « Puisque, dit-il, les chrétiens en sont venus à ce point de folie de regarder comme une gloire la durée de leurs tourments, et qu'ils se vantent alors de nous avoir vaincus, finissons-en tout de suite avec eux (1). » Epipode, Alexandre et leurs compagnons furent martyrisés vers la fin d'avril de l'an 178, huit mois après les fêtes du temple d'Auguste.

Deux ans plus tard, Marc-Aurèle, atteint d'un mal contagieux dans une guerre contre les Quades et les Sarmates, mourait tristement, il faudrait dire misérablement, au fond de la Germanie, abandonné de ses généraux, de ses amis, de son propre fils, qui tous fuyaient le contact et jusqu'à la vue d'un pestiféré. L'autel des Césars divinisés touche également à sa fin. Encore quelques années et la Gaule cessera de se rassembler à l'amphithéâtre du confluent ; l'Athénæum n'entendra plus la voix des rhéteurs et des poètes ; le temple national, avec son peuple de statues, restera sans adorateurs et sans prêtres. Ce dernier fait a été signalé par le savant auteur des *Inscriptions antiques de Lyon* : « Après le second siècle, et c'est un fait que je note sans trop redouter que de nouvelles découvertes me donnent un démenti ; après le second siècle, nous ne retrouvons plus de prêtres de l'autel de Rome et d'Auguste... » En effet, à l'époque marquée par M. de Boissieu, Lugdunum presque dépeuplé perdait son titre de capitale des Gaules, et cette déchéance explique suffisamment l'abandon par les soixante nations gauloises de l'amphithéâtre, de l'Athénæum, et de ce panthéon fameux élevé à si grands frais. C'est, le plus souvent, aux passions de l'homme

(1) Actes de saint Epipode et de saint Alexandre, 22 et 24 avril.

que la Providence divine laisse le soin d'exécuter les arrêts de
sa justice : les brutales fureurs d'un césar condamnèrent à la
ruine le temple impie où nos ancêtres avaient adoré l'image
des empereurs déifiés.

Il est plus consolant de se rappeler les fruits de salut que porta,
pour Lugdunum et pour la Gaule entière, le sacrifice des Quarante-huit Confesseurs. Sans doute la masse des païens, surtout
des païens étrangers, n'ouvrit pas immédiatement les yeux à la
vérité ; mais, parmi ces innombrables spectateurs, il s'en trouvait dont le cœur était plus droit. Entraînés un instant par
l'effervescence populaire, quand, plus calmes, ils revinrent sur
ce qu'ils avaient vu, que de sujets d'étonnement ! Quels hori-
zons nouveaux durent se révéler à eux ! Le silence de ces
hommes de prière au milieu d'un déchaînement inouï de calomnies et d'outrages, leur douceur inaltérable parmi les malédictions d'un peuple en délire, leur impassibilité dans les plus
cruelles tortures, leur joie sereine à l'aspect de la mort, leur
pouvoir sur les bêtes féroces qui se couchaient docilement à
leurs pieds, que de mystères incompréhensibles ! Au fond de
cette religion qu'ils avaient blasphémée sans la connaître, y
aurait-il donc quelque chose de surnaturel, de divin ? Et qui sait
si plusieurs, en quittant le calvaire de la presqu'île lyonnaise,
ne se disaient pas, comme le centurion de l'Evangile, éclairés
ainsi que lui par un rayon d'en haut : « Vraiment, ces chrétiens
étaient peut-être les enfants de Dieu ! »

Certes, elle dut être bien profonde l'impression produite par
la vue de ces miracles de sainteté, puisqu'un petit nombre
d'années plus tard, ce Lugdunum naguère si exalté dans son
fanatisme païen, se prosternait plein de foi et d'amour au pied
de la Croix. Lorsque, l'an 208, fondit sur notre Eglise une seconde
tempête plus formidable que la première, il n'est pas tombé
sous le fer des soldats de Septime Sévère, en dehors des enfants
et des femmes, moins de dix-neuf à vingt mille chrétiens (1).

_____

(1) Tous nos historiens fixent la seconde persécution lyonnaise à l'an
202, chiffre qu'évidemment ils ont accepté de confiance : une étude plus

C'était trop peu pour l'Eglise de saint Pothin de réparer ses
pertes dans l'enceinte de Lugdunum, elle conquérait au dehors
des provinces entières à l'Evangile. A peine arrachés par la
toute-puissance divine des mains du sanguinaire Préfet, Marcel
et Valérien s'en vont, chacun de leur côté, prêchant de foyer
en foyer la religion du Christ. Leur apostolat ne finit qu'avec
leur vie. Reconnus pour chrétiens par Priscus, gouverneur

attentive de la vie de Septime Sévère les aurait convaincus que cette date
ne pouvait être la vraie. Après la victoire de Sévère sur Albinus, près de
Trévoux, en 197, Lugdunum souffrit beaucoup des proscriptions barbares qui punirent la Gaule de ses prédilections pour le vaincu ; mais il
ne s'agissait point alors de persécution religieuse ; Sévère, dans les
premières années de son règne, se montra plutôt favorable au Christianisme. La même année il partit pour faire la guerre aux Parthes, et ne
revint qu'en 203 à Rome, d'où il ne s'éloigna qu'en 208. Est-ce du fond de
l'Orient, est-ce d'Italie qu'il aurait donné l'ordre de sévir contre les chrétiens de Lyon ? Cela est bien peu croyable : quel magistrat eût osé
prendre sur lui un massacre qui joncha les rues de notre ville de vingt
à trente mille cadavres ? Non, le cruel césar dut présider en personne à
cette tuerie, et il le fit sans doute lorsque, en 208, il traversa la Gaule
pour aller soumettre la Calédonie (*Ecosse*). L'opinion que j'émets a un
point d'appui dans l'histoire. Les Actes de saint Andéol, apôtre du Vivarais, rapportent que l'empereur le frappa de sa main, le fit étendre sur
le lit de la torture et commanda que, par un raffinement de cruauté, on
lui partageât la tête avec une scie de bois. Cet empereur est Septime
Sévère, puisqu'il n'y eut plus de persécuteur jusqu'à Dèce, et Septime
Sévère n'a pu prononcer de sa bouche l'arrêt de mort de saint Andéol
qu'en 208.

C'est, pensons-nous, à ce passage dans nos contrées du vainqueur
d'Albinus qu'il faut rattacher l'égorgement de la population lyonnaise,
ainsi que le martyre des trois disciples de saint Irénée, Félix, Fortunat et
Achillée, apôtres de Valence, où l'empereur expédia un de ses généraux,
Cornelius, avec ordre d'y faire disparaître jusqu'à la dernière trace
du nom chrétien. Le massacre d'Irénée et de son troupeau avait précédé
la venue de Cornelius à Valence, puisque le général romain rappelle à
Félix et à ses deux compagnons la catastrophe qui a changé la capitale
des Gaules en un champ de carnage. (*Hagiol. lugdun.*, p. 24.) Tous ces
faits se tiennent et durent s'accomplir avec la foudroyante rapidité qui
fut une des qualités distinctives du terrible Africain. Il y a deux siècles
que le P. Théoph. Raynaud (*Hagiol. lugd.*, p. 23 et 24) a réclamé la rectification d'une date dont la fausseté frappe de prime abord ; il s'est
trompé, toutefois, dans le choix qu'il a fait de l'an 210. Septime Sévère,
mort le 4 février 211 à York, passa dans la Bretagne les trois dernières
années de sa vie.

romain, ils sont mis à mort, Marcel à Chalon-sur-Saône,
Valérien à Tournus. Peu après, le successeur de Pothin, Irénée,
envoyait à Valence le prêtre Félix, en compagnie de Fortunat
et d'Achillée, diacres ; puis à Bisontium, métropole des Séquanais, deux autres de ses disciples, frères par le sang et, dit-on,
Athéniens d'origine, Ferréol et Ferrution. Ferréol fut le premier
évêque de Besançon. Les deux frères, ainsi que leurs trois amis
chargés d'annoncer la foi nouvelle aux Valentinois, furent
martyrisés presque aussitôt après leur bienheureux maître, sur
la fin du règne de Septime Sévère. On lit dans les Actes de ces
généreux Confesseurs par quelle voie surnaturelle ils furent tous
instruits de leur fin prochaine. Une nuit, dit l'auteur des *Césars*
qui nous a laissé ce touchant et naïf récit, une nuit, les trois
apôtres de Valence, « errant sur les bords du Rhône, s'arrètent
dans une hutte proche de la ville, non pour y dormir, mais pour
y prier. Une vision leur apparaît. Le paradis s'ouvre devant
eux ; cinq agneaux sont paissant dans les divins pâturages et
une voix se fait entendre : « Courage, serviteur bon et fidèle,
entre dans la joie de ton maitre. » De qui ces cinq agneaux
étaient-ils la figure? Ils purent le deviner lorsqu'une lettre de
Besançon vint leur apprendre que, dans cette ville lointaine,
deux amis, deux autres disciples et envoyés d'Irénée, avaient
eu la même vision. A Besançon, en effet, le prêtre Ferreolus et
le diacre Ferrutius, comme à Valence le prêtre Félix et ses
deux diacres Fortunat et Achillée, unis de cœur, quoique séparés
par la distance, accomplissaient de concert l'œuvre de Dieu.
D'un côté, la moitié de Besançon se convertit. De l'autre, le
général romain Cornelius, envoyé à Valence pour persécuter les
chrétiens, y est entouré par tout un peuple qui lui chante des
hymnes chrétiennes. En récompense de cette prédication si
fructueuse, les cinq amis reçoivent la couronne du martyre...
et les cinq agneaux, depuis longtemps séparés, sont enfin
réunis avec Irénée, leur commun pasteur, dans les pâturages
du céleste Père (1). »

(1) *Les Césars du* iiie *siècle*, par M. le comte de Champagny, t. i. Per-

Trois autres Eglises, celles d'Autun, de Dijon et de Langres, se reconnaissent filles de l'Eglise lyonnaise. Les apôtres Bénigne, Andoche et Thyrse, venus d'Asie, comme Pothin et Irénée, pour prêcher l'Evangile dans la Gaule, avaient séjourné quelque temps à Lugdunum : ils reçurent certainement du premier de nos pontifes la mission si merveilleusement féconde qu'ils couronnèrent par une mort glorieuse.

Dans ces chrétientés naissantes sur lesquelles s'étendra bientôt la persécution de Marc-Aurèle, l'influence qu'exerce dans les âmes le souvenir des confesseurs d'Athanacum nous est révélée par un caractère particulier des croyants de cette époque, le saint enthousiasme du martyre. A Autun, le décurion Faustus, déjà chrétien, accueille dans sa maison Bénigne, qui baptise la famille et les amis de son hôte. Quelques années après, le jeune Symphorien, fils de Faustus, est condamné pour avoir refusé d'offrir l'encens à Cybèle que les païens promenaient dans les rues de la cité ; et lorsqu'on le traîne au supplice, sa mère, du haut des remparts, l'exhorte à mourir généreusement pour son Dieu. Dans cette même ville, un enfant, Floccellus, fait éclater au milieu des tourments l'héroïsme des confesseurs les plus intrépides. A Dijon on voit la vierge Paschasia suivre avec transport au martyre son évêque Bénigne, dont les enseignements lui ont ouvert la voie du salut. A Langres, trois frères jumeaux, Speusippe, Eleusippe et Mélasippe, neveux de Faustus, et avec eux leur aïeule Léonille, rendent comme Symphorien le témoignage du sang. « Telle était, dit l'auteur des *Antonins* après avoir raconté la mort des trois frères, telle était dans notre Gaule la contagion du martyre, qu'une femme, Jovilla, ne put tenir à cette vue ; elle quitte son mari et son fils, elle accourt en s'écriant : Moi aussi, je suis chrétienne ! Et pendant qu'on la torture avant de la décapiter, le *notaire*, le sténographe chrétien Néon, qui dans un coin de l'assemblée notait ses paroles et ses souffrances, à son tour n'y peut tenir, passe à un autre son

sécution de Septime Sévère. — Voyez *Hagiol. lugdun.*, p. 24 et 57. — Grégoire de Tours, *De Gloria martyr.*, l. 71.

cahier, et lui aussi réclame son privilège de chrétien. Peu de
jours après, le scribe Turbo, qui avait succédé à Néon, est saisi
lui-même et laisse à d'autres le soin d'inscrire sa victoire sur la
liste des héros chrétiens. Ainsi, de proche en proche, là où les
poussait le vent de la persécution, les martyrs faisaient des chrétiens, et ces chrétiens devenaient des martyrs. Des fugitifs devenus apôtres conquéraient à la foi des cités que la prédication
libre et pacifique n'eût pas atteintes : ils rendaient à l'Eglise des
centaines d'âmes pour les quelques têtes que le glaive leur retranchait (1). »

Grâce aux victoires des martyrs de l'autel d'Auguste, le centre de la Gaule s'est donc enfin laissé entamer à l'action du
Christianisme, et bientôt après l'Aquitaine reçoit aussi la divine
lumière : plusieurs Eglises, au témoignage de saint Jérôme, sont
fondées sur les bords de la Garonne avant la fin du second siècle.
La deuxième de nos persécutions lyonnaises n'aura, elle aussi,
d'autre effet que d'amplifier et de consolider les résultats qu'a
déjà produits la première. Septime Sévère submergera dans le
sang des chrétiens de Lugdunum les débris des autels qu'avaient

---

(1) *Les Antonins*, liv. VI. Marc-Aurèle, Nouvelle persécution. — *Les
Césars du* IIIe *siècle*, liv. II. Persécution de Septime Sévère. — Une explication est ici nécessaire au sujet des neveux de Faustus. La tradition des
trois saints Jumeaux de Langres est du nombre de celles qu'on a vu s'ob-
scurcir tout à coup au XVIIe siècle, puis, dans le nôtre, se débarrasser de
tout nuage et reprendre, aux yeux des vrais érudits, son éclat primitif.
Il a paru dans notre temps bien peu d'apologies plus complètes, plus
triomphantes que la défense des traditions de l'Eglise de Langres par
M. l'abbé Bougaud, dans son *Etude historique et critique sur la mission,
les actes et le culte de saint Bénigne, apôtre de la Bourgogne*. Autun, 1836.
La *Controverse*, revue très estimable d'ailleurs, n'en affirme pas moins
(octobre 1883) qu'on ne peut accorder aux Actes des trois saints Jumeaux
qu'une créance fort limitée ; à l'en croire, il serait imprudent de se prononcer sur la question de savoir si les petits-fils de sainte Léonille naquirent et subirent la mort à Langres ou dans la Cappadoce. Je ne juge que
d'après une citation l'article de la *Controverse*, mais il me semble évident
que le signataire, M. Paul Allard, lorsqu'il écrivait ces pages, ne connaissait pas la grande et victorieuse discussion de M. l'abbé Bougaud, *Etude
historique*, etc., liv. I, ch. v, p. 117-173 : aussi me borné-je à signaler simplement le fait.

élevés saint Pothin et saint Irénée; dans la réalité, ce n'est pas la Croix, c'est le paganisme lui-même que le cruel empereur aura frappé du coup mortel. Quand le pape saint Fabien enverra dans les Gaules toute une légion d'apôtres, l'Évangile, cette fois, soumettra toutes les résistances. Saturnin, Strémoine, Martial, Gatien amèneront aux pieds du Dieu crucifié les habitants de Toulouse, de Clermont, de Limoges, de Tours. En même temps tomberont les barrières jusqu'alors impénétrables qui fermaient le septentrion. Denys prêchera la parole du salut dans le Parisis, Lucien à Beauvais, Piaton à Tournai, Quentin dans l'Amiénois, Fuscien et Victoric à Thérouanne, près de Saint-Omer, Régulus à Senlis, Crépin et Crépinien à Soissons, Rufin et Valère aux Rémois, Chrysale et Marcel à divers autres peuples, et partout ces dignes ouvriers du Père de famille trouveront les campagnes prêtes pour la moisson.

Dans cette marche progressive de l'Évangile en France, comment ne pas apercevoir l'action des deux grands témoignages rendus à Lugdunum durant la persécution de Marc-Aurèle et de Septime Sévère ? Jamais peut-être ne se vérifia d'une manière plus éclatante que dans notre patrie ce mot de Tertullien dans son *Apologétique:* « Le sang des martyrs est une semence de chrétiens; nous croissons en nombre, à mesure que vous nous moissonnez (1). » Aussi l'auteur des *Traditions d'Ainay* marque-t-il avec assurance les fêtes augustales de l'année 177 comme le principe de la décadence du paganisme, comme le commencement du triomphe définitif de la Croix dans les Gaules. Au moment où les spectateurs de la tragédie d'Athanacum abandonnent la presqu'île fumante encore du sang des Confesseurs, déjà ce sang généreux crie vers le ciel pour implorer non pas la vengeance, mais la pitié du Dieu des miséricordes ; et le jour n'est pas éloigné où les fils des persécuteurs le verront retomber en rosée de bénédictions sur le pays qui, dans les temps à venir, doit s'appeler le royaume très chrétien.

---

(1) Sanguis martyrum semen christianorum ; plures efficimur quoties metimur a vobis.

Mettons fin à ce récit par quelques éclaircissements nécessaires au sujet de la lettre des chrétiens de Lugdunum. « La
lettre d'Eusèbe, objecte M. Raverat, ne mentionne nullement
Ainay. » Et un peu plus loin : « Encore une fois, Eusèbe ne
parle ni du temple, ni de l'autel, ni des fêtes d'Auguste... Puisqu'il n'en fait aucune mention, c'est qu'évidemment les supplices ne se passèrent pas en cet endroit-là. » La conclusion
de M. Raverat ne tiendra pas longtemps devant l'examen atten-
tif de la lettre aux Eglises d'Asie.

Alors même que les survivants de la persécution de Marc-
Aurèle se seraient abstenus de spécifier dans leur narration le
théâtre de la lutte, il n'y aurait point là matière à une objection
sérieuse. On sait que les Actes des martyrs, destinés à être lus
dans les assemblées chrétiennes, avaient pour but immédiat de
soutenir et d'enflammer la foi des auditeurs. Dans leur rédaction, rien qui sentit l'art profane et la mise en scène, rien qui
fût de nature à flatter l'esprit ou la curiosité ; la constance du
martyr, l'héroïsme de sa confession, les merveilles de la protection divine, voilà ce que le narrateur s'étudiait à faire ressortir en termes d'une simplicité, d'une douceur tout évangéliques.
Et comme ces récits étaient faits non pour une Eglise particulière, mais pour l'universalité des fidèles, les circonstances des
lieux et des personnes disparaissaient d'ordinaire ; l'écrivain se
souvenait que, lorsque le juge avait demandé au témoin du
Christ : « De quel pays êtes-vous? de quelle condition? » le
confesseur avait répondu : Je suis chrétien. Cette remarque a
trait aux Actes des martyrs en général ; une observation toute
spéciale doit être faite pour la lettre aux Eglises de Phrygie.

A coup sûr, l'auteur de ces pages admirables, qui fut peut-
être saint Irénée, comprenait aussi bien que nous quelle solennité, aux yeux des chrétiens de toutes les contrées de l'empire,
la confession des disciples de saint Pothin emprunterait au
fait de leur comparution devant l'autel fameux de Rome et
d'Auguste ; mais on conviendra que de pareils détails étaient
bien délicats à rappeler dans un écrit condamné à tomber
presque aussitôt entre les mains des idolâtres. Ce mépris des

empereurs divinisés ne serait-il pas confondu avec le mépris des empereurs vivants? n'y aurait-il pas dans cette seule indication de quoi allumer les colères de quelque césar ombrageux, de quoi déchaîner sur le Christianisme une persécution nouvelle? Si, réellement, la lettre des chrétiens de Lyon ne prononçait pas le nom de l'autel du Confluent, ce qu'on ne saura jamais, c'est, à n'en pas douter, la juste appréhension dont je viens de marquer l'objet, qui a fait omettre la désignation du temple et de ses divinités, de même que la charité chrétienne a supprimé partout le nom des persécuteurs. N'oublions pas, d'ailleurs, qu'Eusèbe a inséré la relation lyonnaise dans une grande histoire ecclésiastique, écrite surtout pour l'Orient ; et que, par conséquent, les détails topographiques auxquels nous aurions attaché le plus d'intérêt, étaient ceux-là mêmes qui, pour lui et pour ses lecteurs, avaient le moins de prix.

Et, cependant, les défenseurs d'Ainay se sont toujours autorisés de la lettre aux Eglises d'Asie : je dis plus ; à proprement parler, ce n'est pas au texte de Grégoire de Tours, mais bien à la relation lyonnaise elle-même qu'ils rattachent la chaîne de nos traditions. Sont-ils dans l'erreur? Loin de là ; ils ont manifestement pour eux la logique et le bon droit.

Si, en effet, la lettre des chrétiens de Lyon ne désigne pas nominativement Ainay ni l'autel d'Auguste, elle signale du moins, ce qui suffit pour lever tous les doutes, la destination et l'usage du lieu où comparurent les Quarante-huit Confesseurs. Reprenons la narration d'Eusèbe. On y voit que, dès le commencement de juin, lorsque l'amphithéâtre s'ouvrit une première fois pour les jeux extraordinaires où Sanctus et Maturus perdirent la vie, l'enceinte regorgeait de Gaulois étrangers à Lugdunum. « Le jour des jeux arrivé, Maturus, Sanctus, Blandine et Attale sont placés au centre de l'arène, devant des milliers et des milliers d'hommes de diverses nations accourus pour être témoins de ce spectacle (1). » Au mois d'août, la variété

(1) « Maturus et Sanctus, et Blandina, et Attalus, munerum diebus, innumeris millibus gentium diversarum ad spectaculum congregatis, sta-

des peuples dont se composera l'assistance est signalée avec
non moins de netteté : « Au jour fameux où l'on se rassemble
de toutes les provinces pour le marché annuel, en présence
d'une foule innombrable, le juge, montant sur son tribunal,
ordonne que les chrétiens soient amenés devant lui (1). »

Or, d'après les notions exposées au commencement de cet
ouvrage, notions dont les deux chapitres de l'appendice achè-
veront de démontrer la parfaite exactitude, notre presqu'île
renfermait, au confluent du Rhône et de la Saône, un lieu
spécial appartenant en propre aux soixante nations gauloises,
et merveilleusement disposé pour leurs réunions, puisque dans
le voisinage du temple d'Auguste s'élevaient l'Athénée, l'amphithéâtre et le forum. D'où il suit qu'en réalité, les chrétiens
de Lugdunum désignent dans leur narration le territoire d'Ainay,
aussi clairement que s'ils en avaient prononcé le nom.

Qu'on cesse donc de se faire du silence d'Eusèbe une arme
contre nous. En soulevant cette difficulté nouvelle, à quoi ont
réussi nos adversaires ? A mieux prouver, ce que nous savions
du reste, que les plus importantes pièces du débat ont à peine
passé sous leurs yeux, et qu'ils ont encore beaucoup à faire pour
connaître, même assez imparfaitement, les origines de nos traditions.

tuuntur in medio arenæ. » Ici et dans la citation suivante, j'ai préféré
produire la version de Rufin, attendu que les deux phrases corrélatives
de la traduction du grec d'Eusèbe ont déjà fourni la même conclusion
à M. Alph. de Boissieu. (*Ainay, son autel*, etc., p. 124.)

(1) « Die quodam celeberrimo, in quo ex omnibus provinciis coeuntes
nundinas apud nos agere solent, in ipso frequentissimo conventu, tribunal ascendens præparari sibi judex christianos jubet. » Torannius
Rufinus, né vers 360 dans le Frioul, est connu surtout par ses traductions
latines de l'Histoire ecclésiastique d'Eusèbe et des homélies de divers
Pères grecs.

CHAPITRE V

CULTE DES QUARANTE-HUIT MARTYRS A SON ORIGINE

Quelles proportions l'auteur entend donner au tableau historique du culte rendu aux
Confesseurs lyonnais. — A Lugdunum, comme partout ailleurs, la piété chrétienne
s'attacha, dès le principe, aux traces des martyrs. — Fondation du monastère
d'Ainay par saint Badulphe. A quelle époque eut-elle lieu? Témoignages divers.
Le P. Lecointe. Preuves tirées de la Vie de saint Romain, des titres donnés à
saint Badulphe, et de certaines particularités de son culte. — Badulphe vécut au commencement du IVe siècle, peut-être à la fin du IIIe. — Ainay partage les cendres
des Quarante-huit Martyrs avec l'église métropolitaine de Lyon et la cathédrale de
Vienne. — Basilique des Saints-Apôtres : sens de cette dénomination. Magnificence
de l'édifice. Par qui fut-il construit? — Recluseries : leur rapport avec les Martyrs.
— Origine vraie de Notre-Dame de Fourvière.

LYON est en France la seule ville qui ait eu
l'honneur insigne d'offrir au glaive des persécuteurs vingt mille de ses enfants ; c'est
pour cela que nous l'avons salué du nom de
Cité des Martyrs ; mais, en outre, comme
nous l'avons déjà fait observer, Lyon a
mérité ce titre par le culte vraiment filial
qu'il voua pendant douze siècles aux héroïques disciples de saint
Pothin et de saint Irénée.

La foi lyonnaise, en effet, revêtit dès le principe le caractère tout spécial d'une dévotion en quelque sorte patriotique, surtout pour les héros de la première persécution, fondateurs du Christianisme à Lugdunum. Longtemps comprimé au troisième siècle par l'impitoyable cruauté de Dèce, d'Aurélien, de Dioclétien, l'enthousiasme populaire éclata librement lorsque le pouvoir impérial eut fait alliance avec la Croix. Aussitôt des temples furent dédiés aux Confesseurs de la presqu'île, et leurs fêtes, célébrées jusque-là dans le mystère, furent transformées par le peuple en magnifiques triomphes. Pour tous, les Martyrs étaient la gloire et l'égide de Lugdunum, les protecteurs bienveillants de chaque Lyonnais. La chaire chrétienne redisait incessamment leurs louanges, leurs vertus, les actes les plus mémorables de leur sacrifice; précieux souvenirs qui se transmettaient des pères aux enfants, d'une génération à la génération qui suivait.

L'histoire du culte dont les Confesseurs lyonnais furent honorés parmi nous dans le cours du moyen-âge entre, on le voit, dans le cadre de l'apologie de nos traditions. Remarquons aussi que l'exposé qui va suivre servira directement à établir la véracité des premiers témoins d'Ainay, Grégoire de Tours et saint Adon. Car, si le Lugdunum des premiers siècles chrétiens fut tel que nous venons de le dépeindre; si les évêques de Tours et de Vienne n'eurent qu'à recueillir des noms répétés par toutes les bouches, des faits consacrés par une tradition universellement connue et respectée, il est par là même démontré que nulle erreur grave n'a pu se rencontrer chez des écrivains dont la sincérité ne saurait être suspectée. Vous avez entendu, aurai-je le droit de dire à mes lecteurs, deux saints, les premiers de leur siècle par l'intelligence, vous affirmer que le lieu où moururent les Confesseurs de l'autel d'Auguste s'appelait Athanacum. Cette parole n'émane pas, comme on le prétend, de deux hommes isolés de la masse de leurs contemporains ; elle est, au contraire, le témoignage condensé de toutes les générations lyonnaises depuis Marc-Aurèle jusqu'à Charlemagne.

Aussi ne craindrons-nous pas de retracer dans tout son ensemble, et même avec un certain luxe de détails, le tableau de l'admirable piété de nos ancêtres envers les dignes enfants de saint Pothin. Mieux nous aurons constaté l'enthousiasme du ive et du ve siècle pour les magnanimes combattants de l'amphithéâtre, plus il sera évident que la voix des évêques de Vienne et de Tours est un écho du passé; que la dévotion aux Quarante-huit Martyrs établie à Ainay de temps immémorial, que le concours de la ville entière aux autels de l'abbaye dans la solennité des Merveilles ne faisaient que reproduire et perpétuer les pieuses coutumes adoptées par l'Eglise de Lyon dans un âge voisin de son berceau.

C'est l'an 313 que les deux empereurs Constantin et Licinius publièrent le célèbre édit de tolérance religieuse qui mit fin à trois cents ans de persécution. Dès ce jour on vit se manifester dans tout l'empire un même instinct : partout les fidèles s'empressaient, au prix des plus grands sacrifices, de prendre possession des lieux où leurs frères dans la foi avaient rendu au nom divin le témoignage du sang. Quand leurs désirs n'étaient pas réalisables, ils élevaient au glorieux Confesseur un sanctuaire dont ses reliques, dont l'instrument de ses tortures était le plus riche ornement. On se rappelle ces lignes empruntées au Bréviaire romain : « De tous les temples que vénérait la piété des premiers chrétiens, les plus illustres et les plus fréquentés furent toujours ceux où reposaient les corps des Saints, ceux qui renfermaient des tombeaux ou quelques traces des Martyrs. » Ainsi, un siècle à peine après l'avénement de Constantin, Rome possédait les basiliques de Saint-Jean de Latran, de Saint-Pierre, de Saint-Paul, de Saint-Clément, de Saint-Sébastien, de Saint-Laurent hors des murs : déjà dans cette capitale du monde catholique les pèlerins de tous les pays s'agenouillaient devant les autels d'Agnès et de Cécile, de Sabine et de Bibiane, de Martine et de Prisca, de Chrysogone et des Quatre-Couronnés.

La même tendance ne pouvait manquer de se produire parmi les descendants de ces Romains, de ces Gaulois, de ces Grecs qu'avait si profondément frappé l'héroïsme de nos Martyrs. Nous allons voir, en effet, le culte catholique s'établir sur tous les points de la Cité qu'avait sanctifiés la mort des Confesseurs de la première et de la seconde persécution. Commençons par Ainay.

Après l'épouvantable boucherie que l'Africain Sévère avait faite des chrétiens de Lyon, notre ville, dépeuplée en grande partie, fut dépouillée par les empereurs de son titre de capitale ; l'autel d'Auguste resta complètement désert. Nul intérêt n'appelait désormais les Gaulois des trois provinces vers cette langue de terre où la main des légats ne distribuait plus de faveurs et qu'un césar venait de foudroyer. La colonie de Plancus, de son côté, n'avait aucun droit à faire valoir sur des constructions élevées par d'autres et dont le terrain même ne lui appartenait pas. C'est ainsi que notre presqu'île, toute couverte encore de monuments fastueux, se trouve, dès le commencement du troisième siècle, sans propriétaire et sans maître. Gaulois de tous pays, Lyonnais même, tous s'en détournaient avec indifférence, tous, si ce n'est pourtant les chrétiens.

Dispersés quelque temps par la crainte, les fidèles qu'avait épargnés le glaive de la persécution, quand ils rentrèrent dans leurs foyers, ne pouvaient oublier qu'Athanacum était le berceau de leur foi, que de là était sortie la gloire immortelle de leur Eglise. Pour eux, ces prisons, ces palais, ces rues, ces places portaient gravés à chaque pas les noms chers et vénérés de leurs Martyrs. Voilà le tribunal où comparurent ces nobles témoins du Christ ; c'est ici qu'ils se montrèrent si grands parmi les tortures. Un peu plus loin commence l'itinéraire que suivirent la plupart d'entre eux pour aller à la mort. Voici l'endroit de l'arène où les têtes des vingt-quatre citoyens romains tombèrent sous la hache. Là, Blandine fut liée au poteau ; et, tout auprès, les bêtes de l'amphithéâtre se couchèrent aux pieds de Sanctus, d'Attale, de Maturus. Il ne s'écoulait pas un jour sans que les visiteurs émus parcourussent cette voie douloureuse qui racontait si éloquemment les vertus des Quarante-huit Confesseurs.

En ces temps-là vivait à Lugdunum un saint destiné de Dieu à devenir l'un des premiers instituteurs de la vie monastique en Occident : Badulphe était son nom. Sous les voûtes du temple d'Auguste condamnées par l'abandon universel à une dégradation prématurée, il se construisit une cellule près du cachot de sainte Blandine, où d'autres solitaires l'avaient, peut-être, déjà précédé. L'éclat de sa sainteté lui attira bientôt de nombreux disciples, pour qui Badulphe écrivit une règle tirée principalement des observances que suivaient les anachorètes de la Thébaïde ses contemporains. Ainsi commença l'illustre abbaye d'Ainay. Dieu voulait que du lieu même d'où était parti le décret de mort contre ses glorieux serviteurs, la prière et les chants de louanges s'élevassent sans interruption vers le ciel durant une série de siècles dont notre âge n'a pas encore vu la fin.

La grande œuvre créée par saint Badulphe en vue de perpétuer le culte des premiers martyrs de Lyon sur le théâtre même de leur combat, est l'anneau qui rattache nos traditions au triomphe des fils de saint Pothin. On exige, et à bon droit, que j'appuie sur des preuves convaincantes ce point fondamental : heureusement, ma tâche est facile.

On sait qu'après l'horrible persécution de l'an 208, plusieurs chrétiens se réfugièrent à quelque distance de la ville, dans une île de la Saône nommée, soit à cause de son aspect sauvage, soit pour tout autre motif, l'*Ile Barbare,* et qu'ils y vécurent inconnus au monde, dans les saints exercices de la vie érémitique, donnant ainsi naissance au célèbre monastère de l'Ile-Barbe. Suivant le P. Bullioud, un des hommes qui fouillèrent le plus patiemment le sol historique de notre cité, d'autres chrétiens, voyant que le culte des idoles disparaissait peu à peu de Lyon, vinrent les uns après les autres se grouper au bord du confluent, pour mener, eux aussi, loin des regards humains, la vie anachorétique, près d'un oratoire déjà consacré « aux Quarante-huit Martyrs et tout particulièrement à la gloire de sainte Blandine ; *martyribus quadraginta octo, præsertim in honorem sanctæ Blandinæ* (1). » Bientôt le besoin d'une autorité se fit

---

(1) *Lugdunum sacro-prophanum :* monasterium Athanacense. Sous ce titre de *Lyon sacré et profane,* la bibliothèque de notre ville

sentir à tous ces nouveaux cénobites. Les moines de l'Ile-Barbe élurent pour leur supérieur saint Dorothée ; ceux d'Athanacum mirent à leur tête saint Badulphe ; et celui-ci, en dictant à sa Communauté naissante les lois qui assurèrent sa stabilité, mérita d'en être appelé le père et le fondateur.

Dans la Mure, le récit des commencements de l'abbaye d'Ainay est de tous points conforme à celui du P. Bullioud. Voici comment, d'après le chanoine de Montbrison, naquit le monastère du confluent : « Les auteurs qui jusqu'ici ont écrit l'histoire de Lyon, tombent d'accord que les chrétiens échappés à la persécution, et qui se multiplièrent beaucoup à Lugdunum, construisirent un oratoire qu'ils dédièrent à sainte Blandine : c'est la crypte qu'on voit aujourd'hui sous la sacristie de l'église abbatiale d'Ainay. Ils affirment aussi que, les orages des persé-

---

possède un manuscrit volumineux du P. Bullioud. On lit en tête le jugement du P. Ménestrier sur son laborieux confrère ; j'en transcris une partie : « La ville de Lyon sera éternellement obligée au P. Builloud, jésuite, du soin qu'il prit de recueillir un grand nombre de mémoires pour servir à son histoire ; mémoires dont j'ai tiré de grands secours. » (Histoire civile de Lyon, p. 342.) — Ménestrier dit ailleurs : « J'ai tiré de grandes lumières des remarques du P. Pierre Builloud ; et si elles étaient un peu plus exactes qu'elles ne le sont (l'auteur veut dire moins confuses) ; ou s'il eût été vivant pour me développer lui-même ce qu'il a laissé un peu trop embarrassé dans le mauvais ordre qu'il donnait à son *Lyon sacré et profane*, divisé par *Indices* et par catalogues des personnes de divers états et de diverses conditions qu'il rangeait par suites alphabétiques, il m'aurait été un guide avantageux. Car, il m'a paru par ses écrits que peu de choses avaient échappé à ses recherches, mais qu'il ne démêlait pas ces remarques avec tout le discernement que demande l'histoire pour être *la lumière de la vérité et le témoin des temps*, comme s'exprime Cicéron... »

Malheureusement, il est si peu vrai que la cité lyonnaise se soit crue « éternellement obligée au P. Bullioud » qu'elle n'a jamais songé à faire transcrire un manuscrit à peu près illisible ; ni, ce qui n'eût pas été pourtant bien difficile, à faire dresser une table analytique, ou simplement une table des matières éclairant les inextricables détours de ce labyrinthe. Il y a plus : il est certain que Lyon ne possède pas l'œuvre complète de Bullioud, et qu'une partie considérable de ses manuscrits est devenue, par l'insouciance des Lyonnais, la propriété de la bibliothèque de Montpellier.

cutions ayant cessé et le Christianisme s'étant paisiblement établi à Lugdunum, des moines bâtirent au même lieu une église, avec l'intention de s'y consacrer au Seigneur en hostie de louanges, à la gloire des martyrs d'Ainay, dont le chef, saint Pothin, fut pris pour premier protecteur et titulaire de cette abbaye par saint Badulphe, son premier abbé, avant que saint Salonius l'eût placée sous la protection du grand saint Martin. Mais toujours l'église de Saint-Martin d'Ainay eut un autel consacré à saint Pothin, où l'abbaye déposa son trésor le plus précieux, le corps de saint Badulphe, son patriarche et instituteur spécial. »

Enfin, un auteur dont l'attitude habituelle à l'égard des revendications d'Ainay témoigne d'une réserve assez voisine de la défiance, M. Meynis, avoue que, dans la question de saint Badulphe, nous avons pour nous la grande majorité des historiens lyonnais : « On raconte que vers l'an 330, après que les persécutions eurent cessé, un solitaire nommé Badulphe vint s'établir au confluent des deux rivières, près d'une petite chapelle dédiée à sainte Blandine et aux saints Martyrs de Lyon... Telle est l'opinion de la plupart de nos historiens (1). »

Il est visible que si M. Meynis accorde la date généralement assignée par nos historiens à la fondation du monastère d'Ainay, il ne le fait pas sans quelque regret ; et l'hésitation de l'honorable écrivain nous surprend peu, nous qui savons qu'au jugement de plusieurs critiques, saint Badulphe ne vécut pas avant le cinquième ou même le sixième siècle. Le sixième siècle ! Mais alors, nous objectera-t-on, il devient probable, d'après l'opinion de juges compétents, qu'un intervalle de trois ou quatre cents ans sépare le drame d'Athanacum d'avec la fondation de l'abbaye ; et bien des gens penseront, en dépit des affirmations de Bullioud et de la Mure, qu'il n'existe entre le martyre de saint Pothin et l'œuvre de saint Badulphe qu'une connexité fort douteuse. Trois ou quatre siècles ! Une lacune aussi considérable n'est, en réalité, rien de moins qu'une interruption complète dans la chaine de vos traditions !

(1) *Les grands souvenirs de l'Eglise de Lyon*, p. 138 : texte et note.

Sans prendre la peine d'examiner si cette dernière conséquence est ou non légitime, allons droit à la difficulté principale.
Nous sommes loin d'avoir épuisé nos preuves : en voici de nouvelles qui, ce nous semble, fixeront définitivement l'époque où
les solitaires de l'autel d'Auguste se réunirent en communauté.

Le P. Lecointe, dans ses *Annales ecclésiastiques des Francs* (1),
est d'accord avec la Mure et Bullioud, relativement à la date
controversée. Le monastère d'Athanacum, dit le savant Orato-
rien, prit commencement « lorsque l'empire romain était encore
dans toute sa puissance, *florente adhuc Romanorum imperio.* »
Il s'agit ici, qu'on ne s'y méprenne pas, d'une autorité impo-
sante. Les *Annales ecclésiastiques des Francs* forment, au jugement de Feller, « une compilation sans ornements, mais d'un
travail immense, et pleine de recherches singulières, faites avec
beaucoup de discernement et de sagacité (2). » Le P. Lecointe
était bien du siècle des Sirmond, des Pétau, des Mabillon.

Sans nul doute, quand il s'exprimait avec tant d'assurance,
l'auteur des *Annales ecclésiastiques des Francs,* dont le premier
volume vit le jour en 1665, s'appuyait sur un document décisif
que Bollandus venait de publier, et dont il nous faut parler, car
il tranche le nœud de la difficulté présente.

Au cinquième siècle, l'empire d'Occident ressemblait à un
navire en perdition ; et dans ce naufrage immense où tout s'en-
gloutissait à la fois, patrie, cité, famille, fortune, joies domestiques, la piété chrétienne, encore dans sa ferveur première,
demandait souvent à la solitude un refuge contre les tristesses
de la vie. Parmi les âmes d'élite qui cherchaient dans les espérances futures un remède aux désolations de leur époque, se
rencontra un jeune Séquanais, du nom de Romain. Les âpres
et silencieuses gorges du Jura lui semblaient un sûr abri contre
les calamités aussi bien que contre les plaisirs du monde : mais,
avant de s'enfermer au désert, il devait s'instruire à fond dans

---

(1) *Annales ecclesiastici Franc.*, depuis l'an 417 jusqu'en 845. — 8 vol.
in-folio.

(2) *Dictionnaire historique* de Feller, article Lecointe.

la science des choses divines ; avant de conduire les autres, si Dieu lui imposait plus tard cette charge, il fallait se faire soi-même disciple. Tandis que Romain cherchait pour son âme un guide, un maître expérimenté, l'Ile-Barbe était la terre des saints ; c'est néanmoins sur Ainay qu'il fixe son choix ; il préfère apprendre la perfection des voies de Dieu à l'école du « Vénérable Sabin, » dans la société des moines qui vivent sous sa discipline, et qu'il sait être des modèles achevés de la sainteté monastique.

Je traduis de la *Vie de saint Romain* qu'on trouve dans les Bollandistes, au vingt-huitième jour de février, le court passage relatif à l'histoire que j'écris : « Le bienheureux Romain, avant d'embrasser la profession religieuse, vécut dans la compagnie d'un homme vénérable, nommé Sabin, abbé du monastère de Lugdunum entre les deux fleuves. Il pratiqua les règles ardues de l'abbaye ; il étudia la vie exemplaire des moines. De chacun d'eux il sut exprimer les vertus qui lui étaient propres, pareil à la diligente abeille qui va butinant le suc de chaque fleur : alors seulement il revint dans sa patrie, chargé de sa riche mois-son (1). »

Mais à quelle date le fondateur futur du monastère de Saint-Claude s'instruisait-il à l'école de saint Sabin ? L'histoire de saint Eucher va nous l'apprendre. Ce grand du monde que le dégoût des biens d'ici-bas avait enseveli dans une sorte de Thébaïde voisine de Lérins, fut vers l'an 434 arraché à sa retraite bien-aimée par le vœu unanime des Lyonnais et amené presque de force sur le siège de saint Pothin. L'ancien sénateur avait deux fils, Salonius et Veranus, dont la jeunesse s'était tout entière écoulée dans l'abbaye de Lérins, et qui rentrèrent dans leur patrie avec le nouveau pontife de Lugdunum. Promus, dans la suite et du vivant même de leur père, à la dignité épis-

---

(1) « Beatissimus Romanus viderat, priusquam religionis professionem arriperet, quemdam venerabilem virum, Sabinum nomine, Lugdunensis Interamnis abbatem, ejusque strenua instituta et monachorum illius vitam ; et quasi quædam florigera apis, descriptis ab unoquoque perfectionum flosculis, repedârat ad pristina..... »

copale, ils gouvernèrent, le premier, l'Eglise de Gênes ou, suivant d'autres, celle de Genève, le second, celle de Vence. Tous deux sont honorés comme saints. Or, à peine arrivés sur les bords de la Saône, l'attrait de leur cœur les poussa vers la communauté du confluent, et bientôt la plus tendre amitié les unit soit au saint abbé, soit à son illustre disciple.

Cette dernière circonstance détermine la date du séjour que saint Romain fit dans notre ville. Peut-être s'y trouvait-il déjà en 434, au moment de l'arrivée de saint Eucher ; mais, pour que l'union des quatre amis soit devenue aussi profonde, il dut rester encore à Lyon un temps assez considérable ; et son retour dans les montagnes du Jura, quoi qu'en aient dit certains hagiographes, n'a pu avoir lieu avant l'année 440.

Voilà les faits ; avant de tirer une conclusion par rapport au siècle où vécut saint Badulphe, une remarque est nécessaire. Nulle part la notice n'attribue au « Vénérable Sabin » la qualité de fondateur : je dis plus, il suffirait de l'état de perfection auquel le monastère était parvenu, pour démontrer que déjà un espace de temps considérable le séparait de son berceau.

Le P. le Laboureur, après avoir décrit l'admirable sainteté des moines de l'Ile-Barbe vers la même époque, déclare qu'il n'avait pas fallu moins de deux siècles pour porter un tel ensemble de vertus à leur apogée. J'applique à Ainay le même principe. Oui, la formation presque instantanée d'une communauté nombreuse d'ascètes consommés en toute perfection, était pour saint Sabin, comme elle l'eût été du reste pour saint Benoît, pour saint Bernard eux-mêmes, une œuvre irréalisable. Quiconque sait quelles luttes opiniâtres la nature humaine oppose à l'esprit de l'Evangile, comprendra qu'il eût été cent fois plus facile d'improviser la phalange macédonienne au temps d'Alexandre, la dixième légion de Jules César ou la garde impériale de Napoléon Ier, que de créer en quelques années, dans sa régularité merveilleuse, dans sa pureté toute séraphique, le monastère dont la haute réputation attira de si loin un disciple tel que saint Romain. Mais, dès là que saint Sabin n'a pu être que le quatrième ou le cinquième abbé d'Athanacum, saint

Badulphe appartient donc, sinon à la fin du troisième siècle, comme l'estime le P. Bullioud, du moins aux premières années du quatrième ; et il n'est plus simplement probable, il est certain que la fondation d'Ainay sur les débris de l'autel d'Auguste commence l'ère où la cité lyonnaise, délivrée de la tyrannie du paganisme, inaugure publiquement le culte de ses martyrs (1).

Eh ! n'est-ce pas l'antiquité très reculée de saint Badulphe qui lui valut, dans les Missels de la vieille abbaye, le titre d'*Athanacensis*, que le fondateur partageait seul avec saint Pothin ? Les moines donnèrent cette qualification au chef des Quarante-huit Martyrs parce qu'il était mort sur le territoire d'Ainay qui, pour cette raison, le revendiqua toujours comme sien ; ils la donnèrent aussi à saint Badulphe, parce que c'était dans l'Athanacum romain et non encore transformé que le patriarche de leur Ordre avait, à son tour, mérité l'auréole des saints. L'épithète d'*Athanacensis* dérivait ici du quartier de Lugdunum où les deux servi-

---

(1) Les chronologistes de la liturgie lyonnaise sont tombés, par rapport à saint Badulphe, dans l'erreur que nous venons de signaler. Il en est de même des Bénédictins de la *Gallia christiana* et du P. Théoph. Raynaud, qui va jusqu'à reprocher sans ménagement au P. Bullioud que son esquisse de la vie de saint Badulphe a pour fondement unique « l'imagination et les vaines conjectures » du chroniqueur. (*Hagiolog. lugdun.* p. 34.) Il est juste, cependant, de remarquer, à la décharge d'un écrivain d'habitude judicieux et pénétrant, qu'il n'a pas eu connaissance des pièces qui auraient pu l'éclairer. Il avait cessé de vivre quand les *Annales ecclesiastici Francorum* commencèrent à paraître. D'autre part, l'*Indiculus sanctorum lugdunensium* fut composé une trentaine d'années avant que les Bollandistes publiassent, en 1658, cette curieuse Vie de saint Romain, écrite peu après la mort du fondateur par un de ses disciples et tirée des archives de l'abbaye de Saint-Claude. Le P. Théophile ne l'avait certainement pas lue dans les Bollandistes lorsque, en 1662, octogénaire, et d'ailleurs absorbé par la réédition de ses œuvres complètes en vingt volumes in-folio, il fit réimprimer dans son *Hagiologium lugdunense* l'*Indiculus,* sans autre addition relative au sujet qui nous occupe, qu'un chapitre où il réfute les extravagances débitées cette année-là même par Nicolas Chorier dans son *Histoire du Dauphiné,* liv. 7, section 4, au sujet des Martyrs de l'autel d'Auguste. Théoph. Raynaud donne lui-même ces détails sur son *Indiculus,* p. 601 de l'*Hagiologium.*

teurs de Dieu avaient conquis la couronne de l'immortalité (1).

· La vraie signification du titre d'*Athanacensis* donné à saint Badulphe apparaît plus clairement encore si l'on remarque une particularité très singulière du culte que les moines du confluent rendaient à leur fondateur. Voici ce qu'on lit à ce sujet dans la Mure : « Avant les ravages que les Huguenots firent en cette abbaye au siècle précédent, le culte que ce saint abbé recevait était commun avec celui qu'on rendait au glorieux chef des Martyrs d'Esnay, saint Pothin. De là vient que l'autel très anciennement dédié sous le vocable du premier évêque de Lyon, servait de sacré reposoir au corps de ce bienheureux abbé, lequel y était placé fort honorablement dans une châsse et précieux reliquaire, pour y être exposé à la vénération des fidèles. Saint Badulphe partageait ainsi les honneurs que le peuple rendait au chef de nos premiers Martyrs. L'autel était nommé, en considération de cette communauté de culte : *Altare sanctorum Pothini et Badulphi.* »

Or, quel sens donner à cette identification étrange de deux cultes si différents? Je n'y vois, pour moi, qu'une explication plausible. Badulphe, à une époque relativement voisine du deuxième siècle, avait créé deux grandes choses, son monastère d'abord, puis le culte permanent des Quarante-huit Confesseurs d'Athanacum à l'endroit même où ils avaient subi la mort : ces deux institutions n'en faisaient qu'une dans sa pensée. De leur côté, les moines considéraient, dans le lointain des âges, Pothin

(1) Entre les rares objets sauvés de l'affreuse dévastation d'Ainay par les Huguenots en 1562, nous avons cité précédemment deux exemplaires d'un *Missale Athanacense*, l'un manuscrit, l'autre imprimé, qui sont la propriété des PP. Jésuites de notre ville. Il en a existé un troisième, bien autrement précieux, qui renfermait sur le monastère des annotations d'une haute valeur. Bullioud et la Mure ont consulté ces notes que, malheureusement, nous ne pouvons plus connaître que par les citations de ces laborieux écrivains. Le Missel a disparu. Aux mains de qui a-t-il passé? La récente publication de l'ouvrage de la Mure sur l'abbaye d'Ainay par M. Georges Guigue pourrait faire croire que le Missel de 1531 a, dans son naufrage, heureusement abordé aux Archives départementales du Rhône.

et Badulphe comme les deux colonnes de leur Ordre ; ils vénéraient en eux leurs pères selon la foi, qui, dès le berceau de l'Eglise de Lyon, les avaient engendrés à la vie parfaite, l'un par son martyre, l'autre par la fondation même de l'abbaye. Ils les réunirent dans les mêmes hommages, et les deux saints reçurent toujours en commun le pieux tribut de leur reconnaissance et de leur amour filial.

Ce qu'il y a de frappant dans cette fusion des deux cultes n'avait pas échappé au judicieux P. Bullioud ; lui aussi avait aperçu les conclusions qu'il est raisonnable d'en tirer par rapport à la haute antiquité de l'âge où vécut saint Badulphe : « Que l'illustre abbé ait gouverné son monastère assez peu de temps après la persécution de l'empereur Sévère, dit le savant Jésuite, nous en trouvons la preuve non seulement dans le calendrier dont il a été parlé, mais encore dans le Missel où il est rapporté que les restes du saint abbé reposent, dans l'église d'Ainay, sur le même autel qui renferme les cendres sacrées des Quarante-huit Confesseurs. L'autel est dédié tout ensemble aux Quarante-huit Martyrs et à saint Badulphe, et les deux fêtes se célèbrent avec la même solennité (1). »

Ces dernières lignes de Bullioud nous font connaître un privilége extraordinaire dont Ainay a joui jusqu'au jour où les calvinistes, après avoir démoli ses murs pierre à pierre, prirent plaisir à réduire en poussière ses reliques les plus vénérables.

On se souvient que les cendres des premiers martyrs furent, à l'origine, cachées sous l'autel du petit oratoire de saint Pothin : de là, par d'innombrables prodiges, les saints convertirent leurs persécuteurs ; de là, ils soumirent à Jésus-Christ, en peu d'années, Lugdunum presque entier. Vienne, patrie de Sanctus et de

(1) « Badulphum nostrum, insignem pietate et doctrina abbatem..., non longe a Severi imperatoris persecutione præfuisse probat allatum calendarium et Missale referens ejusdem abbatis reliquias sacras requiescere in templo Athanatensi, eodem sacello et altari quo cineres sacri Quadraginta octo martyrum venerantur ; et sicut Quadraginta octo martyribus ita et sancto Badulpho illud altare fuisse dedicatum, et pari solemnitate celebratum festum utrumque... »

bien d'autres Confesseurs, réclama une part des bienheureuses reliques, et l'obtint. Pareille faveur ne fut accordée à aucun des sanctuaires de notre ville, pas même aux églises métropolitaines de Saint-Etienne et de Saint-Jean. Une exception fut faite pourtant, une seule : Ainay reçut un sachet contenant une portion notable des cendres vénérées. Elles étaient, comme le dit Bullioud, exposées sur un même autel, avec le corps du saint fondateur et plusieurs reliques insignes du premier évêque de Lyon. On voit donc ici, sur un point qui devait éveiller tant de susceptibilités, l'abbaye de saint Badulphe traiter de pair avec l'Eglise lyonnaise et l'Eglise viennoise. Où trouver, en dehors de nos traditions, la raison d'être de tant de singuliers priviléges accordés par le moyen-âge à un monastère qui n'aura, jusqu'au douzième siècle, d'autre influence ni d'autre gloire que celle des grandes vertus et des grands souvenirs ?

Ainsi pensait la Mure. « L'avantage qu'avait eu le territoire d'Esnay d'être sanctifié par le martyre de saint Pothin et de ses compagnons fit, dit-il, tellement considérer les religieux, qu'un sac plein des cendres et des ossements de ces saints martyrs, leur fut concédé par le Chapitre métropolitain de Lyon, qui, aux siècles anciens, siégeait dans l'église des Saints-Apôtres, depuis appelée Saint-Nizier, laquelle était le mausolée des protomartyrs de l'Eglise lyonnaise..... Ce sac de reliques était renfermé dans le reliquaire le plus précieux de l'abbaye. Au dessus on lisait : *Hic saccus pulveris inventus est cum ossibus in ecclesia Duodecim Apostolorum (æstimandus est a nobis), sicut legitur in historia ecclesiastica de corpore sancti Pothini et sociorum ejus* (1).

« On voit par ces paroles que le sac rempli de ces précieuses cendres fut donné aux anciens religieux de l'abbaye tel absolument qu'on le trouva dans le lieu où l'avaient placé les chrétiens du second siècle. Et, certainement, ce trésor sacré ne

(1) « Ce sac de cendres a été trouvé avec les ossements dans l'église des Douze-Apôtres, suivant ce que l'histoire ecclésiastique rapporte des corps de saint Pothin et de ses compagnons. Quelle doit être notre estime pour un tel don! ·

pouvait, avec justice, être refusé à Esnay : on pourrait même dire qu'il lui appartenait plus légitimement qu'à l'église des Saints-Apôtres, dans laquelle ce vénérable dépôt ne devait être consigné, ce semble, que jusqu'au jour où Esnay serait en état de le recevoir ; puisque c'est sur la terre d'Esnay qu'avaient eu lieu l'immolation des Martyrs, la dispersion et le recouvrement miraculeux de leurs restes ; puisqu'enfin ces bienheureux Confesseurs du Christ ont voulu que la tradition les désignât sous le nom de Martyrs d'Esnay, *Martyres Athanacenses* (1). »

Voilà l'historique des commencements de nos traditions ; cette origine satisfait, ce nous semble, aux exigences les plus rigoureuses de la critique. C'est au confluent que des chrétiens qui ont survécu au massacre de l'an 208, érigent un oratoire « en l'honneur des quarante-huit Confesseurs, et particulièrement à sainte Blandine. » C'est au même lieu que l'ère de Constantin voit s'établir une communauté destinée à propager leur gloire, à perpétuer leur culte. Un même autel reçoit le corps du saint fondateur et les restes sacrés des compagnons de saint Pothin ; tandis qu'Ainay entre en participation de privilèges réservés exclusivement jusque-là aux Eglises de Lyon et de Vienne, mères des martyrs surnommés Athanaciens. N'est-il pas évident que tous ces faits s'enchaînent et qu'ils relient la création de saint Badulphe au drame immortel de la première persécution lyonnaise ?

L'église des Saints-Apôtres, qui, suivant la Mure, se montra si libérale envers les moines de saint Badulphe, est elle-même un témoin éclatant du zèle des Lyonnais pour la gloire des Quarante-huit Confesseurs.

D'abord, ce temple qui remplaçait l'oratoire où s'étaient réunis saint Pothin et ses premiers disciples, à quels patrons l'avait-on dédié ? A saint Pierre, à saint Paul, aux autres pêcheurs d'hommes qui avaient gagné le monde à Jésus-Christ ; mais, avec eux, aux martyrs de l'autel d'Auguste. Le vocable choisi, sur lequel il serait facile de prendre le change, renfer-

---

(1) *Chronique de l'abbaye d'Ainay*, manuscrit de la Mure.

mait donc un hommage à l'apostolat si fécond des héros chrétiens qui, par leur mort, avaient arraché au culte des idoles
Lugdunum et les pays d'alentour. Pour garants de cette interprétation citons, entre autres, la Mure et Brossette. Ce dernier
dit, en parlant de la chapelle antique de saint Pothin : « On
éleva sur cet oratoire une église qui porta le nom des apôtres
saint Pierre et saint Paul, et des Quarante-huit premiers martyrs de cette ville, à qui elle fut consacrée (1). »

Le sens de la dénomination fixé, il reste à faire connaître
l'édifice en lui-même et la date de sa construction. Sur ces
deux points nous n'avons guère qu'un auteur à consulter, Grégoire de Tours, qui priait journellement dans l'église des Saints-
Apôtres, lorsqu'il apprenait, encore enfant, les premiers principes des lettres à l'école de son oncle saint Nizier. Après avoir
raconté la miraculeuse restitution par les eaux du Rhône des
corps de nos martyrs et l'apparition dont furent favorisés quelques-uns des chrétiens, l'évêque de Tours continue ainsi : « Ces
hommes pieux rapportèrent tout aux autres fidèles, qui rendirent
grâces à Dieu et se sentirent fortifiés dans la foi. Puis, ayant
recueilli les cendres sacrées, ils élevèrent en l'honneur des saints
une basilique d'une grandeur étonnante, *miræ magnitudinis*,
et ensevelirent sous l'autel les bienheureuses reliques (2). »

« Ils élevèrent une basilique d'une grandeur étonnante, »
voilà le seul trait par où l'historien du sixième siècle a peint les
beautés architecturales d'un monument dont la postérité connaît
à peine le nom. L'époque où il fut construit n'est pas indiquée
plus clairement. A lire Grégoire de Tours, il semblerait de
prime abord que les faits qu'il raconte se suivirent sans nulle
interruption ; mais il est clair que l'érection d'un pareil édifice

---

· (1) Brossette, *Hist. de Lyon*, p. 88. — La Mure, *Histoire ecclésiast. du
diocèse de Lyon*, p. 6.

(2) « Hæc renuntiantes viri illi reliquis Christianis, gratias egerunt
Deo et confortati sunt in fide; colligentesque sacros cineres, ædifica-
verunt basilicam miræ magnitudinis in eorum honorem, et sepelierunt
beata pignora sub sancto altari. » Greg. Turon, l. I, *De gloria martyrum*, c. 49.

était chose impossible sous des empereurs tels que Commode, Septime Sévère, Dèce, Aurélien, Maximien-Hercule, Dioclétien. Et, pourtant, l'unité supposée par l'écrivain dans l'action qu'il relate, se retrouve si les fidèles qui exécutèrent le vœu formé dès le second siècle appartenaient à la même race gallo-romaine, et n'étaient pas encore le peuple mélangé, le peuple nouveau que la domination des Burgondes dans le Lyonnais forma vers l'an 460. Ainsi en a-t-il été. Les fils ayant réalisé, sitôt qu'ils en eurent le pouvoir, le plus ardent désir de leurs pères, l'auteur a moins tenu compte du temps que de l'union des volontés vers un même but.

Le texte de Grégoire de Tours dirige donc nos recherches vers le temps où Constantin se déclara ouvertement le protecteur du Christianisme ; et, sans doute, Lyon aimerait à joindre une église constantinienne à Saint-Jean de Latran, à Saint-Pierre, à Saint-Paul, à toutes les vénérables basiliques romaines édifiées par les soins du grand empereur. En avons-nous le droit ? Le fils de sainte Hélène affectionnait la Gaule, que son père Constance-Chlore, que lui-même avaient gouvernée. Un fait très significatif, c'est qu'il se montra sensible à la déchéance de Lugdunum : ce fut pour relever de son abaissement cette grande victime du fanatisme idolâtrique qu'il lui soumit les provinces de Sens, de Rouen et de Tours. Que ses sympathies soient allées au delà ; que, dans la Rome gauloise aussi, il ait voulu donner l'impulsion au culte qu'il venait d'embrasser, en la dotant de quelqu'un de ces temples somptueux que sa piété se plaisait tant à créer, plusieurs de nos historiens ont été de cet avis. « On peut croire, dit entre autres M. Meynis, qu'il ne demeura pas étranger à la construction de nos basiliques (1). »

Par malheur, ces conjectures ne reposent sur rien de précis. Singulière destinée d'un monument dont l'érection fut pour les Lyonnais un sujet d'allégresse universelle ! Cette antique église des Saints-Apôtres, après avoir servi de tombeau pendant trois ou quatre siècles aux cendres des Martyrs ; après avoir mille

(1) *Les grands souvenirs de l'Église de Lyon*, p. 80.

fois prêté ses magnificences à la célébration des fêtes les plus brillantes ; après avoir été, durant toute l'ère mérovingienne, le siége du pouvoir épiscopal, tomba inopinément sous le marteau des Sarrasins. Relevée par Leidrade, elle dut être, plus tard, entièrement reconstruite. Le nouvel édifice, d'où le vocable primitif se trouva banni en même temps que l'architecture latine, ne tarda pas à faire oublier l'ancien : les vieux souvenirs s'éteignirent d'année en année ; et, maintenant, découvrir le nom du prince ou du pontife qui bâtit la seconde cathédrale de Lyon est devenu un problème historique. Nous ne pouvons que fixer, à une date incertaine, deux limites extrêmes : d'un côté la conversion de Constantin, de l'autre la mort de saint Eucher en 454 ; car on connaît les églises de quelque importance construites à Lyon dans la seconde moitié du cinquième siècle ; et jamais il ne fut question parmi elles du sanctuaire consacré aux Apôtres ou à saint Nizier. Contentons-nous de ces vagues données sur l'origine de la première des grandes basiliques du Lugdunum chrétien.

Il faut encore, si l'on veut connaître à fond la dévotion de nos aïeux pour leurs Martyrs, s'arrêter en face des recluseries, institution commune sans doute à d'autres pays, mais plus florissante à Lyon que partout ailleurs, et qui avait si bien pénétré dans les mœurs qu'elle a pu résister jusqu'au dix-huitième siècle à l'envahissement toujours croissant des tendances antichrétiennes. Renouveler en quelque sorte dans ses membres le martyre des saints Confesseurs, en se vouant à des austérités qui se rapprochaient autant que possible de leurs tortures, et surtout en s'imposant jusqu'à la mort les incommodités de leur prison ; assurément, c'était bien là pousser à son degré suprème le désir d'honorer saint Pothin, sainte Blandine et leurs immortels compagnons. On ne me comprendrait pas si je n'expliquais d'abord ce que furent ces reclus entourés autrefois de tant de vénération.

L'Église n'autorisait pas sans de longues épreuves un genre de vie si extraordinaire. Lorsqu'un religieux, même ancien, se croyait appelé du ciel à cette terrible séquestration, conformé-

ment au décret d'un concile, il s'en remettait au jugement de
son abbé, et se préparait en outre, par trois années de noviciat,
à l'état nouveau qu'il désirait embrasser. Les simples fidèles
s'adressaient à leur évêque : après avoir obtenu son consentement, ils avaient à subir un noviciat de quatre années. Ce
terme écoulé, si le postulant était jugé digne, il allait, au jour
et à l'heure convenus, s'agenouiller dans l'église la plus proche,
et l'évêque, précédé de son clergé, le reconduisait processionnellement à la pauvre cellule que l'ermite ne devait plus quitter.
Là, on lui lisait les règlements écrits par saint Eucher à l'usage
des reclus ; l'évêque l'encourageait, le bénissait, et, en se reti-
rant, apposait sur la porte d'entrée le sceau épiscopal. A ce
moment, le sacrifice était consommé ; la porte scellée par le
pouvoir ecclésiastique ne se rouvrait plus que pour laisser sortir
un cadavre.

Toutes les recluseries avaient une chapelle attenante à l'habitation. Une étroite ouverture donnant sur le chœur permet-
tait au solitaire d'entendre la messe qu'on y disait régulièrement,
et de participer aux saints mystères. Quant aux besoins matériels de la vie, l'Eglise n'abandonnait pas ceux de ses enfants
qui s'étaient généreusement condamnés à prêcher par leur
exemple au monde l'amour de la prière, la pureté, la mortification chrétienne. On lit dans nos historiens que « tout reclus
recevait par an trois ânées de seigle ou de blé fournies par la
Grenette de la ville aux frais de l'archevêque de Lyon, et un
denier d'argent par semaine. » Ces distributions avaient déjà
lieu sous l'épiscopat de saint Eucher. En 1346 il fut un instant
question de les supprimer. L'archevêque Guillaume de Thurey,
par une ordonnance rendue le 1er septembre 1359, déclara les
rétablir à perpétuité pour les dix recluseries alors existantes. Le
cardinal André d'Espinay en 1499 et François de Rohan en
1503 prenaient aussi l'engagement de payer la même redevance
aux sept recluseries que l'on comptait encore dans l'enceinte de
la cité.

Mais, nous demande-t-on, par quel lien les reclus se ratta-
chent-ils au culte des martyrs lyonnais ? Examinez seulement

les lieux où ils se fixèrent de préférence et les patrons célestes qu'ils se choisirent, vous ne douterez plus que ces austères anachorètes ne se soient proposé d'être les imitateurs et les continuateurs de nos martyrs. Il suffira de rappeler les recluseries de Saint-Irénée, près de la crypte célèbre de ce nom ; de Saint-Epipode ou Epipoi, sous le rocher de Pierre-Scise, où le saint fut trahi et livré aux persécuteurs ; de Saint-Barthélemy, au dessous du Forum de Trajan et non loin des cachots du palais impérial où les confesseurs furent d'abord emprisonnés ; puis celles qui empruntèrent leurs vocables : à saint Marcel, prêtre de Lugdunum, enterré vivant à Chalon, et à trois autres martyrs, saint Côme, saint Sébastien et saint Clair. Ces quatre derniers ermitages étaient disséminés dans un rayon de peu d'étendue entre la Saône et le Rhône, à proximité des cendres miraculeuses dont l'antique sanctuaire de saint Pothin gardait le sacré dépôt.

Les chrétiennes de Lugdunum avaient, sous Marc-Aurèle et Septime Sévère, accompagné au supplice leurs pères et leurs frères dans la foi ; il convenait que les âges suivants vissent aussi des recluses lyonnaises déployer dans un martyre volontaire la magnanimité de Blandine, de Julia, et des vingt autres héroïnes qui avaient rendu le témoignage du sang devant l'autel des césars. La Mure, qui reçut les renseignements de son histoire des derniers Bénédictins d'Ainay, fait remonter jusqu'au fondateur de l'abbaye d'Athanacum l'établissement d'une recluserie, voisine, autant qu'elle pouvait l'être, du temple d'Auguste et de la crypte des Quarante-huit Martyrs. « On estime, dit-il, que saint Badulphe institua, sous les auspices de sainte Hélène, une recluserie de filles que plusieurs anciens titres montrent avoir été bâtie près de Bellecour, sur le territoire dépendant d'Esnay. Et même on a vérifié que cette dévote recluserie était située au même endroit où depuis fut construite la maisonnette, habitée par un jardinier, dans laquelle saint François de Sales mourut l'an 1622, comme l'a fait observer le P. Ménestrier en son *Eloge historique de la ville de Lyon*. » Cette dénomination de Sainte-Hélène serait-elle un hommage de gratitude offert à la mère, glorieuse et couronnée dans le ciel, pour quelque bienfait dû à la générosité du fils? Trouverions-nous ici un motif de plus de nous ranger à l'opinion de ceux qui attribuent à Constantin l'érection de notre basilique des Apôtres? Je pose la question en passant ; d'autres la résoudront, s'ils le peuvent. Une chose cependant est digne de remarque. L'ermitage, fondé assez probablement sous le premier empereur chrétien, ne dura pas moins de treize ou quatorze siècles. Il florissait encore en 1359, comme en fait foi l'arrêté de Guillaume de Thurey ; et Du Cange, au mot *inclusus*, cite, entre autres demeures de reclus qui ont laissé une trace dans l'histoire, celle qui portait le nom de Sainte-Hélène à Lyon.

Parmi les autres recluseries de femmes on distinguait Sainte-Madeleine, Thunes et Sainte-Marguerite. La première était située au Gourguillon, sur la pente que suivit le sang des chrétiens massacrés par Sévère, quand il coula des hauteurs de la colline. On n'est pas fixé sur l'emplacement de la dernière, mentionnée pourtant aussi par Du Cange ; tandis que Thunes est connu dans les traditions religieuses de notre ville. Voici ce qu'en dit Ménestrier dans son *Histoire ecclésiastique de Lyon :* « Le lieu où la plupart de nos martyrs en cette persécution consommèrent leur sacrifice fut Ainay, au concours des deux rivières..... Toutefois ils furent mis en prison au dessous de Fourvière, soit dans les cachots de l'Antiquaille...... soit dans les grottes de la maison de Thunes, autrefois dite le Capot, et depuis l'Angélique, lorsqu'elle était à M. M. de Lange, où l'on voit des voûtes souterraines qui font connaître que c'était un ergastule (1). »

Mais sur quel point de la montagne de Fourvière devons-nous chercher l'immeuble appelé au xv⁰ siècle le Capot, puis l'Angélique, enfin la maison de Thunes? Sur la carte de Lyon dressée au temps de François I⁰ʳ, le nom et le dessin du Capot répondent exactement au terrain occupé aujourd'hui par les

_____

(1) *Histoire ecclésiastique de Lyon*, t. I, p. 80 et 81. Manuscrit de la Bibliothèque de Lyon.

religieuses de Jésus-Marie. Une autre voie nous conduit à la même conclusion. D'après un acte en date de 1670, acte extrait des Registres consulaires par M. l'abbé Sudan, « l'Angélique joignait aux buttes de la crotte de Fourvière où sont les jeux de mail du midi. » La position du jeu de mail nous aidera donc à déterminer celle de l'Angélique. Or, un autre acte du 25 juin 1556 fixe, de quatre côtés différents, les limites de la petite place du Mail, évidemment située dans la propriété actuelle des Dames de la Retraite. « Le jardin et ténement de messire Nicolas de Lange, » qui bornait le jeu de mail au nord, était, par conséquent, identique avec le domaine du Capot et la communauté des Sacrés-Cœurs de Jésus et de Marie (1).

Par suite des effroyables ravages que les Huguenots commirent en 1562 dans notre ville indignement trahie par son gouverneur, François d'Agoult, comte de Saulx, les églises de Saint-Nizier et d'Ainay perdirent jusqu'à la dernière parcelle des reliques fameuses rendues par les eaux du Rhône ; en même temps les reclus disparurent de la presqu'île, dont le séjour leur devenait d'ailleurs impossible, en raison de l'accroissement continu de la population qui tendait à fixer entre les deux rivières le centre de la cité nouvelle. Plus heureuse, la crypte de Saint-Irénée possédait, malgré les dévastations récentes, de précieux débris de ses anciens trésors. C'est dans un angle de cette crypte, ruinée aussi par les calvinistes et presque abandonnée, que la dernière de nos recluses voulut vivre et mourir, manifestant ainsi, après tant d'autres de ses devanciers, quelle pensée avait inspiré et soutenu la ferveur courageuse des ermites lyonnais. Dans la chapelle méridionale correspondante à celle de Saint-Polycarpe, on lit sur une pierre tombale l'inscription suivante : « Ci-gît damoiselle Marguerite de la Barge, de Lyon, décédée

---

(1) Je constate simplement ici le résultat des recherches faites par le P. Cahour et consignées par lui dans son ouvrage sur Notre-Dame de Fourvière, p. 424. — M. Monfalcon a prétendu que la recluserie de Thunes aurait fait place au couvent des Pères Carmes. (*Hist. monum.*, t. V, p. 114.) C'est là une de ces déplorables inexactitudes si fréquentes chez M. Monfalcon.

le 16 novembre 1692, âgée de 43 ans, à qui l'on n'a permis d'élire sa sépulture dans ce saint lieu qu'à cause de la vie pénitente qu'elle y a menée l'espace de neuf ans, pour être éternellement unie aux martyrs de cette église qu'elle a si fidèlement priés pendant sa vie. » L'institution des reclus avait pris naissance, au IV° siècle, sur le théâtre même des souffrances de saint Pothin et de ses disciples ; elle s'éteignait, à la fin du XVII°, dans les caveaux où l'évêque Zacharie avait enseveli les corps des compagnons de saint Irénée.

D'autres villes, je le sais, eurent des reclus, mais en bien plus petit nombre : *la sainte Eglise de Lyon, sancta Ecclesia Lugdunensis,* comme on l'appelait alors dans toute la Gaule, a seule offert l'étonnant phénomène que nous venons d'exposer. Le sacrifice, étrange en apparence, où plusieurs de nos contemporains seraient disposés à ne voir qu'une sorte de folie mystique, fut le fruit naturel d'une ardente foi dont l'œil restait fixé sur les prisons du légat de Marc-Aurèle, sur les tortures de tout genre qu'avaient si magnanimement supportées les premiers chrétiens de Lugdunum. Le reclus, en présence de cet amour sublime de la croix du Sauveur, n'aspirait plus, lui aussi, qu'à une immolation, à un crucifiement perpétuels.

Dans ce tableau historique du culte que Lyon rendit à ses martyrs avant saint Eucher, nous avons constaté que la dévotion populaire s'attachait à tous leurs pas, à tous leurs souvenirs : aux traces laissées par les Confesseurs correspond fidèlement l'érection d'un temple ou d'une recluserie. Il est pourtant, sur la colline, un lieu désigné dans la Lettre aux Eglises d'Asie comme le premier théâtre où se déploya l'héroïsme des saints, et jusqu'à présent cette histoire n'y a signalé aucune fondation pieuse ; je veux parler du vaste et magnifique forum de Trajan qui dominait encore la haute ville et tout le bassin environnant six siècles après la mort de saint Pothin. C'est incontestablement au forum de la cité romaine que les martyrs comparurent avant l'arrivée du légat ; c'est au forum qu'ils eurent à subir les interrogatoires tumultueux, prélude de la première persécution. C'est là qu'ils furent traînés par des soldats ;

insultés, conspués, maltraités par une foule impie, comme le
divin Rédempteur des hommes au jour de sa passion. Se pourrait-il que le point de départ de la grande tragédie terminée
à l'autel d'Auguste eût seul été mis en oubli? Non, et nous
découvrons ici l'origine vraie d'un sanctuaire connu de toutes
les nations catholiques.

Le Forum de Trajan s'écroula dans l'année 840. Alors, raconte
M. Meynis, « à la place de ce somptueux édifice et de ses
débris, on bâtit une chapelle modeste, dédiée à la sainte Vierge,
sous le titre de Notre-Dame de Bon-Conseil. Par la suite, cet
humble oratoire devait devenir célèbre entre tous les lieux de
pèlerinage : c'est aujourd'hui le sanctuaire de Notre-Dame de
Fourvière (1). » Pourquoi nos historiens religieux n'ont-ils pas
reporté le berceau de Fourvière plus loin que le IXᵉ siècle? Je
ne saurais le dire. Il était si facile de comprendre qu'après la
chute du paganisme, les fidèles de Lugdunum prièrent certainement sous une voûte du vieux forum transformée en oratoire,
ainsi qu'ils le faisaient dans les cryptes de Saint-Jean-l'Evangéliste, des Machabées, de Thunes, d'Ainay, de Saint-Pothin,
à Pierre-Scise et partout où leur apparaissait quelque vestige
des triomphes de leur Eglise naissante. Seulement, la chapelle
du sombre édifice d'où la phalange des saints était partie pour
la victoire, fut, comme il était juste, dédiée à la Reine des
Martyrs, et la Reine des Martyrs accepta l'hommage des Lyonnais. Il lui plaisait d'avoir un trône au milieu des autels consacrés parmi nous aux courageux athlètes de son Fils ; elle tenait
à bénir de plus près les descendants de ceux qui avaient tant
souffert pour la gloire du Seigneur Jésus.

A Rome, dès le IVᵉ siècle, la Mère de Dieu ordonnait au
patrice Jean et au pape Libère de lui élever un temple sur le
mont Esquilin : c'est par sa volonté expresse que la capitale du
monde chrétien compte Sainte-Marie-Majeure au nombre de ses
plus somptueuses basiliques. Dans la Rome gauloise, l'emplacement du sanctuaire ne fut pas marqué par des flots de neige

---

(1) *Les grands souvenirs de l'Eglise de Lyon*, p. 132.

tombés miraculeusement du ciel ; quarante-huit couronnes étin-
celantes d'un immortel éclat indiquaient le lieu que le Tout-
Puissant s'était sanctifié. Notre-Dame de Bon-Conseil à peine
érigée, Marie descendit dans sa demeure terrestre avec ses
miséricordes, avec l'intarissable richesse de ses dons, pour les
épancher à pleines mains sur le peuple qu'elle aimait. Au bout
de mille ans, Fourvière, dans l'exiguité de ses trop modestes
proportions, est encore un des plus célèbres pèlerinages de
France, et bientôt, sans doute, grâce à la magnificence du
monument qu'élèvent de pieuses mains, les Lyonnais possè-
deront aussi leur Sainte-Marie Majeure. Daigne la Reine des
Martyrs continuer d'étendre sa protection sur notre cité ! Puisse-
t-elle, unissant aux prières de nos Patrons bienheureux cette
supplication maternelle que la divine justice ne repousse jamais,
détourner de nous les fléaux dont les épouvantables ravages
menacent notre patrie d'une imminente dissolution !

Plusieurs fois déjà nous avons prononcé le nom de saint
Eucher ; ce nom, maintenant, va sans cesse revenir sous notre
plume. Eucher, en effet, tant qu'il vivra, sera l'âme de la cité
lyonnaise. En particulier, sous le gouvernement du grand pontife, la piété populaire pour les Quarante-huit Martyrs prend
un essor nouveau ; il l'anime, il la dirige, il la fortifie en lui
donnant des lois. La période où nous entrons prend d'elle-même
le nom du Saint qui la remplit de ses œuvres et la domine de
son génie.

CHAPITRE VI

SAINT EUCHER

Disposition d'esprit des Lyonnais à l'égard des Martyrs au moment de l'élection d'Eucher. Vertus et qualités du nouvel évêque. Sainte passion dont il brûle pour la gloire des héros de la première persécution. — Saint Eucher fut l'organisateur de la grande fête des Merveilles. Origine et pensée première de cette solennité. D'après le texte de saint Adon, elle remonte certainement à l'époque romaine. — L'antiquité du jour des Miracles démontrée historiquement : son institution n'eût pas été possible sous les Burgondes, ni même sous les Francs. — Après la mort d'Eucher, sa fortune est consacrée par son fils aîné, saint Salonius, à la reconstruction de l'église d'Ainay détruite, probablement, par un corps de l'armée d'Attila.

LE champ était merveilleusement préparé pour l'ouvrier incomparable que le ciel, dans son amour, allait donner à notre Eglise. Depuis plus de deux siècles, un clergé tel qu'en possédaient ces temps heureux et des évêques mis presque tous au rang des saints avaient travaillé de tout leur pouvoir à développer chez les chrétiens de Lugdunum la piété pour les Martyrs; mais, surtout, Dieu s'était plu à glorifier les Confesseurs lyonnais; Dieu même s'était chargé, pour ainsi dire d'amener toutes les conditions, tous les âges au pied de leurs autels.

Les misères de notre humanité furent toujours le grand mobile de la prière. Pourquoi des flots de fidèles accourent-ils devant l'image d'un élu du Seigneur? On a raconté que, dans ce sanctuaire privilégié, les malades sortent guéris, que les paralytiques se raniment et marchent; qu'en présence du saint, la mort même est impuissante à retenir sa proie; et tous se précipitent vers le puissant intercesseur que le Maître du monde semble investir de son pouvoir. C'est aussi par la voie des grâces miraculeuses que le Christ, Roi des martyrs, avait pris soin d'entretenir la confiance de nos ancêtres dans leurs célestes protecteurs.

Les merveilles opérées par les cendres des Confesseurs de l'autel d'Auguste sont attestées par ces lignes de Grégoire de Tours : « On déposa les bienheureuses reliques sous l'autel : de ce lieu, les saints ont toujours fait connaître par d'éclatants prodiges qu'ils habitent avec Dieu (1). »

Nous savons encore que la vertu divine se manifestait dans la crypte de Saint-Jean, auprès des corps d'Irénée, d'Epipode, d'Alexandre et des victimes de la deuxième persécution; car le même écrivain rapporte que « la poussière recueillie avec foi sur leurs tombeaux guérissait instantanément toutes les maladies (2). » Enfin Pierre-Scise n'était guère moins célèbre par les guérisons innombrables dues à l'intercession des saints Epipode et Alexandre. Tous deux s'y étaient tenus quelque temps cachés dans la chaumière d'une pauvre veuve. Epipode, au moment où les païens se jetèrent sur lui, perdit une de ses chaussures qui, restée entre les mains de la pieuse femme, fut l'instrument d'une multitude infinie de miracles, ainsi qu'on le lit à la fin des Actes du martyre de saint Alexandre, dans le

---

(1) « Et sepelierunt beata pignora sub sancto altari ubi se semper virtutibus manifestis cum Deo habitare declaraverunt... » *De gloria martyrum*, l. I, c. 49.

(2) « De quorum monumentis si pulvis cum fide colligatur, extemplo medetur infirmis. » *De gloria martyrum*, l. I, c. 50.

Vitæ Sanctorum de Surius, au 24e jour d'avril. Quand la sainte veuve mourut à Pierre-Scise, les miracles continuèrent à son tombeau. « Elle est ensevelie dans un faubourg près des murs de la ville, dit Grégoire de Tours. Les paralytiques et autres infirmes recouvrent la santé sur sa tombe : ils avalent quelques grains de poussière enlevés à la pierre du sépulcre, et s'en vont guéris (1). »

On se représente assez, sans qu'il soit nécessaire de le décrire, l'élan que durent imprimer à la dévotion populaire ces merveilles incessamment renouvelées sur trois points divers de la cité. Pour que la piété individuelle se transformât en un culte public et social, pour que les solennités de nos Martyrs devinssent les fêtes non plus de la religion seulement, mais de la patrie, que fallait-il encore? Un de ces pontifes comme le catholicisme en donnait aux nations dans ce siècle de catastrophes, à la veille de la chute de l'empire et parmi les ébranlements des sociétés mourantes. Il fallait à Lugdunum un Ambroise, un Augustin, en qui le peuple verrait à la fois son père, son chef, son législateur; assez fort pour saisir et rassembler toutes les forces vives de son Église, assez habile pour leur imprimer une direction à laquelle les siècles suivants seraient heureux de se conformer. Tel est le magnifique présent que Dieu fit à notre ville quand il remit aux mains du solitaire de Lérins la houlette pastorale des Just et des Zacharie, des Irénée et des Pothin.

C'est vers l'an 434 que, de l'île de Léro, aujourd'hui Sainte-

---

(1) « Requiescit suburbano murorum urbis ipsius mulier quæ dicitur collegisse calceamentum beati martyris Epipodii, quod de pede ejus cecidit cum ad martyrium duceretur; ad cujus tumulum frigeritici cæterique infirmi sanantur. Erasum de tumulo ipso pulverem hauriunt, incolumesque discedunt. » *De gloria confessorum*, c. 64.

Les Actes des deux jeunes saints ne formaient dans le principe qu'un seul récit. Surius, en les séparant pour la fête de chacun des deux martyrs, a, par inadvertance, cousu aux Actes de saint Alexandre un fragment de ceux de saint Epipode. Voilà comment tout ce qui a trait à la chaussure de ce dernier se trouve dans le *Vitæ Sanctorum*, au 24 avril, au lieu d'être au 22.

Marguerite, où il partageait sa vie entre la prière et l'étude des choses divines, Eucher fut ramené à Lyon par les suffrages unanimes de ses concitoyens. Quel effet les vertus et la parole du nouveau pasteur produisirent sur le cœur de ses ouailles, ceux-là seuls pourraient nous le dire qui eurent le bonheur de le voir et de l'entendre. Je trouve dans Claudien Mamert, prêtre de Vienne, que Sidoine Apollinaire, son ami, estimait l'un des esprits les plus remarquables de cette époque, un portrait du saint évêque tracé comme accidentellement, sans aucune prétention littéraire, et dont le prix ne doit être que plus grand aux yeux de ceux qui mettent au dessus de tout l'exactitude et la vérité.

« Eucher, que je me garderai bien d'omettre, est encore vivant pour moi, dit Claudien Mamert : car ce n'est point par ouï-dire ni par ses écrits seulement que je le connais ; j'ai recueilli de ses lèvres mêmes la doctrine qui en découlait, ayant assisté bien des fois aux luttes de ses controverses victorieuses. Il était encore dans la verdeur de l'âge, grave d'esprit, indifférent aux choses de la terre et ne respirant que pour le ciel. On admirait en lui, au milieu de son humilité sincère, des qualités transcendantes, un génie des plus sublimes, une science profonde, une éloquence intarissable. Le plus grand, de beaucoup, entre les pontifes éminents de son siècle, il a écrit de nombreux ouvrages sur les questions religieuses les plus variées : or, voici en quels termes, du haut de la chaire chrétienne, il définissait la nature de l'âme (1). » Et Claudien Mamert, auteur lui-même d'un traité sur l'âme humaine, cite un raisonnement philosophique du prédicateur lyonnais en réponse aux Ariens qui, pour nier

---

(1) « Haudquaquam Eucherium præterierim mihimet viventem, doctrina et præsentaneis coram disputationibus cognitum, non porro nunciis aut lectione compertum. Qui scilicet viridis ævi, maturus animi, terræ despuens, cœli appetens, humilis spiritu, arduus merito ac perinde ingenii sublimissimus, scientiæ plenus, eloquii profluus, magnorum sæculi sui pontificum longe maximus, editis in rem fidei multijugis variorum operum voluminibus, ad populum quoque his super statu animæ concionatus est. » Lib. 2, *de Statu animæ*, c. 9.

plus à l'aise la divinité de l'Homme-Dieu, repoussaient, comme intrinsèquement impossible, l'union du Verbe éternel avec l'humanité.

Nous apprenons ainsi du frère de saint Mamert, archevêque de Vienne, qu'Eucher avait ouvert dans sa ville épiscopale un cours de conférences religieuses où, précurseur des Ravignan, des Ventura, des Lacordaire, il développait devant un auditoire d'élite les harmonies trop méconnues de la raison et de la foi, faites cependant pour coexister dans une paix parfaite, puisque toutes deux ont reçu de la sagesse infinie une même mission, celle de conduire l'homme au terme de ses bienheureuses destinées. Mais notre horizon, à nous, se borne rigoureusement au culte des Martyrs de Lugdunum : c'est aux jours de leurs solennités, c'est lorsque Eucher célèbre leurs triomphes qu'il nous faut prêter l'oreille à cette voix éloquente. Nous comprendrons, après avoir entendu l'immortel orateur, quelle ardente piété il dut allumer dans les âmes, et comment les fêtes qui s'organisèrent alors à la gloire des Confesseurs de l'amphithéâtre, purent ensuite, au milieu de révolutions innombrables, se maintenir dans notre ville pendant près d'un millier d'années.

Le respect religieux des Lyonnais nous a conservé à travers mille désastres et mille ruines les homélies qu'Eucher prononça en l'honneur de sainte Blandine et des saints Epipode et Alexandre : c'est en lisant ces pages touchantes qu'on sent à quel degré le cœur de l'éloquent évêque débordait d'admiration et d'amour pour les héroïques victimes à qui son troupeau était redevable du bienfait de la foi.

« Reconnaissons, disait-il dans son panégyrique de sainte Blandine, reconnaissons, mes bien-aimés, l'abondance et le prix des dons que le Très Haut a départis à notre Eglise. Bien des villes sont heureuses de posséder les reliques d'un seul martyr ; nous avons, nous, un peuple de martyrs. Que notre terre tressaille de joie d'avoir produit ces guerriers célestes et d'être la mère féconde de si admirables vertus ! Jamais, par aucun des moyens qu'il pouvait imaginer, non, jamais l'ennemi du nom chrétien n'eût servi la gloire de cette cité autant qu'il l'a fait par le glaive. Si l'iniquité abonda jadis au sein de notre ville, la grâce et la bénédiction surabondent maintenant en elle : témoin la solennité que nous célébrons en ce jour.

« ..... Bethléem, terre de Juda, terre estimée digne d'offrir au Seigneur une troupe de petits enfants ornés d'une pureté immaculée, notre Lugdunum ose se mettre en parallèle avec toi et comparer ses richesses aux tiennes ; il ose t'adresser la parole et te dire : « O Bethléem, tu l'emportes par le nombre de tes martyrs, moi, par le mérite des miens (1). L'innocence de tes victimes a formé ta couronne ; moi, je suis couronnée de la gloire et du triomphe de mes fils. Tes martyrs n'eurent pas conscience du témoignage qu'ils rendaient ; les miens, éprouvés par toutes les souffrances, brisés par les tortures, consumés par les flammes, ont remporté autant de palmes que leurs corps endurèrent de tourments. A nous la victoire dans les supplices avec la possibilité du renoncement à la foi ; à vous une mort bienheureuse, à l'abri des dangers de la tentation. Dans ta cause, il n'y eut qu'un sexe qui triompha ; dans mes rangs, les femmes elles-mêmes ont terrassé le prince du monde. Je possède, aussi bien que toi, de jeunes innocents dans le chœur de mes martyrs (2) ; le chœur des tiens ne peut montrer une femme comme ma Blandine. »

Saint Eucher voulait qu'aux fêtes des martyrs lyonnais son peuple eût des prières encore plus ardentes, des pompes encore plus solennelles. Il disait à ses auditeurs, dans l'homélie de saint Epipode :

« Ce sont de beaux jours, assurément, que ceux que nous consacrons aux solennités ordinaires de la religion ; mais il n'est pas de plus belles fêtes que celles où nous glorifions les Bienheureux qui furent nos compatriotes ; et voilà pourquoi le culte de nos martyrs indigènes, protecteurs particuliers de notre cité,

---

(1) Saint Eucher n'oppose ici que les Confesseurs de l'autel d'Auguste à la foule des enfants qu'Hérode fit massacrer.

(2) Ménestrier rapporte que plusieurs petits enfants furent égorgés dans le grand massacre de l'an 208. Leurs reliques étaient conservées à Saint-Just : on les avait surnommés *les Saints Innocents.*

en même temps qu'il réveille dans nos cœurs une joie plus vive, réclame de nous un amour tout spécial. Certes, si des palmes étrangères, si des victoires lointaines et des triomphes remportés au delà des mers, méritent cependant nos hommages les plus empressés, quel zèle ne convient-il pas de déployer pour honorer des saints à qui notre foi doit tant de reconnaissance, notre Église tant de bénédictions, notre patrie tant d'amour ! Puisque, sortis des flancs de la même mère, la naissance nous a donné vis-à-vis d'eux un droit de parenté, la gratitude, l'affection filiale sont pour nous tout ensemble un privilége et un devoir. Rapprochons-nous d'eux par l'ardeur de notre foi, si nous voulons que l'honneur d'être leurs concitoyens ici-bas nous procure un titre plus sûr pour être admis avec eux parmi les habitants de la cité bienheureuse..... Sans nul doute, si jamais les martyrs écoutent les vœux des humains d'une oreille plus favorable, c'est quand nous faisons monter la ferveur de nos invocations des mêmes lieux où se déchaînèrent contre eux les fureurs de la persécution ; c'est quand l'encens du sacrifice s'élève de l'endroit même où ces victimes pures se sacrifièrent pour Dieu ; c'est quand un peuple leur offre ses louanges dans la ville même où la barbarie de ses aïeux répandit leur sang innocent, et là où l'ennemi du Christ, après avoir cru les anéantir, est condamné à les voir tout rayonnants d'une immortelle splendeur. »

Durant vingt années d'épiscopat, le vénérable pontife enflamma de plus en plus le cœur de ses ouailles de la sainte passion dont il brûlait. La population lyonnaise s'habitua dès lors à regarder les bienheureux Pothin et Irénée, Epipode et Blandine, comme des patrons pleins de bienveillance que le ciel même avait chargés de la protéger. Intérêts privés, intérêts publics, elle leur confia tout ; c'est à eux qu'au milieu des calamités que multipliait dans les Gaules et en Italie la chute de la puissance romaine, elle abandonna la tutelle et la sauvegarde de l'État. Chaque fois que revenait l'anniversaire de leur glorieuse mort, c'était pour la ville entière une vraie fête nationale où chaque famille, chaque citoyen apportait avec bonheur le tribut de sa pieuse allégresse.

Dans son homélie des saints Epipode et Alexandre, Eucher
nous apprend que, de son temps, on célébrait la solennité des
deux jeunes martyrs avec une pompe inaccoutumée, comme un
jour, disait l'orateur, « où nous fêtons non quelque saint dont
les reliques nous seraient venues du dehors, mais des frères dont
le sein de notre commune patrie enfanta les membres imma-
culés (1). »

« Une foule d'églises, ajoutait-il, se contentent de la sancti-
fication tout extérieure que des vêtements, que les anneaux
d'une lourde chaîne ont acquise en touchant des corps angéli-
ques. Il leur suffit que l'instrument de torture se soit transformé
en témoin de la gloire ; que le fer, source des douleurs, soit
devenu le trophée de l'héroïsme. Nous, les dons inappréciables
que nous ont faits nos Bienheureux, nous les possédons dans
leur plénitude. Des trésors qui suffiraient à l'univers nous appartiennent ; ils reposent dans les murs d'une seule cité. Nous éle-
vons vers la Ville éternelle deux palmes émules des triomphes
apostoliques ; et puisque nous avons aussi pour intercesseurs
notre Pierre et notre Paul, nous rivalisons avec la sublimité de
la chaire suprême ! » A ce lyrisme, on reconnaît qu'Eucher
parlait au milieu des pieux enivrements d'une fête où la glorification de la cité lyonnaise se confondait avec celle des saints.
Une comparaison entre les deux fondateurs de l'Eglise romaine
et nos jeunes martyrs, dont l'un fut crucifié comme saint Pierre,
l'autre frappé du glaive comme saint Paul, cette comparaison,
entendue même dans un sens très restreint, a besoin de ne pas
être séparée des circonstances qui lui servaient en quelque sorte
d'excuse, je veux dire des transports unanimes de tout un peuple, et des chants de joie dont venaient de retentir durant plusieurs heures les voûtes de la basilique des Saints-Apôtres.

« Si Lugdunum accordait de tels honneurs à des martyrs
sortis à peine de l'adolescence, séculiers par état, encore disci-

---

(1) « Horum sacros agones, Eucherii ævo, celebrabat civitas lugdunensis *non adventitiis festa reliquiis, sed intemeratis patrii sinus festa
monumentis.* » *Hagiol. lugdun.,* p. 5.

ples et qui n'avaient occupé dans l'Eglise qu'un rang inférieur,
quels hommages ne devait-il pas déposer aux pieds de Pothin,
d'Irénée, et des autres saints que leur prééminence personnelle
avait constamment distingués dans la phalange des Confesseurs (1) ! » Telle est l'induction que le P. Théophile Raynaud
tirait de la pompe déployée dans notre ville, au v° siècle, pour
honorer saint Epipode et saint Alexandre : il en inférait très
justement que le jour consacré à la mémoire de nos premiers,
de nos principaux martyrs, fondateurs de l'Eglise lyonnaise,
devait donc être célébré avec bien plus d'enthousiasme encore,
avec bien plus d'éclat. C'est la conséquence que nous prétendons déduire nous aussi. Car le but de notre étude sur saint
Eucher n'est pas de faire admirer sa piété, ses talents oratoires,
mais de prouver que ce grand évêque ne mourut pas avant d'a-
voir réglé le culte rendu dans les âges suivants par les Lyonnais
aux Quarante-huit Confesseurs, notamment l'incomparable
solennité du 2 juin. Voilà le point sur lequel nous appelons
maintenant toute l'attention du lecteur : il est, disons-nous,
d'une certitude absolue qu'à cette époque déjà la fête des Merveilles comptait parmi les institutions religieuses de la cité.

« Le temps des persécutions passé, lisons-nous dans la Mure,
et l'exercice du Christianisme devenu libre dans Lyon, on y
institua, outre la solennité de saint Pothin et de ses compagnons
qu'on célèbre le second jour de juin, une autre fête en l'honneur
des miraculeuses reliques de ces mêmes martyrs, laquelle fut
appelée fête des Merveilles, *festum miraculorum*, nom qui fut
donné en mémoire tant des miracles que Dieu fit pour l'assemblage, conservation et révélation de ces cendres sacrées, que de
ceux qu'il opéra depuis par la vertu qu'il leur communiqua(2) ... »
« On sait, dit pareillement le P. Bullioud, que les cendres des
martyrs jetées et dispersées dans le Rhône, se réunirent par un
miracle près du confluent, dans le lieu qui portait le nom de la
déesse Minerve, et qu'elles furent ensuite déposées dans la basi-

(1) *Hagiol. lugdun.*, p. 5.
(2) *Chronique de l'abbaye d'Ainay*, ch. v.

lique de la Bienheureuse Marie et des Saints-Apôtres. Ce prodige donna naissance à la fête des Merveilles, célébrée avec tant
de pompe dans la ville de Lyon, mais surtout dans l'abbaye
d'Ainay (1). »

Ici, les adeptes de la libre-pensée nous blâment de croire trop
légèrement à des faits dont il est impossible de se rendre
compte, à des miracles racontés de bonne foi, mais non prou-
vés ; à de simples légendes, suivant l'expression favorite des
hommes de notre temps. Sans doute, la réunion des cendres
dispersées de nos premiers martyrs est un fait surnaturel, que
l'œil humain n'a point vu ; mais, d'autre part, ce fait surnaturel
nous le trouvons mêlé à des faits humains, historiques, indé-
niables, qui, s'ils ne tiraient pas leur origine d'un prodige réel,
seraient eux-mêmes, tout certains qu'ils sont, d'une évidente
impossibilité ; et par là le surnaturel rentre dans le domaine de
la raison, l'invisible devient tangible et palpable.

A ceux qui refuseraient de croire aux causes qui, selon nous,
amenèrent l'institution de la fête des Merveilles, je demande
comment ils expliquent la conversion en masse, dans l'espace
de quelques années, des fanatiques, des barbares habitants de
Lugdunum. Les mêmes hommes qu'on avait entendus rugir de
fureur contre les témoins du Christ et réclamer leur mort à
grands cris, ne se prosternèrent pas seulement au pied de la
Croix ; beaucoup d'entre eux offrirent avec joie leur poitrine au
fer des soldats de Septime Sévère : quel est donc ce prodige
bien plus étonnant que la réunion des débris, des parcelles d'une
trentaine de corps humains ? Ce changement, nous a dit Grégoire de Tours, c'est la droite du Très Haut qui l'a fait ; *hæc
mutatio dexteræ Excelsi* (2). Les cendres des Confesseurs à peine
déposées sous le saint autel, il sortit d'elles une vertu qui prouva
aux plus incrédules qu'en effet, comme l'affirmaient les chrétiens, nos Martyrs avaient triomphé du paganisme et qu'ils habitaient dans la gloire, près du trône de Dieu ; *sepelierunt beata*

(1) *Lugd. sacro-prof.* T. 2, ind. 10.
(2) Ps. LXXVI, 11.

pignora sub sancto altari, ubi se semper virtutibus manifestis cum Deo habitare declaraverunt (1). Par eux, l'éternelle miséricorde, en même temps qu'elle guérissait les souffrances des corps, éclairait les intelligences et soumettait les âmes à la vérité. Telle fut la prédication qui fit si rapidement, d'une cité toute livrée à l'idolâtrie, le plus ferme pivot de la foi chrétienne, le plus ardent foyer de la lumière évangélique dans les Gaules. Le fait humain sert ici de garant, de commentaire au fait divin.

A ceux qui n'admettent pas le surnaturel je demande encore comment ils expliquent la persistance des Lyonnais à célébrer dix siècles durant l'anniversaire d'un événement qui, d'après eux, serait purement imaginaire. Oui, pendant un millier d'années, la journée des Miracles attira, le 2 juin, de la ville et des régions voisines, une immense population à Ainay d'abord, puis à l'autel des Saints-Apôtres où reposaient les cendres vénérées. Et vous supposez, vous, homme sérieux, qui peut-être avez la prétention d'être un penseur, vous supposez qu'une dévotion si profondément enracinée au cœur de quarante générations, ait eu pour fondement une fable, un conte en l'air? Que les hommes s'agitent, quand la cupidité, l'orgueil, la colère, l'ambition les enflamment, c'est ce qu'on vit toujours; l'humanité est là tout entière. Mais, en dehors de la sphère des passions et des intérêts, Dieu seul remue, Dieu seul ébranle et enthousiasme les masses humaines, avec une puissance capable de résister à l'action même du temps. Pour que la fête des Merveilles ait soulevé les peuples du ɪvᵉ au xvᵉ siècle, il a fallu que les peuples comprissent clairement, invinciblement, que *le doigt de Dieu était là*. Il a fallu qu'autrefois, du sanctuaire qui renfermait les restes de nos martyrs, le souverain Être, imposant silence à la nature, ait fait entendre distinctement sa voix propre et personnelle, la grande voix du miracle, et qu'il ait dit, par la bouche des aveugles qui voyaient, des boiteux qui marchaient, des morts qui ressuscitaient : « Croyez, parce que c'est Moi, le Maître, qui ai

(1) *De glor. martyr.*, l. I, c. 49.

parlé ; *quia Ego locutus sum, ait Dominus* (1). » Une tradition qui s'appuie sur le témoignage dix fois séculaire de tout un peuple réuni dans le même sentiment, animé des mêmes ardeurs, sans autre motif que la sincérité de sa foi, cette tradition, eût-elle pour objet un fait de l'ordre surnaturel, un miracle qui n'eut qu'un petit nombre de témoins, est inattaquable aux yeux mêmes de la raison.

Ma pensée n'est pas de faire connaître et d'interpréter maintenant le cérémonial de la journée du 2 juin. Il s'écoulera plusieurs siècles avant que les rituels de notre Eglise nous aient exposé dans leur ensemble l'ordre et l'itinéraire de cette solennité curieuse : alors nous étudierons, pièces en main, le rôle que jouait le monastère de saint Badulphe dans la fête patriotique des Lyonnais. Bornons-nous, pour le moment, à démontrer que, sans nul doute, les « Merveilles », comme on s'exprimait autrefois, furent instituées dès l'époque romaine, point d'une très haute importance dans l'histoire des traditions d'Ainay.

Saint Adon, archevêque de Vienne, rejeton illustre de la renaissance littéraire éclose sous Charlemagne, est le premier qui ait parlé de la Journée des Miracles. Adon vient de raconter dans les mêmes termes que Grégoire de Tours comment les eaux du Rhône rendirent aux chrétiens affligés les reliques de leurs bienheureux frères ; il a fait mention des prodiges sans nombre dont les cendres miraculeuses furent l'instrument. « La fête des Martyrs, poursuit-il, est célébrée par les citoyens de la ville de Lyon. De toutes parts ceux-ci accourent en foule pleins de joie, et, suivant les traditions des anciens, descendent le fleuve en chantant des hymnes et des cantiques de réjouissance ; puis, entendent les messes qui se disent en grande pompe dans l'église des Apôtres où se conserve le dépôt des cendres sacrées. Ce jour a reçu la dénomination de Jour des Miracles (2). »

(1) Ezéchiel, xxxix, 5.
(2) « Horum (martyrum) festivitatem cives lugdunensis urbis, omnibus undequaque lætanter accurrentibus, per descensum fluminis cum hymnis et canticis gratulationis celebrantes, missarumque solemnia in Apostolorum ecclesia (ubi sancti cineres eorum conditi servantur) festive

C'est, nous dit l'archevêque de Vienne, « d'après la tradition des anciens » que, le 2 juin, les Lyonnais descendaient la
Saône au chant des hymnes, pour se rendre ensuite à la basilique des Apôtres. Or, prenons garde que le mot *tradition* a,
dans le langage ecclésiastique, un sens consacré. La tradition
que le catholicisme appelle *dogmatique* ou *divine* et qui renferme, conjointement avec la sainte Écriture, le dépôt des vérités révélées par Notre-Seigneur Jésus-Christ, remonte aux
Apôtres, premiers canaux par où les eaux de la source sacrée
ont dérivé jusqu'à nous ; et, des Apôtres, elle est descendue à
travers les âges, transmise par un enseignement public, constant, universel. C'est là ce qu'ont toujours présupposé les Pères
tant grecs que latins lorsqu'ils ont fait de la tradition une règle
infaillible de la foi. Eh bien, par analogie, dans la langue ecclésiastique, le mot *tradition*, quand on l'applique à la mémoire
de quelque fait signalé, de quelque institution des temps antiques, doit offrir des conditions toutes semblables relativement
à l'origine, à la publicité, à la perpétuité des souvenirs. S'il
s'agissait d'une croyance de beaucoup postérieure à l'événement
d'où on la prétendrait sortie, ou d'une coutume populaire dont
les causes et les commencements seraient à peu près ignorés,
jamais un écrivain religieux connaissant la valeur des termes,
ne se servirait du mot *tradition*. Une remarque va couper court
à toutes les difficultés : la théologie catholique exige, comme
condition essentielle de toute tradition, qu'elle soit contemporaine ou du moins très voisine des faits qu'elle atteste à la postérité. Ce point seul venant à manquer, la tradition prétendue
serait une opinion plus ou moins probable, et rien de plus (1).
    En vertu de la définition que nous venons de poser, pour que
la tradition mentionnée par l'archevêque de Vienne soit une

Domino reddentes ex antiquorum traditione, ipsam diem *miraculorum*
appellant. » (Martyr. Adonis, 2ª junii.)
    (1) L'auteur ne fait ici qu'indiquer d'un trait l'enseignement des théo-
logiens sur la tradition, il traitera cette matière plus à fond lorsque,
avant de terminer son ouvrage, il devra porter un jugement sur l'ensemble des traditions d'Ainay.

tradition vraie, il faut que la Journée des Miracles ait pris naissance non dans le Lyon des Francs ou même des Burgondes,
trois, quatre cents ans après le drame d'Athanacum, mais dans
l'ancien Lugdunum, dans cette société gallo-romaine, fidèle
dépositaire des souvenirs du second et du troisième siècles. Or,
est-ce bien à saint Adon, qui fit des sciences religieuses l'étude
assidue, l'étude unique de sa longue vie ; est-ce bien à un pontife qui fut l'oracle de plusieurs Conciles, qu'on reprocherait
étourdiment d'avoir employé de travers une expression dont il
entendait mal le sens ?

D'ailleurs, Adon ne parle pas de la tradition lyonnaise en termes vagues ; il dit : « suivant la tradition des anciens. » Quel
siècle, quelle génération l'auteur désigne-t-il ici ? A cet égard,
je ne comprendrais pas un doute sérieux. Pour les contemporains de Louis le Débonnaire comme pour nous, la prépondé-
rance définitive des barbares en Italie, en Gaule, en Espagne,
avait changé la face des choses dans toute l'Europe. Une agrégation confuse de races qui se repoussaient invinciblement avait
remplacé l'heureuse civilisation d'une autre époque : depuis la
disparition des proconsuls, des magistrats, des juges, des soldats
de Rome, un monde nouveau avait commencé. D'où il suit que,
dans le langage usuel de ces temps, surtout dans le langage
historique, « les anciens » ne pouvaient être que les populations
de l'ère gallo-romaine ; et, par conséquent, le texte de saint
Adon, si nous en pénétrons le sens, nous reporte au delà des
Mérovingiens et des rois de la dynastie burgonde.

Ce n'est pas tout : qu'on réfléchisse un instant à la différence
profonde des deux époques, une observation frappera tous les
esprits. Autant c'était chose aisée d'établir dans le Lugdunum
gallo-romain une solennité à la fois civile et religieuse comme
la Journée des Miracles, autant l'entreprise devient irréalisable
sitôt que notre ville est tombée au pouvoir des envahisseurs
germains. Mettre hors de doute ce point d'histoire ce serait
prouver aux plus incrédules que le cérémonial de la fête des
Merveilles et, partant, les honneurs que la région entière
rendait en ce jour à Ainay sont conformes à la « tradition des

anciens », c'est-à-dire à la croyance unanime de l'Eglise lyonnaise des premiers siècles sur les lieux où souffrirent les Quarante-huit Confesseurs. L'importance de la matière nous oblige à fortifier d'une courte démonstration historique l'argument que nous a fourni le martyrologe de saint Adon.

Depuis Constantin jusqu'aux derniers jours de l'empire d'Occident, tout dans la paisible cité de Lugdunum favorisa l'établissement des grandes solennités religieuses. A part la terrible irruption de 407, qui s'écoula bientôt vers l'Aquitaine et les Pyrénées, à part l'invasion hunnique de 451 et les troubles passagers que suscitèrent quelques prétendants à la couronne impériale, au fond et malgré de vives appréhensions, l'ordre, la tranquillité ne cessèrent pas de régner dans nos contrées. Bien moins encore la liberté religieuse faisait-elle défaut. Jamais le pouvoir civil ne l'accorda plus large, plus complète ; et souvent nos évêques des IV° et V° siècles eurent sur la population plus d'ascendant que les Préfets envoyés par les césars. Souvenons-nous, en outre, que le signe distinctif des chrétiens de Lugdunum fut un amour passionné pour les cérémonies du culte catholique, une dévotion infatigable pour écouter la parole du salut et le chant des louanges divines, une merveilleuse constance à prier la nuit comme le jour. Eh bien, supposez-vous qu'avec cette piété ardente, lorsqu'ils se virent enfin, après tant d'horribles persécutions, libres de pratiquer leur foi, ils aient attendu plus de trois cents ans avant de célébrer dans le triomphe de leurs martyrs leur propre délivrance ? Non ; la fête de saint Pothin et des Confesseurs de l'autel d'Auguste, explosion d'une allégresse immense de la part d'un peuple entier, dut s'établir peu après que les édits impériaux eurent octroyé la libre pratique de leur culte aux disciples du Dieu crucifié. Seulement, si les pompes du 2 juin furent ébauchées dès le temps de saint Badulphe, il nous paraît infiniment vraisemblable qu'elles reçurent leur pleine organisation de la main de saint Eucher.

Voyez, au contraire, quel sort la ruine de l'empire va faire aux habitants de Lugdunum.

Il y avait trois quarts de siècle que les Bourguignons ou Burgondes, originaires de la Germanie septentrionale, entre l'Oder et la Vistule, essayaient de forcer les frontières de la Gaule. Vaincus par Aétius, et cantonnés, à la suite de leur défaite, dans les âpres montagnes de la Sapaudia, ils se hâtèrent d'en sortir dès qu'ils s'aperçurent que l'empire ne faisait plus sentir aux nations que « le poids de son ombre, » suivant la spirituelle expression de Sidoine Apollinaire. Ce peuple préférait généralement aux chances des batailles les négociations et les ruses de la politique : son roi Gondioc sut arracher à la faiblesse des derniers césars le titre de lieutenant des empereurs, et vint en cette qualité occuper le Lyonnais, riche proie depuis longtemps convoitée. A dater de ce jour (460) c'en était fait de l'autonomie, de l'indépendance de Lugdunum. Pour comble de malheur, les Burgondes étaient ariens, et l'on put craindre avec raison que dans leurs relations avec les catholiques ils ne prissent exemple sur les Visigoths, leurs coreligionnaires et leurs voisins.

Les Visigoths avaient embrassé l'hérésie d'Arius sans la séparer des instincts haineux, persécuteurs, qui distinguèrent toujours cette secte. Leur roi Euric, raconte Grégoire de Tours, « fit peser dans les Gaules une cruelle persécution sur les chrétiens. Il ordonnait de décapiter tous ceux qui ne voulaient pas se soumettre à sa perverse hérésie, il jetait les prêtres dans des cachots. Quant aux évêques, il envoyait les uns en exil et tuait les autres. Il avait ordonné de fermer avec des épines l'entrée des églises, afin que l'absence du culte divin fît tomber la foi en oubli. La Novempopulanie et les deux Aquitaines furent surtout en proie à ces ravages. » C'est du même prince que Sidoine écrivait : « La haine qu'il porte au nom catholique est si grande, qu'on hésite à prononcer s'il est le chef de sa nation plutôt que le chef de sa secte. » Saint Sidoine, obligé de comparaître devant Euric, qui tenait sa fastueuse cour à Bordeaux, n'avait rencontré partout, de la Loire aux Pyrénées, que des églises délabrées, sans culte et sans prière, où les troupeaux venaient brouter l'herbe autour des autels abandonnés (1).

(1) Greg. Turon. *Hist. Franc.* L. II, c. xxv. — Sidon. Apollin. Epist. vii, 6.

L'histoire ne reproche pas aux Burgondes ces sauvages excès. A leur entrée dans Lyon, ils semblent avoir ressenti à l'aspect de l'évêque Patient quelque chose de l'étonnement respectueux du farouche Attila en présence du pape saint Léon. On ne dit pas qu'ils aient osé inquiéter le successeur d'Eucher ; Patient réussit même à éclairer un nombre assez considérable d'entre eux. « Votre zèle, écrivait Sidoine Apollinaire à l'illustre pontife, votre zèle, en agrandissant le domaine de la foi, diminue le nombre des hérétiques. Vous enveloppez dans le filet de vos prédications apostoliques les esprits incultes des Photiniens. Ceux de ces barbares que votre parole a saisis ne vous quittent plus ; ils s'attachent à vos pas, jusqu'à ce que vous les ayez retirés, heureux pêcheur d'âmes, du gouffre profond de leurs erreurs (1). »

Peu après on comptait dans la famille royale plusieurs catholiques fervents, la reine Carétène, les deux princesses Chrona et Clotilde, filles du roi Chilpéric, une fille de Gondebaud, morte au printemps de son âge, et ses deux frères, saint Sigismond, qui monta sur le trône paternel en 516, et Gondemar, dernier roi des Vandales-Burgondes. Mais la masse de la nation resta profondément hostile au catholicisme, et sitôt que saint Patient eut fermé les yeux, l'arianisme ne pensa plus qu'à se venger de la contrainte imposée à ses jalouses fureurs.

Saint Africanus, successeur de Patient, vers 490, abandonna bientôt son diocèse pour aller défendre la foi catholique dans le Rouergue contre les Visigoths ariens. Il y fut jeté en prison et mourut à Saint-Affrique, dont il est resté le patron vénéré (2). La

(1) Lib. VI, epist. xii, ad papam Patientem. — Les Photiniens étaient, de toutes les sectes ariennes, celle qui s'éloignait le plus de l'ensemble des dogmes chrétiens. Sidoine définit ainsi d'un mot l'arianisme burgonde.

(2) V. L'*Hagiolog. lugdun.*, par Théoph. Raynaud, p. 25. — Démocharès (Antoine de Mouchy), dans son premier catalogue de Lyon, inscrit Africanus à la suite de Patient, et nombre d'auteurs anciens font mention de lui. Autrefois son nom figurait dans les litanies de nos saints à l'usage des fidèles de la contrée ; peu à peu l'Eglise lyonnaise en a perdu le souvenir.

conduite de ce pasteur des âmes formé à toutes les vertus par
saint Patient lui-même est si extraordinaire, qu'on ne peut l'expliquer raisonnablement que par une persécution qui rendit
impossible au saint le séjour de Lugdunum. Lupicin ne le remplaça sur le siége de Lyon que pour se voir, durant son court
épiscopat, en butte aux plus violents orages. Lorsque enfin le
roi Gondebaud, mieux conseillé, consentit à ne plus traiter en
ennemis ses sujets catholiques, saint Avite de Vienne d'un côté,
de l'autre saint Rusticius et saint Etienne de Lyon eurent constamment besoin de toute leur prudence, de toute leur habileté,
pour empêcher le monarque de céder tantôt aux emportements
de son peuple, tantôt aux perfides suggestions des évêques
ariens.

Au résumé, si Lugdunum eut moins à souffrir de la haine cau-
teleuse des Bourguignons que l'Aquitaine du cruel fanatisme des
Visigoths, il est impossible de nier que l'existence du royaume
burgonde, de 460 à 534, n'ait été une période extrêmement
douloureuse pour l'Eglise de Lyon. Si rares, si incomplets que
soient les renseignements des auteurs contemporains, on y dis-
cerne aisément que, dans tout Gallo-Romain, le Bourguignon
haïssait le chrétien orthodoxe et l'homme civilisé. Une chronique
de l'époque nous montre « toute la nation des Burgondes prenant plaisir à bafouer, à déchirer de ses morsures un petit nombre de Romains qui se tiennent à l'écart de leurs persécuteurs (1). » L'historien des Francs raconte incidemment que
deux prélats, Théodore et Proculus, furent, par ordre de la reine
Clotilde, transférés sur le siége de Tours « parce que, sacrés évêques en Bourgogne, une faction ennemie les avait chassés de
leur ville épiscopale (2). » Même sous le règne de Sigismond,
saint Avite, ce pontife au cœur si doux, se plaignait amèrement

(1) « Omnis gens Burgundionum cum paucis Romanis qui cum ipsis
in Galliis, eorum morsibus laniati, divertebant contempti... (Bolland.
Maii. Tom. I. Vita S. Sigismundi, p. 87.) L'auteur ne parle pas ici des
Gaulois, mais des Lyonnais d'origine purement romaine.
(2) « Eo quod de Burgundia jam episcopi ordinati... ab hostilitate de
urbibus suis expulsi fuissent. » (Gregor. Turon. *Hist. Franc.* L. X, c. xxxi.)

d'une ordonnance royale « tombée, disait-il, au milieu de la
guerre entre catholiques et ariens, comme une peste évoquée des
ténèbres infernales pour la ruine des gens de bien (1). » Que de
vexations souterraines, que de violences brutales ces quelques
citations ne laissent-elles pas entrevoir ! Que d'actes d'oppression
inique sur lesquels le chef d'un peuple barbare était forcé de fermer les yeux, quand lui-même n'était pas le premier auteur de
l'injustice ! Aussi, malgré la conversion à la vraie foi de plusieurs princes bourguignons, malgré l'offre d'une abjuration
secrète que le roi Gondebaud fit à saint Avite, si la fête des
Merveilles n'eût jamais été célébrée avant la chute de l'empire
romain, nul homme sensé n'admettra qu'elle ait pu naître et
s'établir alors que les catholiques de Lugdunum gémissaient
sous l'oppression des Burgondes ariens.

Ce qui n'a pas été possible sous les Bourguignons, le sera-t-il
sous les Francs ? Non ; il ne le sera pas davantage, répondrons-nous sans la moindre hésitation.

D'abord, écartons les peintures de fantaisie qu'ont faites des
premiers âges de la France les historiens et la foule des compen-
diaires formés à l'école de l'abbé Velly. Peu s'en faut qu'ils ne
fassent remonter jusqu'au règne de Clovis une sorte d'unité
nationale consommée au moins dans les mœurs. Pour eux, les
Francs et les Gaulois de l'époque mérovingienne ressemblaient,
à s'y méprendre, aux Français de Henri IV et de Louis XIV.
Dans leurs livres, les noms changent sans doute, les événements
varient ; mais on dirait, à peu de chose près, qu'il n'y eut en
France, de Mérovée jusqu'à ces derniers temps, qu'une administration, qu'un pouvoir, qu'un peuple étroitement uni par les
mêmes instincts et les mêmes intérêts. Pures fictions démenties
par l'histoire véritable ! En fait, des siècles s'écoulèrent avant
que les conquérants d'origine franque eussent consenti à ne plus
se considérer dans les Gaules comme une nation à part, comme

---

(1) « Utrum... mentio illius ordinationis inciderit, quæ bonorum pestem,
ab infernalibus latebris excitatam, catholicis arianisque certantibus
intromisit. » S. Avitus, Epist. 29.

une race légalement supérieure aux Gaulois subjugués et asservis.

« L'orgueil chez les Francs, écrit Augustin Thierry, était plus fort et plus hostile aux vaincus que chez les autres Germains ; ils sont les seuls dont les lois établissent une différence de valeur légale entre le Romain et le barbare, à tous les degrés de condition sociale. Ni les Goths, ni les Burgondes, ni les Alamans, ni les Suèves, qui prirent le nom de Baïvares et occupaient un pays où il y avait de grandes villes romaines, ne firent rien de semblable, quoique souvent, dans leurs accès de colère, il leur arrivât d'employer le nom de Romain comme un terme d'injure (1). » Dans la législation des Francs, les Gallo-Romains, fussent-ils nobles et grands propriétaires, étaient assimilés au *Lite,* sorte de serf germain, cultivateur forcé des domaines de la classe guerrière. La loi salique est formelle sur ce point. En un mot, la supériorité de la race victorieuse, tel était le principe fondamental du code franc : ce principe se traduisait, dans le cours de la vie commune, par une oppression que les flatteurs et les intrigants trouvaient quelquefois l'art d'adoucir à force de servilisme, mais qui, dans la généralité, pesait lourdement sur les populations vaincues.

La raison première des luttes prolongées que se livrèrent dans notre patrie l'élément barbare et l'élément gallo-romain, est exposée avec une grande lucidité dans les *Essais sur l'Histoire de France,* par M. Guizot. Sans doute, ce tableau des effets que devait inévitablement produire l'invasion des barbares sur les débris de l'ancienne société, par cela même qu'il est général, ne s'applique pas avec toutes ses nuances à chaque région, à chaque ville de la Gaule, de l'Espagne, de l'Italie. Les couleurs sont, en particulier, beaucoup trop sombres pour Lugdunum, où, de saint Eucher à saint Nizier, c'est-à-dire de 434 à 573, nos ancêtres eurent pour appui, pour guides, pour défenseurs de puissants et doctes évêques dont les efforts retardèrent, dans notre cité, la décadence politique en même temps que la décadence littéraire. Mais, ces réserves faites, on ne saurait nier que

(1) *Considérations sur l'Histoire de France,* par Aug. Thierry, chap. v.

le passage de M. Guizot ne peigne avec énergie une situation vraie, et qu'il n'indique très nettement les sources de la désorganisation universelle qui fut la grande plaie de cette époque de transition.

« Quand, du vᵉ au viiᵉ siècle, les Goths envahirent l'Espagne, les Francs la Gaule, les Lombards l'Italie, qu'en pouvait-il résulter, demande l'illustre auteur, sinon l'anarchie et la servitude? Des barbares jusque-là errants se ruaient sur des populations avilies. Du côté des vainqueurs, nulle habitude de la vie sociale, nulle règle de gouvernement, point de nation constituée en corps, l'indépendance individuelle presque absolue. Du côté des vaincus, tous les liens politiques dissous, toutes les institutions en poudre ; le souverain abandonnant ses Etats pour se dispenser de les défendre ; le peuple épouvanté de cette retraite du pouvoir et incapable de prendre lui-même ses affaires en main ; les classes inférieures abruties, les classes moyennes ruinées, les classes supérieures énervées ; plus d'esprit public, plus de magistrats, plus de citoyens. Parmi les barbares la société n'était pas encore ; chez les sujets de Rome elle n'était plus. La fondation des Etats nouveaux ne fut pas la conquête d'un gouvernement par un gouvernement, d'une nation par une nation. Des hordes errantes, étrangères à la vie civile, vinrent s'établir sur un sol couvert d'une multitude misérable et délaissée, qui avait cessé de former un peuple. Le clergé chrétien était seul debout, offrait seul aux anciens habitants un point de ralliement et quelque appui. Mais il avait lui-même une conquête à faire, celle des conquérants ; nécessité pressante, et par laquelle son influence ne pouvait manquer d'être corrompue, jusqu'à un certain point (1). »

D'après ces données historiques dont nul homme instruit ne contestera l'exactitude, on conçoit que la fête des Merveilles, en la supposant d'origine plus ancienne, ait traversé la domination des Burgondes et des Francs. Les envahisseurs germains ayant toujours laissé les villes gallo-romaines entièrement libres

(1) *Essais sur l'Histoire de France*, par M. Guizot, 4ᵉ édition, p. 361.

de suivre leurs lois et leurs coutumes, Lugdunum dut tenir à honneur de conserver ce cher débris d'un glorieux passé. Le 2 juin ne rappelait-il pas à tous l'indépendance et la gloire des ancêtres ? Le 2 juin, protestation muette des opprimés contre la barbarie qui les écrasait, n'était-il pas pour eux un rayon de joie dans la triste et sombre nuit ? Les Lyonnais, courbés sous la tyrannie germaine, durent donc célébrer avec plus de zèle que jamais la solennité des Quarante-huit Martyrs. Mais, dans l'hypothèse où la fête des Merveilles eût été jusque-là inconnue, que le clergé en ait pris l'initiative, que la masse des catholiques l'ait adoptée avec enthousiasme, que les conquérants aient tranquillement laissé faire, ce sont là autant d'assertions qui tombent d'elles-mêmes, sitôt qu'on les examine de près.

Non, si la fête décrite par saint Adon n'eût pas précédé l'avénement de la royauté franque, jamais le prêtre catholique n'eût songé à l'instituer.

L'histoire a constaté quels furent l'esprit et la conduite du clergé pendant la période malheureuse que nous parcourons. Du jour où les Bourguignons d'abord, les Francs ensuite, eurent envahi le Lyonnais, le sacerdoce eut son rôle tout tracé. On le vit s'interposer sans relâche entre les vainqueurs et les vaincus, adoucir et civiliser les uns, tandis qu'il consolait et relevait les autres ; après de longs efforts, il sut, à l'aide des influences religieuses et des innombrables relations que lui créait le ministère des âmes, opérer ce rapprochement mutuel, cette fusion des deux races qui devait être le salut de tous. La victoire, nous le savons, lui coûta cher ; il ne la remporta qu'à son détriment : c'était là une nécessité des choses. Le mélange des barbares avec les fidèles attiédit la piété et relâcha la sévérité des mœurs, en même temps que l'introduction d'un certain nombre de Francs parmi les ministres des autels, amenait dans le sanctuaire une diminution sensible de science et de sainteté. La plaie se guérit à la longue par l'effet de cette vertu divine dont l'Église recèle dans son sein les inépuisables trésors ; mais ce fait même, indiqué en termes assez durs par M. Guizot, montre avec quelle abnégation le prêtre accomplit alors la mission conciliatrice que lui confiait le Dieu de paix et de charité. Eh bien, ce même clergé tout dévoué à l'œuvre de la pacification générale, voudrait-on qu'il l'ait entravée, qu'il l'ait mise en péril par l'institution d'une fête dont nécessairement la race victorieuse aurait pris ombrage ?

En effet, les Francs, de leur côté, ne pouvaient permettre que la démonstration religieuse du 2 juin s'établît dans leur nouveau royaume de Bourgogne. Assurément, si l'on admet qu'elle fût déjà d'une date ancienne, les dominateurs de la Gaule, qui avaient posé pour loi que les Gallo-Romains continueraient de se gouverner entre eux après la conquête comme par le passé, devaient tolérer une coutume à laquelle son antiquité même ôtait toute apparence de provocation : n'étaient-ils pas toujours libres de la supprimer à la première apparition d'un symptôme inquiétant pour leur pouvoir ? Mais, autoriser une fête jusquelà inconnue, une fête nationale qui rassemblait des pays environnants et déployait au centre de la cité toute la population gallo-romaine, la politique la plus large, la plus bienveillante le leur interdisait. Qu'on aille demander aux catholiques polonais si, même soumis et résignés, ils obtiendraient une faveur pareille du Czar de toutes les Russies ! Il eût donc fallu que nos pontifes, pour instituer la journée des Miracles, fussent entrés en lutte avec les descendants de Clovis : or, l'histoire de Lyon ne signale pas la moindre mésintelligence entre les princes mérovingiens et le pouvoir spirituel ; ce qui pourtant, répétons-le, serait infailliblement arrivé si le clergé eût soulevé des questions inopportunes, s'il eût réclamé des concessions de nature à froisser le despotisme hautain des Francs.

Dans l'énumération des difficultés que l'institution de la fête des Merveilles eût rencontrées aux VIᵉ et VIIᵉ siècles, nous n'avons parlé que des conquérants et du clergé ; notons en dernier lieu que l'obstacle n'eût pas été moindre de la part des Gallo-Romains.

Comment ? Quatre cents ans après le sacrifice des compagnons de saint Pothin, quand — nous devons le supposer — l'Église lyonnaise n'avait jamais réclamé des fidèles d'autres honneurs

pour les Martyrs que ceux qu'on a coutume de rendre aux saints
dans l'intérieur des temples, tout à coup, sans nécessité apparente, l'autorité spirituelle transforme le culte des Quarante-huit
Confesseurs en un culte social, au risque d'appeler sur la race
vaincue de nouvelles douleurs ; et l'on penserait que les catholiques ont accueilli avec joie un décret si étrange ! On penserait
que tous à l'envi se sont empressés de l'exécuter ! Qu'on se
détrompe. Certes, nous sommes loin d'accepter pour les Gallo-
Romains de Lugdunum la qualification injurieuse de « population avilie ; » on est forcé néanmoins d'avouer qu'avec la domination étrangère était venue pour eux, comme pour les autres
provinces gauloises, l'ère du découragement et de l'inertie
morale. « Plus d'esprit public, plus de magistrats, plus de
citoyens, » nous a dit M. Guizot ; et telle est bien la conclusion où nous conduit la lecture de Grégoire de Tours. La vieille
société soumise au joug conservait sans doute assez de vie pour
retenir d'antiques usages civils ou religieux dont elle s'enor-
gueillissait encore ; trop peu pour oser sortir de la voie tracée
par le vainqueur, trop peu pour se jeter, sous n'importe quel prétexte, dans les hasards de l'inconnu. Les prêtres, en dépit de
tous leurs efforts, auraient échoué misérablement dans leur tentative inconsidérée. Nul souffle n'eût été assez puissant pour
rallumer l'enthousiasme éteint ; nulle influence n'eût réussi à
secouer la torpeur universelle.

Peut-être notre étude sur l'état social du Lyonnais à l'entrée
du moyen-âge a-t-elle paru longue à quelques lecteurs ; elle ne
l'est pas, si l'on considère l'importance des conclusions que
nous nous sommes proposé d'établir. Une chose est certaine
maintenant. Si la fête des Merveilles n'avait pas été antérieure
à l'occupation burgonde et franque, jamais le clergé n'aurait
eu la pensée de l'instituer, jamais les envahisseurs n'auraient
souffert cette innovation, jamais les Gallo-Romains n'auraient
consenti à s'y prêter. Donc, puisque, après Charlemagne, la
Journée des Miracles était célébrée avec l'enthousiasme que
décrit le martyrologe de l'archevêque de Vienne, elle avait
commencé avant la chute de l'empire d'Occident. Donc, « les

anciens, *antiqui,* » dont parle saint Adon, ne peuvent être que les catholiques du Lugdunum romain, et le mot « tradition » est employé par l'écrivain dans toute la rigueur de la langue théologique, pour exprimer des souvenirs remontant jusqu'au berceau de l'Eglise lyonnaise.

Voilà pourquoi nous avons reconnu dans saint Eucher l'ordonnateur principal de la solennité patriotique du 2 juin. Ces belles homélies de saint Epipode et de sainte Blandine où l'éloquent pontife répandait son âme avec une effusion si confiante, si paternelle, attestent les sympathies de l'auditoire en même temps que la piété de l'orateur. Lyon suspendu aux lèvres de son pasteur bien-aimé s'échauffait à sa flamme, et, comme lui, s'éprenait d'une dévotion passionnée pour les héros du sublime drame d'Athanacum. Tout porte à croire qu'à ce moment le cérémonial de la fête de saint Pothin reçut sa consécration définitive, et que dès lors furent fixées les trois stations d'un itinéraire qui jamais depuis n'a varié : Pierre-Scise, d'où les saints Epipode et Alexandre avaient marché au martyre ; Ainay, théâtre de la grande lutte, et les Saints-Apôtres, tombe glorieuse des Confesseurs. Et comme la mort de saint Eucher précéda d'une douzaine d'années seulement l'entrée des Burgondes à Lugdunum, la population gallo-romaine, libre de garder ses coutumes, n'hésita pas, sous la conduite de saint Patient, à solenniser le 2 juin comme elle l'avait fait en des jours meilleurs. La fête des Merveilles, timidement dans le principe, puis avec une assurance qui alla toujours se raffermissant, développa ses magnificences aux yeux du Bourguignon étonné. Elle continua sous les deux races royales issues de Clovis et de Pépin, reprenant après chaque irruption de barbares son cours interrompu momentanément, pour se perpétuer ensuite sous les divers régimes qui se succédèrent jusqu'à la fin du XIV⁰ siècle : « de même, dirait l'évêque de Meaux, cet Eucher de la France moderne, de même qu'on voit un grand fleuve qui retient encore, coulant dans la plaine, cette force violente et impétueuse qu'il avait acquise aux montagnes d'où il tire son origine (1). »

(1) Bossuet, panégyrique de saint Paul.

Eucher vivant avait travaillé sans relâche à propager dans la population lyonnaise le culte des Quarante-huit martyrs ; mort, sa grande fortune servit à relever de ses ruines leur sanctuaire vénéré. Une si noble vie ne pouvait être plus dignement couronnée que par cet important service rendu à la cause des Confesseurs : soit qu'Eucher mourant en ait lui-même donné le conseil à Salonius son fils ; soit que le fils, dans ses pieuses libéralités, se soit inspiré des sentiments qu'il savait avoir toujours fait battre le cœur de son glorieux père. Indiquons d'abord par suite de quels événements le patrimoine de l'ancien sénateur gallo-romain s'absorba dans la reconstruction de l'église et du monastère élevés par saint Badulphe sur les débris de l'autel des césars.

La vieillesse d'Eucher fut attristée par l'invasion d'Attila dans les Gaules en 451. Au milieu des horreurs que semait sur son passage le Fléau de Dieu, quel fut le sort des habitants de Lyon ? Virent-ils de loin passer le torrent, ou bien un corps d'envahisseurs, se détachant du flanc gauche de cette armée de cinq cent mille combattants, surprit-il nos murs sans défenseurs, sans moyen de résistance ? Cette dernière supposition paraît la plus vraisemblable. Des chroniques très anciennes nomment Lyon parmi les villes saccagées par les troupes d'Attila, et plusieurs de nos écrivains les plus consciencieux, Ménestrier, Bullioud, la Mure, Brossette, n'hésitent pas à suivre la même opinion. L'orage était dissipé avant la mort d'Eucher. Plus heureux que le grand Augustin qui, 25 années plus tôt, laissait, en expirant, sa chère ville d'Hippone et l'Afrique romaine en proie au glaive des Vandales, le pontife lyonnais put voir la fuite des Huns et l'affranchissement de sa patrie. Toutefois cette joie ne fut pas sans mélange : durant deux années qu'il vécut encore, le pasteur, près de quitter son troupeau, n'abaissait plus sans une douleur profonde ses regards sur les lieux qu'il avait tant aimés.

Quelle qu'en soit la cause, et il semble difficile d'en assigner d'autre que l'invasion hunnique, Lugdunum n'était plus guère qu'un amas de décombres. « Ecoute, écrivait en ce temps-là

Sidoine Apollinaire à l'empereur Majorien, écoute la prière de ton serviteur suppliant ; il attend de ta clémence la réponse qui doit nous sauver. Rends-nous notre patrie, rends-nous la vie, en dégageant Lyon de son linceul de ruines !

> Has supplex famulus preces dicavit,
> Responsum opperiens pium ac salubre ;
> Ut reddas patriam simulque vitam
> Lugdunum exonerans suis ruinis (1). »

Pour que le poète recourût à des prières si pressantes, il fallait que le mal fût bien grand ; tout ce que nous pouvons dire, c'est qu'au nombre des édifices ruinés se trouvait l'abbaye d'Athanacum. Lorsque, en 454, Lyon perdit son père, son soutien et son oracle (2), il ne restait plus rien des constructions élevées par saint Badulphe ou par ses successeurs : église, monastère, tout gisait tristement sur le sol.

Salonius, évêque de Genève, devenu par droit d'aînesse l'héritier de la majeure partie des biens restés dans sa famille, ne crut pas les pouvoir mieux employer qu'à rebâtir, avec la demeure du « vénérable Sabin, » la crypte de Blandine et le sanctuaire des martyrs de l'autel d'Auguste. Les auteurs de la *Gallia christiana*, Bullioud, Ménestrier, Brossette et bien d'autres, ont mentionné cette reconstruction d'Ainay par Salonius. La Mure, historien de notre abbaye, va plus loin. Salonius, dit-il, consacra son patrimoine au relèvement d'Athanacum : 1° en mémoire des Martyrs de l'amphithéâtre, ses glorieux compatriotes ; 2° en raison de l'amitié qui l'unissait à Sabin, abbé d'Athanacum ; 3° par cette considération que, sa ville natale n'ayant pas d'autre communauté d'hommes, il tenait à

---

(1) Carmen XIII.

(2) Gennade, prêtre de Marseille, écrivain du v⁰ siècle, *De scriptoribus ecclesiasticis,* et, plus tard, saint Adon assignent à la mort de saint Eucher l'an 454. La *Chronique* de Prosper Tiro, auteur gaulois que l'on croit originaire d'Aquitaine, abrège de quelques années la vie du grand évêque. Nous avons préféré à l'autorité moins sûre de Prosper Tiro celle de Gennade et de saint Adon.

rebâtir le monastère du confluent, en souvenir de Lérins où, jeune encore, il avait apprécié tous les bienfaits de la vie monastique.

Tels sont les motifs qui auraient déterminé le fils d'Eucher, « comme en font foi, — je transcris les paroles de la Mure, — comme en font foi les documents qui se sont trouvés en ces archives, touchant la restauration que fit de l'abbaye ce saint prélat, reconnu par tous ceux qui ont écrit l'histoire de Lyon pour le premier restaurateur du monastère depuis sa fondation (1). » Ainay possédait donc au dix-septième siècle quelques débris des anciens documents relatifs à sa première réédification ; et c'est là, ainsi que nous l'avons déjà remarqué, ce qui donne une valeur indéniable au témoignage du chanoine de Montbrison.

Ainsi, peu après la mort du grand Eucher, vers l'an 460, rien ne manque à l'organisation du culte des Quarante-huit Martyrs dans la presqu'île où ces vaillants athlètes de la foi ont souffert et triomphé. La basilique des Apôtres renferme leurs cendres, les fils de saint Badulphe gardent le reste de leurs bienheureuses reliques et la crypte vénérée de Blandine ; l'église abbatiale d'Athanacum a maintenant une magnificence qu'elle n'avait pu recevoir des mains de son austère fondateur ; la fête des Merveilles, solidement instituée, résistera même à la chute de l'empire d'Occident, même à l'arianisme qui va dominer bientôt avec les Burgondes dans les murs de Lugdunum. Transportons-nous de suite au vie siècle, et prêtons l'oreille à la déposition du premier témoin d'Ainay, Grégoire de Tours.

(1) *Chronique de l'abbaye d'Ainay*, ch. ix.

CHAPITRE VII

SAINT GRÉGOIRE DE TOURS ET L'ABBAYE D'AINAY.

La véracité du premier témoin d'Ainay est garantie, d'abord, par la persistance de nos traditions, non seulement dans les temps antérieurs, mais jusqu'en 547, époque où Grégoire de Tours vient habiter Lyon ; puis, par ses qualités personnelles, comme homme et comme historien ; enfin, par la continuité de ses relations soit avec son oncle saint Nizier, soit avec les Lyonnais d'une intelligence plus cultivée. — Mais surtout le témoignage de Grégoire est confirmé par le culte que le moyen-âge rendit aux Confesseurs de l'autel d'Auguste dans l'église abbatiale d'Ainay. — Chapelle dédiée de temps immémorial « aux Quarante-huit Martyrs, et principalement à sainte Blandine. » — Reconstruite par la reine Brunehaut, elle fut relevée par l'abbé Aurélien vers l'an 840. — Les mères venaient à l'autel de sainte Blandine implorer sa bénédiction pour leurs nouveau-nés. — La crypte et ses deux caveaux. — Autel des saints Pothin et Badulphe. — Les cendres miraculeuses. — Corps de sainte Blandine. — Deux châsses pleines des reliques de nos premiers martyrs. — La Pierre de saint Pothin, réponse à M. Steyert. — La tradition ancienne semblerait supposer que les Quarante-huit Martyrs, sans en excepter saint Pothin, moururent sur le territoire d'Ainay.

USQU'AUJOURDH'UI, lorsque les avocats d'Ainay ont allégué en faveur de leur cause ce texte de Grégoire de Tours : « Le lieu où les Confesseurs souffrirent s'appelle Athanacum, » les novateurs ont fait invariablement la même réponse : « Nous ne saurions, ont-ils dit, accorder le droit de trancher une question des plus obscures à un écrivain de très bonne foi, sans doute, mais crédule, naïf, absolument dépourvu de critique. Au tribunal de la science moderne, qu'est-ce qu'un témoin dont la voix se perd dans le silence de quatorze siècles ? » Laissons les néo-archéologues répondre par de vains mépris aux autorités qui les condamnent ; et reconnaissons, nous, que difficilement on trouverait un témoignage entouré de plus de garanties que celui de Grégoire de Tours.

De ces garanties, la première a été mise en évidence dans les deux chapitres qui précèdent : la piété profonde des Lyonnais pour les enfants de saint Pothin a démontré que jusqu'à l'an 460 les grands souvenirs du drame de la presqu'île ne s'étaient nullement obscurcis dans les cœurs. On peut déjà voir par là combien il est téméraire d'affirmer que la génération où le père de notre histoire puisa les renseignements déposés dans son livre, n'offrait pas les conditions qui préservent comme forcément de l'erreur tout écrivain intelligent et sincère.

Il est vrai que, de la mort d'Eucher à l'arrivée dans notre ville du futur historien des Francs, il s'écoulera bien près d'un siècle, et Lyon, dans cet intervalle, devra subir de terribles agitations sociales et religieuses. Sans doute, mais parcourez seulement la liste des pontifes qui, jusqu'au temps de Grégoire de Tours, vont se succéder sur le siège de saint Pothin ; quand vous aurez suivi du regard cette série d'admirables évêques, vous croirez sans peine que, malgré les troubles de ces temps malheureux, l'Église de Lyon, toujours digne de sa renommée, resta fidèle aux pieuses institutions de saint Eucher.

Saint Patient, inconnu au monde moderne, ne le cédait pas, pour l'ensemble des qualités personnelles et des vertus épisco-pales, à son illustre prédécesseur ; il eut un zèle égal à celui d'Eucher pour la gloire des martyrs lyonnais. Tel fut son ascendant sur les rois burgondes et sur la masse de cette nation arienne qu'il sut, dans les circonstances les plus critiques, main-tenir le catholicisme en possession de la liberté dont il avait joui depuis le règne de Constantin. Son épiscopat, malgré les sourdes colères de l'hérésie, parvint au terme de trente années sans perturbations graves, sans rupture avec le pouvoir civil.

Vers l'an 490, Dieu, en couronnant le pasteur, permet que la tempête sévisse contre le troupeau désolé, mais saint Africanus et saint Lupicin apprennent aux fidèles cruellement vexés par la tyrannie de leurs dominateurs, comment un chrétien supporte sans fléchir les injustices de la persécution. Après eux, pour soutenir aussi et défendre les catholiques, se lèvent saint Rusticius qui porta noblement la toge du magistrat et ne tient pas avec moins de fermeté le bâton pastoral ; saint Etienne qui, dans plusieurs conférences publiques, réduit en présence du roi Gondebaud les évêques ariens à un silence honteux ; saint Viventiol à qui sa science autant que ses vertus a valu l'honorable amitié de saint Avite. Lorsque Sigismond a hérité du trône, paraît Eucher II, l'ami du thaumaturge des Gaules, Césaire d'Arles. Eucher, parent, sans doute, du grand homme dont il porte le nom, le rappelle par son mérite éminent, et par les bienfaits de son administration. Il lui ressemble aussi en ce que, par ses exemples domestiques, par ses leçons paternelles, il réussit à faire monter avec lui sur les autels sa famille entière, son épouse Galla, généreuse imitatrice de ses austérités ; sa fille aînée Consortia, vénérée de Clotaire Ier, le dernier fils de sainte Clotilde, et la jeune Tullia, dont le culte s'est conservé jusqu'à nos jours à Manosque, ainsi que dans la commune de Sainte-Tulle, où son père, sénateur et grand du monde, s'était retiré volontairement aux bords de la Durance, dans une caverne de la montagne qu'on appelait alors Mont de Mars, aujourd'hui Montmaur (1). Saint Loup, d'abord moine à l'Ile-Barbe, n'est inférieur pour le zèle épiscopal à aucun de ses prédécesseurs.

---

(1) Nombre d'historiens lyonnais s'obstinent à rejeter du catalogue de nos évêques et des diptyques de nos saints Eucher II, successeur de saint Viventiol. Restituer à ce modèle de toutes les vertus pastorales une place dans l'histoire, ce serait ajouter un splendide rayon à l'auréole de cette Eglise lyonnaise qu'entoure un si magnifique cortège de pontifes canonisés. L'auteur doit renoncer pour le moment à cette pensée ; mais, s'il ne peut joindre ici ce nouveau portrait à la galerie des grandes figures épiscopales qui se succèdent dans les *Traditions d'Ainay*, il espère fournir ailleurs les preuves péremptoires de l'existence de saint Eucher deuxième du nom.

Il suffit enfin de nommer saint Sacerdos et saint Nizier, les deux plus brillants flambeaux de notre Eglise au sixième siècle, comme Eucher et Patient en furent au cinquième les deux gloires incomparables.

A coup sûr ce ne sont pas de tels gardiens de la foi qu'on accusera d'avoir laissé dépérir dans la cité le culte des Martyrs. Loin qu'alors il ait rien perdu de sa ferveur, on peut croire que les malheurs de la patrie contribuèrent à le rendre encore plus cher aux Lyonnais. Dans les douleurs de la domination burgonde, c'est indubitablement par les exemples de la patience, du courage invincible des premiers chrétiens de Lugdunum que les ministres de Dieu consolaient et fortifiaient leurs frères écrasés sous le double despotisme de l'hérésie et de la barbarie. Qui ne sent que tous, prêtres et fidèles, cherchaient instinctivement un secours dans le souvenir, dans l'invocation de leurs bienheureux compatriotes, persécutés comme eux autrefois, et maintenant à l'abri des orages dans le port de l'éternité?

Donc, par lui-même, l'état religieux de notre ville au sixième siècle fournit à la déposition de Grégoire de Tours les éléments d'une certitude réelle, pourvu, toutefois, que, dans les qualités intellectuelles et morales du témoin, rien ne se rencontre qui vienne détruire ou du moins affaiblir cette première garantie.

Ici la défense change d'objet : nous voici amenés en face de notre premier historien, si diversement jugé par les écrivains de sa nation.

Il faut que l'opinion du lecteur soit fixée sur la valeur personnelle du principal témoin d'Ainay. L'évêque de Tours, qu'était-il par le cœur, par l'esprit, par le caractère? Quels sont ses titres à la confiance de la postérité?

Nul ne mit jamais en suspicion la bonne foi de Grégoire de Tours, de cet homme à l'âme simple et candide, qui ne fut auteur que par dévouement, que par conscience. Lui-même nous a exposé les motifs qui déterminèrent sa vocation d'écrivain ; voici ce passage, fréquemment cité par ses biographes : « Au milieu de la décadence, ou plutôt de la ruine complète des lettres et des sciences libérales dans les cités de la Gaule, tandis que les barbares s'abandonnaient à leur férocité et les rois à leur fureur..., il ne s'est rencontré aucun grammairien habile dans l'art de la dialectique qui ait entrepris d'écrire ces choses, soit en prose, soit en vers. Beaucoup d'hommes gémissaient, disant : « Malheur à nous ! l'étude des lettres périt et l'on ne trouve personne qui puisse raconter dans ses écrits les faits contemporains. Voyant cela, je me suis résolu à conserver, bien qu'en un langage inculte, la mémoire des événements passés, afin qu'ils arrivent à la connaissance de la postérité (1). »

Aussi, la fidélité historique fut-elle la constante préoccupation de Grégoire. Jamais sa plume ne traça une ligne où percent la prévention, la partialité. Eh ! quel autre sentiment que le pur amour de la vérité pouvait animer un historien assez humble pour demander sincèrement pardon à ses lecteurs chaque fois qu'il leur présente le fruit de ses veilles ?

Le succès même de ses livres répandus dans toutes les Eglises de l'Occident ne lui inspire pas la moindre fierté. Ouvrez le prologue de son *Histoire des Francs*, le dernier et le plus célèbre de ses ouvrages : là, comme au jour de ses débuts, ce pontife vénéré de la Gaule entière s'excuse encore de son ignorance en des termes d'une incroyable humilité. Chacun de ses écrits semble à Grégoire un acte téméraire et presque criminel.

De cette modestie, rare dans tous les temps, à peu près incompréhensible dans le nôtre, conclure que l'évêque de Tours pouvait être un saint, mais qu'il n'était qu'un esprit vulgaire serait une lourde erreur. Ce n'est pas ainsi que le jugeait l'homme qui a le mieux étudié l'époque mérovingienne. « Par une coïncidence fortuite, mais singulièrement heureuse, dit M. Augustin Thierry, cette période si complexe, et de couleur si mélangée, est celle-là même dont les documents originaux offrent le plus de détails caractéristiques. Elle a rencontré un historien merveilleusement approprié à sa nature dans un contemporain, témoin intelligent et témoin attristé de cette confusion d'hommes et de choses, de ces crimes et de ces catastrophes au milieu desquels

(1) *Histoire des Francs*, préface.

se produit le déclin irrésistible de la vieille civilisation. Il faut descendre jusqu'au siècle de Froissart pour trouver un narrateur qui égale Grégoire de Tours dans l'art de mettre en scène les personnages et de peindre par le dialogue. Tout ce que la conquête de la Gaule avait mis en regard ou en opposition sur le même sol, les races, les classes, les conditions diverses, figure pêle-mêle dans ses récits, quelquefois plaisants, souvent tragiques, toujours vrais et animés (1). »

Tel était Grégoire de Tours, alliant à sa douce bonhomie beaucoup de pénétration et de finesse. Dans sa personne et dans ses diverses relations se révélait un phénomène tout semblable : à l'extérieur une mansuétude inaltérable ; mais, sous ce voile, une vigueur et, s'il le fallait, une ténacité invincible. Pontife, il s'élevait sans peine à la grandeur d'âme, à la fermeté héroïque, lorsque, par exemple, il résistait en face aux volontés iniques de Chilpéric et de Frédégonde. Écrivain, il haïssait le servilisme autant que le mensonge, et, s'il appréciait avec justesse, il ne jugeait pas avec moins d'indépendance. L'abbé Gorini, qui a si complètement vengé l'évêque de Tours des calomnies, des falsifications indignes de M. J.-J. Ampère, conclut la rude leçon qu'il inflige au trop superficiel académicien par ces paroles : « Pour nous, c'est avec bonheur que, par l'étude attentive de l'*Histoire des Francs,* nous avons vu se confirmer à chaque page le mot de M. de Barante sur cet ouvrage de saint Grégoire : « Ce qu'on y remarque toujours, c'est un caractère de bonne foi et un jugement libre et courageux des princes faibles ou féroces qui mêlaient leur nom aux malheurs de la France (2). » « Un jugement libre et courageux ! » Évidemment, M. de Barante n'est pas de ceux qui transforment Grégoire de Tours en un chroniqueur à courte vue, dont la plume insouciante accepte l'histoire toute faite, qu'elle soit dictée par la raison ou par la sottise, par l'équité ou par la passion. Parmi les auteurs anciens

---

(1) *Récits des temps mérovingiens,* préface.

(2) *Défense de l'Église* contre les erreurs historiques de MM. Guizot, Augustin et Amédée Thierry, Michelet, Ampère, etc. T. II, ch. xiv. Résumé.

on ne trouve pas moins d'estime pour notre premier historien. Sur son mérite, Scaliger, calviniste à l'humeur satirique, s'accordait avec le cardinal Bona ; et Adrien de Valois pensait honorer ses ouvrages en les appelant des Commentaires de Grégoire de Tours (1).

Je ne veux pas nier, néanmoins, qu'il n'y ait eu dans cette nature si bien faite pour la vérité un côté faible et défectueux. Ce qu'il a vu par lui-même, ce qu'il a pu contrôler, Grégoire le discute et l'expose en véritable historien : pour les faits que le temps ou la distance ont mis hors de sa portée, trop confiant dans la parole d'autrui, il lui est arrivé bien des fois de les adopter tels quels, sans avoir même eu l'idée de les faire passer préalablement au creuset de la critique. De là, dans quelques-uns de ses livres, tant de récits invraisemblables, tant de prodiges extraordinaires auxquels il est permis de croire que ses contemporains, si passionnés qu'ils fussent pour le merveilleux, n'ont pas tous ajouté foi. A tout prendre, ce reproche s'adresse à l'époque non moins qu'à l'écrivain. Qu'on réfléchisse, en effet, à l'absence de documents écrits, à la difficulté de consulter à distance un assez grand nombre de témoins, pour corriger leurs dépositions les unes par les autres, et l'on sera surpris bien plutôt que les erreurs de l'évêque de Tours n'aient pas été plus graves et plus multipliées. Au surplus, répétons-le, des inadvertances commises à propos de faits particuliers et lointains ne doivent point affaiblir la confiance que mérite le saint auteur lorsqu'il traite des questions d'un ordre plus élevé, lorsqu'il raconte des événements de haute importance, accomplis dans les contrées mêmes qu'il a longtemps habitées. Or, très heureusement, cette garantie couvre le 49e chapitre du traité de la *Gloire des Martyrs*.

Georges Florentius, qui prit de son bisaïeul le nom de Gré-

(1) *L'historien des Francs* mérite, d'après le cardinal Bona, le titre de « fidelis historicus. » Joseph Scaliger dit de lui : « Nos neque meliorem neque vetustiorem in historia Francorum habemus. » Adrien de Valois le déclare « virum pium et sapientem ac historicorum principem, et laude dignissimum. »

goire, appartenait à notre ville par sa mère Armentaria. Saint Grégoire, d'abord sénateur et comte d'Autun, puis évêque de Langres après la mort de sa femme, avait laissé deux fils, dont l'aîné, saint Tetricus, remplaça son père dans l'évêché de Langres, et une fille qui fut l'aïeule d'Armentaria. Armentaria était nièce du duc Gondulfe et de saint Nicetius ou Nizier, qui devait succéder sur le siége de Lyon à son oncle saint Sacerdos. Du côté paternel, un lien glorieux rattachait Grégoire de Tours aux Confesseurs de l'autel d'Auguste. C'est de la race du célèbre martyr lyonnais Vettius Epagathus que sortait Leocadius de Bourges, le plus puissant des sénateurs de la Gaule, qui céda aux premiers chrétiens du pays sa propre maison pour qu'elle fût transformée en église, et dont le fils Lusor, vulgairement Ludre, et la fille Valeria sont honorés du culte des saints (1). Léocadie, petite-fille de Leocadius, épousa un noble sénateur de l'Auvergne, nommé Georgius. De cette union naquirent saint Gallus ou Gall, évêque de Clermont, et le sénateur Florentius, père de notre historien (2).

Déjà deux choses sont évidentes : l'intérêt presque personnel que prendra Grégoire de Tours à tout ce qui concerne les Confesseurs de la première persécution, et les facilités qu'il aura pour entrer en relations avec tous les hommes éminents de notre société, prêtres ou laïques. Ces relations commenceront de bonne heure.

Né en 539 et privé de son père presque dès le berceau, le fils d'Armentaria est confié avant l'âge de huit ans à la tendresse de son grand-oncle Nicetius. « Nous pourrions, dit le P. Théophile Raynaud, ranger au nombre de nos compatriotes Grégoire de Tours, qui séjourna longtemps à Lyon auprès de son oncle, saint Nizier, dont les soins paternels formèrent son enfance, ainsi qu'il est raconté au Ve livre de l'*Histoire des*

(1) *Les origines de l'Église de Paris*, par M. l'abbé Eugène Bernard, pages 114 et 117.

(2) « Sancti Galli pater, nomine Georgius, mater vero Leocadia, à stirpe Vettii Epagathi descendens. » (Greg. Tur. *Vitæ Patrum*, c. 6.)

Francs. » D'après le même auteur, le jeune Grégoire ne quittait son oncle ni le jour ni la nuit, « élevé, pour ainsi dire, sur son sein, admis dans sa familiarité la plus intime et vivant de la même vie (1). » Nizier, promu à l'épiscopat en 551, se vit contraint d'abandonner à d'autres l'éducation de son neveu. Celui-ci, revenu peu après en Auvergne, y prit pour maître saint Avite, alors archidiacre, plus tard évêque de Clermont; mais les détails qu'on vient de lire ne permettent pas de douter qu'il ne soit retourné assez fréquemment près de son vénérable parent. Lui-même fait plusieurs fois dans ses récits allusion à ces voyages, par exemple, quand il a dit : « Je me rendais à Lyon, au devant du bienheureux pontife Nicetius, lorsque je sentis un vif désir d'aller à Vienne, uniquement pour satisfaire ma piété, surtout pour y prier sur le tombeau de l'héroïque martyr Ferréol (2). » Même après qu'il eut, sur les instances de Sigebert et de Brunehaut, accepté l'évêché de Tours, Lyon le vit reparaître dans ses murs. Gontran et Childebert II, qui l'appréciaient également, l'employèrent comme négociateur dans leurs interminables démêlés. A diverses reprises, l'habile prélat se rendit d'une cour à l'autre, et ces longs pourparlers lui laissèrent le temps d'apprendre beaucoup sur l'histoire tant religieuse que politique des deux pays.

C'est qu'en effet, toutes ces courses, quelle qu'en fût l'occasion, avaient dans la pensée de Grégoire un but supérieur. Il lui semblait souvent entendre une voix d'en haut qui lui criait : « Recueille, écris, publie pour l'instruction des peuples, des générations à venir ! » Et lui, docile, obéissait avec une sincère conviction de son insuffisance, mais en même temps avec une ardeur que rien ne lassait. « Que faire? s'écriait-il dans la préface de son livre sur la *Gloire des Confesseurs*. Je ne puis consentir à laisser dans l'ombre les merveilles dont je fus témoin ou que m'attestèrent des hommes probes et dignes de foi. Je crains, d'au-

(1) Potest Lugdunensibus accenseri Gregorius Turonensis, diu Lugduni commoratus..... (*Hagiol. lugd.*, p. 602.) « Se in ejus sinu educatum et convictu ac familiaritate longo tempore usum prodit. »(Ibid., p. 74.)
(2) *Miraculorum* lib. 2, cap. 2.

tre part, que si j'entreprends d'écrire, on ne me dise, vu que je ne sais ni la rhétorique ni la grammaire : « Audacieux, ignorant, penses-tu donc inscrire ton nom au catalogue des écrivains ? » Eh ! répondrai-je, vous me reprochez de faire votre travail. Ce que j'aurai écrit d'une manière inculte, brève, obscure, vous pourrez, vous, l'étendre en de plus longues pages, lumineusement, magnifiquement, en vers brillants et pompeux ! » La pensée qu'il avait reçu mission de conserver à l'histoire les événements remarquables des temps nouveaux, était constamment présente à la mémoire du saint prélat.

Notre siècle a connu un grand évêque toujours brûlant d'une merveilleuse activité. Dans le cours de ses visites pastorales, chez des amis, en voyage, à la campagne, Mgr Dupanloup avait sous la main son vaste portefeuille tout chargé de notes. On le voyait dans une chambre d'hôtel, en voiture, dans le wagon qui l'entraînait au sénat, parcourir un volume, feuilleter une brochure, jeter à la hâte sur le papier l'idée qui bouillonnait dans son esprit. La nuit même, sur son lit, plus ami de la veille que du sommeil, il ébauchait une éloquente réfutation ou dictait à son secrétaire quelque page vive et serrée de polémique religieuse. Plus paisible de caractère et sans viser à d'aussi hautes conceptions, Grégoire de Tours n'était guère moins actif, aiguillonné sans cesse par le désir de sauver de l'oubli des faits importants dont, sans lui, le souvenir serait à jamais perdu.

Résumons-nous. Intelligence, droiture et noblesse de cœur, passion des recherches historiques, ardent amour du vrai, Grégoire eut toutes les qualités qui inspirent la confiance dans un témoin. Dès sa plus tendre enfance il vécut sous le toit de saint Nizier, qui lui avait servi de père et de précepteur. Depuis, pendant les nombreux séjours qu'il fit dans notre cité, il put consulter à loisir les hommes instruits, il fréquenta l'élite du clergé, il recueillit de mille et mille bouches nos traditions originelles, aussi vivantes parmi les catholiques lyonnais au sixième siècle, qu'au cinquième et dans les temps antérieurs. D'où cette conséquence qu'on essaierait en vain d'éluder : dans sa déposition en faveur d'Ainay, Grégoire de Tours n'est pas, comme on l'a dit bien à tort, un témoin solitaire, mais bien l'interprète et le représentant d'un peuple entier. Quand il parle, écoutez attentivement ; vous entendrez retentir au loin derrière lui la grande voix de l'antique Lugdunum, la voix des évêques, des prêtres, des fidèles qui formèrent notre Église primitive, de saint Pothin à saint Nizier. Tous ont dit comme l'auteur de la *Gloire des Martyrs* et bien avant lui : *Le lieu où les Confesseurs souffrirent s'appelle Athanacum.*

« Le lieu où les Confesseurs souffrirent s'appelle Athanacum ! » Ce témoignage de saint Grégoire et des premiers siècles chrétiens, nous avons maintenant : le confirmer par le culte que le moyen-âge rendit aux Confesseurs de l'autel d'Auguste dans l'église abbatiale d'Ainay.

La partie de beaucoup la plus ancienne de l'église Saint-Martin est la chapelle, demeurée intacte jusqu'à nos jours, sous le chœur de laquelle s'enfonce la crypte qu'autrefois on appelait indifféremment crypte de Sainte-Blandine ou des Martyrs. Ce bâtiment fut construit, vers l'an 840, par l'abbé Aurélien, qu'il faut se garder de confondre, comme l'ont fait la plupart de nos auteurs, avec un autre Aurélien, archevêque de Lyon après saint Remy. L'abbé d'Ainay et l'archevêque appartenaient à la même famille, l'une des plus puissantes et des plus illustres du Bugey : c'est à peu près tout ce qu'ils ont de commun.

Le premier mourut vers 859, puisque, dans un testament qui porte cette date, il laisse à l'ami de son cœur, saint Remy, le soin de continuer la fondation du monastère de Seyssieu (Saxiacus), et que ce mandat fut exécuté par le saint, qui joignit ses propres dons à ceux du fondateur. Le second, avant d'arriver à la dignité épiscopale, fut abbé de Nantua et précepteur de Louis l'Aveugle, roi de la Bourgogne Cisjurane : il occupait le siège de Lyon en 892, ainsi que nous l'apprend le diplôme plusieurs fois mentionné du fils de Boson. L'abbé regardait comme une damnable usurpation l'envahissement par les seigneurs féodaux des biens ecclésiastiques, et c'est lui qui, à force d'instances, obtint de ses proches l'abandon de l'église de Seyssieu, tombée par abus de pouvoir dans leurs immenses

domaines. L'archevêque se fit si peu de scrupule de bénéficier
des lois spoliatrices introduites par Charles Martel, qu'il accepta
des mains de son royal élève, en toute propriété, l'abbaye
d'Ainay, l'église Saint-Laurent, voisine de Saint-Paul, une
église de Saint-Irénée, autre que la basilique de Saint-Jean-
l'Evangéliste, les monastères de Nantua, de Savigny, et une
foule d'autres immeubles que les successeurs d'Aurélien crurent devoir, en conscience, restituer à leurs propriétaires légitimes. L'abbé, parfait modèle de toutes les autres vertus
monastiques, « se montra dans sa charge, pour me servir des
paroles mêmes de la Mure, pasteur très vigilant et très zélé
pour la gloire de Dieu. » L'archevêque ne figure pas à son
avantage dans les récits de Flodoard, le meilleur des historiens
français du dixième siècle (1); et son indocilité, ses hauteurs
à l'égard du Vicaire de Jésus-Christ prouveraient, si la chose
avait besoin d'être démontrée, qu'à toutes les époques, les
évêques les plus naturellement insoumis à l'autorité du Chef
des Apôtres furent, en dehors des hérétiques, les prélats cour-
tisans. J'ai dû séparer définitivement l'oncle du neveu; car,
si l'on excepte le manuscrit de la Mure sur notre abbaye et
l'*Histoire de la Bresse* de Guichenon, toutes nos chroniques
locales attribuent à l'archevêque Aurélien, « d'abord abbé d'Ainay, » l'érection de la chapelle de Sainte-Blandine (2).

On ne peut douter qu'en reconstruisant ce sanctuaire, l'abbé
Aurélien n'ait eu un autre motif que l'avantage de sa communauté. Déjà, vers l'an 612, la reine Brunehaut, généreuse restau-
ratrice d'Ainay après la destruction de l'abbaye par les Lombards,
avait rebâti, d'abord le monastère, ensuite la chapelle abbatiale
de Saint-Pierre, que l'indigence des moines avait substituée à

(1) *Histoire de l'Eglise de Reims*, t. IV, c. 1.
(2) Ce n'était point assez de faire honneur de la construction du monument religieux le plus ancien de Lyon au second Aurélien, il plut un
jour à Severt de lui décerner dans le catalogue de nos évêques le titre
de Saint. Cette distraction valut à l'historien des archevêques lyonnais
une verte mercuriale du P. Théoph. Raynaud (*Hagiol. lugdun.*, p. 33):
nous regrettons que l'erreur de Severt se trouve reproduite (p. 535),
dans les *Grands souvenirs de l'Eglise de Lyon*, par M. Meynis.

la basilique de Salonius, enfin l'oratoire qui recouvrait la crypte de l'illustre martyre : comment ne pas reconnaître dans cette dernière restauration un hommage direct aux Confesseurs de l'autel d'Auguste? De même, lorsque Aurélien releva les ruines entassées de nouveau près du confluent par les Sarrasins, il commença par réparer l'habitation des religieux. Les fonds lui manquant pour rebâtir Saint-Martin d'Ainay, il se contenta, comme Brunehaut, de remettre en état la petite chapelle abbatiale de Saint-Pierre; mais la vénérable crypte ne fut pas oubliée, et l'histoire nous apprend quelle pensée dirigea le saint abbé dans cette reconstruction.

Le P. Bullioud consacre plusieurs pages de son *Lugdunum sacro-profanum* aux trois églises de notre abbaye, Saint-Martin, Sainte-Blandine et Saint-Pierre — celle-ci n'existe plus aujourd'hui; — voici ce qu'il dit au sujet de la seconde : « L'autre sanctuaire est celui qui s'élève, sans autels latéraux, au dessus de la crypte des Quarante-huit Martyrs Athanaciens; il est dédié aux saints Martyrs, et tout spécialement à sainte Blandine... L'édifice subsiste encore dans son entier et sert maintenant de sacristie. Il est constant qu'autrefois la dévotion attirait aux pieds de sainte Blandine un grand concours de peuple, surtout de femmes qui venaient offrir à Dieu leurs enfants par les mains de cette vierge héroïque (1). » Il est visible que nous retrouvons ici, au neuvième siècle, les traces de l'ancienne dévotion que nous a révélée déjà l'histoire de saint Badulphe. Le restaurateur d'Ainay, sans nul doute, cédait aux vœux des habitants qui lui redemandaient l'oratoire où leurs ancêtres avaient vénéré les fils de saint Pothin ; il regardait comme un devoir sacré d'ouvrir aux mères lyonnaises un libre accès auprès de

---

(1) « Alterum templum illud est quod super cryptam quadraginta octo Martyrum Athanacensium exstructum est sine sacello, et dicatum Martyribus, maxime vero sanctæ Blandinæ..... Quod quidem hodie exstat integrum et usui sacristiæ destinatum. Certo olim magnus fuit populi concursus devotionis causa ad sanctam Blandinam, maxime mulierum pueros illic Deo offerentium sub tutela ejusdem virginis. » (*Templorum trium Athanacensium sacræ reliquiæ et altaria.*)

celle que leur cœur avait, d'un élan commun, établie la patronne
bien-aimée de leurs enfants.

C'est qu'en effet, Blandine avait uni dans sa personne la
pureté virginale à une sorte de maternité. Mère, elle le fut
pour le jeune Ponticus, dont l'âme eût défailli peut-être sans le
secours de ses tendres encouragements. Elle le fut pour tous
ses compagnons de lutte, qu'elle soutenait dans l'arène par le
spectacle de son héroïsme, non moins efficacement que la mère
des Machabées, par ses exhortations, soutint au milieu des tortures la constance de ses enfants. Elle le fut sans doute pour les
tombés, que sa charité compatissante ne lui permit pas d'abandonner, et dont, probablement, plusieurs lui durent leur retour
au salut. Mère, c'est le titre que lui donne la lettre des chrétiens de Lugdunum décrivant les derniers instants du grand
combat de l'amphithéâtre : « Restait la bienheureuse Blandine.
Telle qu'une mère magnanime qui, après avoir animé ses fils
au martyre, les aurait envoyés victorieux vers le Roi de gloire,
Blandine avait suivi ses compagnons pas à pas dans la carrière
des souffrances ; et maintenant, le cœur inondé de joie, sûre de
sa propre félicité, elle se hâtait de les rejoindre. »

Aux yeux des fidèles qui l'invoquaient, la Sainte conservait
donc, sous la brillante auréole de sa pureté virginale, la pitié,
les tendresses ineffables de la maternité. L'instinct des mères
ne pouvait s'y tromper, et nul n'a été surpris de retrouver dans
les notes du P. Bullioud le souvenir d'un fait dont nos historiens
avaient complètement perdu la trace : « Il est constant qu'autrefois la dévotion attirait aux pieds de sainte Blandine un
grand concours de peuple. C'étaient surtout des femmes qui
venaient offrir à Dieu leurs enfants sous le patronage de la
glorieuse martyre. » On se sent ému à la lecture de ces simples
lignes. Verrons-nous jamais rendu à sa destination primitive cet
oratoire qui vit couler tant de pieuses larmes, qui fut le témoin
muet de tant de promesses, de tant de joies ? Les Lyonnaises
sentiront-elles se réveiller dans leur cœur l'ardente foi de leurs
aïeules ? Viendra-t-il un temps où Blandine, replacée sur son
autel, bénira, comme dans les siècles anciens, les générations
nouvelles d'un Lyon purifié et régénéré ?

Mais, dans l'oratoire restauré par l'abbé Aurélien, un lieu nous attire particulièrement, c'est la crypte que les Lyonnais appellent de nos jours encore crypte de Sainte-Blandine; sa dénomination véritable, ainsi qu'il vient d'être dit, la consacrait : « Aux Quarante-huit Martyrs, et spécialement à sainte Blandine. »

Dans le plan d'Aurélien la crypte occupe la place d'honneur; elle forme le chevet du petit édifice. Le pavé porte sur l'antique sol romain; car je n'ai pas besoin de faire observer que l'oratoire n'est devenu souterrain que par suite de l'élévation progressive des terres environnantes. La crypte d'Ainay forme un carré d'environ 3^m 10. A droite et à gauche s'ouvre dans le mur latéral un réduit voûté, ou caveau, long de 1^m 30, sur 0^m 80 de largeur. On y pénètre par une ouverture carrée. « A chacune de ces ouvertures, lisons-nous dans M. Meynis, est adaptée une porte de fer grillée, dans le genre de celles qui, au XVIIe siècle encore, fermaient les cachots existants à l'Antiquaille (1). » Nous avons donc sous les yeux une prison romaine; et par conséquent la crypte n'a rien de plus vénérable que les deux caveaux qui s'allongent sur chacun de ses flancs.

Ces étroites prisons, quelle en est l'histoire? Par qui furent-elles sanctifiées? L'anéantissement des archives du monastère par les calvinistes a fait la nuit sur les origines de la crypte d'Ainay. Toutefois, la dévotion que déjà portaient à ce lieu les chrétiens du IIIe siècle, les motifs de la fondation de saint Badulphe attestés par tous nos vieux chroniqueurs, le vocable de la chapelle d'Aurélien, l'affluence des Lyonnais au moyen-âge, tout ici se rapporte à un ordre de faits unique : il s'agit d'une trace heureusement conservée de la lutte des Quarante-huit Martyrs, du combat de Blandine en particulier. Serions-nous en face de la prison dont il est tant parlé dans la Lettre aux Eglises d'Asie? Non; l'exiguïté du local, la proximité de l'autel d'Auguste ne permettent pas de s'arrêter un instant à cette idée. Peut-être les cachots où furent jetés les Confesseurs

(1) *Grands souvenirs de l'Eglise de Lyon*, p. 518.

étaient-ils peu éloignés, et l'oratoire d'Aurélien fut, pour cette raison, dédié à la phalange tout entière des combattants de la foi : ce point me paraît très admissible. Mais cette restriction : « spécialement à sainte Blandine, » et surtout la coutume d'offrir en cet endroit même les petits enfants à l'admirable martyre, ouvrent une autre direction aux recherches de l'érudit.

La tradition qui place à Ainay le cachot de la sainte héroïne concorde avec la Lettre des chrétiens de Lugdunum. Il y est raconté que le gouverneur, tout le temps que durèrent les interrogatoires et les supplices, tint à l'écart Blandine et Ponticus qu'il espérait vaincre, la première à cause de l'extrême délicatesse de sa complexion, l'autre parce qu'il atteignait à peine sa quinzième année. Ici, le magistrat n'avait plus besoin d'une prison publique. En raison de la crainte qu'inspirait dans la société romaine le peuple des esclaves, il n'existait pas de palais, pas d'habitation luxueuse où ne se rencontrassent des réduits destinés à recevoir temporairement l'esclave indocile que son maître voulait châtier. Tels semblent avoir été les deux caveaux de la crypte. L'entrée, de forme carrée, présente juste assez d'espace pour donner passage à un corps humain qui s'y glisserait horizontalement, et la victime devait se replier sur elle-même, puisque la longueur de l'horrible cellule ne dépasse pas la taille d'un enfant. C'est là, probablement, que la magnanime esclave et l'adolescent timide gisaient dans les ténèbres, à trois mètres l'un de l'autre ; à travers ces barreaux de fer, Blandine fortifiait de ses brûlantes exhortations le courage de son jeune compagnon de captivité ; de là ils sortirent une dernière fois pour aller cueillir ensemble dans l'arène la palme des victorieux.

Cette conjecture, si toutefois c'en est une, s'appuie encore sur une particularité peu connue de l'histoire du monastère d'Ainay. Isolée à l'extrémité de la presqu'île, sans espoir de défense au jour du danger, l'abbaye fondée au ive siècle par saint Badulphe fut détruite successivement dans l'invasion d'Attila en 451, dans la guerre des Burgondes et des Francs, de 523 à 534 ; puis, par les Lombards en 570, par les Sarrasins vers 736, enfin, deux siècles plus tard, par les Hongrois. Eh bien, après

chacune de ces catastrophes, les moines revinrent se bâtir une
habitation avec les débris ensanglantés de leur ancienne
demeure. S'ils n'eussent cherché que la solitude, que les douceurs de la prière, pourquoi cette opiniâtre persistance à résider
aux portes d'une ville dont les richesses offraient un attrait
puissant à la rapacité des envahisseurs? N'était-ce point assez
d'une ou deux expériences, et, comme tant de religieux de ces
âges tourmentés, ne pouvaient-ils pas, emportant leurs reliques
les plus précieuses, s'en aller demander à d'autres régions le
calme si nécessaire à la vie contemplative? Ils n'y consentirent
jamais, et la raison n'en semblera pas douteuse. Le ciel leur
avait ordonné de veiller sur la crypte sacrée ; le but direct de
leur fondation était de bénir Dieu par leurs prières, de le glorifier par leurs œuvres là où les saints Confesseurs avaient
rendu le témoignage du sang : fidèles jusqu'à la mort, ils restèrent comme le soldat sous les armes, ne s'étonnant pas que
le monastère auquel le Seigneur avait confié une si noble mission fût, de fait aussi bien que de nom, le monastère des Martyrs.

La chapelle d'Aurélien avait donc pour patrons « les Quarante-huit Martyrs, et spécialement sainte Blandine. » Ce n'est
pas tout ; un autel de l'église abbatiale était aussi consacré aux
Quarante-huit Martyrs, dont il offrait de précieuses reliques à
la vénération des Lyonnais. Seulement, comme nous l'avons
remarqué plus haut, les dépouilles du fondateur de l'abbaye
reposant à côté des cendres miraculeuses, les moines l'avaient
en quelque sorte associé aux hommages du culte qu'il avait
tant contribué à établir, et l'autel, au témoignage de la Mure
et du P. Bullioud, s'appelait : *Autel des saints Pothin et Badulphe,* ou encore : *Autel de saint Badulphe et des Quarante-huit
Martyrs* (1). Le corps du cénobite d'Athanacum était placé au

_____

(1) La Mure dit : « Cet autel était nommé : *Altare sanctorum Pothini
et Badulphi.* » (*Chronique de l'abbaye d'Ainay.* Saint Badulphe.) — On lit,
d'autre part, dans le *Lugdunum sacro-prof.* de Bullioud : « ..... Et sicut
quadraginta octo martyribus, ita et sancto Badulpho illud altare fuisse
consecratum... » (de sancto Badulpho).

dessus, un peu en arrière de l'autel (1); les cendres sacrées reposaient sous la table du sacrifice, comme au fond d'un tombeau. Toute l'année, les fidèles venaient y prier; aux jours où l'Eglise honorait la mémoire de ces glorieux athlètes du Christ, il s'y faisait un immense concours.

Les criminels eux-mêmes connaissaient l'autel de saint Pothin et la vertu attachée aux restes vénérés des Confesseurs de l'autel d'Auguste. La Mure, je l'ai remarqué plusieurs fois, eut l'avantage de converser avec les moines bénédictins du confluent lorsqu'ils formaient encore une communauté religieuse; voici un court passage que j'emprunte à sa *Chronique de l'abbaye d'Ainay*. Je cite l'auteur en l'abrégeant un peu : « Avant les dégâts que firent les calvinistes au siècle précédent, il y avait, ainsi que portent les registres, le sac renfermant les cendres des Martyrs, estimé si vénérable pour le dépôt qu'il contenait que si, dans le ressort de la justice d'Esnay, on voulait ajouter à la gravité du serment une plus grande terreur du parjure, on obligeait celui qui jurait à tenir la main étendue sur les cendres sacrées. S'il trahissait la vérité, son crime, injurieux aux saints Confesseurs, ne manquait jamais d'être suivi de châtiments exemplaires. »

Les fidèles qui désiraient invoquer la puissante protection des fils de saint Pothin avaient bien d'autres motifs d'accourir à Saint-Martin d'Ainay. J'ai parlé d'un antique missel athanacien imprimé bien avant la dévastation de l'abbaye par les huguenots, et qui fut heureusement sauvé de cet immense désastre : les dernières pages présentaient la nomenclature des reliques fort nombreuses qui faisaient l'ornement des six autels de l'église abbatiale, et le P. Bullioud nous l'a conservée intégralement (2).

(1) « ... Super eodem altari corpus S. Badulphi. » Bullioud, Indice 10. *Templorum trium Athanacensium sacræ reliquiæ et altaria.*

(2) « Porro basilicæ sacella seu altaria cum eorumdem sacris reliquiis accipe ex catalogo sacellorum et reliquiarum altaribus inclusarum in ecclesia athanacensi B. Martino dicata : qui catalogus typis mandatus exstat in calce veteris missalis ejusdem ecclesiæ athanacensis. » *Lugd. sacroprof.* Indice 10, p. 52. Depuis que ces lignes sont écrites, le même catalogue a été publié par M. G. Guigue dans la *Chronique d'Ainay* de la Mure.

Il serait superflu de faire observer que ce catalogue, aussi bien que le missel, avait nécessairement reçu la sanction de l'autorité archiépiscopale. On sait, et la fête des Merveilles nous obligera bientôt d'insister sur ce point, que tout ce qui tient au service des autels, au culte des saints, fut toujours l'objet d'une vigilance toute particulière de la part des premiers pasteurs, qui jamais ne permirent la publication d'un livre liturgique sans l'avoir soumis préalablement au plus sérieux examen. Voici, parmi les indications de ce catalogue, celles qui se rapportent à mon sujet.

Laissons de côté une très belle relique de saint Pothin donnée par le pape Pascal II, lorsqu'il consacra, le 27 janvier 1106, le sanctuaire que nous avons encore sous les yeux : il faut chercher dans une plus haute antiquité les racines du culte que les Lyonnais du moyen-âge rendirent aux Quarante-huit Martyrs dans l'église d'Ainay. « A l'autel de sainte Marie-Madeleine, dit notre catalogue, est exposé dans une châsse d'argent le corps de sainte Blandine martyre (1). » Le doute serait permis s'il avait existé quelque autre martyre du même nom, mais on la chercherait en vain. Une sainte Blanda souffrit à Rome la mort pour Jésus-Christ, un saint Blandinus est honoré à Meaux, et c'est tout. Indubitablement, il est donc ici question de notre héroïne lyonnaise. Martyrisée la dernière, ses restes avaient dû être enlevés par les chrétiens dans la confusion qui suivit la clôture des jeux augustaux ; ils échappèrent ainsi au bûcher sur lequel furent consumées les dépouilles mortelles des saints combattants de l'amphithéâtre. Si nos historiens religieux ont, dans les temps modernes, ignoré cette particularité, leur silence prouve seulement qu'ils n'ont pu, de même que le P. Bullioud, consulter le missel athanacien. L'autorité d'un livre approuvé soit par les abbés du monastère, soit par nos archevêques, met au dessus de toute contestation le fait que révèle de nos jours au public le catalogue des reliques possédées par l'abbaye avant 1562.

---

(1) « In sacello B. Mariæ Magdalenes. In cassa argentea est corpus sanctæ Blandinæ martyris. » Bull., ibid.

Sur la liste des reliquaires d'Ainay je lis encore ces mots :
« Il y a aussi deux châsses où se trouvent en grande quantité
des cendres, des corps, des vêtements, de la terre sur laquelle
furent martyrisés le bienheureux Pothin et ses compagnons ;
on y voit encore un nombre considérable d'ossements nets et
brillants (1). » Ainsi, outre le sac renfermant les cendres des
Confesseurs dont les dépouilles furent, par l'ordre du légat de
Marc-Aurèle, brûlées et jetées dans le Rhône, une seconde
châsse contenait un vaisseau plein « de la terre sur laquelle
avaient expiré le bienheureux Pothin et ses compagnons, des
ossements nets et brillants, des corps, des vêtements en grande
quantité ; » le missel de 1531 se borne à cette vague indication. Elle pouvait suffire au XVe siècle ; pour des lecteurs du
XIXe, une courte observation ne sera peut-être pas inutile. Partout le catalogue du missel athanacien sépare et classe avec un
soin extrême chaque espèce de reliques ; il fixe l'époque où
elles devinrent la propriété du couvent ; il nomme la vierge, le
martyr, l'apôtre ; souvent il fait connaître le donateur. Ici, ni
date, ni classification d'aucune sorte. Pourquoi ? si ce n'est que
les corps, les os calcinés, les vêtements réunis à la terre que
les martyrs de l'autel d'Auguste avaient rougie de leur sang,
appartenaient précisément aux saints lyonnais qui rendirent
témoignage avec eux et sacrifièrent leur vie dans la même confession ? Les distinguer, les nommer, nul ne le pouvait. On se
contentait de savoir qu'ils avaient tous une désignation commune, le titre inscrit dans la note du catalogue : « Saint
Pothin et ses compagnons ; » et que, pour les enfants de saint
Badulphe, les titres de propriété remontaient, vraisemblable-
ment, à la fondation même de l'abbaye.

S'étonnerait-on de trouver dans la grande châsse des Quarante-huit Martyrs trois choses distinctes, des cendres, des ossements, des corps ? Rien de plus facile à expliquer. Sur les

---

(1) « Item sunt duæ cassæ in quibus est maxima copia pulverum,
scilicet corporum ac vestimentorum et terræ in qua martyrizati fuerunt,
scilicet beatus Photinus et socii ejus : ac etiam est magna quantitas de
ossibus pulchris et mundis in dictis cassis. »

quarante-huit témoins de la foi chrétienne, dix-huit expirèrent
en prison, bien avant l'ouverture des jeux, et, de plus, les cadavres de plusieurs d'entre eux furent, ainsi qu'il a été dit, abandonnés à la voracité des chiens. Quoi de surprenant si les
fidèles parvinrent, à prix d'argent ou par adresse, à soustraire
quelques-unes de ces saintes dépouilles à la surveillance des
persécuteurs, avant que les païens les eussent livrées aux
flammes de l'*ustrinum ?* Notons, d'ailleurs, que, sous le nom de
corps, on entend ici les principaux membres de l'homme, non
des corps entiers qui, manifestement, n'auraient pu tenir dans
un espace aussi étroit.

On est forcé de le reconnaître : à part les cendres miraculeuses déposées, du vivant de saint Irénée, sous l'autel de la chapelle qu'avait consacrée son glorieux prédécesseur, les reliques
principales des illustres victimes tombées à Lugdunum dans
l'année 177, vinrent, à une date incertaine mais qui ne s'éloi-
gne guère du berceau de notre Eglise, se réunir à Ainay comme
dans leur centre naturel. Est-il une preuve plus frappante qu'en
effet, conformément à nos vieilles traditions, après que Septime
Sévère eut, par le massacre de l'an 208, dépeuplé la capitale
des Gaules, quelques chrétiens se firent, aux bords du confluent,
un oratoire secret où ils aimaient à prier, à célébrer nos divins
mystères près des cachots, près de l'amphithéâtre sanctifiés par
les souffrances des Quarante-huit confesseurs? Et comment,
lorsque l'histoire des enfants de saint Badulphe nous apporte de
semblables révélations, ne pas nous rappeler ce mot tant de fois
cité de Grégoire de Tours : « Le lieu où souffrirent les premiers
martyrs de Lyon s'appelait Athanacum? »

J'ai tiré cette déduction de la présence au monastère bénédictin du corps de la bienheureuse Blandine ; je l'ai tirée de la
réunion dans cette même abbaye de toutes les dépouilles qui
nous étaient restées des héros de la persécution de Marc-Aurèle,
hors les cendres confiées dès le second siècle au sanctuaire du
nord de la presqu'île ; je vais la tirer encore de la possession
d'une troisième relique, extraordinairement célèbre au moyen-
âge dans la cité lyonnaise, la Pierre de saint Pothin.

15

« La Pierre de saint Pothin, dit la Mure, se voit encore sur un pilier près de la sacristie, en l'église de cette abbaye, dans les vieux titres de laquelle elle est appelée : *lapis beati Photini*. On croit, par la tradition particulière qui en est restée, que cette pierre, qui est grande, avait servi de dur reposoir et de rude oreiller à ce glorieux saint, pendant les deux jours qu'il fut détenu dans la prison où il expira au quartier d'Aisnay. C'est pourquoi cette pierre, honorée du repos entrecoupé de douleurs et de la mort même de ce premier évêque de Lyon, fut observée par les premiers chrétiens, conservée avec respect et déposée dans le lieu d'Esnay, lorsqu'il fut consacré à Dieu (1). » Au jour de la solennité des Merveilles, quand les processions étaient descendues par la Saône de Vaise à Ainay, le cérémonial prescrivait que « chacune des Églises de Lyon, en passant par le chœur, irait séparément baiser la Pierre du bienheureux Pothin, suivant la coutume. » Ces paroles sont tirées textuellement d'un antique rituel de Saint-Just, et Théoph. Reynaud, qui les cite, ajoute qu'elles sont en parfait accord avec les statuts rédigés autrefois pour l'église métropolitaine de Saint-Jean (2).

Il semblerait que ces titres historiques sont dignes de quelque respect : ce n'est point ainsi qu'en a jugé tout récemment un érudit lyonnais. Qu'est-ce, à l'entendre, que la Pierre de saint Pothin? « Une relique apocryphe, » inventée par les moines d'Ainay sur la fin du xvie siècle ; « un indigne monument qui fait tache au milieu de nos splendides annales religieuses (3); » et la preuve la voici, selon M. Steyert. A la suite du missel athanacien imprimé dans le monastère en 1531, et dont j'ai parlé plusieurs fois dans cet ouvrage, se trouve un catalogue très détaillé des reliques de l'abbaye : or, dans ce catalogue, édité par M. Georges Guigue en même temps que la *Chronique d'Ainay* de la Mure, il n'est fait aucune mention de la Pierre de saint Pothin.

(1) *Chronique de l'abbaye*, etc., ch. v.
(2) «... Transeundo per chorum ipsius ecclesiæ unaquæque Ecclesia per se eat osculari lapidem beati Photini, prout consuevit. » « In his omnibus, statutum Ecclesiæ Majoris convenit. » *Hagiol. lugdun.*, p. 603.
(3) Article du 22 mai 1885, signé A. Steyert. Il a paru à la fois dans l'E-cho de Fourvière et dans la *Revue hebdomadaire du diocèse de Lyon*..

Eh! qu'importe que le catalogue du missel de 1531 se taise, si d'autres documents non moins authentiques attestent que, dans la Journée des Miracles, la Pierre de saint Pothin était visitée, à Saint-Martin d'Ainay, par toutes les églises de Lyon et de la contrée? Deux siècles et demi avant la publication de M. Georges Guigue, le catalogue des reliques du monastère, copié aussi sur le missel de 1531, était reproduit tout au long dans le *Lugdunum sacro-prophanum* du P. Bullioud, tome 2, index 10e; seulement, Bullioud semble avoir pris la liberté d'intercaler dans cette aride nomenclature certains détails historiques concernant les principales cérémonies où figuraient les reliquaires de l'abbaye. Ainsi, aux fêtes des Rogations, les châsses que les moines accompagnaient processionnellement dans les rues de la ville lui fournissent l'occasion de nommer les sanctuaires marqués pour les stations de ces trois journées : Saint-Michel, Saint-André, Saint-Nizier, Saint-Paul, Notre-Dame de la Platière, Saint-Sébastien sur la colline de la Croix-Rousse. Ainsi encore, à propos de l'autel de saint Pothin et des reliques des Quarante-huit Martyrs, il emprunte à l'antique cérémonial du couvent les prescriptions observées par les fils de saint Badulphe dans la solennité des Merveilles. Cette pièce aura au chapitre suivant sa place naturelle ; ici j'en détache seulement ce qui a trait au point débattu entre nous et M. Steyert.

Au moment où la flottille atteint le pont de la Saône, « que nos religieux, dit le Coutumier d'Ainay, s'avancent les premiers... dès qu'ils touchent le seuil du monastère, que les cloches sonnent à toute volée. Que le maître autel soit entièrement préparé, et tous les cierges du grand candélabre allumés. Qu'un gros cierge brûle devant la Pierre de saint Pothin, sur laquelle, à ce que rapporte la tradition, plusieurs martyrs athanaciens subirent la mort, et que la dite pierre soit, en l'honneur des saints, recouverte d'un voile de soie. A l'entrée de chaque procession, on sonnera comme aux grands jours solennels (1). »

---

(1) «,... Recedant primi, et dùm intrant monasterium, pulsetur solemniter...Sit magnum altare paratum et omnes cerei magni candelabri accensi.

Ce fait, que la Pierre de saint Pothin est omise dans les annotations de 1531, semble à M. Steyert un argument péremptoire :
s'est-il demandé si les religieux d'Ainay, tout en conservant
comme un trésor précieux la pierre vénérée, n'ont pas eu quelque motif de ne la point comprendre parmi les reliques de leur
chapelle? Parcourez le catalogue publié par M. Georges Guigue, vous reconnaîtrez qu'il y est uniquement question des
reliques renfermées dans les châsses et les reliquaires : « *Et est
sciendum quod hæc scripta extracta sunt et sumpta in cedullis et
scriptis existentes* (sic) *in jocalibus* (1) *prædictis, in quibus reliquiæ
prædictæ* CONTINENTUR (2). » Bullioud n'a-t-il pas aussi prévenu
ses lecteurs que le catalogue du missel énumère uniquement les
reliques exposées sur quelque autel et renfermées dans une
châsse : *ex catalogo sacellorum et reliquiarum altaribus inclusarum?* Que M. Steyert veuille bien nous dire si l'énorme pierre
de saint Pothin était dans les mêmes conditions ! Je soupçonne
toutefois qu'une différence plus sérieuse la séparait des autres
reliques d'Ainay.

Dans l'opinion de la Mure, ce bloc aurait servi d'oreiller au
Saint pendant les deux jours de son agonie, tandis que, d'après
Bullioud, les persécuteurs en auraient fait un siége, un lit de douleur pour les martyrs à l'heure de leur supplice. Cette divergence
des deux choniqueurs les mieux renseignés sur la matière
prouve qu'à cet égard les souvenirs étaient assez confus. Eh bien,
pour cette raison même l'autorité diocésaine a pu décider que la
Pierre de saint Pothin serait pieusement conservée, mais plutôt
comme un témoin vénérable du combat des athlètes du Christ
qu'à titre de relique proprement dite. Elle était placée honorablement entre l'autel de saint Badulphe et la sacristie ; sa vue
éveillait la piété des fidèles ; au milieu des pompes de la Jour-

---

Ponatur unum cereale ante petram sancti Photini (puta supra quam martyrio affecti traduntur martyres athanacenses), et paretur dicta petra
panno serico ob reverentiam sanctorum. Ad ingressum cujuscumque
processionis pulsetur solemniter... » Bullioud, op. l. ind. 10.

(1) D'où joyau, joaillerie.

(2) *Chronique de l'abbaye d'Ainay*, p. 184.

née des Miracles, on la baisait en souvenir des souffrances et
de la mort des Confesseurs de l'amphithéâtre, et cependant, au
point de vue liturgique, elle pouvait ne pas être l'objet du culte
que le catholicisme rend aux reliques des saints. Tout cela est
parfaitement conciliable, et dès lors je n'aperçois plus ce qu'aurait de si étrange le silence du catalogue de 1531.

Un second moyen de démonstration qu'on essaie de faire
valoir contre la Pierre de saint Pothin vaut moins encore que
l'argument négatif dont nous venons de montrer l'extrême faiblesse. « Nos hagiographes, dit M. Steyert, s'autorisent de l'ancien cérémonial de la fête consigné dans un vieux rituel de
Saint-Just ; mais le passage est évidemment une interpolation
ajoutée dans le dernier quart du XVIᵉ siècle. » Lorsqu'une page
historique est un peu gênante, y supposer des altérations, des
falsifications, c'est là un procédé commode : encore faudrait-il
prendre la peine de prouver que l'interpolation a réellement eu
lieu, ou tout au moins qu'elle a été possible.

Ce rituel de Saint-Just, le P. Théoph. Raynaud l'a tenu dans
ses mains ; il l'appelle *vetus codex, liber ritualis perantiquus*. En
effet, remarque-t-il, ce recueil contenait tous les offices de l'année célébrés dans la collégiale à l'époque où il fut composé, et
comme on n'y trouve pas celui de la Fête-Dieu, on en doit conclure que le manuscrit existait avant l'institution de cette solennité. Quelle force une date si ancienne donne à notre cause, je
n'ai pas besoin de le faire observer ; quant à la possibilité d'une
interpolation, nul autre n'y croira que M. Steyert et les adversaires systématiques des titres et des traditions d'Ainay.

Si le rituel était, au XVIᵉ siècle, un livre imprimé à plusieurs
exemplaires, il est clair que les Bénédictins du confluent n'ont
pu en modifier le texte. S'il était resté manuscrit, comment s'y
seraient-ils pris pour le soustraire des archives de Saint-Just et
pour y glisser, à l'insu de tous, leur impudent mensonge ? Ou
bien seraient-ils parvenus à rendre complices de la fraude les
chanoines de Saint-Just d'abord, ensuite le noble Chapitre de
Saint-Jean, puisque, au témoignage de Théoph. Raynaud, les
rituels des deux églises s'accordaient pleinement quant au céré-

monial de la grande fête du 2 juin ? Allons plus loin. J'apprends
de Ménestrier, qu'au xvıı⁰ siècle il existait une masse de documents sur le jour fameux des Miracles dans les bibliothèques
des paroisses et des collégiales de la cité. « Tous les anciens
rituels de l'Eglise de Lyon, dit cet auteur dans le manuscrit tant
de fois cité par nous, l'Ordre des processions, les Actes capitulaires et plusieurs autres titres parlent de cette fête des Merveilles à Lyon et en règlent les cérémonies (1). » Ce n'est donc
plus le rituel particulier de Saint-Just ou de Saint-Jean, c'est
une centaine de parchemins, de cahiers, de recueils liturgiques
dont il eût fallu altérer le texte, et cela, sous les yeux, avec le
consentement du clergé, des religieux, des plus hauts dignitaires
de notre Eglise, témoins impassibles de cette indigne comédie ;
à moins que plusieurs n'eussent refusé leur assentiment, et dans
ce cas les réclamations se seraient élevées de toutes parts. C'en
est assez ; de pareilles hypothèses, je me sers d'un terme bien
doux, ne se discutent pas.

Et quelle époque M. Steyert a-t-il choisie pour y placer l'acte
de fourberie dont il charge les Bénédictins d'Ainay ? Ce coup
de main, à ce qu'il prétend, fut exécuté « dans le dernier quart
du xvı⁰ siècle. » Ici notre adversaire achève de démontrer qu'il
est fort mal instruit de tout ce qui regarde le culte des Quarante-
huit martyrs, après comme avant l'invasion des calvinistes en
1562. « Dans le dernier quart du xvı⁰ siècle » les archives
paroissiales pouvaient renfermer d'importantes pièces sur la
Journée des Miracles, mais la population n'avait pas gardé le
moindre souvenir de cette fête, et les enfants de saint Badulphe,
je dois le confesser, n'y pensaient guère plus que le reste de
leurs concitoyens : voilà l'exacte vérité, que je vais, puisqu'on
nous y oblige, établir en peu de mots.

En 1627, le P. Théoph. Raynaud, homme d'une vaste science
et d'une rare pénétration d'esprit, mettait au jour l'une des œuvres fondamentales de l'hagiographie lyonnaise, l'*Indiculus
Sanctorum lugdunensium*. Dans ce travail, quel but se proposait
le docte écrivain ? « Une pensée, dit-il, m'a soutenu dans

(1) *Hist. ecclés. de Lyon*, mss. T. I, p. 90.

la composition de ce livre : il contribuera quelque peu, je l'espère, à déraciner un abus qui, depuis nombre d'années, m'afflige dans cette métropole ; » et le pieux jésuite expose très librement l'indifférence des Lyonnais pour les saints qui furent leurs compatriotes. Voyez, par exemple, poursuit-il, le grand Irénée : « Sa gloire est tellement amoindrie parmi nous que, si vous demandez quel est le jour consacré au souvenir de son martyre, l'immense majorité des fidèles ne saura que vous répondre. Pour honorer cette majestueuse mémoire, ni solennité, ni fête quelconque, ni office public. De sa chapelle perdue dans un faubourg, il ne subsiste que ce qu'a laissé debout la fureur des calvinistes : ce lieu célèbre où les corps de plusieurs milliers de saints ont reposé tant de siècles, reste plongé dans l'obscurité et comme enseveli sous le mépris ! » Plus loin, lorsqu'il a rapporté le prodige qui fit naître la fête des Merveilles, il ajoute tristement : « Cette basilique des Apôtres où saint Adon raconte que furent déposées les cendres de nos martyrs, est la même qu'on appelle aujourd'hui Saint-Nizier ; et, cependant, sur ces reliques sacrées il s'est fait un silence profond ; *de sacris cineribus altum nunc silem... m.* De même, la fête des Merveilles est si parfaitement oubliée que les historiens qui ont écrit depuis peu sur Lyon, n'en connaissant plus ni la fin ni l'origine, en ont donné les explications les plus fausses et les plus bizarres (1). »

Telle était, sous les règnes de Henri IV et de Louis XIII, l'insouciante ignorance de nos pères en ce qui touchait au culte des illustres Confesseurs immolés dans l'enceinte de leur ville ; et l'on supposerait que, dans ce temps-là, au milieu de l'apathie universelle, les bons moines d'Ainay s'amusaient à gratter les parchemins en véritables faussaires, sans autre profit que d'embellir d'une relique de leur invention, d'une prétendue pierre de saint Pothin, le cérémonial d'une solennité dont les règlements et les descriptions dormaient depuis deux cents ans dans la poussière des bibliothèques !

(1) *Hagiol. lugdun.*, p. 3 et 18. — C'est l'annaliste de nos archevêques, Severt, que le P. Théophile a particulièrement en vue. On pourra lire en entier, au chapitre des *Temps modernes*, le morceau qui sert d'introduction à l'*Hagiologium lugdunense.*

« Évidemment, » M. Steyert ignore quelle a été « dans le dernier quart du XVIᵉ siècle » la disposition d'esprit des Lyonnais par rapport au culte des Quarante-huit martyrs. Parlons maintenant des religieux qu'il transforme sans preuve en interpolateurs effrontés; est-il mieux informé de leurs sentiments réels? Non, et, cette fois encore, il a traité l'histoire avec la plus étonnante désinvolture.

Après le saccagement effroyable de nos plus beaux sanctuaires par les soldats de la Réforme en 1562, la tombe de saint Irénée, dont Théoph. Raynaud nous a peint la désolation en termes si vifs, ne fut délivrée qu'en 1635 des hideuses ruines qui la souillaient. Saint-Martin d'Ainay eut un sort tout semblable; il demeura sans prière et sans culte, ses voûtes effondrées, ses autels abattus, ses chapelles dévastées, jusqu'en 1620, qu'un fils du marquis de Villeroi, Camille de Neuville, depuis archevêque de Lyon, fut nommé par Louis XIII abbé commendataire d'Ainay, à l'âge de quatorze ans. C'est à lui, comme le raconte la Mure, que « l'église abbatiale doit une bonne partie des réparations qui l'ont rétablie après les dégâts qu'elle avait soufferts des religionnaires. » Ce qu'on ne put lui rendre, ce fut le corps de sainte Blandine, les cendres miraculeusement restituées par le Rhône, les vêtements de nos martyrs, l'urne pleine de la terre sur laquelle plusieurs d'entre eux étaient morts. Les Huguenots avaient tout précipité dans les eaux de nos fleuves, sauf l'or et l'argent des reliquaires, des vases et des ornements sacrés. En ce jour néfaste la dévotion pour les glorieux fils de saint Pothin, sensiblement affaiblie depuis deux siècles, reçut, on peut le dire, le coup mortel; les fidèles désapprirent pour toujours le chemin de l'abbaye, si bien connu d'eux autrefois.

Mais les religieux eux-mêmes que faisaient-ils? Hélas! relégués depuis 1562 dans un coin de leur ancienne propriété, environnés de décombres que leurs abbés commendataires s'inquiétaient peu de relever, en proie à des privations de tout genre, ils avaient d'autres soucis que d'inventer de nouvelles reliques et de falsifier bassement, honteusement, de vieux manuscrits. Nous devons savoir gré à ces pieux enfants de saint Benoît de s'être résignés à vivre sous le pouvoir d'abbés séculiers qui ne s'occupaient guère de leur abbaye que pour en accroître les revenus; nous devons les louer d'avoir respecté, comme ils le firent constamment, la sainteté de leur état; mais qu'on ne vienne pas nous parler, chez eux, d'une exaltation rétrospective pour le culte de saint Pothin « dans le dernier quart du xvie siècle! » Du jour où l'église abbatiale fut à moitié détruite et les reliques des Quarante-huit martyrs anéanties, les moines, dénués de ressources pour leurs cérémonies religieuses et n'ayant même plus de sanctuaire public, se désintéressèrent pleinement d'une dévotion qu'il n'était pas en leur puissance de ressusciter dans l'âme des Lyonnais.

Veut-on, sur ce point, un exemple de leur patience ou, peut-être, de leur découragement? Les calvinistes, après avoir assouvi leur brutale impiété par la destruction presque entière de l'église abbatiale, avaient laissé intacts les murs et la voûte épaisse de la chapelle rebâtie par l'abbé Aurélien sur la crypte de sainte Blandine; cet oratoire vénéré, auquel se rattachaient tant de souvenirs, pouvait donc être aisément restauré. Mais, comme les hordes du baron des Adrets avaient renversé toutes les constructions attenantes à Saint-Martin d'Ainay, l'abbé commendataire qui remit ce dernier édifice en état, Camille de Neuville, croyons-nous, ordonna que la chapelle des Quarante-huit Martyrs servirait désormais de sacristie. La communauté se tut, la crypte fut abandonnée, les coutumes d'un âge plus heureux se perdirent; bientôt les Lyonnaises ne connurent même plus la touchante piété de leurs aïeules pour l'héroïque vierge que la Lettre aux Églises d'Asie a nommée la Mère des martyrs de Lyon. Et, tout à coup, cette même communauté qui venait de souffrir en silence qu'on lui enlevât le seul moyen efficace de ramener le concours des catholiques aux autels de l'abbaye; ces Bénédictins, hommes d'intelligence, de prière, de mortification, se seraient, d'après notre adversaire, jetés dans l'entreprise la plus coupable et la plus insensée! Ils auraient audacieusement altéré les chroniques religieuses du pays, ils auraient exposé dans leur église une relique imaginaire, et, chose non

moins surprenante, le succès eût été complet! La stupide nouveauté se serait établie sans obstacle; non seulement le peuple,
mais nos savants les plus renommés, Bullioud, Théoph. Raynaud,
la Mure, Ménestrier, auraient cru aveuglément à l'authenticité
de la Pierre de saint Pothin!

Il est vrai que M. Steyert nous oppose une sentence de l'autorité diocésaine, sentence qui aurait mis un terme à la fraude
criminelle des moines d'Ainay. Sa lettre au Directeur de la
Revue nous révèle un fait jusqu'à ce jour inconnu, savoir, quelle
fut la destinée finale de la Pierre de saint Pothin. « Le P.
Théoph. Raynaud au milieu du XVIIᵉ siècle, dit-il, et la Mure
une vingtaine d'années après, la virent sous la forme d'une table
posée sur un pilier près de la sacristie. Mais après l'annaliste
forézien il n'en est plus question, et l'on devine sans peine la
cause de cette brusque disparition; cette prétendue relique fut
si bien reconnue apocryphe, que l'on n'hésita pas à la faire disparaître. Je pense, Monsieur, que, partageant les légitimes scrupules de l'autorité ecclésiastique d'il y a deux siècles, vous juge-
rez qu'il est utile de ne pas laisser, même dans les pages de
notre histoire, subsister cet indigne monument, qui fait tache
au milieu de nos splendides annales religieuses. »

Affirmer coûte peu; M. Steyert devait préciser et dire à quelle
date, au nom de qui parut l'arrêt sous lequel il prétend nous
accabler. A son assertion toute gratuite et fausse, historiquement, nous répondons, nous, par la dénégation la plus absolue.
Non, jamais un ordre émané des supérieurs ecclésiastiques n'est
intervenu pour « faire disparaître » la pierre que les fidèles, au
moyen-âge, baisaient pieusement dans la Journée des Miracles!
Ce monument avait pour lui les deux rituels antiques de Saint-
Jean et de Saint-Just; il avait le Coutumier d'Ainay cité par
Bullioud, les documents qu'au dire du P. Ménestrier, nos paroisses lyonnaises possédaient alors en grand nombre sur la fête des
Merveilles, et qui, nécessairement, marquaient chacune des
cérémonies qu'avaient à observer les processions diverses en
traversant le chœur d'Ainay. C'étaient là des titres plus que suf-
fisants, et l'autorité religieuse ne pouvait, dans ces conditions,

porter un décret défavorable contre la Pierre de saint Pothin.
On nous objecte qu'il n'en est plus parlé « après l'annaliste
forézien, » sans prendre garde que ce fait milite, au contraire,
en notre faveur. Car, si une décision épiscopale avait imposé
aux Bénédictins, sécularisés ou non, l'enlèvement de la relique,
ceux de nos historiens du XVIIIᵉ siècle qui transportèrent au
théâtre de Claude le martyre des Confesseurs de l'autel d'Auguste, n'auraient pas manqué de s'autoriser, comme le font nos
adversaires actuels, d'un jugement aussi grave pour infirmer
l'opinion des âges anciens et justifier le système qu'ils venaient
de créer. Aussi, le silence de Ménestrier, de Brossette, du P. de
Colonia prouverait-il bien plutôt que, depuis la Mure, il ne
s'accomplit à Saint-Martin d'Ainay aucun événement de nature
à modifier, dans un sens ou dans l'autre, les croyances traditionnelles du passé.

La disparition de la Pierre de saint Pothin ? Il eût été plus
équitable d'en demander compte aux passions antireligieuses,
aux tourmentes révolutionnaires qui ont si profondément ébranlé
notre patrie sur la fin du siècle dernier. Bien avant l'ère voltai-
rienne, l'audacieuse critique de Launoy et de ses adeptes avait
inspiré au clergé même je ne sais quelle défiance générale des
souvenirs de l'antiquité chrétienne : on tenait en suspicion les
vieux récits, les vieilles reliques, et rien ne paraissait plus à
redouter dans les questions d'archéologie religieuse que de se
laisser abuser par la crédulité du moyen-âge. A ces dispositions
pusillanimes joignez la blâmable indifférence de nos compatriotes pour leurs saints martyrs, vous concevrez que les traditions athanaciennes fussent tombées dans un discrédit immé-
rité ; la Pierre de saint Pothin subissait à cet égard la loi
commune. Puis vinrent les jours terribles de 93. Alors, pensons-
nous, au moment où l'exécrable Couthon frappait de son marteau d'or les superbes hôtels de la place Bellecour que la
République victorieuse vouait à la ruine, la peur poussa un
prêtre assermenté de la collégiale à se défaire clandestinement
d'un objet qu'il crut dangereux pour son église. Peut-être encore
un satellite de Collot-d'Herbois, de Fouché, ordonna-t-il de

briser en morceaux ou de précipiter dans la Saône « ce monument de la superstition. » et le fait, de quelque manière qu'il soit arrivé, se perdit dans l'horreur des égorgements, dans le bruit des mitraillades, dans la confusion des scènes sanglantes qui ont marqué d'un sceau indélébile cette époque sinistre de nos annales. Ainsi dut finir la Pierre de saint Pothin, dont la disparition est restée pour nous un mystère. Lorsqu'une ville a essuyé de tels orages, recourir, pour expliquer la perte d'une relique, à une condamnation épiscopale qu'il serait impossible de motiver, n'est-ce pas substituer l'esprit de système et tout l'arbitraire des idées préconçues aux plus sûres indications de l'histoire?

Si je ne me trompe, les bruyantes objections de M. Steyert contre l'antiquité, contre l'existence de la Pierre de saint Pothin sont maintenant résolues. L'auteur, il est vrai, s'est vu contraint de toucher par anticipation à des matières qu'il traitera bientôt plus au long; mais il a dû se résigner à quelques redites, sans lesquelles il lui fallait renoncer à déblayer le terrain d'obstacles qui barraient le passage à sa grande thèse historique. D'autre part, je prie ceux de mes lecteurs à qui ma réponse pourrait sembler incomplète, de se rappeler qu'ils trouveront, tant sur le refroidissement de la piété lyonnaise que sur la funeste influence exercée par Launoy, de plus amples détails, quand l'heure sera venue d'étudier les causes qui produisirent dans notre cité l'affaiblissement et presque l'oubli des traditions d'Ainay. Cela dit, poursuivons le cours d'un chapitre dont l'importance est capitale dans notre ouvrage.

Nous avons cité, au sujet de la Pierre de saint Pothin, un passage qui doit surprendre. « On croit, par la tradition particulière qui en est restée, dit le chroniqueur de notre abbaye, que cette pierre, qui est grande, avait servi de rude oreiller à ce glorieux saint, pendant les deux jours qu'il fut détenu dans la prison où il expira au quartier d'Ainay. » Et, comme pour ne pas laisser planer l'ombre d'un doute sur sa pensée, le chanoine de Montbrison ajoute : « Selon la plus ancienne tradition de cette cité, alléguée par deux saints prélats, le particulier

nom et vocable de Martyrs d'Ainay, *Martyres Athanacenses*,
fut donné aux compagnons de saint Pothin parce qu'ils souffrirent TOUS la mort pour Jésus-Christ au territoire d'Ainay. »
Depuis la Mure, on le voit, il s'est opéré dans les croyances
populaires un changement total, puisque, au XIXe siècle, d'après
le sentiment universel des Lyonnais, le vénérable chef des Quarante-huit martyrs mourut sur la colline, dans les cachots du
palais impérial que remplace aujourd'hui l'hospice de l'Antiquaille.

Quelle est, de ces deux opinions, celle où l'on doit chercher
la vérité? Je n'ai pas la prétention de le décider. Au fond, la
mort de saint Pothin n'est qu'un épisode du drame d'Athanacum. Alors même que la croyance moderne serait justifiée par
des preuves qu'on n'a pu jusqu'ici découvrir, il s'en suivrait uniquement qu'après sa courageuse déposition, le saint nonagénaire, dont la fin était prochaine, fut emporté hors de la presqu'île
par les païens, sans que la lutte des combattants de l'autel
d'Auguste ait discontinué pour cela ; en sorte que l'absence du
pasteur ne modifierait en rien notre récit.

Toutefois, cet ouvrage ayant pour but la défense des traditions athanaciennes, on ne saurait blâmer que je les fasse connaître telles que je les trouve exposées dans les écrits d'auteurs
sérieux et dignes de foi. Je rapporterai donc ce qu'ils en ont dit.
On me permettra même d'aller un peu au delà ; car, pourquoi
le dissimuler? jamais, au XVIIe siècle et précédemment, les historiens qui ont interrogé avec plus de soin nos antiquités religieuses, n'ont laissé même soupçonner qu'un seul des Quarante-
huit martyrs ait terminé sa vie dans les caveaux de la montagne
de Fourvière, et l'opinion reçue de nos jours ne me semblerait
pas remonter beaucoup plus haut que le commencement du
XVIIIe siècle. Elle se forma lentement autour des Dames de la
Visitation, établies à l'Antiquaille depuis l'an 1629. Plus tard,
Ménestrier, Brossette, Colonia la propagèrent, comme très
favorable au système mixte qu'ils avaient embrassé; et, peu à
peu, devenue maîtresse, elle a banni complètement les souvenirs
dont se composait, à mon sens, la tradition véritable. Réussirai-

je à faire partager là-dessus mes convictions? Je l'ignore; au surplus, le public aura, du moins une fois, entendu les avocats des deux parties.

Suivant la Mure, les Bénédictins du confluent appuyaient leurs souvenirs traditionnels de la mort de saint Pothin à Ainay sur le texte même des évêques de Tours et de Vienne, en quoi l'on est contraint d'avouer que les enfants de saint Badulphe avaient pleinement la raison pour eux. Les deux témoins d'Ainay ont commencé l'un et l'autre par donner la liste complète des Confesseurs, en y comprenant saint Pothin. Lors donc qu'on lit immédiatement après : « Le lieu où ils souffrirent s'appelle Athanacum; de là les martyrs eux-mêmes ont tiré le surnom d'Athanaciens; » ces mots, énoncés sans restriction aucune, ne doivent-ils pas, en bonne logique, s'entendre de la totalité des Quarante-huit Confesseurs? Au reste, la justesse du sens que nous attachons au qualificatif employé par Adon et Grégoire de Tours, est confirmée par le magnifique missel d'Ainay, propriété des Pères Jésuites de la rue Sainte-Hélène. Dans le calendrier placé en tête du missel, la solennité du 2 juin est ainsi désignée : Fête de saint Pothin d'Ainay et de ses compagnons, *Athanacensis Photini et sociorum.* « Or, fait observer M. Alph. de Boissieu, pour donner à saint Pothin ce titre d'*Athanacensis,* il fallait que l'église d'Ainay justifiât par une tradition constante et une possession immémoriale que le saint évêque était mort sur son territoire. Notons que le même calendrier ne nous offre qu'un autre saint qualifié aussi d'*Athanacensis,* c'est saint Badulphe, qu'on tient généralement pour le premier abbé et le fondateur de l'abbaye d'Ainay (1). » Badulphe, nous l'avons prouvé plus haut, appartient à l'époque romaine, et l'épithète appliquée aux deux saints par le missel signifie, manifestement, que l'un expira et que l'autre vécut dans le quartier qui portait, sous la domination des césars, le nom latin d'Athanacum.

Certes, ce n'est pas moi qui, dans une question controversée,

_____

(1) *Ainay, son autel,* etc., par M. de Boissieu, p. 122.

obscure, ferai sonner bien haut l'autorité de Paradin. L'excellent homme usait même de termes plus qu'inexacts quand il
disait, à propos de l'abbaye d'Ainay : « On tient qu'en ce lieu
les Quarante-huict Martyrs furent exécutés avec leur premier
évesque Photinus, soubs l'empire d'Aurelius Antoninus Verus (1). » Ce témoignage, tout fautif qu'il est sur un point,
confirme cependant notre assertion, qu'aux XVIᵉ et XVIIᵉ siècles,
on ne séparait pas les uns des autres, quant au lieu du martyre,
les Confesseurs de l'autel d'Auguste.

Nous eûmes par bonheur à Lyon, il y a 250 ans, un travailleur
infatigable, avide de recueillir jusqu'à la moindre parcelle des
gloires historiques d'une ville qu'il aimait d'un amour tout
filial. Sans jamais se rebuter d'un travail utile mais obscur,
le P. Bullioud a passé en revue chaque sanctuaire, chaque
maison religieuse, chaque lieu signalé par quelque événement
remarquable : tout ce qu'il a pu déterrer dans les livres, il le
relate ; même ce qui ne lui paraît certain qu'à demi, il se
reprocherait de l'omettre. Eh bien, dans les quatre ou cinq
volumes que représente son manuscrit, le patient écrivain se
tait sur les prétendues traditions de la mort de saint Pothin à
l'Antiquaille. Il raconte, dans le onzième, je crois, des *indices*
de son *Lugdunum sacro-profanum*, l'établissement des Dames
de la Visitation sur le terrain du palais des légats impériaux ;
c'était là, sans nul doute, le moment de révéler enfin un fait si
important pour notre histoire. Examinez le début de l'article
qu'il consacre à la fondation nouvelle : pas un mot d'allusion
au martyre du premier de nos pontifes, de sainte Blandine et
de leurs compagnons. L'auteur s'occupe uniquement des Filles
de Saint-François de Sales, et des causes qui ont amené leur
installation sur la montagne de Fourvière. Un pareil silence de
la part du plus minutieux des chroniqueurs ne prouve-il pas que
Bullioud n'avait jamais ouï parler de l'opinion dominante
aujourd'hui parmi les Lyonnais ? Par conséquent, répéterai-je
avec la Mure, la croyance générale, avant les temps modernes,

(1) Paradin, *Mémoires de l'histoire de Lyon*, p. 90.

était que les Quarante-huit confesseurs « souffrirent TOUS la mort pour Jésus-Christ au territoire d'Esnay. »

M. Meynis, qui s'est toujours prononcé résolûment pour l'Antiquaille, laisse échapper un aveu d'une haute gravité. « On aimerait, dit-il, à se persuader que, pendant les longs siècles qui s'écoulèrent depuis la chute du palais des empereurs jusqu'au jour où les religieuses de la Visitation prirent possession de ses ruines, le cachot où expira saint Pothin ne fut pas livré à l'oubli. Il serait consolant de pouvoir recueillir les preuves qu'à certaines époques du moins, des mains pieuses y déposaient des couronnes, ajoutant au témoignage des siècles, la perpétuité des hommages dus aux saints Martyrs : mais tous nos documents historiques sont muets, et il paraît à peu près certain que ce cachot, tout vénérable qu'il était, fut abandonné (1). »

« Tous nos documents historiques sont muets » sur la prison où, suivant M. Meynis, seraient morts saint Pothin et dix-sept au moins de ses compagnons! Voilà déjà une objection formidable. En vain, pour atténuer l'effet de ses paroles, l'auteur fait valoir, non sans quelque emphase, « le témoignage des siècles. » Les siècles, assurément, ont reconnu dans les souterrains de l'Antiquaille la prison où furent jetés sous l'empire romain les chrétiens persécutés, mais ils n'ont pas fixé le temps qu'ils y furent détenus, ils n'ont jamais dit que le pontife nonagénaire y soit mort. « Si tous les documents historiques sont muets, » si la voix publique n'a rien spécifié, quel sens faut-il donner à ce mot retentissant : « le témoignage des siècles? » Enfin, quand M. Meynis confesse que, dans une ville aussi pleine d'enthousiasme pour ses martyrs, aussi prodigue envers eux d'honneur et d'offrandes que l'a été l'ancien Lyon, « ce cachot, tout vénérable qu'il était, fut abandonné, » comment ne voit-il pas qu'il condamne de sa propre bouche la cause dont il s'est constitué l'avocat?

Il est nécessaire d'insister sur cette dernière idée, qui touche au fond même de la question. Pour ceux qui font mourir saint

(1) *Les grands souvenirs de l'Eglise de Lyon*, p. 516.

Pothin sur la colline, et qui n'ont en même temps qu'une foi très limitée aux traditions d'Ainay, ce doit être un mystère bien étrange que l'infatuation du moyen-âge tout entier désertant les caveaux de l'Antiquaille pour s'en aller, de l'autre côté de la Saône, vénérer la Pierre de saint Pothin, laquelle, dans leur sens, n'avait pu sortir que de ces mêmes cachots sanctifiés par les Martyrs. C'est là une véritable énigme dont il est impossible d'apercevoir la solution.

La puissante abbaye de Saint-Just et l'église métropolitaine de Saint-Jean ont dans leur voisinage, peut-être sur leur territoire, l'antique souterrain de la demeure impériale, avec ses voûtes, ses murs, son pavé, tels encore qu'ils étaient au temps de la première persécution. On y voit le lit rocailleux sur lequel saint Pothin est resté étendu quarante-huit heures et d'où son âme s'est envolée au ciel ; les sueurs, les larmes, le sang des Confesseurs ont trempé chaque parcelle de cette roche bénie ; et ces reliques incomparables ne disent rien au cœur des Lyonnais ! Par quelle aberration les chanoines de Saint-Just, le clergé métropolitain, les nombreux habitants de la colline s'entendent-ils pour délaisser les richesses qu'ils ont sous la main, et préfèrent-ils, en dehors de leur district, un joyau d'une valeur très inférieure à leurs immenses trésors ? Abandonner la source pour courir après un filet d'eau, est un acte de folie possible chez un individu, mais qui ne l'est pas, neuf ou dix siècles durant, chez tous les citoyens d'une grande ville. L'invraisemblance a des bornes au delà desquelles il est imprudent de s'aventurer, et nos adversaires conviendront, je le pense, qu'ils se heurtent ici à d'évidentes impossibilités. Allégueront-ils que le monastère du Confluent possédait en outre une part des cendres déposées sous l'autel des Saints-Apôtres ? La présence de cette relique devait attirer sans doute à Ainay bien des visiteurs ; elle n'explique pas la complète désertion de l'Antiquaille, ni ce fait capital que l'abbaye bénédictine était dans Lyon, autant ou même plus que Saint-Nizier, le centre de la dévotion populaire à sainte Blandine et à saint Pothin.

Ce contraste entre l'affluence des fidèles à Ainay et l'abandon de l'Antiquaille n'éclatait jamais plus que le 2 juin, alors que toute la cité en fête célébrait la gloire de ses premiers Martyrs. De cette solennité, que nous allons au chapitre suivant décrire et commenter, ressort contre les nouvelles prétentions de l'Antiquaille une preuve très forte qu'il suffira d'énoncer ici : dans ce grand jour des Merveilles, dont saint Pothin était le héros principal, jamais, pendant un millier d'années, les Lyonnais ne firent, de la prison du palais des empereurs, le but d'une de leurs stations.

Si dix-huit Confesseurs — plus du tiers du chiffre total — et, à leur tête, l'évêque de Lugdunum, l'envoyé de saint Polycarpe, le fondateur de notre Eglise, avaient terminé leur vie au dessous du Forum de Trajan, comment le cortége, qui ne s'était rassemblé à Pierre-Scize qu'en souvenir d'un simple épisode de la première persécution, ne serait-il pas allé porter ses hommages sur un point de la sainte montagne si facilement accessible ? Au moins, en descendant de Vaise à Ainay, la procession navale devait s'arrêter un instant en face de l'Antiquaille ; au moins devait-elle faire monter vers la grotte sacrée quelques chants, quelques prières. Non ; du IVe au XIVe siècle, la réflexion ne vint point, paraît-il, aux habitants de Lyon que saint Pothin, de qui, cependant, ils honoraient ce jour-là même le dernier sacrifice, avait péri à quelques pas de la rivière dont ils suivaient le cours. Et c'est ainsi que, durant tout le moyen-âge, peuple, magistrats, clergé, archevêques n'eurent pas un seul hommage public pour un lieu si digne de vénération ; oubli qui vient compléter l'étrange silence, avoué par M. Meynis, de tous les documents historiques de la cité !

Or, tandis que la piété lyonnaise négligeait obstinément l'ancienne prison impériale, elle venait offrir à saint Pothin ses vœux reconnaissants devant l'autel d'Ainay ; son trépas magnanime, elle l'honorait prosternée devant la pierre qu'on croyait avoir soutenu les défaillances de sa douloureuse agonie. Finira-t-on par reconnaître que jusqu'au XVIIe siècle inclusivement tous les souvenirs de la mort du saint se sont rattachés non à la grotte de l'Antiquaille, mais au monastère des Martyrs ?

Après ce long et scrupuleux examen, l'auteur des *Traditions d'Ainay* pense avoir le droit de proclamer vrai le témoignage de Grégoire de Tours, cet « historien fidèle, » personnellement recommandable par sa profonde sincérité, par ses vertus et son intelligence, mais qui, de plus, nous offre pour garants de sa véracité, dans le passé, les croyances de quatre siècles dont il ne fut que l'interprète, et plus tard, l'institution permanente du culte des Quarante-huit Confesseurs au lieu même qui fut, d'après son récit, le théâtre de leur mort. Cette dernière preuve serait complète, sans doute, au jugement de mes lecteurs, s'il leur était donné de voir le peuple de Lyon et des contrées voisines se porter en masses pressées à Saint-Martin d'Ainay, pour y honorer saint Pothin et les compagnons de son martyre. Tel est le spectacle que va mettre sous nos yeux la fête des Merveilles, le jour des Miracles, *dies miraculorum*, ainsi qu'on appelait autrefois, à Lyon, la brillante et patriotique solennité du 2 juin.

CHAPITRE VIII

SAINT ADON ET LA FÊTE DES MERVEILLES

Saint Adon a fait connaître le premier la magnifique solennité que les Lyonnais célébraient le 2 juin, en l'honneur de saint Pothin et de ses compagnons : autorité du témoignage de l'archevêque de Vienne. — M. Steyert vient de repousser comme faux tout ce qu'affirme saint Adon ; il nie que la fête fût célébrée le 2 juin, et que son institution ait eu pour but d'honorer les Quarante-huit Martyrs. Erreur de M. Steyert sur ces deux points. — Après cette réfutation nécessaire, l'auteur entre dans son sujet. A quel point de vue doit être envisagé le Jour des Miracles. — Description de la fête. La flottille part de Vaise. — 1re station à Pierre-Scise, où nous trouvons le souvenir des saints Epipode et Alexandre. — 2e à Ainay, théâtre de la grande lutte, *locus in quo passi sunt*. Prérogatives et coutumes de l'abbaye dans cette journée. — D'Ainay la procession se rend par terre à Saint-Nizier, où reposent les cendres des Confesseurs de l'autel d'Auguste. — Concluons, avec M. de Boissieu, que « cette solennité était, à n'en pas douter, l'expression vivante de la tradition. » — En outre, la fête des Merveilles ne s'établit pas d'elle-même : deux causes, deux forces concoururent à la fonder et à la maintenir : la volonté du pouvoir épiscopal, le consentement du peuple et du clergé. Preuves de la pleine approbation donnée par nos archevêque, aux privilèges d'Ainay, et de l'assentiment universel soit du clergé, soit du peuple. — Causes malheureuses qui amenèrent la suppression de la grande fête lyonnaise. — Il est faux, comme l'a prétendu M. Steyert, que le moyen-âge ait constamment célébré le Jour des Miracles le mardi avant la Nativité de saint Jean-Baptiste.

Du rivage qui portait le nom de Minerve, lisons-nous dans le P. Bullioud, les païens avaient jeté et dispersé dans le fleuve les cendres des martyrs qu'un miracle rassembla au confluent situé au même lieu. Ces reliques, déposées dans l'église de la Bienheureuse Marie et des Saints-Apôtres, donnèrent naissance à la fête des Merveilles, qu'on célébrait avec grande pompe dans toute la ville de Lyon, mais surtout à l'abbaye d'Ainay (1). » Le premier qui ait consigné dans l'histoire l'existence et les particularités principales de la solennité du 2 juin, instituée par les Lyonnais en l'honneur de saint Pothin et de ses compagnons, est un illustre enfant de saint Benoît, élu archevêque de Vienne, vers l'an 860.

Adon, élevé dès ses tendres années dans l'abbaye de Verrières, se fit au IXᵉ siècle un grand nom dans l'histoire et l'hagiographie. De même que son martyrologe est en souveraine estime dans l'Église, sa *Chronique universelle* est citée par les historiens les plus exacts. Évêque, il fut l'âme de plusieurs Conciles. Le pape Nicolas Iᵉʳ, les empereurs Charles le Chauve et Louis de Germanie aimaient à le consulter; il dut à la réputation de science et de sagesse dont il jouissait dans toute l'Europe d'être mêlé aux plus importantes affaires de son temps: tel est, après saint Grégoire de Tours, le second témoin d'Ainay.

Au deuxième jour de juin, Adon devait, dans son martyrologe, faire mention des Quarante-huit martyrs immolés à Lyon sous Marc-Aurèle; il crut devoir adopter la narration de saint Grégoire, dont il s'appropria le texte à peu près mot pour mot. Nos adversaires ont cherché là un prétexte pour ne voir qu'une copie dans le récit du martyre des fils de saint Pothin par l'évêque de Vienne: Ainay, disent-ils, n'a pas deux témoins, mais un seul. Cette appréciation manque d'équité. Loin qu'on puisse taxer justement d'incurie saint Adon, on doit reconnaître qu'il a soumis à une révision sévère la rédaction de Grégoire de Tours. De légers oublis s'y étaient glissés, il s'empresse de les réparer. Les noms de quelques saintes étaient cités inexactement, il les rectifie tous jusqu'au dernier. Enfin, il enrichit le texte primitif d'un document inappréciable, la description de la fête des Merveilles, dont il serait bien difficile, sans lui, d'établir la haute antiquité.

Ils ne connaissaient ni le saint auteur ni son œuvre, ceux qui

_____

(1) *Lugdun. sacro-prof.* T. 2, ind. 10. Le nom de Minerve est *Athene* ou *Athana;* de là serait venu *Athanacum.*

l'ont accusé d'avoir transcrit négligemment tout un chapitre de
l'évêque de Tours. Prétendre que le studieux prélat n'aurait,
contrairement à ses habitudes, jeté qu'un coup d'œil superficiel
sur des faits qu'il lui était si aisé de vérifier, puisqu'il résidait
aux portes de notre ville, ce serait oublier que plusieurs d'entre
les Confesseurs de Lugdunum étaient Viennois ; que l'admirable
lettre conservée par Eusèbe fut écrite au nom des chrétiens de
Lyon et de Vienne ; que, par conséquent, aux yeux d'Adon, la
gloire de nos athlètes immortels se confondait avec les gloires
de sa propre Église. Il n'eût pas fallu, d'ailleurs, oublier qu'un
martyrologe, ne fût-il pas écrit par un saint, n'est point un de
ces livres qui supportent le paradoxe historique. Adon, si l'assertion de Grégoire de Tours ne lui avait paru que douteuse,
l'eût rappelée peut-être comme plus ou moins probable, il se
serait bien gardé d'aller au delà. Or, le voit-on hésiter un instant ? Non, et dans un ouvrage destiné à servir de guide à la
liturgie catholique, de base au culte des saints, il présente au
monde chrétien le texte même de la *Gloire des martyrs,* lui donnant par là sa plus solennelle approbation.

En outre, et cette raison est décisive en faveur du second témoin
d'Ainay, Adon, lui aussi, est l'interprète fidèle des traditions de
l'ancien Lugdunum. En effet, la seule peinture qu'il trace de la
solennité du 2 juin, prouve que la dévotion antique des Lyonnais
pour les Martyrs n'était nullement affaiblie sous les princes car-
lovingiens. Dès lors, suivant les lois invariables du catholicisme,
les discours et les panégyriques accompagnaient la magnificence des cérémonies religieuses, rappelant chaque année les
principales circonstances du drame dont les Quarante-huit
martyrs furent les acteurs sublimes ; et comme déjà l'institution
de la fête remontait à plusieurs centaines d'années, les faits
accomplis au second siècle dans l'amphithéâtre de notre presqu'île, n'avaient rien perdu de leur notoriété. L'archevêque de
Vienne, témoin oculaire, témoin d'une sincérité inattaquable,
n'a donc rien pu avancer de faux. S'il emprunte dans sa narration les paroles d'un autre, c'est qu'il se croit hors d'état de rendre
en des termes plus précis ce qu'il voit et ce qu'il entend. La vé-

rité est sortie pure de ses lèvres, comme elle était sortie de celles du candide historien de Tours. Nous l'avons dit de saint Grégoire et nous le répétons ici : Adon n'est pas un homme, c'est tout un peuple, c'est toute une époque. Des millions de voix parlent par sa bouche, des millions de mains se lèvent pour attester ce qu'il atteste. Combien d'événements dont nul ne songe à nier l'authenticité, reposent sur des témoignages beaucoup moins respectables ! Soyons logiques. Ou déchirons la moitié des histoires anciennes et même modernes, ou confessons qu'il n'existe pas de motif plausible pour repousser la parole de deux hommes tels que les évêques de Vienne et de Tours.

Aussi, en même temps qu'ils puisaient avec confiance dans les récits du 49ᵉ chapitre de la *Gloire des martyrs*, nos historiens avaient-ils accepté comme un document irréfragable les lignes du martyrologe de saint Adon relatives à la solennité des Merveilles. Que les Lyonnais eussent institué cette fête dans la pensée de glorifier les héros de la Lettre des deux Eglises, et qu'ils célébrassent leur triomphe le jour même qui leur était consacré, le 2 juin, il n'y avait pas d'exemple d'une contestation élevée à ce sujet : en quoi nos écrivains n'ont montré ni faiblesse d'esprit, ni crédulité aveugle, ainsi qu'on le prétend depuis peu, mais bien le sage discernement de la saine et vraie critique. Tout autre, on devait s'y attendre, est la manière de voir des novateurs.

M. Steyert, il y a quelques mois à peine, prenait à partie l'histoire lyonnaise tout entière. Il commence par nier qu'on célébrât la fête des Merveilles le 2 juin. « C'est, en effet, dit-il, l'opinion reçue et répétée par tous nos historiens, qui font ainsi coïncider cette cérémonie populaire avec la fête de saint Pothin. Aussi accréditée qu'elle soit, cette assertion n'en est pas moins une erreur. Les Merveilles, comme on disait alors, se faisaient le mardi avant la Nativité de saint Jean-Baptiste, et, bien loin de correspondre avec la fête de saint Pothin, ce fut cette dernière que l'on déplaça de sa date liturgique, le 2 juin, pour la

reporter à celle de la fête des Merveilles (1). » Au dire de
M. Steyert, les deux fêtes, distinctes, séparées dès le principe,
ne furent unies qu'à une certaine époque et momentanément;
puisque, en 1459, un Acte capitulaire des chanoines de Saint-
Jean ramena celle de saint Pothin à sa date première : par conséquent, il n'exista jamais entre elles de lien réel. De là une
sérieuse conséquence que notre adversaire tire immédiatement :
« Il est donc démontré que la fête des Merveilles n'avait pas
été instituée originairement en mémoire de nos Martyrs. » Ce
n'est pas encore assez; selon M. Steyert, ce qu'on a longtemps
appelé le triomphe des Martyrs ne serait, assez probablement,
qu'une cérémonie païenne « christianisée, comme l'Église l'a
fait si souvent à l'égard d'anciens usages populaires qu'elle était
impuissante à déraciner. Ces faits, conclut-il, étaient importants à signaler; car l'ignorance dans laquelle nos meilleurs
historiens sont demeurés à ce sujet, les a entraînés dans des
erreurs graves qui ont altéré l'histoire des débuts du Christianisme à Lyon. »

Nous voilà dûment avertis, et le défenseur d'Ainay ne peut
se dispenser d'éclaircir au préalable deux points : est-ce en mémoire de nos premiers Martyrs que la fête des Merveilles fut
instituée? Est-il vrai qu'on la célébrait le 2 juin? Revenons au
témoignage de saint Adon, cité précédemment : je le remets sous
les yeux du lecteur.

Les Martyrs, a raconté l'évêque de Vienne, « ont apparu à
leurs frères désolés qui recueillent les restes mortels des glorieuses victimes et les déposent avec de grands honneurs au
dessous de l'autel. » Des prodiges sans nombre éclatent aussitôt, attestant l'immense crédit des Saints de Lugdunum auprès
de Dieu. « Leur fête, poursuit Adon, est célébrée par les citoyens
de la ville de Lyon. De toutes parts, ceux-ci accourent en
foule pleins de joie, et, suivant la tradition des anciens, descendent le fleuve en chantant des hymnes et des cantiques de
réjouissance; ensuite, ils entendent les messes qui se disent avec

(1) *Revue hebdomadaire du diocèse de Lyon*, article du 22 mai 1885.

beaucoup de pompe dans l'église des Apôtres, où se conserve le
dépôt des cendres vénérées. Ce jour a reçu la dénomination de
Jour des Miracles (1). »

Adon connaissait parfaitement notre ville, où saint Remy
s'efforça de le retenir en lui confiant la direction de la paroisse
de Saint-Romain : c'est de là que les suffrages du clergé et du
peuple de Vienne l'appelèrent sur le siége laissé vacant par la
mort de l'évêque Agilmar. Or, vous avez entendu le docte
Bénédictin. C'est bien la glorieuse troupe des Quarante-huit
martyrs que nos ancêtres s'étaient proposé d'honorer par les
pompes de cette solennité, *horum festivitatem celebrantes*. Et
de qui les Lyonnais de l'ère carlovingienne tenaient-ils l'ensemble du cérémonial, l'ordre et l'itinéraire de la journée? De qui
avaient-ils appris à descendre le fleuve au chant des hymnes,
à choisir de préférence, pour y entendre la messe, l'église où
reposaient les saintes reliques restituées par les eaux du Rhône?
Ces pieuses coutumes leur sont venues de la société gallo-
romaine, par une tradition fidèle qui les a transmises d'âge en
âge, sans les altérer, *ex antiquorum traditione* (2). Lorsque, dans
un livre où pas un mot n'est hasardé, un témoin oculaire, un
prélat si instruit, si vénérable, s'exprime ainsi, j'avoue ne pas
comprendre de quel droit les néo-archéologues de cette ville
passent avec dédain sur un document aussi clair, de quel droit
ils lui refusent même l'honneur de le discuter. L'histoire écrite
n'est donc rien pour les novateurs! Vraiment, on soupçonne
malgré soi qu'il y a ici un *Delenda Carthago*, un anathème irrévocable, caché avec plus ou moins d'habileté au fond de publications très souvent contradictoires, je le sais, mais qui toutes

(1) « Horum (martyrum) festivitatem cives lugdunensis urbis, omnibus
undequaque lætanter accurrentibus, per descensum fluminis cum hymnis
et canticis gratulationis celebrantes, missarumque solemnia in Apostolorum ecclesia (ubi sancti cineres eorum conditi servantur) festivé
Domino reddentes, ex antiquorum traditione, ipsam diem *miraculorum*
appellant. » (Martyr. Adonis, 2 junii.)
(2) V. le chap. VI des *Traditions d'Ainay*.

finissent par s'accorder et se confondre dans l'hostilité des mêmes conclusions !

La fête des Merveilles, on l'insinue adroitement, pourrait bien être une cérémonie païenne « christianisée, comme l'Eglise l'a fait si souvent à l'égard d'anciens usages populaires qu'elle était impuissante à déraciner. » Qu'on ait vu, sur le déclin du polythéisme, un peuple encore enfant dans la foi garder quelque sympathie secrète pour une pratique particulière du culte des faux dieux, je ne le contesterai pas ; mais chercher d'aussi humiliantes infirmités parmi les chrétiens de Lugdunum ! Non, M. Steyert est ici complètement hors la voie. Les premiers chrétiens de Lyon ? Des fleuves de sang, des montagnes de cadavres les séparaient de ce paganisme abhorré qui s'était personnifié pour eux dans le barbare légat de Marc-Aurèle, dans les implacables bourreaux de Septime Sévère. Jamais conversion plus complète, plus absolue que celle de la noble cité dont le sol fut détrempé du sang de trente mille martyrs. « Si l'iniquité abonda jadis dans notre ville, s'écriait le grand Eucher, la grâce et la bénédiction surabondent maintenant en elle, témoin la solennité de Blandine que nous célébrons en ce jour. » Témoin, ajouterai-je, la splendeur de ces fêtes décrites par Sidoine Apollinaire, et dans lesquelles nos Lyonnais du IVe, du Ve siècle manifestaient une piété littéralement infatigable, même durant huit jours consécutifs, comme il arriva pour la dédicace du nouveau temple des Machabées, sous l'épiscopat de saint Patient. Témoin encore l'admiration de la Gaule entière décernant à notre Eglise, ainsi que je l'ai rappelé ailleurs, le surnom de sainte Eglise lyonnaise, *sancta Ecclesia lugdunensis*. Il y aurait ici tout un panégyrique à écrire : je dois couper court, et me borner à remarquer pour la centième fois qu'on traite l'histoire avec une légèreté bien étrange dans l'école de M. Martin-Daussigny.

Mais nous ne sommes, hélas ! qu'à mi-chemin ; car, si M. Steyert veut que la Journée des Miracles « n'ait pas été instituée originairement en mémoire des Martyrs, » il tire cette conséquence d'un fait, d'après lui, certain, savoir, que les Mer-

veilles étaient, contrairement à l'opinion commune, célébrées
le mardi avant la Nativité de saint Jean-Baptiste, ce qui leur
enlève toute connexion essentielle avec la fête de saint Pothin.
Voici quelle sera ma réponse : Lyon célébra, le 2 juin, la Journée
des Miracles du IVᵉ siècle jusque vers le commencement du
XIVᵉ. Le changement temporaire que M. Steyert dénature en
l'étendant aux siècles antérieurs, eut lieu seulement pendant
l'époque de troubles et de désordres qui précéda la suppression
définitive de la solennité. Les deux fêtes étaient si étroitement
liées, qu'aussitôt après la translation des Merveilles au mardi
avant la Saint-Jean, la Saint-Pothin fut également transférée,
et l'union subsista aussi longtemps que nos archevêques n'eurent
pas déclaré abolie l'institution si merveilleusement organisée
par la prudence de saint Eucher.

L'évêque de Vienne, qui nous a fait connaître l'origine vraie
de la fête des Merveilles, aurait-il négligé d'en marquer la date?
Nullement ; lorsqu'il l'a décrite sous la rubrique du 2 juin, il a
par là même déterminé le jour où Lyon et toute la contrée glo-
rifiaient en commun les Quarante-huit martyrs. Qu'est-ce, en
effet, qu'un martyrologe? Le martyrologe n'a qu'une fin, présenter pour chacun des jours de l'année la nomenclature des
saints dont l'Église fait mémoire, avec une simple commémora-
tion de leurs vertus, de leur mort, des honneurs particuliers
qui leur sont rendus. Notons soigneusement que ce cadre très
resserré ne comporte rien d'étranger au quantième sous lequel
il est placé : quand la fête est renvoyée, le martyrologe le dit et
renvoie aussi l'article consacré au saint. Si donc la solennisation
des Merveilles, établie, suivant Adon lui-même, en l'honneur de
saint Pothin et de ses Compagnons, n'avait pas concordé avec le
2 juin, d'abord, un auteur aussi exact que l'évêque de Vienne
n'en aurait point parlé si longuement ce jour-là, et, l'eût-il fait, il
aurait du moins mentionné la date où se célébrait une fête dont
on ne trouvait pas d'autre exemple dans le monde catholique.

Ainsi, le jour des Miracles s'identifiait avec la fête de saint
Pothin au IXᵉ siècle. Au XIIᵉ rien n'avait changé; en voici une
preuve qui nous paraît sans réplique.

Dans l'histoire manuscrite de l'Eglise de Lyon par le P.
Ménestrier, ouvrage inachevé, défectueux peut-être par bien
des côtés, et qui néanmoins fut, de sa part, l'objet de méditations,
de recherches constantes l'espace de quarante années, il est
raconté que l'archevêque Jean de Bellesmains ou de Bellesme
dressa pour son diocèse, de concert avec le Chapitre de Saint-
Jean, un Ordre général des fêtes et des offices divins. « Cet Ordre,
dit Ménestrier, fut réglé l'an 1175 et approuvé par les chanoines,
en présence de l'archevêque Jean de Bellesmains. Sous ce titre :
De festo miraculorum quid fieri debet, on trouve un chapitre où
il est dit que, si la fête des Merveilles arrive dans quelqu'un des
jours de l'octave de l'Ascension, on peut en faire l'office ce jour-là,
et que si elle tombe le jour même de l'octave, on la remet au
lendemain (1). » Donc, voilà un fait constaté : de temps à autre
l'Ascension ou l'un des jours de l'octave coïncidait avec la fête
des Merveilles. Le texte étant formel, la condition est rigoureuse ;
aussi va-t-elle nous servir de règle pour apprécier la valeur res-
pective de l'opinion ancienne et de celle des novateurs.

Plaçons tout de suite Pâques à sa limite extrême qui est le
25 avril, l'Ascension au 3 juin, et son octave au 10 : aucune de
ces fêtes ne peut reculer plus loin. Nulle difficulté pour ceux qui
pensent, comme nous, que le Jour des Miracles était célébré le
2 juin ; l'Acte capitulaire trouvait alors tout naturellement son
application, puisqu'il y avait concurrence avec un des jours de
l'octave de l'Ascension chaque fois que Pâques tombait entre le
16 et le 24 avril. Mais quel moyen imaginera M. Steyert pour
allonger jusqu'au 22 juin, ou seulement jusqu'au 16, jusqu'au
10, une quarantaine qui, de toute nécessité, se terminait le 3 ?
Dans l'hypothèse où les Merveilles eussent été fixées « au mardi
avant la Nativité de saint Jean-Baptiste, » rien de plus ininteli-
gible, rien de plus bizarre que l'acte épiscopal de 1175. Que
vient faire ici l'Ascension, à propos d'une fête qui jamais ne
doit se rencontrer avec l'Ascension ni avec son octave ? Quel
avantage les bons chanoines et leur vénérable archevêque

(1) *Hist. ecclésiast. de Lyon,* T. 1, p. 90. Mss. de la biblioth. de Lyon.

voyaient-ils à réglementer des coïncidences impossibles? A quoi pensaient-ils, d'ailleurs, d'aller chercher l'octave de l'Ascension non un jeudi, mais un mardi? Jusqu'à preuve du contraire, nous ferons aux Chanoines-comtes de Lyon l'honneur de croire qu'ils avaient le sens commun, et tant que M. Steyert n'aura pas mis ses affirmations d'accord avec le décret de Jean de Bellesme, nous tiendrons pour assuré qu'au XIIᵉ siècle, ainsi qu'au temps de saint Adon, ce qui veut dire dès le commencement, la célébration de la plus solennelle des fêtes lyonnaises avait lieu le 2 juin et qu'elle se confondait, par conséquent, avec le culte des Quarante-huit martyrs.

Je n'ajouterai qu'une courte réflexion. On se rappelle ces autres paroles de Ménestrier : « Tous les anciens rituels de Lyon, l'ordre des processions, les Actes capitulaires et plusieurs autres titres parlent de cette fête des Merveilles et en règlent les cérémonies. » S'il en est ainsi, nos historiens religieux du XVIIᵉ siècle purent, sur le sujet qui nous occupe, collationner une foule de témoignages d'une authenticité incontestable. Nos antagonistes reconnaissent que la date du 2 juin se retrouve chez tous les chroniqueurs lyonnais : cette unanimité ne viendrait-elle pas précisément de ce que, sur ce point, les textes interrogés n'avaient tous qu'une seule et même réponse? Depuis, les rituels, les règlements ecclésiastiques, les Actes capitulaires du moyen-âge, échappés aux torches des huguenots de 1562, ont disparu parmi les dévastations effroyables qu'exercèrent dans notre ville les délégués de la Convention : s'ensuit-il de là que nos anciens auteurs n'aient pas eu entre les mains toutes les pièces nécessaires pour fixer avec certitude les principales particularités de la Journée des Miracles?

Je pense avoir rétabli la vérité sur ces deux points fondamentaux : le Jour des Miracles était célébré le 2 juin, il fut institué pour la glorification de saint Pothin et de ses compagnons; nous n'avons plus à y revenir. Quant à la pièce dont s'autorise M. Steyert pour fixer la célébration des Merveilles au mardi avant la Saint-Jean, c'est une difficulté peu sérieuse que nous résoudrons un peu plus tard.

Il est temps de sortir de ces considérations préliminaires et d'aborder enfin un sujet annoncé dès le début de cet ouvrage. Si nos lecteurs éprouvent le désir de connaître à fond la fête des Merveilles, rien, de notre côté, ne s'oppose à l'entière satisfaction de ce vœu ; car, ce que n'a point dit le martyrologe de saint Adon, nous l'avons appris et de ce rituel de Saint-Just dont la discussion sur la Pierre de saint Pothin nous a obligé de parler avant l'heure, et des statuts antiques de l'église métropolitaine de Saint-Jean. Puis, Théoph. Reynaud, Bullioud, Ménestrier nous ont laissé le secours de leurs commentaires, en sorte qu'il nous est possible de décrire cette pieuse solennité presque aussi exactement que si nous venions de voir défiler sous nos yeux le cortége triomphal (1).

Ce qui doit ici attirer notre attention ce n'est pas la grandeur incomparable du spectacle, mais bien plutôt le cachet historique et traditionnel qui fait de la fête des Merveilles un boulevard de nos traditions. Le R. P. André Gouilloud l'a remarqué avant moi dans son *Histoire de saint Pothin :* « A qui sait voir et entendre, dit-il, cette pompe religieuse est un commentaire fort clair, une expression vivante de la tradition sur les premiers martyrs de Lyon... Ce que nous faisons pour le Sauveur en suivant le chemin de la Croix, nos pères le pratiquaient, le 2 juin, en l'honneur de saint Pothin et de ses compagnons ; et comme le premier de ces exercices nous retrace la passion de Jésus-Christ, avec l'indication de ses souffrances et des lieux qui en furent témoins, ainsi la fête des Merveilles rappelait aux fidèles l'héroïsme des martyrs, en faisant passer la procession par les endroits marqués par les principales circonstances de leur combat et de leur mort (2). » Aussi l'ordre général de la fête et l'itinéraire de la procession n'ont-ils jamais varié.

Dès l'aube du 2 juin, la population des campagnes, des villes voisines se mettait en marche, et dans le même temps, en sou-

---

(1) Théoph. Raynaud, *Hagiol. lugd.*, p. 603. — Bullioud, *Lugd. sacroprof.* T. 2, ind. 10. — Ménestrier, *Mélanges sur Lyon*, mss. de la biblioth n° 862, et *Hist. ecclésiast. de Lyon*, mss. T. 1, p. 91.

(2) *Histoire de saint Pothin*, p. 434.

venir de la confraternité des deux Eglises, une députation lyonnaise descendait par le Rhône au devant des Viennois qui, de leur côté, venaient en grand nombre par eau : la rencontre avait lieu à la hauteur de Pierre-Bénite. Cependant, l'archevêque, les dignitaires de la métropole, les corps religieux, chacune des paroisses, les consuls, tous ceux qui feront partie de la procession, se rassemblent à Saint-Pierre de Vaise, mais s'y rendent par la voie de terre (1), la Saône devant rester libre pour l'heure où la flottille y déploiera ses embarcations toutes pavoisées de bannières aux mille couleurs.

Le bourg de Vaise et son église étaient la propriété de l'abbaye d'Ainay : Ainay donne donc ici rendez-vous à la pieuse foule qui se prépare à glorifier les martyrs ; Ainay se trouve chargé de l'accueillir, de lui souhaiter la bienvenue (2). Déjà, de grand matin, ne laissant à la maison-mère qu'un petit nombre de religieux, les moines ont, par un privilége spécial, remonté la rivière sur des barques, et se sont transportés à Vaise, où ils ont célébré dans leur église de Saint-Pierre la messe de saint Pothin d'après le rite exceptionnellement concédé par les archevêques de Lyon. Ils ont pris ensuite une réfection des plus frugales, assurément, et qui toutefois est celle des grands jours ; après quoi ils attendent l'arrivée des processions. Le prieur de Saint-Martin d'Ainay reçoit chacune d'elles sur la plate-forme du perron qui donne accès dans l'église (3).

(1) Clause spécifiée dans le dispositif de l'ordonnance archiépiscopale de 1175.

(2) Innocent IV, dans une bulle adressée en 1250 à l'abbé et au monastère d'Ainay, leur confirme la possession de toutes les terres, églises, prieurés, etc., qui leur appartiennent actuellement. L'énumération en est longue ; dès le premier alinéa le pontife désigne : » les terrains sur lesquels sont situés l'abbaye et ses dépendances ; l'église Saint-Michel... les églises d'Orlianas, de Vernaison, de Veyse, avec les bourgs, prieurés et justices des dits lieux. » (V. *Hist. monumentale de Lyon*, par Monfalcon. T. V. Abbaye de Saint-Martin d'Ainay, p. 119.)

(3) » Die miraculorum vadit conventus per aquam ad Veizam, Septimanario cum aliquibus remanente in monasterio. Et in ecclesia Sancti Petri de Veiza dicat conventus missam matutinalem de sancto Photino, ut in festo ipsius. Post missam dat Infirmarius conventus panem, vinum,

Un écrivain qui n'a guère envisagé la solennité qu'au point de vue pittoresque, juge ainsi le spectacle qui va s'offrir à nous : « Cette fête, dit M. de Fortis, devait produire un effet bien singulier dans le paysage des bords de la Saône. On peut s'en former une idée bien légère lorsqu'on voit arriver les habitants des campagnes environnantes, ayant à leur tête le pasteur de leur église, pour se rendre processionnellement à Fourvière. Le tableau des processions solennelles du nombreux clergé de Lyon sur la Saône, pour la célébration de la fête des Merveilles, forme une scène des plus curieuses et des plus intéressantes de cette ville (1). » En effet, le paysage et les courbes onduleuses que la rivière décrit jusqu'à sa jonction avec le Rhône, se prêtaient merveilleusement aux pompeuses cérémonies du Jour des Miracles. La Saône, quand elle a dépassé Vaise, coule entre deux hautes collines qui s'embellissent au printemps d'une riche végétation. Les deux rives se dérobaient sous une bordure vivante. Sur les deux versants opposés s'étageaient, semés parmi la riante verdure de juin, les groupes des innombrables spectateurs accourus de tous les points de la contrée. Tous attendaient, silencieux et recueillis, le signal du départ de la procession.

Enfin la flottille a formé son ordre de marche, elle s'est ébranlée. La première ligne se compose de cinq embarcations. Au centre, le clergé de la Primatiale se tient debout, revêtu d'ornements dont la richesse extraordinaire attire tous les regards. « Au milieu des rangs du noble Chapitre, dit M. l'abbé Comte, on portait triomphalement trois choses dont la vue devait singulièrement frapper les imaginations pieuses de ces bons temps. C'était le livre d'or des saints Evangiles, renfermant la parole de vie, puis le rastellarium, ou antique candélabre à sept branches que la tradition disait nous venir de l'Orient, puis enfin quarante-

cerasas, cascum......; et expectat conventus donec aliæ processiones venerint, et eas recipit Prior majoris ecclesiæ extra ecclesiam. » (Extrait du propre Coutumier de l'abbaye, dont Bullioud cite un assez long fragment relatif à la fête des Merveilles; nous en donnerons bientôt la suite. (V. *Lugd. sacro-prof.*, 10.)

(1) *Voyage pittoresque et historique à Lyon.* T. 1, p. 279.

huit torches enflammées, en souvenir de ces quarante-huit
témoins de Jésus-Christ, dont la foi avait jeté de si belles lueurs
sur la sainte Eglise de Lyon (1). » Le bateau de Saint-Just occupe
la droite, celui de Saint-Paul, la gauche ; sur les ailes, Saint-
Martin de l'Ile-Barbe et Saint-Martin d'Ainay. Par derrière s'ali-
gnent les rangs pressés d'une armée de nacelles décorées avec
luxe ; dans l'air s'agite une forêt d'oriflammes et de banderoles.
Ces nacelles portent les magistrats en costume officiel, les représentants des églises de la ville et des environs, les religieux, les
corporations diverses avec leurs emblèmes respectifs, les citoyens
notables dans leurs habits de fête ; cortége imposant, dont chaque membre tient à honneur de pouvoir déposer aux pieds de
saint Pothin ses propres hommages et ceux de la cité lyonnaise.

A l'instant où la flottille quitte Vaise, le Chapitre de Saint-Jean
entonne l'office du jour ; les autres Chapitres répondent par des
chants alternatifs. Aussitôt les barques où sont réunis les clercs
attachés au service des autels, se groupent autour des cinq
embarcations principales ; ces jeunes et fraîches voix, en se
mêlant à des voix plus mâles, donnent un charme indicible aux
modulations graves et douces conservées de tradition dans notre
Eglise. Les flots de cette puissante et suave harmonie se répan-
dent entre les deux collines ; ils remplissent l'immense vallée
transformée en un temple digne de la majesté d'un si beau jour.
Les assistants émus s'unissent, au moins par la prière, aux pieux
accents qui s'élèvent du fleuve ; dans ces concerts de la terre, la
foi croit entendre comme un écho lointain des symphonies divines qui célèbrent au ciel le triomphe de nos martyrs. On
arrive ainsi à Pierre-Scise, où la procession s'arrêtera quelques
instants.

Les trois stations de cette journée qui, je l'ai dit, restèrent invariablement les mêmes dès l'origine, doivent être, de notre part,
l'objet d'une étude sérieuse. Le but direct, l'idée fondamentale
de cette institution singulière, se révèleront dans le choix des
trois points de la cité où les autorités ecclésiastiques et civiles

(1) *Revue hebdom. du diocèse de Lyon*, article du 8 mai 1885.

allaient de préférence vénérer les immortelles victimes de la première persécution.

Pourquoi la procession descend-elle d'abord à Pierre-Scise?
Pierre-Scise était un lieu célèbre dans l'histoire des Confesseurs
lyonnais. C'est, dit le martyrologe de saint Adon, au dessus de
la ville, dans le bourg situé près du rocher de Pierre-Scise, que
la trahison livra aux satellites du gouverneur les jeunes saints
Épipode et Alexandre. On sait les innombrables guérisons qu'o-
péra la chaussure d'Epipode restée entre les mains de la pieuse
veuve Lucie, et la crypte de Saint-Jean-l'Evangéliste voyait
les mêmes prodiges se multiplier sur les tombeaux des deux
amis. On se rappelle encore l'éloquente homélie où saint Eucher,
dans son enthousiasme, ne craint pas de comparer ses deux
héros à saint Pierre et à saint Paul, parce que les deux Confesseurs de Pierre-Scise moururent, comme les deux Apôtres, l'un
par le glaive, l'autre sur la croix. Il est extrèmement probable
qu'Eucher lui-même prescrivit la station de Pierre-Scise, asso-
ciant aux honneurs de cette journée deux illustres martyrs, disciples aussi de saint Pothin, et tombés, à quelques mois de
distance, sous les coups des mêmes bourreaux.

Il serait superflu de le nier : si la station de Pierre-Scise est en
quelque façon épisodique, il n'en reste pas moins établi qu'elle
est historique relativement aux motifs qui en déterminèrent le
choix. Historique aussi sera la troisième et dernière station de
Saint-Nizier, devant les reliques miraculeuses déposées, dès le
temps de Marc-Aurèle, sous l'autel qui avait servi au premier
évêque de Lugdunum ; se pourrait-il que la deuxième station ne
soit pas, elle aussi, désignée par l'histoire? Ou, plutôt, serait-il
concevable que cette station ne fût pas le théâtre de la mort des
Confesseurs, *locus in quo passi sunt?*

J'en appelle ici au bon sens le plus vulgaire. La pensée première de la fête des Merveilles étant la glorification solennelle
des Quarante-huit martyrs, n'est-il pas évident que la visite
principale devait être pour le lieu qu'immortalisèrent leur lutte
et leur victoire? Prétendre qu'une procession organisée tout
exprès pour témoigner à saint Pothin et à ses compagnons

la reconnaissance des Lyonnais, ait oublié, mille ans de suite, tout en parcourant la ville entière, de s'arrêter à l'endroit où les témoins du Christ subirent les horribles tortures que nous avons décrites, serait la plus insoutenable des absurdités. Non, logiquement, entre le souvenir que le Jour des Merveilles donnait aux deux jeunes saints de Pierre-Scise, et le tombeau qui renfermait les cendres sacrées, il n'y a place que pour le théâtre arrosé par le sang des Confesseurs de l'autel d'Auguste ; et si Lyon se rassemblait en ce moment à Ainay pour leur offrir le tribut public des hommages, des actions de grâces de ses habitants, c'est que là les fondateurs de son Église avaient consommé le sacrifice de leur vie ; c'est que les saints, objet de son amour et de son culte, portaient dans la pensée de tous le nom de martyrs d'Athanacum.

La procession se rembarque ; on descend vers Ainay. Il s'agit maintenant d'examiner si les circonstances de cette visite viendront contredire ou confirmer les traditions de l'abbaye.

A peine on touche au pont de pierre, l'office continué jusqu'alors est subitement interrompu, et le cantique de la joie retentit. « Louez le Seigneur, peuples de la terre ; exaltez-le, nations de l'univers : *Laudate Dominum, omnes gentes...* » Au même instant, la barque athanacienne prend la tête du cortége ; la communauté descend la première, elle entre dans l'église au chant des psaumes, au bruit des cloches qui sonnent à toute volée. Une partie revêt les chapes, les autres des surplis. Le grand autel est magnifiquement paré, la basilique, resplendissante de lumière. Un cierge de gros calibre brûle devant la Pierre de saint Pothin : la Pierre elle-même a été recouverte d'un ornement de soie (1).

---

(1) Rituel de Saint-Just dans l'*Hagiol. lugd.*, p. 603. — Le Coutumier d'Ainay continue ainsi : « Postea intrant in navem et stant super aqua per aliquod intervallum cum aliis processionibus. Postea recedant primi et tunc incipiant cantare, et dum intrant monasterium, pulsetur solemniter et revestiantur omnes albis. Ponantur cappæ in choro ad accipiendum processiones (puta ex Veiza sequentes et canentes). Sit magnum altare paratum, et omnes cerei magni candelabri accensi.

Cette seconde station ne peut être que d'assez courte durée : la longueur extrême tant de l'itinéraire que des offices de Saint-Nizier ne permet pas qu'il en soit autrement. La cérémonie principale et presque unique est indiquée en ces termes par le rituel de Saint-Just : « En traversant le chœur, chacune des églises ira séparément baiser la pierre du bienheureux Pothin, selon la coutume. » Le statut de Saint-Jean parle, sans rien spécifier, des prières qu'on adressait publiquement aux Martyrs. Quelques indications du P. Bullioud permettent de compléter la scène : « A l'approche de chaque procession, dit le règlement dont il cite le texte, on sonnera toutes les cloches : puis, au moment où la procession fait son entrée, le chœur se lèvera tout entier en signe de respect. Quand tous seront partis, on revêtira les chapes, et l'on commencera la messe solennelle de saint Pothin avec quatre chapiers, *cum quatuor cappis* (1). »

Au sortir d'Ainay, la componction et le deuil succèdent tout à coup aux élans d'une sainte joie. Tandis que la procession s'achemine à pas lents vers Saint-Nizier, on psalmodie le *Miserere,* qu'on fait suivre de l'oraison des morts. La cause de ce changement subit n'échappera point à ceux qui n'ont pas oublié les notions archéologiques données au premier chapitre de cet ouvrage sur l'autel national. Il y eut certainement, autrefois, près de l'*Ara lugdunensis,* un palais, un prétoire, où, sous la présidence du légat de l'empereur, se réunissait, au moment des grands marchés et des fêtes augustales, la haute magistrature des soixante nations gauloises. La Mure n'hésite pas à l'affirmer et il appuie son opinion sur l'autorité de Spon, le célèbre archéologue protestant. Ce prétoire fut, pour les premiers Confesseurs

Ponatur unum cereale ante petram sancti Photini (puta super quam martyrio affecti traduntur martyres Athanacenses), et paretur dicta petra panno serico ob reverentiam sanctorum. »

(1) « Ad ingressum cujusque processionis, pulsetur solemniter; et dum processiones intrant, chorus omnis assurgat propter reverentiam ipsorum. Quibus recedentibus, induant cappas, et incipiatur missa sancti Photini solemniter cum quatuor cappis. » *Lugd. sacro-prof.,* t. 2, ind. 10.

de Lugdunum, ce qu'avait été pour le Fils de Dieu accusé par
les Juifs le prétoire de Ponce-Pilate : ils y furent jugés, ils y furent
condamnés; et voilà pourquoi, sans doute, un souvenir lugubre
a soudain attristé le cœur des fidèles. En ce lieu leurs pères
égarés demandèrent à grands cris la mort des justes; et bien
que la plupart d'entre eux aient pleuré leur crime, les fils des coupables n'en regardent pas moins comme un devoir sacré de
réclamer de la clémence des saints un pardon généreux pour
leurs ancêtres, pour eux-mêmes, pour toute la cité. Ce n'est
qu'après avoir dit humblement le psaume du repentir, qu'ils
retrouvent assez de confiance pour invoquer leurs bienheureux
protecteurs.

A la porte Saint-Michel, le Maître des cérémonies entonnait
les litanies des Quarante-huit martyrs, qui se continuaient jusqu'à Saint-Nizier. Mais arrêtons-nous au seuil de cette dernière
basilique; le reste de la fête ne concerne plus la question
d'Ainay.

M. Alph. de Boissieu, nous lui devons cette louange, est le
premier qui ait noté, dans sa réponse à M. Martin-Daussigny,
le caractère tout historique de la fête des Merveilles : il l'a fait
dans une page serrée, substantielle, et que moi-même j'ai simplement développée, sans ajouter beaucoup, je le reconnais, à
la netteté des aperçus, à la force de la démonstration.

« Cette solennité, dit l'éminent écrivain, était, à n'en pas
douter, l'expression vivante de la tradition. Elle se pratiquait
sur l'eau, probablement en mémoire de l'élément qui avait rendu
intactes les cendres de saint Pothin et de ses illustres émules.
Dans son cours et ses stations, la pompe religieuse suivait les
traces de la passion de nos premiers martyrs, depuis le port de
Vaise, voisin du lieu où saint Épipode et saint Alexandre
avaient été trahis, jusqu'à Ainay, *locus in quo passi sunt*, pour
revenir ensuite à Saint-Nizier, ancienne église des Saints-
Apôtres, où les cendres de nos généreux athlètes avaient été
déposées, *condigno honore, sub sancto altari* (1). Comment

_____

(1) Ado. op. laud., 2 junii.

expliquer ce long détour par Ainay, si le lieu de leur supplice avait été à la Déserte ou à Saint-Pierre? Notre-Dame de la Platière, antique fondation de Leydrade, peu éloignée de ces deux quartiers, était sur le parcours du cortége, et cependant il passait outre, sans lui donner un souvenir ! Pourquoi la litanie des saints Martyrs entonnée devant le couvent de Saint-Michel, où nous avons retrouvé de nombreuses traces des assemblées nationales de la Gaule à l'époque romaine? Évidemment, tout en cette cérémonie porte un caractère frappant de traditions locales très précises et religieusement conservées (1). »

Ce passage renferme contre le système de M. Martin-Daussigny un argument qui ne souffre pas de réponse. M. de Boissieu dit à son adversaire : Si le martyre des Quarante-huit confesseurs avait eu lieu au Jardin des Plantes, l'itinéraire du 2 juin aurait marqué là une de ses stations. Or, du ve au xve siècle, Lyon, au jour de la fête des Merveilles, a complètement ignoré que saint Pothin et ses compagnons aient souffert au pied de la Croix-Rousse; donc, ni l'autel d'Auguste ni l'amphithéâtre de Lugdunum ne furent où vous les placez ! A M. Aug. Bernard il demande aussi : Le cortége a-t-il fait halte en face de Saint-Pierre? Non, il s'est abstenu, pendant un millier d'années, de saluer, même en passant, les murs de cette église. Donc, il n'y avait en ce lieu aucun souvenir de la mort des victimes de Marc-Aurèle, et l'invention de M. Aug. Bernard est condamnée par le moyen-âge tout entier. L'argument de M. de Boissieu ne s'applique pas aux seuls novateurs que je viens de nommer ; le jour des Miracles est la condamnation absolue, irrévocable, de tous les systèmes si malheureusement substitués depuis près de deux siècles à nos vénérables traditions.

« Le lieu où les martyrs ont combattu s'appelle Athanacum ; » telle est la conclusion où nous a conduits l'interprétation du cérémonial de la solennité du 2 juin. Mais la grande fête lyonnaise ne s'établit pas d'elle-même avec ses coutumes, avec ses prescriptions. Deux causes, deux forces concoururent à la

(1) *Ainay, son autel*, etc., p. 120.

fonder et à la maintenir : la volonté du pouvoir épiscopal, le consentement du peuple et du clergé ; c'est par ce consentement universel de l'Eglise lyonnaise que je vais maintenant prouver jusqu'à l'évidence combien sont légitimes les revendications d'Ainay. Mes lecteurs comprennent toute la portée de ce nouveau moyen de démonstration.

Le P. Perrone, un des plus habiles théologiens de notre siècle, pèse la valeur des preuves tirées de la liturgie, quand celle-ci est appelée en témoignage des traditions dogmatiques. « La liturgie, dit-il, jouit d'une très grande autorité : on doit la tenir pour un témoin irréfragable de la tradition et de la foi de l'Eglise. Celui-là seul pourrait le nier qui ne réfléchirait pas que la liturgie résume les croyances professées par toutes les Eglises, l'opinion des évêques, des prêtres, des fidèles ; en un mot, les lois, les rites, les maximes, les dogmes, toutes les vérités (1). » Les paroles du savant professeur ne s'appliquent ici qu'assez imparfaitement ; car, outre qu'il s'agit d'un simple fait historique, ce n'est pas l'ensemble d'une liturgie que nous produisons, c'est un très petit nombre de cérémonies et de prières. Toutefois, la liturgie ancienne suivie dans la fête du 2 juin, se dessine encore assez clairement pour qu'il soit permis d'affirmer avec certitude que nos évêques et toutes les églises de la cité ont constamment approuvé les privilèges si extraordinaires d'Ainay, au jour de la glorification annuelle des Quarante-huit martyrs.

On ne saurait douter, en premier lieu, de l'assentiment des archevêques de Lyon.

L'Eglise lyonnaise eut, depuis le milieu du second siècle jusque vers la fin du neuvième, une série à peine interrompue de pontifes inscrits au catalogue des saints ; hommes, d'ailleurs,

_____

(1) Maximi faciendam esse auctoritatem sacræ liturgiæ, camque habendam esse uti testem omni exceptione majorem traditionis et Ecclesiæ fidei, is solus inficias iverit qui non adverterit in illa Ecclesiarum omnium exhiberi vocem ac testimonium, episcoporum, presbyterorum et plebis ipsius suffragia, leges, ritus, effata, dogmata. (Tract. de locis theologicis. Part. II, sect. xi, caput 2, § 4. — Cf. De praxi Eccl. in publ. et solemni sacramentorum administratione, et de cultu religioso, § 5).

tellement grands par leur génie et par leurs œuvres que, souvent, l'histoire de notre ville n'est guère que l'histoire de leur épiscopat. Vigilants gardiens de la foi, de la discipline, ils n'eurent pas moins de zèle pour entretenir dans toute sa pureté, parmi leurs ouailles, la dévotion aux Martyrs lyonnais. Eux seuls ont institué, eux seuls ont réglementé la fête des Merveilles. Alors donc que, pendant le moyen-âge tout entier, nos évêques ont fixé au monastère de saint Badulphe la seconde station de la flottille, de deux choses l'une : ou bien, par une coupable insouciance, ils ont laissé à l'abandon la terre qu'avait arrosée le sang des compagnons de saint Pothin ; ou bien, ils ont cru sincèrement, avec Grégoire de Tours, avec saint Adon, que « le lieu où moururent les Confesseurs de l'autel d'Auguste se nommait Athanacum. »

Il est une preuve particulière du jugement porté par les évêques lyonnais du moyen-âge sur les droits que s'attribuait l'abbaye du confluent. A dater du xvᵉ siècle, Lyon cessa de célébrer la fête des Merveilles ; « la tradition des faits qu'elle rappelait ne continua pas moins, dit M. de Boissieu, à recevoir un public et solennel hommage dans le sanctuaire qui se faisait gloire d'avoir été élevé près du théâtre où nos Martyrs avaient livré leurs derniers combats. Un missel gothique de l'abbaye d'Ainay, imprimé vers 1516, et qui n'est que la reproduction d'un missel manuscrit beaucoup plus ancien (1), nous montre, à la date du 2 juin, la fête de saint Pothin et de ses généreux disciples célébrée avec une pompe et des offices étrangers à toutes les autres églises de la ville. Tandis que celles-ci, et Saint-Nizier même, se contentaient de l'office du commun des martyrs, l'abbaye avait un propre spécial, dont toutes les paroles, empruntées aux livres saints, exaltaient la lutte et la victoire de nos glorieux athlètes. Cet anniversaire comptait parmi les plus grandes solennités du monastère : *in quatuor cappis* (2). »

---

(1) Ces deux missels font partie de la belle et nombreuse bibliothèque des RR. PP. Jésuites de Lyon.

(2) *Ainay, son autel*, etc., par M. Alph. de Boissieu, p. 121.

Les matières liturgiques n'étant pas familières à toute espèce de lecteurs, on me permettra de rappeler un principe nécessaire à l'intelligence de la question. Autoriser de nouveaux offices est un droit que les Souverains Pontifes se sont depuis longtemps réservé. Si, dans la première moitié de l'ère chrétienne, cette loi fut moins sévère, pourtant, lorsqu'il s'agissait du culte sacré, nul n'aurait osé innover sans la sanction de l'Ordinaire. Jamais la célébration des fêtes, jamais l'insertion, dans les livres liturgiques, d'une messe ou d'un office ne furent abandonnées aux caprices d'une piété quelquefois aveugle, d'un zèle peut-être inquiet ou ambitieux ; et cela, pas plus au fond des monastères les plus reculés que dans les églises que leur proximité plaçait dans la dépendance plus directe du premier Pasteur. Par conséquent, il était impossible qu'Ainay s'arrogeât indûment les honneurs d'une liturgie particulière, surtout dans une solennité patriotique où tout se passait au grand jour, où les témoins se comptaient par milliers. L'épiscopat veillait : c'en est assez pour qu'on ne puisse admettre dans la cité l'introduction ou du moins la persistance d'un abus réel, en un sujet aussi grave que le culte des saints.

La qualification même de « saint Pothin d'Ainay, *Athanacensis Photini*, » dont l'abbaye faisait gloire en face de la procession du 2 juin, fut nécessairement connue des archevêques de Lyon. Dans le cas où ce titre n'eût été qu'une usurpation, l'Ordinaire pouvait-il tolérer une prétention destructive de la vérité historique et blessante pour les ayants-droit ? Non assurément. On n'a pas oublié cette judicieuse remarque de M. de Boissieu : « Pour donner à saint Pothin ce titre d'*Athanacensis*, il fallait que l'église d'Ainay justifiât, par une tradition constante et une possession immémoriale, que le saint évêque était mort sur son territoire (1). » En quelque sens qu'on se tourne, on va forcément aboutir à cette conclusion : dans la fête des Merveilles, il n'est pas un seul des privilèges liturgiques dont jouissait l'abbaye, qui n'ait dû recevoir préalablement l'approbation du pouvoir épiscopal.

(1) *Ainay, son autel,* etc., p. 122.

Enfin, ce qui démontre l'assentiment universel aux traditions athanaciennes, c'est l'adhésion sincère de toutes les Eglises, sans que, pendant dix siècles et plus, une réclamation se soit fait entendre à l'encontre des prérogatives d'Ainay.

Ai-je besoin de faire observer que les corporations ont leurs rivalités aussi bien que les individus? Le monde religieux n'est pas plus exempt de cette infirmité que la société civile : peut-être même est-il vrai de dire que là où l'honneur de Dieu et des saints est en jeu, l'ardeur d'un zèle très légitime venant à se confondre avec les excitations de l'amour propre, avec l'entêtement des vues personnelles, souvent les compétitions deviennent plus opiniâtres que si l'intérêt privé en était le seul mobile. Les PP. Ménestrier et Colonia ont cru aplanir toutes les difficultés en faisant du théâtre des Minimes un amphithéâtre où seraient morts les Quarante-huit martyrs de la première persécution. Admettons un instant qu'ils aient eu pour eux la réalité des faits, et transportons-nous sur la colline à l'heure où le 2 juin déploie ses pompes à travers la cité.

Dans l'hypothèse de Ménestrier, l'église de Saint-Just, voisine du théâtre gallo-romain, doit naturellement considérer la gloire des enfants de saint Pothin un peu comme sa propriété : que pensent donc les habitants du quartier quand ils voient la flottille passer sous les créneaux massifs des Machabées et tourner en face vers le monastère de saint Badulphe? Ainsi, les illustres chanoines de Saint-Just ne figurent dans le cortège que pour coopérer humblement au triomphe de quelques moines bénédictins ! Et pourquoi cette visite à l'abbaye d'Ainay? La possession d'une ou de plusieurs reliques est-elle un titre qui puisse entrer en comparaison avec ceux dont se glorifient les Machabées? Quoi ! le cortège est allé bien loin vénérer les traces des pas de saint Epipode au moment où il fut pris par les païens, et les vestiges sanglants de Sanctus et d'Attale, de Maturus et de Blandine ; l'arène où les bêtes farouches s'étendirent à leurs pieds, dociles et caressantes, ces lieux bénis que tant d'autres contrées seraient heureuses de posséder, Lyon les oublie, Lyon les dédaigne dans la journée même qu'il a consacrée à ses bien-

heureux patrons ! Tout ce peuple réclame le secours de saint
Pothin et des compagnons de son martyre ; mais où donc ce puissant secours sera-t-il accordé plus sûrement qu'à l'endroit qu'ils
sanctifièrent par le généreux sacrifice de leur vie ?

Tels sont les griefs que les habitants de Saint-Just n'auraient
pas manqué de formuler dès le principe. D'année en année les
plaintes se seraient multipliées, et le tribunal de l'évêque en
eût été assailli, jusqu'au jour où la basilique des Machabées,
lésée pour des motifs qu'il est impossible de comprendre, aurait
enfin obtenu pleine et entière justice.

Des Machabées descendons à Saint-Jean où l'imagination des
néo-archéologues vient de découvrir aussi l'autel d'Auguste et
l'amphithéâtre des Martyrs. Si le monument de la rue Tramassac
avait eu la destination que lui attribue sans preuve M. Raverat,
le 2 juin aurait vu se passer chaque année le plus étrange des
phénomènes.

Déjà, dans l'ordonnance de 1175, l'archevêque Jean de
Bellesme et le Chapitre de la primatiale ont fait cession à Ainay
des prérogatives qui eussent dû, en toute justice, revenir à Saint-
Jean : à chaque anniversaire de la fête, ce mystère d'abnégation
se continue, il se renouvelle indéfiniment. Lorsque, après la
station de Pierre-Scise, la flottille arrive sous les murs de la
cathédrale, on aurait devant soi, selon M. Raverat, l'arène où
plus de vingt d'entre les confesseurs eurent la tête tranchée, et
où furent livrés aux bêtes Maturus et Sanctus, Attale et
Alexandre, Blandine et Ponticus. L'archevêque et les chanoines,
régulateurs des cérémonies de la journée, font-ils un signe pour
que les actions de grâces, pour que les invocations soient dirigées, quelques instants du moins, vers les ruines d'un monument si vénérable? Non, leurs droits les mieux fondés, ils n'en
ont pas le moindre souci. Que voulez-vous? L'idée ne leur est
jamais venue que, les Quarante-huit martyrs ayant tous rendu leur
sanglant témoignage là, sur la rive droite, aux portes mêmes de
Saint-Jean, il est absurde que l'église métropolitaine, que toutes
les églises de la ville et de la province aillent, au jour anniversaire de la mort de saint Pothin, présenter leurs hommages aux

Quarante-huit martyrs cinq cents pas plus loin, sur la rive gauche, à la plus grande gloire d'un monastère qui n'a rien à revendiquer dans le drame éternellement mémorable de l'an 177!

Quoi qu'on en puisse dire, l'humanité n'est pas ainsi faite ; et la Saône coulera du côté des Vosges avant que les novateurs aient convaincu un homme de sens qu'Ainay, durant dix siècles, aurait bénéficié des souvenirs traditionnels attachés, dans la réalité, soit au théâtre des Minimes, soit, rue Tramassac, au temple des Antonins. Remarquons bien que la dernière des Églises de Lyon, si l'immolation des Confesseurs avait eu lieu sur son territoire, eût de même porté ses remontrances au tribunal du Chapitre métropolitain. Les sympathies de tous les habitants l'auraient accompagnée, ne fût-ce qu'en haine de l'usurpation et de l'injustice, et la réforme désirée eût, tôt ou tard, été accomplie aux applaudissements du clergé, des laïques, de toutes les classes de citoyens.

Les adversaires des traditions athanaciennes essaieront par mille subtilités d'ébranler notre interprétation des cérémonies de la grande journée du 2 juin; il leur sera moins facile d'éluder l'argument que je viens de poser. Jamais, à l'occasion de la fête des Merveilles, un rival ne s'est levé pour disputer ses étonnantes prérogatives à l'abbaye du Confluent. Le silence et l'acquiescement universel prouvent que la métropole, que Saint-Just, que les autres églises de la cité acceptèrent toujours avec une foi entière le témoignage de Grégoire de Tours et de saint Adon. Est-il, je ne dis pas un catholique, mais un légiste qui ne déclare inattaquables des titres respectés par cinquante générations?

La décadence et la fin de la célèbre fête lyonnaise sont un point qu'il importe ici de connaître : l'histoire des *Traditions d'Ainay* doit préciser très exactement pour quels motifs, dans quelles circonstances, fut abolie la solennité du 2 juin. Lyon, jusqu'à présent, a conservé intacts les souvenirs relatifs au martyre des Quarante-huit confesseurs ; plût à Dieu que nous pussions faire le même éloge de la constance des habitants dans la piété d'autrefois ! Mais, hélas ! rien ne dure ici-bas ; le cours des siècles

avait amené chez un trop grand nombre un notable affaiblissement des mœurs et de la foi. Au moment du Concile œcuménique
de Vienne en 1311, le mal était déjà tel, disent nos annalistes,
qu'aux offices religieux de la matinée succédaient « les foires,
les joutes, les danses, l'ivresse. De l'ivresse naissaient les
rixes ; des rixes, les blessures et les homicides. » Le peuple, si
l'on veut, était seul coupable de ces abus; mais, dans les
classes supérieures, on voyait percer çà et là un esprit d'opposition systématique. « Les Chanoines-comtes de Lyon se plaignaient de ce que les consuls de la cité entravaient la solennité
par tous les moyens en leur pouvoir, et visaient ouvertement à
la rendre impossible (1). » Les échevins voulaient-ils se débarrasser des subsides annuels dus par la ville pour les frais de la
journée? Ou bien, faut-il rattacher cette querelle si âpre, si
persistante, à la grande lutte engagée alors entre les archevêques et une portion des citoyens, à propos de la cession du
Lyonnais à la France? La date assignée aux démêlés dont parle
Bullioud, leur violence, attestée par tous nos historiens, me por-
teraient à croire que les passions politiques ne furent pas étrangères aux désordres qui provoquèrent de la part du pouvoir
ecclésiastique la suppression de la fête des Merveilles.

Lorsque, en 1033, Eudes II, comte de Champagne, disputa, les
armes à la main, à Conrad le Salique la succession de Rodol-
phe III, frère de sa mère, le roi de France, Henri Ier, se prononça
contre Eudes et détermina la victoire de l'Allemand, dont les titres
étaient moins solides que ceux de son rival. La France, après
avoir abandonné Lyon à l'Allemagne, aurait eu mauvaise grâce
à contester les droits de nos archevêques, seigneurs temporels

---

(1) Quod autem in eo festo, per populi semper ad extrema deflectentis
licentiam, pleraque peccarentur, ac etiam ad obsolescentem apud aliquos
festi splendorem excitandum, necessaria fuit virga disciplinæ...
(*Hagiol. lugd.*, pag. 63). Bullioud est plus explicite «..... Sed quia toto
tempore festi illius, et nundinarum et certaminum, saltationum et com-
potationum, non decrant jurgia, mutilationes et homicidia, ideo, etc...
Aliunde, querebantur canonici quod consules civitatis festum Mirabilium
pro suo posse impedirent et diruerent. » (*Lugd. sacro-prof.* Indice 10.)

du Lyonnais de par l'empereur Conrad et ses successeurs. Toutefois, sous Philippe le Bel, le régime féodal tendait à disparaître ; la royauté absorbait les uns après les autres les Etats des grands feudataires ; l'unité nationale se formait par des progrès lents mais irrésistibles ; Lyon devait redevenir français. Aussi n'aurions-nous que des louanges pour ceux d'entre les citoyens qui travaillèrent à une réunion nécessaire et désirable si, dans leur zèle turbulent, ils n'avaient pas confondu le profane et le sacré, le culte des saints avec l'objet de leurs antipathies politiques. Nous connaissons aujourd'hui d'après quels principes agissent les réformateurs révolutionnaires. Leur loi fondamentale, nul ne l'ignore, est celle-ci : pour guérir une branche malade, scier l'arbre à la racine ; pour supprimer un abus, bouleverser le pays par la ruine des institutions qui l'ont fait vivre jusque-là ; et, quand ils croient l'heure propice pour opérer une cure à jamais mémorable, alors, faire jouer la dynamite et sauter en l'air la société tout entière, clergé, magistrature, armée, famille, éducation, morale publique, religion. Cette façon de réformer a toujours été plus ou moins du goût de la race gauloise, et c'est bien là, proportion gardée, le système suivi, au commencement du XIVᵉ siècle, par la minorité factieuse qui enveloppait nos martyrs dans sa haine de l'autorité temporelle des archevêques de Lyon.

Les successeurs de saint Pothin défendirent avec énergie l'institution du 2 juin contre la tiédeur et l'indifférence, contre le mauvais vouloir, contre l'envahissement des abus. Dans ce Concile de Vienne où Clément V instruisit le procès des Templiers, il fut aussi question de la fête des Merveilles. Les Pères commirent à l'épiscopat lyonnais la charge non seulement de réprimer les actes licencieux qui déshonoraient cette journée, mais encore d'exiger l'observation fidèle des engagements acceptés depuis des siècles par tous les Ordres de la cité, et devenus, du consentement de tous, lois de l'Etat.

Cependant Philippe le Bel, l'un des rares souverains de la France à qui l'histoire ait reproché le manque de bonne foi et le despotisme brutal, resserrait de plus en plus autour de la cité

lyonnaise le réseau de ses habiles manœuvres. La discorde agi-
tait la ville, partagée en plusieurs juridictions : juridiction de
l'archevêque, juridiction des chanoines de Saint-Jean, juridiction des bourgeois. Ces conflits perpétuels avaient maintenant pour arbitre à peu près unique le roi de France qui, sous
prétexte de les terminer plus vite, introduisit dans Lyon, d'abord
des agents de la couronne, puis, finalement, un gouverneur
royal. La dernière heure du régime féodal avait sonné. En 1312,
Philippe passa dans nos murs en se rendant au Concile de Vienne,
et Pierre de Savoie déposa entre les mains du monarque un
acte de renonciation à la souveraineté du Lyonnais, se réservant
toutefois le droit de connaître des infractions aux lois et coutumes
établies pour la journée du 2 juin (1). Le prélat spécifia cette
même clause dans la transaction passée entre lui et la commune, au château de Pierre-Scise, en 1320. Le pouvoir très
légitime qui lui venait des derniers souverains du royaume des
Deux-Bourgognes, Pierre de Savoie s'en dépouillait, mais le
devoir de défendre la gloire de saint Pothin et des compagnons
de sa mort, il n'entendait y renoncer à aucun prix. Ici, se désintéresser de la lutte lui eût semblé une prévarication.

C'est ainsi que, grâce à l'épiscopat, au clergé, à tous les bons
catholiques, la fête des Merveilles se soutint durant le XIVᵉ siècle ;
car, longtemps après la renonciation de Pierre de Savoie, Lyon
et tout le pays célébraient encore le jour des Miracles, sans
qu'on eût rien changé à la pompe accoutumée. Le P. Bullioud
nous fournit une preuve de ce fait. « Nous savons indubitablement, dit-il, par les Actes capitulaires de l'église métropolitaine, qu'en 1362 la solennité eut lieu : seulement, il n'y eut
pas concours des populations voisines, les ennemis étant maîtres

---

(1) « Nobis etiam et successoribus nostris retinemus festum appellatum Mirabilium, et coercitionem ac punitionem inobedientium et delin-
quentium in non faciendo debitum suum circa dictum festum, prout est
apud Lugdunum alias consuetum. » (V. *Hagiol. lugdun.*, p. 63, et Bullioud, *Lugd. sacro-prof., Athanacum.*)

de la campagne. Les cérémonies se bornèrent à la messe et à la procession (1). »

L'ennemi qui répandait en ce moment l'effroi dans la province était non une armée régulière, mais un corps d'aventuriers qui reçut le nom de Grande-Compagnie; association redoutable de soldats mercenaires, anglais, allemands, brabançons, français, licenciés pendant une des trêves de la guerre de Cent Ans, et qui, de la Bourgogne qu'ils avaient ravagée, étaient descendus par la vallée de la Saône dans les plaines du Lyonnais et du Forez. Au nombre de quinze mille, ils avaient, le 2 avril 1362, mis en déroute trente mille hommes commandés par le connétable Jacques de la Marche qui fut, avec son fils Pierre de Bourbon et son neveu Louis, comte de Forez, gravement blessé dans le combat. Après la bataille de Brignais, les Routiers, libres de toute crainte, livrèrent tranquillement au pillage une contrée qui n'avait pas eu, comme celles de l'ouest, à souffrir de vingt-cinq années de guerre contre les Anglais. La note des Actes capitulaires est donc très exacte; or, il est expressément déclaré que, par extraordinaire, un obstacle extérieur empêcha cette année Lyon et les provinces limitrophes de remplir dans toute son étendue le programme de la solennité.

Mais si la ville a persisté pendant la majeure partie du XIVe siècle à rendre aux Quarante-huit martyrs son tribut ordinaire d'hommages, ne doit-on pas inférer de ce fait que la majeure partie des citoyens faisait cause commune avec ses chefs spirituels? Il est clair que, dans le cas où la masse des Lyonnais aurait pensé comme les échevins, comme les quelques bourgeois dont se plaignaient les Comtes-chanoines, toutes les tentatives de l'autorité diocésaine n'auraient abouti qu'à l'échec le plus humiliant. On ne soulève pas, on ne fait pas mouvoir, par décret, un peuple obstiné dans son inertie. D'ailleurs, n'ou-

---

(1) « Ex actis capitularibus Ecclesiæ Majoris indubitatum est, anno 1362 festum illud Mirabilium celebratum quidem fuisse, sed, propter hostium urbi imminentium timorem, nullam vicinorum concursationem fuisse factam; sed in missa et processionis celebratione totum cultum peractum consummatumque. » (Bullioud, ibid.)

blions pas une loi toujours observée à l'approche de la Journée
des Miracles, et qui offrait l'immense avantage de mettre les
archevêques à l'abri de tout reproche, en même temps qu'elle
sauvegardait la liberté de la population. « Cette fête, remarque
M. Meynis, ne commençait pas avant que les habitants de la
ville et de la campagne eussent adressé une demande expresse
au Chapitre, qui la faisait alors annoncer par le chancelier (1). »
Par cela même qu'avant d'accorder la célébration de la fête,
l'Église attendait la libre expression du vœu populaire, il est
démontré que le zèle de la puissance ecclésiastique ne fut jamais
oppressif, et que l'opposition, audacieuse, bruyante, comme elle
l'est presque toujours en France, ne forma longtemps qu'une
faible minorité.

Mais, à mesure que le XIVe siècle avançait et bien plus encore
dans le cours du XVe, le contraste entre la pensée toute chrétienne de l'institution du Jour des Miracles et les défaillances
de la piété dans les âmes s'accusait de plus en plus. Lyon avait
cessé d'être cette cité pacifique, ce port tranquille et sûr que son
isolement abritait contre les tempêtes; il recevait maintenant
toutes les aspirations, tous les souffles violents qui lui venaient
du dehors : car, précisément à cette époque, l'ère des passions
et des luttes modernes commençait pour la catholicité. Le partage du monde chrétien en deux obédiences soumises à deux
papes différents, l'esprit de révolte sorti des dangereuses discussions soutenues dans les Conciles de Constance et de Bâle, les
prédications des hérésiarques précurseurs de Luther et de Calvin;
toutes ces causes de perturbations religieuses étonnaient, ébran-
laient la foi. Par quel prodige notre ville eût-elle pu se soustraire à toute influence pernicieuse? Comment, à l'heure de la
transformation générale des peuples européens, eût-elle conservé
seule la simplicité des mœurs antiques et les coutumes de l'âge
de saint Eucher ?

A partir de ce moment, en effet, la solennité du 2 juin ne
fut célébrée qu'à des intervalles inégaux; et comme elle finit

(1) *Les grands souvenirs*, etc., p. 197.

par n'être plus guère qu'un prétexte à de profanes divertissements, les archevêques se déterminèrent à la supprimer. La fête des Merveilles avait duré autant que son principe générateur, l'enthousiasme populaire pour les incomparables héros de la persécution de Marc-Aurèle. Il en est resté presque jusqu'à la Révolution française un dernier vestige. Aussitôt après l'abolition de la fête, un custode de Sainte-Croix, Barthélemy Berchery, profondément affligé de voir disparaître une solennité si vénérable, « fit par testament, rapporte M. l'abbé Comte, une riche donation afin de sauvegarder le côté le plus exclusivement religieux, et jusqu'aux mauvais jours de 1789 le clergé de l'église-mère, des collégiales et de tous les grands Ordres se rendait processionnellement au tombeau de saint Pothin, en l'église de Saint-Nizier, pour y chanter les premières vêpres, la veille de la fête, et le lendemain, pour y célébrer la sainte messe (1). »Au siècle passé, le clergé métropolitain allait encore en procession de Saint-Jean à Saint-Nizier, le jour où nos ancêtres s'étaient fait un pieux devoir de visiter, au milieu d'une pompe vraiment triomphale, chacun des lieux illustrés par les Quarante-huit martyrs. Aujourd'hui, ce que j'en raconte sera pour mes contemporains une nouveauté. Rien ne subsiste plus de la grande journée lyonnaise, rien, pas même le souvenir; *etiam periere ruinæ.*

Voilà pourquoi il n'est pas d'assertion si étrange, pas d'attaque si audacieuse que nos adversaires ne se soient permises au sujet de la fête des Merveilles, forts qu'ils étaient de l'ignorance du public, et sûrs qu'il ne s'élèverait pas une voix pour leur répondre. Si ma plume ne s'y refusait, je citerais comme exemple des pages d'un voltairianisme si extravagant et tout ensemble si lourd d'esprit, qu'elles semblent appeler le fouet vengeur de la critique; mais de telles insultes ne méritent que le mépris. Sorties de la boue, leur destinée ne pouvait être que de retomber dans la boue: elles y sont déjà rentrées, elles y resteront. Je ne confonds pas M. Steyert avec de pareils antagonistes, et c'est le

(1) *Revue hebdom.*, etc., article du 8 mai 1885.

moment de remplir envers lui l'engagement contracté au commencement de ce chapitre. Reprenons donc, où nous l'avons
laissée, la discussion sur le quantième du mois de juin assigné,
d'après lui, pendant le moyen-âge tout entier, à la célébration
de la solennité des Miracles.

Ce jour, à l'en croire, était le mardi avant la Nativité de saint
Jean-Baptiste. Comment le prouve-t-il? Écoutons : « Ce fait
important et demeuré inconnu jusqu'à ce jour, se trouve consigné dans un Acte capitulaire du 27 juin 1459, dans lequel des
chanoines de Saint-Jean rétablirent à son ancienne date l'anniversaire de notre premier évêque et martyr, lorsque la fête des
Merveilles eut été définitivement abolie. Voici le texte de ce
curieux document : « *Quâ die, cum aliàs, ad humilem supplicationem aliquorum burgensium hujus civitatis, tempore quo Mirabilia in hac civitate fiebant, festum beati Photini et suorum
sociorum martyrum quod, secundum ordinarium hujus ecclesiæ
et totius diœcesis lugdunensis, secunda mensis junii venit colen-
dum, fuerit translatum ad diem Martis ante festum Nativitatis
beati Joannis Baptistæ; et ea propter quia dicta Mirabilia amplius non fiunt prout fieri solebant, prænominati domini (canonici
capitulantes) statuendo ordinaverunt quod à modo ut in antea
dictum festum beati Photini in hujusmodi ecclesia celebretur prædicta die secunda mensis junii, quâ die dictum festum venit colen-
dum, ordinando reparari super permissa ordinarium et alios
libros hujus ecclesiæ* (1). »*

Dans la pensée de M. Steyert, la pièce inédite qu'on vient de

---

(1) « Attendu qu'à une autre époque, et lorsque les Merveilles se célébraient dans la cité, sur l'humble requête de quelques bourgeois de notre
ville, la fête du Bienheureux Pothin et de ses compagnons martyrs,
laquelle, suivant la loi de cette Eglise et de tout le diocèse de Lyon, était
fixée au deuxième jour de juin, fut transférée au mardi avant la Nativité
de saint Jean-Baptiste ; comme, d'ailleurs, ladite solennité est tombée en
désuétude, les chanoines susnommés, réunis en Chapitre, ont décrété
que désormais, conformément aux anciennes coutumes, la fête de saint
Pothin sera célébrée le 2 juin, jour qu'on lui avait primitivement assigné.
Ils ordonnent que les permissions accordées disparaissent de l'*Ordinaire* et des autres livres de l'Eglise de Lyon. »

lire doit convaincre d'erreur tous nos annalistes sans exception,
et réformer, ou plutôt refaire de la base au sommet l'ancienne
histoire de la fête des Merveilles. Cela supposerait, évidemment,
que l'ordonnance des chanoines est en complet désaccord avec
saint Adon et les historiens qui l'ont suivi ; qu'enfin, entre notre
opinion et le document nouveau, il y a tout un abime que nul
effort ne pourrait combler. Cette opposition existe-t-elle en effet ?
Non, le Chapitre de Saint-Jean ne contredit point l'historique
de la Journée des Miracles tel que l'ont tracé les *Traditions
d'Ainay*, puisqu'il ne donne pas même à entendre que, antérieurement à la translation de la fête de saint Pothin, celle des
Miracles fût célébrée le mardi avant la Saint-Jean, et c'était là
pourtant le point décisif. L'Acte capitulaire dit seulement une
chose : « Désormais la fête de saint Pothin qu'on avait, *à une
autre époque, aliàs,* transportée au mardi avant la Nativité de
saint Jean-Baptiste, sera replacée à sa date première du 2 juin,
vu que les Merveilles sont pour jamais abolies. » Rien sur l'époque où fut opérée la translation ; pas un mot contraire à ce que
nous avons toujours affirmé, que les deux fêtes furent tranférées
en même temps, parce qu'elles formaient un tout inséparable,
parce qu'elles n'étaient qu'une seule et même fête où se confon-
daient les pieux hommages de l'Eglise et de la patrie. Aussi,
en l'absence de toute contradiction réelle, nous sera-t-il aisé de
concilier Adon, Jean de Bellesme et les auteurs du XVIIᵉ siècle,
avec le Chapitre métropolitain de 1459.

D'abord, les « bourgeois, *burgenses,* » dont il est ici question,
ne nous sont pas inconnus, et déjà nous entrevoyons à quelle
date ils sollicitèrent le déplacement de la fête des Quarante-huit
martyrs, auquel personne ne songeait en 1175, comme le témoigne assez le décret de Jean de Bellesme. C'est au siècle suivant
que le corps de la bourgeoisie, l'Université lyonnaise, ainsi
qu'elle aimait à s'appeler, se resserre, se fortifie de plus en plus,
et combat fréquemment à main armée les chanoines dont, à
tort ou à raison, elle abhorrait le pouvoir. Saint Louis et Rodol-
phe, légat du Saint Siége, réussissent pour quelques années à
pacifier ces troubles : par malheur, tous deux partent pour la

dernière des croisades, ils meurent en Afrique (1270), et les
haines qui ne sont plus contenues par ces deux puissants arbitres,
se déchainent plus furieuses qu'auparavant. Tout espoir de con-
ciliation a disparu. Le fils de saint Louis, Philippe Ier, s'interpose
en vain entre les partis. Enfin la lutte tourne décidément à
l'avantage des bourgeois lorsque Philippe le Bel, arrivé au trône
en 1285, « prend, dit Brossette, les citoyens de Lyon sous sa protection royale, leur permet de faire des assemblées, d'élire tous
les ans, sous son autorité, douze conseillers, d'imposer certaines
sommes pour les nécessités publiques, de faire le guet pendant
la nuit, de garder les clés des portes, de faire mettre les bourgeois sous les armes, et autres semblables prérogatives (1). »

Voilà bien l'époque où l'opposition triomphante, poursuivant
par tous les moyens l'affaiblissement et la ruine de la domination ecclésiastique, heureuse de chacune des blessures qu'elle
lui portait, dut s'attaquer à la fête des Merveilles, dont les
pompes se reflétaient sur tous les ministres des autels, et péti-
tionner pour qu'elle fût transportée au mardi avant la Nativité
de saint Jean-Baptiste. Ces événements, tout l'indique, se passèrent sur la fin du tre... ..me siècle ou dans les premières années
du quatorzième.

Mais quel motif poussait donc les bourgeois à désirer cette
translation? Exactement le même qui, sous nos yeux, pousse
tous les jours des ambitieux sans scrupule à flatter, dans leur
intérêt propre, les plus mauvais instincts des foules humaines,
au prix des mœurs qu'ils dépravent, de la religion qu'ils anéan-
tissent dans les cœurs. Que la fête de saint Pothin fût différée
jusqu'au mardi avant la Saint-Jean, les ennemis de la souveraineté temporelle de nos archevêques se promettaient la faveur
du menu peuple; ils espéraient voir grandir leur influence et
s'accroître le nombre de leurs partisans.

Au moyen-âge Lyon avait quatre foires annuelles, une dans
chaque saison; les jeux et les divertissements populaires qui les
accompagnaient, attiraient alors sur nos rives, non moins que

(1) *Nouvel éloge de la ville de Lyon*, 3e partie, p. 5 et 6.

les intérêts commerciaux, une multitude innombrable d'étrangers. La foire d'été, sans aucun doute, était fixée aux environs du 24 juin, puisque Bullioud, signalant les excès qui suivirent, dit : « Pendant toute la durée de la fête, les foires, les joutes, les danses, l'ivresse avaient pour conséquence les querelles et les homicides. » Réunir en un même jour cette foire de la Saint-Jean avec la fête des Merveilles, de telle sorte que, les processions et les messes terminées, vers midi, chacun fût libre ou de vaquer aux affaires de son commerce, ou de s'abandonner aux plaisirs bruyants dont la populace faisait ses délices, l'idée, en soi, offrait des avantages réels. Les habitants de la campagne et des villes voisines ne se déplaçaient qu'une fois, la population lyonnaise y gagnait une journée de travail. Mais, d'autre part, il ne fallait pas être doué d'une perspicacité bien grande pour prévoir que ce mélange du profane et du sacré ne tarderait pas à refroidir la ferveur déjà si fort attiédie dans les âmes, et que, pour la fête elle-même, l'innovation proposée serait, à peu près certainement, la dernière étape avant la ruine totale.

Nous ne sommes pas sûr que ce commencement de laïcisation d'une solennité jusqu'alors exclusivement religieuse n'ait pas été le motif déterminant « des quelques bourgeois de cette ville, *aliquorum burgensium hujus civitatis,* » qui demandèrent la translation des Merveilles au mardi avant la Saint-Jean-Baptiste, jour où, sans nul doute, se tenait la foire d'été. Que les auteurs de la requête l'aient exprimée en termes convenables, respectueux même, *ad humilem supplicationem ;* ou qu'il ne faille voir dans ces mots 'une formule de chancellerie, peu importe : le résultat final fut et devait être tellement désastreux qu'on peut soupçonner, sans injustice, qu'il n'avait pas échappé aux prévisions malignes des solliciteurs. Non que tous aient vu le mal dans sa plénitude et qu'ils l'aient voulu ; seulement, la joie d'une vengeance politique l'emporta dans leur esprit sur toute autre considération.

Mais, alors, nous objectera-t-on, comment l'archevêque et les chanoines de Saint-Jean souscrivirent-ils à la translation demandée ? L'archevêque et les chanoines consentirent par nécessité, par amour de la paix, après avoir clairement compris qu'un refus n'aurait d'autre effet que d'enflammer encore les colères et d'éterniser les divisions. Puis, nous l'avons remarqué plus haut, la célébration du Jour des Miracles ne dépendait pas uniquement de l'autorité diocésaine ; celle-ci était tenue d'attendre, pour donner le signal, la libre manifestation de la volonté populaire. Ai-je besoin de faire observer quelle arme redoutable cette coutume ou, pour mieux dire, cette loi, mettait aux mains d'une minorité turbulente, surtout lorsque les opposants occupaient un certain nombre de sièges dans le Conseil ou Consulat de la cité? En outre, on ne saura jamais quel rôle jouèrent ici les agents du roi de France, constamment favorables, par intérêt politique, à la cause de la bourgeoisie. Quoi qu'il en soit, la puissance ecclésiastique, une fois la concession faite, ne fut plus maîtresse de revenir sur ses engagements. Aux scandaleux abus qui éclatèrent bientôt elle opposa longtemps sa mansué-tude et sa patience accoutumée, jusqu'au jour où l'endurcisse-ment des coupables la contraignit à supprimer une solennité qui menaçait de ramener dans nos murs, sous le couvert de la religion, la licence et tous les excès des saturnales romaines.

J'ai, si je ne m'abuse, mis en lumière le vrai sens des chan-gements relatés dans l'Acte capitulaire de 1459. Cette transla-tion au mardi avant la Saint-Jean ne fut qu'une modification accidentelle survenue *in extremis,* et M. Steyert a confondu les derniers moments, les convulsions de l'agonie avec une floris-sante existence qui n'avait pas rempli moins d'un millier d'années. Ainsi l'opinion universellement admise jusqu'à nous sur le jour où Lyon solennisait, sous le nom de fête des Mer-veilles, le triomphe des Quarante-huit martyrs, cette tradition locale qu'on n'a pas craint de qualifier d'erreur, est incontesta-blement la vérité. Nous remercions toutefois l'adversaire d'Ai-nay ; son travail n'aura pas été tout à fait inutile. On sait maintenant que cette magnifique institution de la Journée des Miracles est morte des innovations du laïcisme dans les règle-ments élaborés avec tant d'amour par saint Eucher et ses pieux prédécesseurs. La grande solennité lyonnaise eut le même sort que tant de communautés religieuses du moyen-âge, longtemps célèbres par leurs vertus, et qui, devenues la proie du pouvoir civil, s'éteignirent bien vite sous le triste gouvernement des abbés commendataires ; le même sort qui frappera bientôt, sans doute, nos hôpitaux laïcisés, quand la fraternité maçonnique aura, pour le malheur de l'humanité souffrante, remplacé l'humble dévouement de la Sœur de charité.

CHAPITRE IX

TEMPS MODERNES

————————

Le déclin de nos traditions est dû à deux causes principales, venues l'une et l'autre du dehors. En premier lieu, l'invasion calviniste de 1562 frappa d'un coup mortel la dévotion populaire. Dévastation de Saint-Nizier et de Saint-Martin d'Ainay. Du corps de sainte Blandine, des cendres miraculeuses, de toutes les reliques des Quarante-huit martyrs il ne reste pas une parcelle. — Destruction de l'abbaye d'Ainay ; ses archives sont incendiées. — La basilique de Saint-Jean-l'Évangéliste renversée, la crypte presque démolie. — Pourquoi les enfants de saint Badulphe ne cherchent pas à ranimer le culte de saint Pothin et de sainte Blandine. — D'où sortit le régime désastreux des abbés commendataires. — Les abbés commendataires d'Ainay. — Le culte des Martyrs de la colline tombe aussi dans l'abandon. Témoignage du P. Théoph. Raynaud. Seconde cause : attaques furieuses de Launoy et de ses disciples contre les traditions des Églises de France. — A la secte des violents succède l'école des timides. A Lyon, Ménestrier, Colonia, Brossette abandonnent Ainay et se rattachent aux Minimes. — Leur système est de tout point insoutenable. — Retour à la vérité dans notre siècle : le savant abbé Jacques, François Artaud et autres érudits. — Travaux de M. Alph. de Boissieu. — Il est donc vrai qu'après tant d'assauts, les traditions athanaciennes ne sont rien moins que mortes aujourd'hui.

ROVOQUÉE par l'affaiblissement de la piété générale pour les Martyrs, la suppression de la solennité du 2 juin devait avoir pour conséquence d'accroître fatalement le mal. Désormais la dévotion aux immortels enfants de saint Pothin devenait un sentiment individuel ; en l'absence de tout culte social, le déclin des traditions allait commencer, sans qu'il fût possible de prévoir à quel point il s'arrêterait.

Il importe, pour le jugement que nous aurons à formuler bientôt sur la valeur des traditions athanaciennes, de savoir quelles causes produisirent une décadence qu'il fut permis un moment de confondre avec la ruine la plus complète. Assurément nos traditions eurent, du second au quinzième siècle, une durée assez longue pour qu'il soit certain qu'elles n'étaient pas le résultat fortuit d'un engouement passager; je l'avoue néanmoins, il serait triste, à tous les points de vue, qu'on pût leur reprocher avec quelque vérité de s'être éteintes d'elles-mêmes dans l'indifférence et dans l'oubli. Par bonheur, il n'en est rien. Si des souvenirs jusque-là profondément enracinés dans les cœurs ont fini par s'oblitérer, on doit l'attribuer à de funestes influences venues du dehors, et nullement aux dispositions morales de la majeure partie du peuple lyonnais.

C'est, en premier lieu, l'invasion calviniste de 1562 qui frappa la dévotion populaire d'un coup dont elle ne devait plus se relever.

Le culte catholique, dans notre ville, eut moins à souffrir des Lombards, des Hongrois, des Sarrasins même, que des fanatiques soldats du baron des Adrets. Je ne rappellerai pas Notre-Dame de Fourvière et Notre-Dame de l'Ile-Barbe presque entièrement détruites; Saint-Saturnin et l'église des Cordeliers de l'Observance incendiés; Saint-Jean, Saint-Pierre, Saint-Bonaventure saccagés, Saint-Just rasé jusqu'aux fondements. Cette dernière œuvre de dévastation, le terrible des Adrets se la réserva. Saint Patient avait jeté au dessus de sa belle basilique des voûtes en pierres de taille qui par leur masse défiaient l'action du temps : le capitaine huguenot fit jouer la mine, et le temple avec ses vingt-quatre chapelles, le cloître avec ses douze maisons canoniales qui avaient offert un abri aux papes et aux rois, la ceinture de remparts et de tours qui donnait à la superbe abbaye l'aspect d'une place fortifiée, tout fut converti en un monceau de ruines. Je dois omettre ces détails étrangers à mon sujet, et ne signaler que les dégâts directement préjudiciables au culte des Martyrs lyonnais.

Les calvinistes se hâtèrent d'anéantir les cendres miraculeuses

dont Saint-Nizier avait l'insigne honneur de conserver le dépôt
depuis la persécution de Marc-Aurèle : cet acte impie fut
accompagné de mille autres profanations. Ils tirent de leurs
caveaux funèbres les corps de plusieurs de nos plus saints
pontifes et en dispersent les ossements ; ils dévastent l'église,
ils renversent la chapelle de la Sainte-Trinité, ainsi que celle
de Saint-Jacques et les bâtiments du Chapitre, voisins de l'édifice principal. Un peu plus tard on releva les autels abattus,
on restaura l'intérieur du temple ; mais Saint-Nizier ne recouvra
pas son trésor, et longtemps sa façade mutilée sembla porter le
deuil de ses gloires irréparablement perdues.

Ce n'était là qu'un prélude ; voyons maintenant les sectaires à
l'œuvre dans le monastère de saint Badulphe. Les ravages
commencèrent par l'église abbatiale de Saint-Martin.

Ainay, outre les restes vénérés des Confesseurs de l'autel
d'Auguste, possédait un nombre incroyable de reliques, et la
magnificence des reliquaires était digne de l'opulente abbaye :
aussi, qui dirait à quel degré une proie si riche enflamma les
convoitises des ravisseurs ! En un clin d'œil tant de chefs-d'œuvre
d'orfévrerie sont mis en pièces ; chacun se fait avec joie une part
dans ces débris. Puis cette soldatesque se rue sur les corps de
sainte Blandine et de saint Badulphe, sur les cendres, les os,
les vêtements des Quarante-huit martyrs. Toutes les reliques
dont il leur est possible de s'emparer, ils les réduisent en
poussière ou les précipitent dans les eaux du confluent qui,
cette fois, ne reçoivent plus d'en haut l'ordre de les rendre aux
sanctuaires catholiques. Les vases sacrés sont pillés, les livres
d'église, missels, antiphonaires, lacérés ou brûlés ; les ornements
consacrés au culte, enlevés : après quoi les vandales, s'armant
de leviers et de pioches, brisent les autels, mutilent les statues,
démolissent la charpente du comble, effondrent les voûtes et le
toit. Une seule chapelle demeura intacte, celle de l'Immaculée-
Conception, la même qui porte aujourd'hui le nom de l'archange
saint Michel (1).

(1) Bullioud, *Lugd. sacro-prof.*, ind. 10, p. 57.— Cette identité, niée bien
à tort par M. Meynis, ne nous semble pas pouvoir être mise en doute.

Quand l'église ne présenta plus que des murs sans toiture, les Huguenots l'abandonnèrent, mais leur soif de destruction n'était pas apaisée. L'abbaye renfermait une merveille d'architecture : le cloître, soutenu de belles colonnes de marbre, s'ouvrait en face d'une magnifique salle capitulaire qui formait à elle seule un monument ; auprès s'élevait la vaste et somptueuse demeure de l'abbé. En quelques heures, le cloître, la salle capitulaire, la maison abbatiale tombèrent sous les coups de ces

De l'aveu de notre contradicteur, elle est affirmée par « le P. Colonia et plusieurs autres auteurs. » On doit leur adjoindre la Mure, qui dit en termes exprès : « Le second autel, consacré par le pape Pascal, est dans la chapelle qu'on voit à main gauche de cette église, et qui, dès ce temps-là, fut dédiée sous le titre de la Conception Immaculée de la très sainte Vierge, à cause de la dévotion à ce mystère qu'avait répandue dans Lyon le zèle du grand saint Anselme, archevêque de Cantorbéry. » Comme la Mure, Bullioud place la chapelle de l'Immaculée-Conception « à gauche du maître autel, *ad lævam altaris majoris,* » et, dans son récit de l'invasion des calvinistes, il rapporte un fait qu'il n'est pas inutile de rappeler. Richard de Pavie, le prieur par qui la chapelle fut construite dès le xiᵉ siècle, avait suspendu au dessus de l'autel un ancien tableau de la Vierge recouvert par deux volets : la sainte image était l'objet de la vénération universelle. Au moment où les Huguenots approchaient, on eut le temps, dit Bullioud, « de cacher dans la crypte sépulcrale le tableau » qui échappa de la sorte à la fureur des iconoclastes. *Tabella altaris, crypta sepulchrali abdita, intacta permansit.* Or, ce caveau destiné à la sépulture des moines est creusé sous la chapelle Saint-Michel : on voit encore, au pied de l'autel, la pierre qui en ferme l'entrée. Je dois avouer cependant que le P. de Saint-Aubin a laissé du même fait une narration différente. D'après lui, un soldat hérétique perça de sa lance le tableau, qu'un miracle rétablit ensuite dans son premier état. N'oublions pas que Ménestrier lui-même a déclaré son confrère, le P. de Saint-Aubin, absolument dépourvu de critique sitôt qu'il s'agit de miracles, et ce jugement n'est pas trop sévère. Que dire d'un historien qui fait refluer par la Saône le sang des martyrs lyonnais jusqu'à Mâcon ? Le P. Bullioud, en marge de son manuscrit, dit un mot du prodige qu'on prétendait opéré sur l'image de la Mère de Dieu ; mais « il est impossible, ajoute-t-il, de lui trouver d'autre garantie que les récits populaires. » Évidemment, il n'y croyait pas, et le plus sage, à notre avis, est de l'imiter.

La raison opposée par M. Meynis, c'est que l'oratoire actuel appartient au style ogival du xviᵉ siècle. Nous admettons que la chapelle fut rebâtie à l'époque indiquée ; seulement elle le fut sur les fondations de la première, et ne changea ni de vocable ni de destination.

forcenés ; à peine du monastère tout entier laissèrent-ils debout quelques pauvres cellules de moines. Ils ne reculèrent pas même devant la hideuse profanation des tombeaux. Plusieurs évêques avaient désiré dormir leur dernier sommeil sous la protection des Quarante-huit martyrs : les calvinistes arrachèrent de leurs sépulcres les corps de ces pieux pontifes, ceux des abbés, ceux des simples religieux ; et comme dans les louanges données à la vertu des morts ils lisaient le blâme de leur impiété, ils détruisirent les mausolées épiscopaux, ils effacèrent à coups de pic et de marteau jusqu'à la dernière des épitaphes (1).

Pour couronner leur œuvre satanique, les Réformés livrèrent aux flammes la bibliothèque, n'épargnant ni un livre, ni un manuscrit. « Des archives de l'abbaye, dit la Mure, ils firent un bûcher où périt la mémoire des choses qui pouvaient la rendre recommandable, en même temps que, par la perte de ses titres, ils la privaient d'une bonne partie de ses revenus. » Le poëte chrétien Prudence déplorait autrefois la dévastation des archives de l'Eglise, dont les bourreaux de Dioclétien avaient poursuivi l'anéantissement avec une habileté infernale ; dans sa douleur il s'écriait : « O fatal oubli, ô triste silence de l'antiquité ! L'envie nous dispute ces souvenirs, elle étouffe la voix de la renommée ! Un soldat sacrilége a déchiré nos annales, dans la crainte que, victorieuses du temps, elles n'apprissent aux siècles à venir le genre, l'époque, les circonstances des luttes de nos martyrs, dont les noms seraient arrivés ainsi, dans un concert de louanges, aux oreilles de la postérité (2) ! »

C'est une plainte pareille que nous sommes réduits à proférer, nous, historiens lyonnais. Cette foule de matériaux historiques

---

(1) Bullioud, ibid. *Destructio templi et monasterii per calvinistas.*

(2)   O vetustatis silentis deleta oblivio !
        Invidentur ista nobis, fama et ipsa extinguitur.
        Cartulas blasphemus olim nam satelles abstulit ;
        Ne tenacibus libellis erudita sæcula
        Ordinem, tempus, modumque passionis proditum
        Dulcibus linguis per aures posterorum spargerent.
     (Prudentius, hymn. in sanctos Hemeterium et Chilidonium.)

amassés dans notre ville par vingt générations de moines laborieux, les Huguenots de 1562 les ont détruits à Ainay, à l'Ile-
Barbe, à Saint-Just. Où les documents devraient abonder,
nous obtenons, après bien des recherches, un texte tronqué, un
vague renseignement. Et les néo-archéologues ne craignent pas
de nous reprocher l'imperfection de nos chroniques religieuses !
Au moins serait-il équitable de tenir compte de leurs efforts aux
patients écrivains qui ont essayé, depuis le funeste passage du
baron des Adrets, de suppléer aux lacunes que présentera toujours, quoi qu'on puisse faire, notre malheureuse histoire de Lyon.

Les Huguenots laissèrent un dernier trophée de leur barbarie
sur la colline, dans ce lieu vénérable où saint Patient avait élevé
à la gloire des saintes victimes de la seconde persécution deux
sanctuaires d'une si merveilleuse beauté.

« Il y avait là, pour les calvinistes, dit M. Meynis, à qui j'emprunte ce récit, des motifs tout particuliers d'acharnement :
c'étaient les reliques des Martyrs, celles de ce grand évêque surtout, dont les écrits contiennent la réfutation des novateurs de
tous les siècles. Ils se précipitent donc dans la crypte, renversent les autels, auxquels ils arrachent leurs dépôts sacrés. Le
corps de saint Irénée est mis en lambeaux ; puis, chose horrible,
ils se saisissent de sa tête, s'en servent comme d'un jouet et la
font rouler dans la boue. Il n'en serait pas demeuré vestige sans
un pieux médecin qui se la fit donner, prétendant qu'il voulait
s'en servir pour des études crânologiques. Le corps de saint
Epipode et celui de saint Alexandre sont également lacérés.
La mosaïque, enrichie d'or et de pierres précieuses, dont saint
Patient avait recouvert les reliques des Martyrs, est détruite ;
ils brisent les châsses de marbre et de plomb où sont renfermées
ces reliques ; puis, par un raffinement d'impiété, ils vont chercher, dans les fossés de la ville, des ossements d'animaux et des
immondices de toutes sortes, qu'ils mêlent aux ossements des
saints. Leur rage se tourne ensuite contre les objets inanimés
qui décorent le sanctuaire : ils enlèvent les marbres dont les
murs sont revêtus, les piliers de jaspe dont est ceint le chœur,
les colonnes qui soutiennent la voûte ; et après avoir pillé

l'église qui est au dessus, ils la font crouler, espérant que, dans sa chute, elle entraînera la ruine de la crypte. Mais, soit par la solidité de sa construction, soit par une disposition spéciale de la Providence, la voûte de cette crypte, bien que privée d'appuis, résiste et conserve pour les siècles futurs ce qui reste de ce vénérable monument. Le cloître des religieux Augustins, auxquels était confiée la garde des reliques, n'échappe pas au ravage : chartes, titres, manuscrits, rien n'est respecté par les novateurs (1). »

On s'attriste à l'aspect des ruines que les Réformés amoncelèrent dans nos églises, dans nos abbayes, et pourtant ce n'est là qu'une faible image des plaies bien autrement profondes dont la piété populaire était désormais frappée. Après 1562 rien d'extérieur n'avertit plus les fidèles qu'ils avaient au Ciel des concitoyens dont il leur était facile de se faire des protecteurs bienveillants. Le nom des Confesseurs de l'autel d'Auguste était rayé pour toujours du frontispice de Saint-Nizier ; Ainay n'offrait presque plus d'objet qui rappelât leur mémoire, et, en outre, plus de trente années s'écoulèrent avant que les religieux pussent recouvrir d'une misérable charpente leur basilique dévastée. Alors on répara tant bien que mal l'église abbatiale, on y rétablit le culte divin ; mais pouvait-on demander aux enfants de saint Badulphe de ranimer parmi les Lyonnais la dévotion aux Quarante-huit martyrs ? Il eût fallu d'abord rendre au monastère lui-même une vie qu'il n'avait plus. En effet, le chêne qu'autrefois n'avait pu abattre le fer des Lombards et des Sarrasins, le chêne aux profondes racines, aux vastes ombrages, sentait depuis un demi-siècle sa puissante sève se dessécher d'année en année : les Bénédictins du confluent étaient tombés sous le régime désastreux des abbés commendataires.

On se résout difficilement à croire que des chefs de communauté agréés, sur la nomination du roi de France, par les Souverains Pontifes, soient accusés justement d'avoir été le mortel fléau des Ordres religieux : le doute s'évanouit néanmoins lorsqu'on sait sous quelle dure nécessité l'Eglise courba la tête

(1) *Les grands souvenirs*, etc., p. 244.

quand elle sanctionna, quand elle régularisa une institution
sortie de la source la plus impure, à une époque de confusion
et presque de barbarie. Il s'agit ici du mal intérieur dont Ainay
va bientôt mourir ; mes lecteurs permettront à son historien de
s'arrêter un instant pour exposer, aussi brièvement que possible,
comment, d'erreur en erreur, de calamité en calamité, les choses
en vinrent au point que les papes se résignèrent à livrer les biens
des maisons religieuses et, trop souvent, ces maisons elles-mêmes
à des mains étrangères, sans autre garantie que le choix et la
présentation du souverain.

Charles-Martel, dans un temps où nulle loi ne protégeait
contre la force, avait imaginé un système financier des plus com-
modes pour payer largement ses capitaines tout en ménageant
son trésor. La guerre terminée, il leur octroyait, à titre de récompense ou d'indemnité, l'usufruit des prieurés et des abbayes. Les
procédés administratifs de Charles-Martel furent adoptés par
tous les princes de l'ère carlovingienne.

La féodalité s'aventura bien plus loin : elle confondit le spirituel avec le temporel, les droits de Dieu avec ceux de l'homme.
Les seigneurs féodaux, par cela seul qu'une cure, un couvent,
un évêché se trouvait dans leur domaine, se crurent ou feigni-
rent de se croire autorisés à nommer, sans le concours de l'Eglise,
les curés, les abbés, les évêques ; et comme, en général, le bien
des âmes leur importait assez peu, il arriva bientôt qu'en Italie,
en Allemagne, en France, en Angleterre, les dignités ecclésiastiques, de la plus haute à la plus humble, furent vendues à prix
d'argent. Les peuples, pénétrés encore d'une foi très vive, ne
voyaient qu'avec indignation cet abominable trafic. C'est aux
applaudissements de la masse des fidèles que les successeurs de
saint Pierre, poussés aux dernières extrémités, opposèrent quelquefois à cette usurpation impie les armes qu'ils tenaient en
même temps du divin Fondateur du Christianisme, et du droit
public des nations catholiques, droit toujours reconnu, au moment
de leur sacre, par les souverains eux-mêmes, sans en excepter
les empereurs Henri IV et Frédéric II.

La question des investitures a donné lieu aux écrivains moder-

nes de déclamer contre « l'ambition des papes, » contre le prétendu « scandale des luttes du sacerdoce et de l'empire. » Je
n'ignore pas que, selon les circonstances et les caractères, ces
querelles célèbres prirent diverses physionomies et semblèrent
offrir des motifs divers. Il n'entre pas non plus dans mon esprit
de nier que, par moments, la dispute, montée à son paroxysme,
s'égara sur des terrains brûlants; mais lorsqu'on va au fond des
choses, on reconnaît que le but capital de la papauté fut de repousser l'intrusion dans le domaine spirituel de la puissance civile, qui ne savait que souiller le sanctuaire par la simonie et par
d'indignes élections. La pensée vraie des Souverains Pontifes
se résume dans ce cri de douleur qu'arrachait à Grégoire VII le
spectacle de l'avilissement où l'orgueil et la rapacité laïques
réduisaient l'Eglise : «Hé quoi! s'écriait ce grand pape, la plus
misérable des femmes peut se choisir un époux selon les lois de
son pays; et l'Epouse de Dieu devra, comme une vile esclave,
recevoir le sien de la main d'un étranger! »

Les rois de France, dans les complications nées du droit
d'investiture, n'imitèrent jamais la brutalité germanique ni le
despotisme sanguinaire des fils de Guillaume le Conquérant;
ils ne poussèrent pas, toutefois, le désintéressement jusqu'à
s'abstenir de réclamer ce qu'ils appelaient la part de la couronne dans les revenus des évêchés et des abbayes. L'Eglise se
montra débonnaire avec Charlemagne, avec saint Louis, avec
tous ceux d'entre nos rois qu'elle savait incapables d'abuser
jamais de sa condescendance au détriment de la religion; mais
d'autres se rencontrèrent immodérés, âpres à la dispute, beaucoup moins accessibles aux conseils de la justice qu'aux
suggestions de l'intérêt. Avec les princes de cette trempe, le
Saint Siége ne pouvait manquer d'avoir de tristes, ou même
de violents démêlés. C'est pour mettre fin à des conflits qui se
renouvelaient par intervalles depuis neuf cents ans que Léon X
consentit à signer avec François Ier le concordat aux termes
duquel la nomination des évêques, des abbés, des prieurs, en-
levée aux Chapitres et aux couvents, était réservée au roi.

En vertu du concordat de 1518, la majeure partie des biens de l'Eglise de France passa aux mains de l'Etat, et cette ressource nouvelle devint le point de mire des familles nobles en quête d'un établissement avantageux pour leurs cadets. Il ne faudrait pas croire, du reste, que la feuille des bénéfices enrichît seulement les membres du clergé, les séculiers ne refusaient pas de participer à ses largesses. Sur la liste des abbés commendataires de l'Ile-Barbe nous trouvons « le brave Crillon, » qui mêlait aux revenus de notre abbaye lyonnaise ceux de deux archevêchés, Arles et Sens, et de trois évêchés, Fréjus, Toulon, Saint-Papoul (1).

Mais c'est au point de vue de la discipline surtout qu'on doit regretter l'influence des abbés commendataires. Dès l'origine des grands Ordres religieux, le Saint Siége avait décrété qu'ils relèveraient directement de l'autorité pontificale ; et, de fait, nul moyen n'était plus efficace pour préserver de funestes altérations les règles inspirées d'en haut à saint Benoît, à saint Dominique, à saint François. Un doute s'élevait-il ? C'est à Rome que recouraient les supérieurs de communauté : Rome surveillait, avertissait, corrigeait, maintenait les saintes prescriptions dans leur sévérité primitive. Le Concordat de François Ier modifia profondément cette sage économie. Les historiens religieux ont accusé les abbés commendataires d'avoir introduit dans les cloîtres le relâchement et cet esprit de mondanité qui envahit les monastères français au dix-huitième siècle. Mais, alors même qu'ils eussent tous été de mœurs irréprochables, comment la discipline n'aurait-elle pas eu à souffrir de l'intervention d'une autorité étrangère qui blâmait et contre-carrait le véritable supérieur, qui interprétait la règle, qui prodiguait les dispenses, qui mitigeait, abrégeait, retranchait un peu selon son bon plaisir ? Qu'on le remarque bien, j'attaque moins les hommes que l'institution elle-même ; je ne critique point le Concordat de Léon X, mais la manière dont la royauté le comprit et l'exécuta. Un Ordre religieux ne cesse pas impunément de s'appuyer sur la base où la main divine l'a posé. Il doit continuer à se mouvoir

(1) César Cantù, *Hist. universelle*. T. XV, p. 207. Paris, 3ᵉ édition.

par le principe qui lui donna l'existence; il doit vivre de sa vie propre, sinon il n'a plus qu'à languir et mourir.

Les abbés commendataires d'Ainay converti en abbaye royale furent tous de très nobles personnages; ce qui ne veut pas dire que chez eux la prudence et toutes les vertus se soient trouvées toujours au niveau de leur dignité. Les consuls de notre ville purent s'en convaincre le jour où le monastère de saint Badulphe se vit contraint de les saisir d'une plainte juridique contre le cardinal Nicolas Gaddi, Florentin de naissance et proche parent de Catherine de Médicis. Ce prélat, forcé en 1527 d'abandonner Rome tombée au pouvoir du connétable de Bourbon, s'était réfugié auprès de François Ier, qui l'investit de plusieurs bénéfices, entre autres de l'abbaye d'Ainay. Or, voici les griefs formulés, le 24 juin 1547, contre la gestion du cardinal italien. Les plaignants exposent « que l'on a discontinué, depuis cinq ans en çà, le service divin dans son abbaye, parce qu'il en a chassé les moines et les officiers ;... qu'il a supprimé les aumônes fondées par les feus abbés et officiers ;... qu'il a fait lever par ses commis et députés tout le revenu de l'abbaye, et l'a fait transporter hors du royaume ; etc., etc. »

Les consuls, à qui la mort toute récente de François Ier laissait plus de liberté, prirent chaudement les intérêts des moines. Il est ordonné, « par bonne et mûre délibération, qu'aux dépens et adjonction de la ville, on poursuivra et contraindra ledit abbé à entretenir en ladite abbaye tel nombre de moines et officiers qu'il y soulait avoir par le passé, pour y célébrer le service divin et continuer les aumônes générales comme de toute ancienneté ; et que, pour ce, l'on fera, tant envers le roy que son conseil, toutes poursuites, requêtes et adjonctions avec les officiers destitués...»

M. Antoine Péricaud qui m'a fourni cette curieuse citation, ajoute : « Nous ignorons quelle fut l'issue du procès intenté à l'abbé d'Ainay; mais il est bien constant qu'il fut obligé de se retirer, et qu'il alla rejoindre sa famille à Florence, où il mourut le 27 février 1552 ou 1553 (1). »

(1) *Notes et documents pour servir à l'histoire de Lyon*, par A. Péricaud; année 1542.

Un fléau bien plus à redouter pour les enfants de saint Badulphe que les plus dures vexations, c'est le trouble qu'apportait à la communauté le voisinage des pompes et des plaisirs du monde. Parmi les abbés commendataires d'Ainay on compte le cardinal Louis de Bourbon, archevêque de Sens, qui tint sur les fonts baptismaux, en 1554, son petit-neveu, Henri de Bourbon-Vendôme, depuis roi sous le nom de Henri IV ; le cardinal de Tournon, conseiller et premier ministre de François Ier ; le cardinal de Ferrare, Hippolyte d'Este, qui vécut à la cour de France et gouverna le duché de Parme au nom de Henri II ; Pierre d'Espinac, archevêque de Lyon, ardent adversaire du Béarnais et tout entier à la politique antifrançaise du duc de Mayenne (1) ; Mgr Neuville de Villeroi, gouverneur en même temps qu'archevêque de Lyon, pourvu de l'abbaye d'Ainay dès l'âge de quatorze ans. Le bâtiment abbatial, entouré de très beaux jardins et magnifiquement embelli, se transforma en maison de plaisance où ces princes de l'Eglise recevaient, avec leurs parents et leurs amis, les évêques, les cardinaux, les membres de la famille royale de passage à Lyon.

François Ier descendit à Ainay en 1536 et en 1542. La seconde fois il vint, remarque de Rubys, accompagné de la duchesse d'Etampes : il est vrai que l'hôte qui les accueillait sous son toit n'était autre que le cardinal Gaddi. En 1548 on y vit Catherine de Médicis et Henri II, avec toute la cour ; puis, successivement, Christine de France, princesse de Piémont ; Marie de Médicis et Louis XIII, qui s'y est arrêté plusieurs fois. D'Halincourt, gouverneur de Lyon, y fit un séjour prolongé ; enfin, nombre de princes et de princesses dont on retrouverait les noms dans nos chroniqueurs, acceptèrent aussi l'hospitalité dans la demeure abbatiale du confluent.

Quand les malheureux moines voyaient luire de loin l'éclat des flambeaux, quand le bruit des fêtes arrivait jusqu'à leurs oreilles, à quelles réflexions se livraient-ils, eux, relégués dans un coin

(1) V. l'*Hist. du règne de Henri IV*, de Poirson : liv. II, ch. II, et liv. III, ch. I, *passim*.

de leur ancienne propriété, et, depuis 1562, environnés de ruines que nul ne songeait à relever? Ils ne jouissaient que d'une portion minime des revenus de l'abbaye; plus de ressources pour leur église, pour leur bibliothèque, pour les réparations les plus urgentes: quel douloureux contraste avec les splendeurs d'autrefois! Paradin, témoin d'une si lamentable décadence, laisse échapper avec sa bonhomie habituelle cette observation: «..... Aretaldus, treizième abbé, qui orna l'abbaye de somptueux bâtiments; Humbert de Viviers, qui fit faire la chapelle abbatiale ; Jean de Izeron, vingt-troisième abbé, qui fit la structure du château de Vernayson; Jean de la Palue, qui bâtit la chambre abbatiale et le Puy de Cuires, et plusieurs autres, seraient bien ébahis de voir le monastère être réduit en ces termes qu'on le voit pour le présent. » Au fait, les morts s'inquiétaient peu du changement; il n'en était pas de même des religieux qu'attiraient, j'ai presque dit, que séduisaient encore, au dix-septième siècle, les gloires de l'antique abbaye.

Dans ces tristes conditions, on avait le droit d'exiger des Bénédictins d'Ainay de la régularité, des vertus individuelles ; ils les possédèrent: mais s'imposer le devoir d'appeler, comme par le passé, la population croyante devant les autels de sainte Blandine, de saint Pothin, pour jamais dépouillés et vides ; mais tenter, dans l'abandon où ils se trouvaient eux-mêmes, de ranimer une dévotion qui, par l'anéantissement des reliques miraculeuses, avait perdu tout son pouvoir sur les âmes, ils se crurent, devant Dieu et devant les hommes, déchargés de cette obligation. Au surplus, il est fort probable que déjà, de leur côté, les fidèles ne connaissaient plus le chemin de l'abbaye. Ainsi le culte des Quarante-huit confesseurs s'éteignit dans la presqu'île comme une lampe délaissée qui meurt faute d'aliment.

C'est alors que les abbés, jugeant inutile de s'imposer les frais d'une construction nouvelle, affectèrent la chapelle d'Aurélien aux vulgaires usages d'une sacristie. Les moines, lassés, dégoûtés, sollicitèrent de Rome leur sécularisation et l'obtinrent en 1685 : un Chapitre de chanoines remplaça la communauté de saint Badulphe. Depuis cette époque, telle a été, chez les membres de la collégiale comme dans le public, l'incurie des souvenirs locaux, que la Pierre de saint Pothin, jusque-là religieusement conservée dans l'église d'Ainay, a pu disparaître sans que nul ait songé à relater ce qu'était devenu ce vénérable monument de l'antiquité. Maintenant, du culte ancien il ne reste qu'un témoin, la sainte crypte ; mais elle reste nue et solitaire, sauf un jour de l'année. Les dames lyonnaises de notre siècle ignorent la touchante coutume de leurs aïeules, et quelles bénédictions les prières de Blandine firent descendre sur les nouveaunés que de pieuses mères venaient déposer à ses pieds.

Dans le même temps, le culte des Martyrs de la colline tombait dans un égal abandon.

Les chanoines de Saint-Irénée durent faire passer avant tout la reconstruction de l'église supérieure, nécessaire au service paroissial, et ces travaux, entrepris en 1584 seulement, n'avancèrent qu'avec une lenteur extrême, grâce à la détresse où les calvinistes avaient réduit le clergé. Aussi, le XVIIe siècle comptait déjà plus de trente années que les ruines amoncelées par les Huguenots obstruaient encore la crypte consacrée à saint Jean l'Évangéliste et qui portera désormais le nom de Saint-Irénée (1). C'est en 1635 qu'un nouveau prieur, M. Claude

(1) Quand, au ve siècle, saint Patient transforma la grotte obscure où reposaient les corps de saint Irénée et de ses compagnons en une crypte d'une richesse merveilleuse, et qu'il éleva par dessus une superbe basilique, il laissa le double édifice tout entier sous l'invocation de saint Jean l'Évangéliste, choisi, comme on sait, dès l'origine, pour le patron titulaire du souterrain qui fut la seconde chapelle des chrétiens de Lugdunum. Depuis saint Patient jusqu'en 1562, l'église supérieure s'appela toujours : Basilique de Saint-Jean-l'Évangéliste. Les anciens martyrologes, les monuments funéraires du moyen-âge, les écrits de plusieurs hagiographes voisins de la catastrophe de 1562, ne permettent pas de révoquer en doute la réalité de cette dénomination. Le fait a, néanmoins, été ignoré des novateurs lyonnais, peu versés, généralement, dans la lecture de nos annales ecclésiastiques, et c'est pour cela qu'ils ont imaginé, tout récemment, de faire de Saint-Jean-l'Évangéliste ou Saint-Irénée et des Machabées ou Saint-Just, une seule et même basilique dont la séparation aurait eu lieu vers le XIe siècle seulement. Une telle assertion est, je ne crains pas de le dire, une hérésie, une énormité historique ; car, s'il est certain que le sanctuaire bâti par saint Patient au dessus du

Grolier, put enfin débarrasser des débris qui l'encombraient le tombeau des vingt mille Martyrs. Mais, hélas! durant cet intervalle de 72 ans, quel changement dans les âmes! Quel affaissement dans les souvenirs traditionnels de la cité! Après tout ce que nous avons raconté de l'enthousiasme des Lyonnais pour saint Pothin et les nobles émules de son héroïsme, on ne lit pas sans une douloureuse surprise ces lignes attristées par où commence l'*Hagiologium lugdunense* du P. Théophile Raynaud. Je traduis fidèlement le grave écrivain, sans prendre d'autre liberté que celle de l'abréger:

« Une pensée m'a soutenu dans la composition de cet ouvrage: il contribuera quelque peu, je l'espère, à déraciner un abus qui, depuis nombre d'années, — pourquoi ne le dirai-je pas librement? — m'afflige dans cette illustre métropole à laquelle saint Bernard, par un éloge si beau et si vrai tout à la fois, accorde « la prééminence entre toutes les Eglises de la Gaule, soit en raison de son siège, soit pour l'organisation de ses écoles et la grandeur de ses institutions (1). » Certes, les habitants de Lyon ne sont point avares de solennités religieuses; ils font même aux Bienheureux d'origine étrangère, et je suis loin de les en blâmer, un accueil des plus empressés. Quant aux saints lyonnais, fussent-ils des plus célèbres, à peine en est-il fait mention hors de la maison de Dieu, exactement comme s'ils

tombeau de saint Irénée fut, jusqu'à sa destruction par les Huguenots, consacré à saint Jean l'Evangéliste, d'un autre côté, l'existence des Machabées antérieurement au vᵉ siècle, est constatée par de nombreux passages des martyrologes, et les preuves les plus décisives établissent que cette église des Machabées, première cathédrale du Lugdunum chrétien, est identique à celle qui porte aujourd'hui le nom de Saint-Just. Il est profondément regrettable que M. Meynis, dans la dernière de ses publications, la *Montagne sainte*, ait abandonné la voie où lui-même avait toujours marché, la voie qu'ont tracée Grégoire de Tours, saint Adon et les auteurs des martyrologes antiques suivis de la foule de nos écrivains religieux. Je démontrerai plus tard que tout est vicieux dans cette innovation des « savants archéologues de notre ville, » qui, sont en même temps, hélas! les adversaires systématiques des plus vénérables, des plus sûres traditions de notre Eglise.

(1) *Epist.* 174.

étaient morts loin de nous, comme s'ils n'eussent jamais vécu dans notre ville, ou qu'on doutât de leur admission au séjour des élus.

« Ainsi, et rien, je l'avoue, ne m'a blessé plus au vif — ce grand Irénée qui, après saint Pothin dont il fut longtemps le coopérateur, fonda notre Eglise au prix de si rudes travaux, qui l'arrosa de son sang, qui, pour la défendre, éleva contre les erreurs de son temps l'indestructible rempart de ses écrits, voyez : sa gloire est tellement amoindrie parmi nous que, si vous demandez quel est le jour consacré au souvenir de son martyre, l'immense majorité des fidèles ne saura que vous répondre. Pour honorer cette majestueuse mémoire, ni solennité, ni fête quelconque, ni office public. De sa chapelle perdue dans un faubourg il ne subsiste que ce qu'a laissé debout la fureur des calvinistes. Ce lieu célèbre, où les corps de plusieurs milliers de saints, jetés en toute hâte par leurs frères, ont reposé tant de siècles, reste plongé dans les ténèbres et comme enseveli sous le mépris ! Pour moi, jusqu'à ce jour je n'ai pas craint de manifester mes sentiments dans une foule de conversations et même du haut de la chaire. J'ai prié ceux qui en avaient le pouvoir et le devoir, de soumettre mes observations à l'autorité compétente. On a loué, un peu froidement, mes intentions, et tout s'est borné là : mes demandes, en définitive, sont restées vaines et sans résultat. »

Plus loin, au sujet du miracle qui rendit à Lugdunum les cendres des fils de saint Pothin et de la grande solennité instituée en mémoire de ce prodige, il ne peut retenir une réflexion amère : « Cette basilique des Apôtres où saint Adon raconte que furent déposées les cendres de nos Martyrs, est la même, s'écrie-t-il, que maintenant on nomme Saint-Nizier, et cependant, sur ces reliques sacrées, il s'est fait un silence profond, *de cineribus altum nunc silentium !* De même, la fête des Merveilles est oubliée à tel point que les historiens qui ont écrit depuis peu sur Lyon, n'en connaissant plus ni la fin ni l'origine, en ont donné les explications les plus fausses et les plus étranges (1). » Voilà les déplorables effets qu'avaient produits dans les âmes la destruction sacrilége des reliques de nos Martyrs et la cessation du culte public établi en leur honneur à Saint-Irénée, à Saint-Nizier, à Saint-Martin d'Ainay.

Mais ce n'est pas aux Huguenots seulement que les traditions de l'Eglise lyonnaise eurent à résister; à ces démolisseurs qui opéraient par le fer et par le feu se joignirent des sophistes qui, dans le domaine de la science, ont puissamment aidé, eux aussi, à la ruine des souvenirs auxquels nous travaillons, dans cet ouvrage, à rendre la cohesion et la vie.

Lorsque, au XVIIe siècle, le P. Sirmond attaqua l'aréopagitisme et en dévoila toute la faiblesse, la curiosité des érudits se porta aussitôt vers les origines des traditions, pour la plupart très obscures, dont se faisaient gloire dans notre pays plus de soixante Eglises particulières : on reconnut bien vite que les légendes de Limoges, de Toulouse, et bien d'autres, avaient une base non moins fragile que celle du système historique d'Hilduin. Jusque-là les travaux hagiographiques n'avaient pour but que la recherche de la vérité; il n'en devait pas être toujours ainsi. Quelle est donc la question scientifique, religieuse même, où les passions de l'homme ne parviennent pas à se glisser?

Parmi les écrivains français toujours prêts à discuter les points controversés du dogme ou de l'histoire ecclésiastique, on distinguait, à son ardeur fougueuse, le docteur Jean de Launoy, esprit audacieux et frondeur, obstiné janséniste, que la Sorbonne se vit obligée d'expulser de son sein. Launoy réussit à devenir le chef d'une école bruyante, et qui se gardait néanmoins de livrer au public tous ses secrets. La pensée intime du maître et des disciples, le but multiple qu'ils se proposaient d'atteindre sont exposés par M. l'abbé Bougaud, dans son *Etude historique et critique sur la mission de saint Bénigne, apôtre de la Bourgogne.* Voici la peinture que l'auteur nous trace des conciliabules où présidait celui qu'on a justement surnommé le *Dénicheur de saints :*

---

(1) *Hagiol. lugdun.* Prolegom. 1, p. 3.

« Tous les lundis, un certain nombre de savants seréunissaient chez lui, et y formaient une espèce de salon littéraire où l'on traitait de philosophie, de théologie, de politique et d'histoire. Bossuet qui se défiait de ces réunions, apprit bientôt qu'on y hasardait des propositions favorables au socinianisme, l'arianisme moderne, et il était difficile qu'il en fût autrement, l'académie étant composée en partie de protestants. On s'y occupait aussi beaucoup de Richer, de ses opinions politiques, et on cherchait à établir un système démocratique et anarchique qui renversait par sa base l'autorité de l'Eglise et de l'Etat (1). Surtout on faisait la guerre aux légendes, et l'on y applaudissait à toutes les témérités, à toutes les hardiesses d'une critique qui naissait à peine, et que ses premiers essais et ses premières découvertes enivraient d'orgueil (2). » Tels étaient les Aristarques dont les arrêts eurent la puissance d'opérer une révolution dans l'hagiographie moderne.

L'école du célèbre docteur avait-elle donc des trésors de doctrine à opposer aux écrits des Ruinart et des Mabillon ? Nullement. Launoy, c'est l'érudition confuse, indigeste, h ile cependant à manier le sophisme; c'est la violence recoura à toutes les armes, à l'injure personnelle, au mensonge, à la falsification des textes ; c'est, par dessus tout, l'audace des procédés révolutionnaires. Le révolutionnaire ne voit de réforme que dans la destruction : Launoy conduisit la bande tumultueuse de ses adeptes à l'assaut de toutes les traditions religieuses indistinctement. Ce réformateur prétendu de l'hagiographie eut — moins

(1) Edmond Richer, syndic de la Faculté de Théologie de Paris, ligueur ardent, fit paraître, en 1611, un écrit intitulé : *De ecclesiastica et politica potestate*, dans lequel, dit Feller, « sous prétexte d'attaquer la puissance du pape, il étalait des principes qui renversaient la puissance royale aussi bien que celle du souverain pontife et des évêques. » Cette doctrine, chaudement patronnée par les jansénistes et les calvinistes, avait encore de nombreux partisans au xviiie siècle. Le comité ecclésiastique de l'Assemblée nationale de 1790 était, en majorité, composé de richéristes. On peut dire que Richer fut l'inspirateur de la fameuse Constitution civile du clergé.

(2) *Etude historique et critique*, etc. Introduction, p. 8.

l'amour du sang — d'étroits liens de parenté avec les niveleurs sinistres qui, cent ans plus tard, sous couleur de corriger les abus de l'ancien régime, jetaient à bas l'édifice social et couvraient la France de ruines.

Le premier essai de Launoy fut dirigé contre les Eglises de Provence : dans un opuscule publié à Paris, il mettait au nombre des fables et des impostures l'arrivée à Marseille de Marie-Madeleine et de Marthe, de Lazare et de Maximin. « Son unique argument contre les saints de Provence, remarque M. l'abbé Bougaud, était l'absence des monuments ou le peu d'antiquité de ceux qui subsistent. De ce que les titres de possession étaient perdus, il en concluait que la possession était fausse, et que la tradition, ne reposant sur rien, devait être abandonnée. Ses adversaires, au lieu d'expliquer comment les titres avaient pu se perdre, et de montrer qu'en l'absence de pièces authentiques la possession vaut titre, voulurent à toute force produire des autorités ; et comme elles ne soutenaient pas l'examen, Launoy sortit de la lutte avec tous les honneurs de la victoire. Il fallut attendre deux siècles pour que ces titres, dont on avait besoin, absents des bibliothèques ravagées de la France, se retrouvassent enfin dans la poudre des bibliothèques d'Angleterre, et, en donnant un éclatant démenti aux superbes et vaines théories de Launoy, apprissent aux savants que la disparition des monuments historiques ne doit jamais être une raison de nier des traditions immémoriales. »

Nos traditions, à nous, étaient trop en vue pour échapper aux ardentes investigations des *Dénicheurs de saints* : toutefois, quel fut, parmi les habitués du salon littéraire de Launoy, l'audacieux qui se chargea d'épurer les annales primitives de notre Eglise, je l'ignore, et mes lecteurs me le pardonneront. Pour découvrir quelques misérables pages dans un millier de pamphlets oubliés, perdus aujourd'hui pour la plupart, il faudrait des recherches, des voyages dont la récompense, à vrai dire, serait d'une bien mince valeur. Supposons donc ce qui, sans nul doute, a été. On respecta l'origine asiatique de l'Eglise lyonnaise, le martyre de saint Pothin et de ses compagnons prouvé par la

lettre des chrétiens de Vienne et de Lugdunum, celui de saint
Irénée et d'une partie de son troupeau sous Septime Sévère ;
mais tout ce que l'histoire d'Eusèbe ne mentionnait pas, la restitution par le Rhône de la dépouille de nos Martyrs, le lieu où
moururent les Confesseurs de l'autel d'Auguste, en un mot,
l'ensemble des traditions athanaciennes, dut être le point de
mire de l'orgueilleuse école qui s'attribuait alors le droit de
régenter l'hagiographie. Les novateurs lyonnais de notre siècle
peuvent saluer leurs devanciers dans les disciples de Launoy.

Nos conjectures sont ici d'autant mieux fondées que nous
avons sous les yeux, comme exemple des témérités de la nouvelle critique, les attaques dirigées par elle contre les Eglises
voisines de Lyon. Un astrononome, protestant converti, lut un
jour dans l'académie des réformateurs une dissertation sur, c'est-
à-dire contre saint Bénigne, *Diatriba in sanctum Benignum :*
l'auteur s'inscrivait en faux contre les traditions d'Autun, de
Dijon, de Langres, ces chrétientés qu'avait fondées au second
siècle saint Bénigne, envoyé d'Asie en Gaule, ainsi que saint
Pothin et saint Irénée, par le grand évêque de Smyrne, saint
Polycarpe. Cette lecture fut couverte d'applaudissements en-
thousiastes, et la dissertation imprimée à Paris en 1647. « En
26 pages, auxquelles il ne faut pas nier le mérite d'une latinité
élégante, mais qui n'ont que celui-là, lisons-nous dans M. l'abbé
Bougaud, Ismaël Boulliau avait touché à mille problèmes,
effleuré mille questions délicates, sans en résoudre une seule,
ou plutôt en les tranchant toutes avec cette légèreté dont Launoy
venait de révéler le secret ; appuyé les conclusions les plus hardies
sur les plus frêles arguments, et nié insolemment des traditions
immémoriales, sans s'être donné la peine de savoir sur quels
fondements elles reposaient (1). »

Launoy et son école passèrent ainsi en revue les origines de
la plupart des Eglises de France ; durant vingt ans de lutte,
ils firent pleuvoir sur leurs antagonistes l'injure, les personnalités
blessantes et tous les traits du sarcasme amer, insultant. « Il

_____

(1) *Etude historique et critique,* etc. Introduction, p. 11.

semble, fait observer le défenseur de saint Bénigne, que de telles violences ne devraient avoir aucun inconvénient et qu'elles portent leur réfutation avec elles ; mais il n'en est pas ainsi. Ces hardiesses engendrent, dans le domaine de la critique, des timidités plus dangereuses encore. On n'ose plus affirmer des traditions qui ont été si résolûment niées. A la secte des violents qui renversent tout, succède l'école des timides qui doutent de tout.

« Tillemont est le chef de cette seconde école, comme Launoy était l'âme de la première.

« Nul doute que Tillemont ne fût de beaucoup supérieur à Launoy. Il avait plus de science et l'esprit plus juste. Il l'avait même tout à fait juste lorsqu'il ne s'agissait que de faits relatifs à l'histoire profane. Aussi son *Histoire des Empereurs* est généralement estimée et mérite de l'être. Mais, dès qu'il touchait aux questions religieuses, ce n'était plus le même homme. Il était alors timide et exagéré : timide de caractère, exagéré de principes ; gêné à la fois par ses scrupules de conscience et ses préjugés de parti, et ne sachant plus se décider à rien. Lisez ses *Mémoires pour servir à l'histoire ecclésiastique,* surtout les notes : ce sont des doutes continuels, des difficultés sur chaque pièce, des peut-être à chaque mot, de perpétuelles incertitudes qui peu à peu ébranlent tout et font douter de tout (1). »

Tillemont devint bientôt le régulateur et le modèle d'un trop grand nombre d'écrivains ecclésiastiques ; la route qu'il ouvrait parut être celle des modérés et des prudents. Comment nos traditions lyonnaises n'auraient-elles pas souffert du changement profond qui se faisait dans les idées ? A Lyon, comme partout, les meilleurs esprits subirent le joug ; une sorte d'effarement s'empara de nos hagiographes. Autant on avait jusque-là respecté parmi nous les souvenirs de l'antiquité chrétienne, autant on s'empressait maintenant de les mettre en suspicion. Une coïncidence fâcheuse acheva de faire tomber en discrédit la question des Quarante-huit martyrs. C'était l'heure du déclin

(1) *Etude historique,* etc. Introd., p. 12.

irrémédiable et de la sécularisation du monastère de saint
Badulphe : Ainay, collégiale ou paroisse, avait cessé de se
préoccuper des discussions scientifiques dont lui-même était
l'objet. On a pu tout nier, tout affirmer ; écrire pour, écrire
contre ; les ruines de la grande abbaye sont restées muettes
comme la pierre du tombeau.

Le premier écrivain lyonnais chez qui la déviation se dessine
est le P. Ménestrier. Au milieu de ses innombrables travaux,
une pensée constante avait toujours ramené le docte religieux
vers les gloires de notre Eglise ; il ambitionnait l'honneur d'en
être l'historien ; la mort qui le surprit en 1705 arrêta son récit
vers le commencement du septième siècle. Son manuscrit en
deux volumes, resté à l'état d'ébauche, renferme indubitablement
de très utiles matériaux, des recherches profondes ; par malheur,
je dois restreindre ces éloges en ce qui regarde la question des
Martyrs. Au savant jésuite dont notre ville est fière à bon droit,
incombe la responsabilité d'avoir entraîné ses contemporains
dans une fausse voie. Brossette et Colonia, ses disciples trop dociles, ont eu seulement le tort de propager le système bâtard
que la peur, mauvaise conseillère, avait inspiré à Ménestrier.

Certes, l'auteur de l'*Histoire ecclésiastique de Lyon* n'était
pas homme à se jeter dans les absurdes inconséquences des néo-
archéologues de nos jours. Il avait trop de sens pour ne pas comprendre que le théâtre de la lutte des Quarante-huit martyrs
devait être un lieu historique, ayant joui d'une notoriété dont
il restait infailliblement des traces ; et voici le biais qu'il imagina pour esquiver la censure de la nouvelle école hagiographique. Jamais on n'avait mis en doute que la place des
Minimes n'ait vu assez probablement les tortures d'un certain
nombre de Confesseurs de la première persécution, et que, du
moins, elle n'ait ruisselé du sang des victimes égorgées par ordre de Septime Sévère. En outre, à quelques pas de distance,
on trouvait les prisons du palais impérial, le forum de Trajan,
souvenirs directs du drame de l'an 177 ; ce terrain parut plus
sûr à Ménestrier. Il crut sans doute avoir sauvé l'honneur des
traditions de l'Eglise lyonnaise en enseignant que tous les mar-

tyrs de Lugdunum, ceux de Marc-Aurèle aussi bien que ceux de Sévère, avaient soutenu leurs combats dans l'enceinte de la cité romaine.

Que nos hagiographes du dix-huitième siècle aient, de la sorte, échappé au blâme des timides, aux railleries d'une critique passionnée, je le sais ; leur cause, pour cela, n'en est pas meilleure. En effet, d'après la lettre des deux Eglises, il est certain que les Quarante-huit confesseurs rendirent leur sanglant témoignage en un lieu où, chaque année, près de l'autel d'Auguste, au confluent des deux rivières, se tenaient les grands marchés de la Gaule et se célébraient les jeux augustaux. La première question que devait se poser l'historien était donc celle-ci : Où se trouvaient le confluent et l'autel d'Auguste ? Et dès là que l'histoire, l'archéologie, la tradition indiquaient d'une seule voix la presqu'île, il fallait accepter une conséquence inévitable, et se garder bien de séparer deux faits indissolublement unis. Il n'est pas d'autorité qui puisse prévaloir sur de pareilles raisons, et l'erreur de Ménestrier, de Brossette, de Colonia est d'autant plus inexcusable, que tous trois placent à Ainay le temple national des Gaules.

Cette réponse pourrait suffire, mais, sans doute, on est curieux de connaître l'exposé du système nouveau. Citons dans son entier le passage inédit où Ménestrier rompt décidément avec les traditions athanaciennes :

« Le lieu où la pluspart de nos martyrs en cette persécution consommèrent leur martyre fut Esnay au concours des deux rivières. Ils furent véritablement mis en prison au dessous de Fourvière : ou dans les grottes de l'Antiquaille, où l'on voit encore des anneaux à attacher des prisonniers, ou dans les grottes de la maison de Thunes, autrefois dite le Capot et, depuis, l'Angélique, lorsqu'elle était à MM. de Lange, où l'on voit des voûtes souterraines qui font connaître que c'était un ergastule. Les dames religieuses de la Visitation Sainte-Marie de l'Antiquaille ont consacré un des souterrains de leur maison à la mémoire de saint Pothin, et tiennent par tradition que ce fut l'endroit où il mourut. Ce fut dans le théâtre qui est dans l'enclos des Pères Minimes que nos martyrs furent exposés aux bêtes et assis sur des chaises de feu pour être brûlés. On tient par tradition que ce fut à l'endroit où est la croix élevée devant la porte de l'église des Pères Minimes au dessus de la montée du Gourguillon, que furent décollés ceux à qui on trancha la tête, et c'est de là que cette croix a été nommée *Croix de colle, crux decollatorum;* quoique je trouve dans les vieux titres qu'elle est nommée *crux collis,* ou *de colle,* croix de la colline. Enfin leurs corps furent brûlés à Esnay ou à Bellecour. Car c'était là que se brûlaient les corps, comme on a reconnu par quantité de charbons, d'urnes et de cendres que l'on a trouvés en creusant les fondements des maisons nouvellement bâties en ce quartier-là ; et leurs cendres furent jetées dans le Rhône qui n'arrosait les bords de la ville qu'en cet endroit, où il reçoit dans son lit la Saône, qui coule entre les deux parties de la ville (1). »

Les premières lignes font illusion d'abord ; mais la pensée de l'écrivain se démêle peu à peu, et l'on finit par comprendre que ces mots: « la pluspart *consommèrent leur martyre* à Ainay » doivent se traduire ainsi : les corps de la plupart des martyrs de l'autel d'Auguste furent brûlés dans le voisinage d'Ainay.

De quel exemple Ménestrier s'autorise-t-il pour dénaturer ainsi le sens d'une expression consacrée dans la langue chrétienne dès la plus haute antiquité? *Martyre* signifie *témoignage:* ce témoignage rendu par la parole et par le sang finissait avec la vie ; c'est donc par la mort, non par la crémation des membres inanimés, qu'il *se consommait.* On aurait pu mettre l'historien lyonnais au défi de citer une page des annales de l'Eglise où cette locution si fréquemment employée aux premiers siècles de notre ère, et, depuis, dans les martyrologes, dans les Vies des saints, se présente avec l'acception bizarre qu'il a cru devoir adopter. Si, par exemple, Ménestrier avait relu, dans *l'Hagiologium lugdunense,* cette réfutation de Chorier qu'il avait lui-même provoquée, le P. Théoph. Raynaud, dont il

---

(1) *Histoire manuscrite de l'Eglise de Lyon,* par le P. Ménestrier. T. 1, p. 80 et 81.

aime à se dire le disciple, lui eût donné une leçon fort utile : « Le lieu de leur *passion*, dit l'appendice contre Chorier, est appelé Athanacum par Grégoire de Tours et Adon. Or, où se trouve Athanacum, il n'est personne qui l'ignore. Ce quartier s'étend à l'extrémité de la ville, dans la plaine, au confluent du Rhône et de la Saône. C'est en ce lieu, nommé dans notre langue Ainay, que nos saints *consommèrent heureusement leur martyre* (1). » Pouvait-on définir plus nettement le sens du mot sur lequel porte l'équivoque ? Ménestrier, lui, ne semble pas soupçonner qu'il donne une entorse violente au langage reçu dans l'hagiographie catholique. Il ne s'excuse pas, n'explique rien et glisse à côté : des lecteurs inattentifs croiraient qu'il répète simplement ce que soixante auteurs ont dit avant lui.

Même souplesse, même élasticité dans l'interprétation du texte, si difficile pourtant à éluder, de saint Adon et de Grégoire de Tours : « Le lieu où ils *souffrirent* s'appelle Athanacum ; *pour cette raison*, *ideo*, ils furent surnommés les Martyrs d'Ainay. » Ménestrier convient que « nos martyrs ont toujours été nommés *Athanacenses* ou *Athanatenses,* et Ainay, Athanacum (2) ; » mais nous savons maintenant le sens qu'il attachait à ces mots. S'il eût commenté sans réticence la phrase des premiers témoins de nos traditions, il aurait dit : « Le lieu où les corps des Confesseurs furent brûlés s'appelle Athanacum, et c'est uniquement pour ce motif que nos martyrs ont porté le surnom d'Athanaciens. »

Il paraîtrait logique, dès lors, que l'auteur de *l'Histoire ecclésiastique de Lyon* eût fait ses réserves quant à la vérité du témoignage de saint Grégoire : eh bien, je n'ai pu découvrir dans le manuscrit tout entier un mot de critique à l'endroit du célèbre chapitre de la *Gloire des martyrs*. Ménestrier n'hésite jamais à se faire de ce texte une arme contre ses adversaires ; en toute occasion il manifeste son respect pour la parole de l'évêque de Tours. Ainsi, à Chorier affirmant que sainte Blandine

---

(1) *Hagiolog. lugdun*, p. 602.
(2) *Hist. civile de Lyon*, p. 85.

et la majeure partie des Quarante-huit confesseurs avaient subi leur martyre à Vienne, il répond : « Le lieu où ils souffrirent, ajoute Grégoire de Tours, se nomme Esnay ou Athanaco, d'où ces saints martyrs ont été nommés *martyres athanacenses.* Après cela, que Chorier débite tant qu'il voudra ses rêveries, il ne trouvera jamais de créance parmi les personnes de bon sens, contre des preuves si fortes et si expresses, auxquelles il faut joindre ce qu'Adon, archevêque de Vienne, a dit de la fête des Merveilles qui se célébrait de son temps, et dont il a pu être plusieurs fois témoin oculaire (1). » Mes lecteurs ont bien compris. A l'égard de Chorier, la parole des deux saints prélats qui placent tous deux le martyre à Ainay, cette parole, rigoureuse, absolue, forme une preuve indiscutable : pour Ménestrier, la loi s'adoucit, et le même texte devient flexible à tel point qu'on peut très licitement en tirer une conclusion toute contraire à celle de Grégoire de Tours.

C'est par un procédé semblable que le P. Ménestrier place aux Minimes le supplice de ceux des compagnons de saint Pothin qui, au nombre de vingt-quatre, eurent la tête tranchée. D'abord, est-il certain qu'il y ait eu des martyrs décapités devant l'église des Minimes? Non, l'écrivain lui-même avoue que l'appellation populaire de Croix des décollés, *crux decollatorum,* n'a pas de fondement sérieux. Mais supposons que l'étymologie ait dit vrai : ces martyrs *décollés,* il était, certes, facile à Ménestrier de les trouver en dehors des Quarante-huit confesseurs de l'autel d'Auguste. Il savait que la place au fond de laquelle s'élevait le théâtre de Claude fut, plus que toute autre place de Lugdunum, ensanglantée par l'horrible égorgement de l'an 208. Il savait encore, puisqu'il a mentionné le fait, qu'au mois d'avril 178, vers la fin de la première persécution, trente-quatre chrétiens subirent la mort avec les saints Epipode et Alexandre. Dans la partie de son manuscrit consacrée à saint Pothin, nous lisons : « On voit en un fragment du martyrologe donné par le P. Dom Luc d'Acheri, au 4ᵐᵉ tome du Spicilège : « *X Kalendas maii,*

---

(1) *Hist. manuscrite de l'Eglise de Lyon.* T. 1, p. 89.

Lugduno Galliæ, passio sancti Epipodii, » et ensuite : « *VIII Kalendas maii, in Lugduno Galliæ, passio sanctorum Alexandri cum aliis numero triginta quatuor* (1). « Sauf saint Alexandre, qui mourut sur une croix, la plupart, après divers tourments, durent, ainsi que saint Epipode, tomber sous le tranchant du glaive; et comme il ne s'agissait plus, cette fois, de les donner en spectacle à toute la Gaule, il est possible, vraisemblable même, que leur martyre ait eu lieu sur la place du théâtre, située près du forum, au centre de la cité.

Ménestrier, je le répète, n'ignorait rien de tout cela, et lui dont l'ouvrage est semé d'interminables digressions, aurait pu, ce semble, discuter, ou du moins rappeler ces différentes hypothèses ; le respect de la vérité historique lui en faisait même un devoir. Il aime mieux taire ce qu'il a résolu de laisser dans l'ombre. « On tient que ce fut à l'endroit où s'élève la croix des Minimes que furent décollés ceux à qui on trancha la tête : » l'indication la plus vague, « on tient, » c'est à quoi se réduit toute sa démonstration.

Au résumé, quelle qu'ait pu être l'influence malheureuse qui le détourna de la droite voie, le P. Ménestrier n'a émis sur l'objet de la discussion présente qu'un jugement peu digne de sa haute réputation et de son savoir incontestable. Loin d'être le résultat d'un progrès dans la science, son opinion, condamnée par l'archéologie, est en contradiction ouverte avec le récit d'Eusèbe, avec Grégoire de Tours, Adon, et l'Eglise lyonnaise attestant ses croyances par son culte et par des fêtes où, durant près de mille ans, la religion et la patrie confondirent leurs joies et leurs hommages. Que dirai-je enfin? Le système hybride qui substitue les Minimes à Ainay n'a de base ni dans l'histoire ni dans la tradition : je ne lui connais qu'un appui, le patronage des trois honorables écrivains que je n'ai combattus qu'à regret, dans le seul intérêt de la sainte cause de nos martyrs.

Une réaction ne pouvait manquer de se produire en faveur de la vérité. Après l'âge frivole de Voltaire, après la période si

(1) *Hist. manuscr. de l'Eglise de Lyon.* T. 1, p. 125.

agitée de la grande révolution et du premier empire, lorsque, sous la Restauration, le goût des fortes études historiques se réveille partout, on recommence parmi nous à s'occuper de la question d'Ainay. Notre ville possédait à cette époque un savant modeste, mais d'une vaste érudition : M. l'abbé Jacques est un des hommes qui ont le plus profondément étudié dans ce siècle nos antiquités religieuses. Je tiens de Mgr David, l'évêque si regretté de Saint-Brieuc, que *Le Révélateur des mystères* ou *Cérémonial de Saint-Jean,* par M. l'abbé Jacques, a beaucoup servi dans le difficile travail de fusion poursuivi en même temps à Lyon et à Rome, sous l'épiscopat du cardinal de Bonald, travail d'où est sorti le nouveau rite romain-lyonnais.

L'ami de Mgr David publiait en 1826 son premier ouvrage, l'*Origine de l'Eglise de Lyon;* voici le raisonnement qu'il faisait à je ne sais quel disciple du P. de Colonia : « L'excellent auteur des *Martyrs* commet une erreur quand il dit que ceux de la première persécution souffrirent aux Minimes. Lisons la lettre entière dans l'original et nous y verrons : 1° qu'ils furent interrogés au forum, qui est certainement Fourvière, *forum Trajani;* 2° qu'ils furent jetés dans un cachot que la tradition nous apprend être l'Antiquaille, alors palais proconsulaire; 3° qu'ensuite ils furent conduits dans un amphithéâtre à Ainay. Car ils furent donnés en spectacle dans la grande solennité où toutes les nations s'assemblaient : or, cette fête se célébrait au mois d'août, près du temple d'Auguste situé à Ainay (1). »

Artaud, l'habile archéologue, fut aussi, dans la génération qui précéda la nôtre, l'un des partisans les plus déclarés des traditions athanaciennes. Dans ses nombreux écrits, chaque fois que son sujet le conduit à l'ancien confluent, c'est là qu'avec une conviction inébranlable il place le temple national de la Gaule, et, près de l'*Ara lugdunensis,* le combat de nos Martyrs. Ainsi, dans son *Lyon souterrain,* il dit : « L'usage étant chez les Romains de traîner les chrétiens qu'ils voulaient immoler dans les endroits où le peuple se rassemblait lors des fêtes

---

(1) *L'Origine de l'Egl. de Lyon,* p. 21.

solennelles, nous avons presque démontré dans notre ouvrage
sur l'autel d'Auguste que nos premiers martyrs, après avoir été
maltraités dans le forum, dans le cirque et dans les arènes,
furent ensuite achevés par les bourreaux... près de ce dernier
local (l'autel d'Auguste). C'est probablement ce qui détermina
saint Badulphe à fonder son monastère sur ce terrain révéré(1). »

La masse du public ne sortait pas, il est vrai, de son indifférence ; mais, à la suite des savants que je viens de nommer et
de MM. l'abbé Greppo, Breghot du Lut, d'Aigueperse, les érudits rentraient en nombre considérable dans la voie des anciens
souvenirs. M. Meynis, qui fut toujours très froid pour nos traditions, examinant, dans son livre des *Grands souvenirs de
Lyon,* en quel lieu combattirent les Quarante-huit confesseurs,
écartait les Minimes, la rue Tramassac, le Jardin des Plantes,
et concluait par ces mots : « L'opinion la plus accréditée aujour-
d'hui est qu'ils furent mis à mort près de l'autel d'Auguste à
Ainay (2). » Il fallait bien qu'en effet ce fût là « l'opinion la plus
accréditée, » puisque nous avons vu le chef de nos adversaires,
M. Martin-Daussigny, soutenir chaleureusement la thèse qu'il
devait repousser bientôt après : car, il est bon de le noter, avant
de passer dans le camp ennemi, le Conservateur des antiquités
lyonnaises engagea une vive polémique pour défendre les titres
du vieil Athanacum contre les nouveautés de M. Aug. Bernard.
M. Monfalcon, bien qu'ébranlé sur la fin de sa vie par 'es para-
doxes de M. Martin-Daussigny, n'abandonnait pas cependant
la trace de Grégoire de Tours. Dans son *Histoire monumentale*
de la ville de Lyon, il dit, en parlant d'Ainay : « Le temple
d'Auguste y était probablement situé ; les prêtres des césars
avaient leurs habitations dans le voisinage de ces édifices. Ce
fut, enfin, sur l'emplacement destiné aux fêtes publiques et à
proximité du temple que les chrétiens condamnés à mort pendant
la première persécution..... reçurent leur sanglante couronne...

(1) Artaud, *Lyon souterrain,* p. 160. — Discours sur les médailles
d'Aug. et de Tibère, etc.
(2) P. 42 et 43.

Je ne suis plus, ajoute-t-il, aussi affirmatif sur ce point que je l'ai été dans divers chapitres de cet ouvrage, mais je pense fermement que, de toutes les conjectures dont l'emplacement du célèbre temple a été l'objet, c'est la plus probable encore (1). »

Joindrons-nous à ces divers témoins des auteurs vivants encore, des publications récentes et qui sont dans toutes les mains ? Le R. P. André Gouilloud, estimé pour de sérieuses études sur l'âge primitif de notre Eglise, adhère d'une foi pleine et entière à nos traditions. Dans le *Lyon ancien et moderne*, voyez avec quel enthousiasme M. Fleury-Laserve parle des antiquités vénérables d'Ainay. Mais bien au dessus de tous s'élève M. Alph. de Boissieu, dont il est juste que le nom, prononcé dès les premières pages des *Traditions d'Ainay*, reparaisse aux dernières lignes d'une œuvre qui n'est, au moins dans ses parties principales, qu'un commentaire de ses doctes écrits.

A M. de Boissieu reviendra l'honneur d'avoir démêlé dans notre histoire les fils épars de nos traditions, et de les avoir réunis en un faisceau désormais indestructible.

Le premier il a séparé du territoire de la colonie romaine celui que possédait en propre la communauté gauloise et sur lequel se passèrent les événements racontés dans ce livre. Le premier il a interprété la fête des Merveilles, son itinéraire, tout son cérémonial, et signalé leur parfait accord avec les souvenirs, la liturgie, les priviléges étonnants du monastère de saint Badulphe. C'est grâce à lui que nous pouvons énumérer les antiques débris de tout genre exhumés à différentes époques du sol d'Ainay, et qui, par leur richesse et leur magnificence, par la nature des inscriptions, répondent si exactement à l'idée que les auteurs anciens ont donnée de l'*Ara lugdunensis* et des monuments qui l'environnaient. Il a examiné les marbres que M. Martin-Daussigny présentait comme d'authentiques fragments de l'autel d'Auguste, et cette découverte tant célébrée du Jardin des Plantes s'est, en un clin d'œil, évanouie au flambeau de la critique. Le système des cinq confluents n'a pas été

(1) T. V, p. 116.

plus heureux : dans cette carte fantaisiste de la jonction des
deux fleuves dessinée par l'inventeur du nouveau temple de
Rome et d'Auguste, M. de Boissieu n'a vu que l'utopie d'un
archéologue aux abois, qu'une chimère créée pour soutenir une
autre chimère, et ce jugement restera sans appel. Je vais plus
loin et j'affirme que la fertile imagination des continuateurs de
M. Martin-Daussigny n'enfantera pas une hypothèse, pas un
système dont *Ainay, son autel, son amphithéâtre, ses martyrs* ne
contienne en germe la réfutation.

Ainsi, comme il arrive toujours à la vérité ici-bas, nos vénérables traditions, quand on les croyait ensevelies dans la nuit
du passé, ont reparu fortes, respectées, et mieux définies, sans
aucun doute, qu'elles ne l'étaient pour une foule de Lyonnais du
XVIᵉ siècle, époque où commença dans la masse de la population
la décadence de nos souvenirs religieux. Et qu'on n'objecte pas
la froideur d'un très grand nombre à l'endroit de la question
d'Ainay ; cette neutralité de l'indifférence, qui n'est pas un acte
hostile ni une protestation, ne saurait infirmer l'assentiment de
la majorité des érudits, ce fait que nous avons recueilli de la
bouche même de M. Meynis.

Combien différente fut la destinée des fausses traditions, dont
nous avons indiqué les vices irrémédiables au second chapitre
de cet ouvrage ! Il y aura bientôt deux cents ans que l'aréopagitisme, malgré l'appui de nombreux et puissants patrons, tomba
sous la réprobation des plus savants hagiographes de la catholicité, et que, d'eux-mêmes, les archevêques de Paris renoncèrent
à se dire les successeurs du grand Aréopagite, disciple de saint
Paul ; tandis qu'Ainay dépouillé de tout prestige, Ainay qui ne
songe pas même à défendre sa cause, voit encore des écrivains
distingués, consciencieux, indépendants les uns des autres,
combattre pour ses droits et répéter avec autant de conviction
que nos aïeux : « Le lieu où nos premiers martyrs confessèrent
la foi s'appelle Athanacum, *locus in quo passi sunt Athanaco
vocatur.* »

Le lecteur a suivi pas à pas dans ses phases diverses le culte
rendu par les Lyonnais à leurs martyrs ; du troisième siècle jusqu'à

nos jours il a vu naître, grandir, décroître et se ranimer les traditions d'Ainay. De cette longue étude sortent pour nous
d'importantes conclusions ; il nous reste à les formuler dans le
chapitre suivant.

CHAPITRE X

CONCLUSION

Conséquences de notre ouvrage: I. *au point de vue de la science.* Les traditions d'Ainay sont authentiques parce qu'elles reposent sur une triple base: l'archéologie, l'histoire et surtout le culte rendu aux Quarante-huit martyrs. — Observation importante: s'il était faux que la dévotion des Lyonnais pour les Confesseurs de l'autel d'Auguste ait eu son centre à Ainay, l'Eglise de Lyon eût été gravement coupable envers la mémoire de saint Pothin, car, Ainay supprimé, il manquerait une partie intégrante à l'économie générale du culte de nos premiers martyrs. Démonstration tirée des grandes œuvres de saint Patient pendant son épiscopat. — Jugement ou, plutôt, éloge dernier et définitif: les souvenirs athanaciens ont tous les caractères de la tradition vraie: l'antiquité, la perpétuité, l'universalité. — II. *au point de vue religieux*: retour à l'ancienne piété pour les fils de saint Pothin, puissants protecteurs de la cité lyonnaise.

UELQUEFOIS, en visitant l'Egypte ou la Grèce, le voyageur s'arrête plein d'admiration; il vient d'apercevoir les restes d'un superbe péristyle, des colonnes du plus beau marbre éparses çà et là, des pans de murs aux larges et puissantes assises. A travers une végétation parasite et des monceaux de pierres, il suit avec attention les contours du monument: peu à peu il en distingue les parties diverses, en mesure les dimensions, et finit par reconstruire dans sa pensée le palais, le temple dont, au premier abord, quelques débris seulement avaient frappé sa vue. C'est ainsi que, sur un petit nombre d'indications précieuses, nous avons étudié, fouillé, scruté en tout sens les souvenirs d'Ainay.

De tous les systèmes créés par le caprice des novateurs il n'en est pas un qui puisse invoquer, en faveur du quartier où il place l'autel d'Auguste et l'amphithéâtre de son invention, une preuve sérieuse tirée soit du culte des Martyrs, soit, comme nous le démontrerons bientôt, de l'archéologie. Pour Ainay, au contraire, l'archéologie a tracé sur le sol romain d'Athanacum un vaste rectangle où s'encadrent avec symétrie des mosaïques d'une rare beauté ; elle a exhumé, à cette extrémité de la presqu'île, toutes sortes de fragments dignes de la magnificence du peuple-roi, et, particulièrement, des inscriptions nombreuses où sont gravés les noms de nobles Gaulois exerçant le sacerdoce augustal à l'autel du confluent. C'est donc là, nous disonsnous déjà, que s'élevaient le temple d'Auguste, l'Académie et l'amphithéâtre de la Gaule celtique ; là, d'après la Lettre aux Eglises d'Asie, dut s'accomplir l'immolation des premières victimes du lieutenant impérial. L'histoire consultée a répondu dans le même sens. De Grégoire de Tours, de saint Adon à Théophile Raynaud, Bullioud, la Mure, Artaud, de Boissieu, les écrivains les mieux instruits de nos antiquités religieuses ont répété d'une seule voix : « Le lieu où souffrirent les fils de saint Pothin s'appelle Athanacum, *locus in quo passi sunt Athanaco vocatur.* »

L'établissement à Ainay, dans le IVᵉ siècle au plus tard, du culte des Quarante-huit confesseurs nous a fourni une troisième démonstration de toutes la plus directe et, suivant nous, la plus décisive. A toutes les époques du moyen-âge, ces héros de la foi furent désignés sous le nom de Martyrs Athanaciens, *martyres Athanacenses;* et, de temps immémorial, Ainay possède leurs principales reliques. Enumérons-les une dernière fois : le corps de sainte Blandine, une portion des cendres noyées en vain au fond du Rhône par les persécuteurs, quantité d'ossements et des membres entiers de ces généreux témoins du Christ, des vêtements qu'ils avaient portés sans doute en prison et devant leurs juges, le bloc de pierre qui servit ou d'oreiller au premier de nos pontifes agonisant, ou de siége, de lit de torture aux saints pendant leur supplice, un vase plein de la terre sur laquelle ils s'étendirent pour mourir. Sous Constantin, un oratoire leur est déjà consacré près du confluent, et Badulphe y réunit ses disciples afin qu'on n'entende plus que la voix de la prière, que le chant des louanges divines sur les bords où les combattants du Seigneur ont triomphé si glorieusement des puissances de l'enfer. Quelques siècles après, les mères lyonnaises viennent offrir à l'autel de Blandine leurs petits enfants, heureuses d'emporter pour eux une bénédiction qu'elles regardent comme le gage certain de la protection d'en haut. Dans la célèbre journée du 2 juin, les Eglises de Lyon et des alentours, les religieux, les magistrats, les corporations diverses de la cité se rendent à Saint-Martin d'Ainay, où tous s'empressent de baiser pieusement la Pierre de saint Pothin. Les moines, avec l'approbation de nos archevêques, suivent une liturgie à part, et Bullioud a pu dire avec vérité que la solennité des Merveilles était la fête de notre abbaye plus encore que celle des Lyonnais, *Toti quidem civitati celeberrima, maxime vero apud monachos athanacenses.*

De ces faits tant de fois rappelés et discutés dans le cours de cet ouvrage il nous faut, avant de finir, tirer une conséquence qui sera l'éclatante confirmation de notre thèse historique sur le culte des Quarante-huit martyrs : voici notre raisonnement.

Si, comme les novateurs nous le reprochent, nos traditions ne portaient sur rien de solide, s'il était constaté que, dans la persécution de l'an 177, le préfet de la Gaule fit exécuter sa sentence contre les chrétiens ailleurs qu'à Ainay, eh bien, dans ce cas, l'histoire nous force à conclure que l'Eglise de Lyon se rendit gravement coupable envers la mémoire de saint Pothin ; car, Ainay supprimé, il manque une partie intégrante à l'économie générale du culte de nos martyrs. Pour rendre cette preuve plus sensible, je m'arrêterai à une date particulière où mes lecteurs me permettront de personnifier l'Eglise lyonnaise dans l'un de ses plus grands et de ses plus saints évêques.

Au ve siècle, alors que la dévotion des Lyonnais pour les fils de Pothin et d'Irénée atteignait son apogée, la Providence donna pour successeur à saint Eucher un pontife qui ne lui était guère inférieur en mérite, et dont l'âme brûlait aussi d'une passion véritable pour l'honneur des martyrs de Lyon, en même temps que son immense patrimoine lui fournissait des ressources pécuniaires presque illimitées. Saint Patient fit de la caverne ténébreuse qui jusqu'alors avait servi de tombe à la foule innomée des chrétiens morts dans la seconde persécution, un sanctuaire d'une splendeur idéale, et par dessus cette crypte où resplendissaient partout le marbre, le porphyre, le jaspe, l'argent, l'or, les pierreries, il construisit la basilique non moins belle de Saint-Jean-l'Évangéliste.

« Ici, sous un même toit, disait un poète contemporain, s'épanouissent deux temples que Patient leur fondateur a consacrés aux saints. Les corps des martyrs, jadis ensevelis sous les broussailles et dans les ténèbres, sont éclairés maintenant des rayons qu'il a su faire pénétrer jusqu'à eux ; et tandis que le soleil inonde la partie inférieure, l'autre édifice élance jusqu'au ciel les cônes majestueux qui en couronnent le faîte. Il marche d'un pas sûr vers les célestes royaumes celui qui, sur la terre, prépare au Christ ces royales demeures (1). »

Les Machabées s'élevaient sur le terrain qu'avaient inondé le sang, qu'avaient jonché les cadavres des fidèles disciples de saint Irénée massacrés pour la foi. Que la cathédrale de Lugdunum ne répondit plus au nombre toujours croissant de la population, ou que les hordes d'Attila l'eussent dévastée en 451, saint Patient l'agrandit ou la releva. Voici en quels termes

---

(1) Hic duo templa micant tecto fundata sub uno,
    Quæ Patiens sanctis conditor instituit.
Corpora dumoso quondam demersa profundo
    Perspicuum tracti luminis irradiat.
Subdita resplendent et fastigata superbis
    Cultibus in cœlum culmina prosiliunt.
Securus plane cœlestia regna requirit
    Qui Christo in terris regia septa parat.

Sidoine Apollinaire célèbre cette magnifique restauration; je ne citerai que les vers où le poète fait la peinture du temple nouveau :

« O toi que frappe d'admiration l'œuvre de Patient, notre pontife, notre père, qui que tu sois, entre, épanche tes vœux; tu reconnaîtras bientôt que le ciel t'a exaucé.

« Le monument s'élève dans son éclat, sans décliner à droite ni à gauche, le front directement tourné vers le point où naît le jour au temps de l'équinoxe. Au dedans, la lumière étincelle : réfléchis de toutes parts, les rayons du soleil vont se jouer dans l'or des lambris et se fondre avec ses reflets éblouissants. Des marbres de toute nuance courent sous les voûtes, sur le sol, le long des baies. Sous les pas de personnages aux costumes diversement colorés, le stuc verdoyant et d'une fraîcheur toute printanière sème de brillants saphirs au milieu d'émaux imitant aussi les teintes de la prairie. Contre la façade est adossé un triple portique fier de ses piliers d'Aquitaine. Sur le même dessin, un second portique sert de clôture aux derniers parvis : les cours intérieures ont pour ceinture une forêt de colonnes qui se perdent dans le lointain (1). »

(1) Quisquis pontificis patrisque nostri
Collaudas Patientis hic laborem,
Voti compote supplicatione
Concessum experire quod rogabis.
Ædes celsa nitet, nec in sinistrum
Aut dextrum trahitur, sed arce frontis
Ortum prospicit æquinoctialem.
Intus lux micat, atque bracteatum
Sol sic sollicitatur ad lacunar
Fulvo ut concolor erret in metallo.
Distinctum vario nitore marmor
Percurrit cameram, solum, fenestras :
Ac sub versicoloribus figuris
Vernans herbida crusta sapphiratos
Flectit per prasinum vitrum lapillos.
Huic est porticus applicata triplex
Fulmentis Aquitanicis superba.
Ad cujus specimen remotiora
Claudunt atria porticus secundæ;

Ces deux grandes œuvres ne parurent pas suffisantes au saint enthousiasme du successeur d'Eucher pour la gloire de nos Martyrs. Les anciens évêques de Lugdunum avaient institué la fête des Merveilles en souvenir éternel du recouvrement des cendres miraculeuses, et la même pensée inspira dans ce temps-là même, vers l'an 485, l'érection, proche d'Ainay, de la basilique de Saint-Michel ; car, d'après la croyance des premiers chrétiens de notre ville, Dieu s'était servi du ministère des anges pour recueillir et rassembler toutes les parcelles des corps vénérables que ces « Esprits administrateurs, *administratorii Spiritus,* » comme parle saint Paul, rendirent aux vœux ardents des Lyonnais. Patient voulut aussi qu'un monument rappelât chacune des circonstances notables du massacre de l'an 208. Ainsi, l'égorgement avait eu lieu le 28 juin, veille de la solennité de saint Pierre et de saint Paul. Le pontife éleva sur la rive droite de la Saône, presque au dessous des Machabées, une grande chapelle qu'il mit sous l'invocation du Chef des Apôtres. Cette église que le xviii° siècle a trouvée encore debout, se distinguait de Saint-Pierre des Terreaux par sa dénomination populaire de Saint-Pierre-le-Vieux.

Une autre circonstance de cette immortelle journée parut au

> Et campum medium procul locatas
> Vestit saxea silva per columnas......

(Lib. 2, epist. x ad Hesperium. Edition publiée par le P. Jacques Sirmond.)

La mosaïque décrite par Sidoine aux quatorzième et quinzième vers, *Vernans herbida crusta,* etc., représentait certainement une prairie ; mais qui sont les personnages « aux couleurs variées » qu'on y voyait parmi les fleurs et la verdure ? Ce passage est si obscur qu'il n'est pas un seul de nos historiens, sans en excepter le P. Ménestrier, qui l'ait fidèlement traduit. Peut-être la vision qu'eurent, peu avant leur martyre, les apôtres de Valence et de Besançon, et que nous avons racontée sur la fin du quatrième chapitre, ferait-elle disparaître la difficulté. Irénée accueillant les cinq agneaux dans les pâturages divins, et les présentant au bon Pasteur, à saint Pothin, à d'autres martyrs lyonnais, cette scène me semble répondre parfaitement à la situation, et tel pourrait bien être le sujet de la peinture murale que Sidoine signalait, dès l'entrée, à l'attention des visiteurs.

saint évêque digne d'être gravée dans la mémoire des âges à venir. Après l'épouvantable tuerie qui dépeupla presque entièrement la capitale des Gaules, les soldats de Septime Sévère durent, afin de laver les rues et les places, déverser sur le flanc oriental de la colline les eaux que les aqueducs amenaient en si grande abondance dans la cité. Mêlées aux flots du sang des Confesseurs, les eaux descendirent vers la rivière, en face du théâtre de Claude, à l'endroit où finit la montée du Gourguillon ; mais, avant de s'écouler dans la Saône, retenues par un obstacle, elles s'arrêtèrent assez longtemps au pied de la montagne ; le terrain en fut profondément imbibé. Ce lieu était resté cher à la piété des fidèles. Sous la direction épiscopale, l'église de Saint-Romain, assez vaste pour avoir servi de paroisse jusqu'à ces derniers temps, fut bâtie par un riche Lyonnais nommé Frédald et par sa pieuse épouse, comme en faisait foi une inscription qu'on lisait encore sur la façade en 1711, quand Brossette publiait son *Nouvel éloge de la ville de Lyon*.

La liste des sanctuaires que saint Patient construisit ou fit construire en l'honneur des martyrs indigènes est maintenant complète ; elle accuse un contraste frappant entre lui et son prédécesseur. Autant Eucher manifesta de zèle pour les Confesseurs de la presqu'île, autant son successeur en témoigne pour ceux de la colline ; c'est d'eux seuls qu'il se préoccupe, c'est à leur glorification qu'il se voue tout entier. Sur quoi je ferai observer aux novateurs à quelles conséquences inattendues ils sont forcément conduits. — Je suppose vraies, leur dirai-je, toutes vos affirmations. Grégoire de Tours et saint Adon furent dans l'erreur. L'interprétation donnée par nous à la fête des Merveilles est toute de fantaisie ; le culte de saint Pothin, de sainte Blandine et de leurs compagnons ne fut jamais établi dans l'église abbatiale du confluent. Soit ; mais, en partant de ces données, voyez quel désordre, quelle confusion éclate dans les œuvres de saint Patient, ou plutôt dans l'organisation générale des choses religieuses au Ve siècle, cet âge d'or de la grande Église lyonnaise !

Patient édifie de somptueuses basiliques pour y renfermer les restes d'Irénée, d'Epipode, d'Alexandre, d'Eléazar, de vingt mille chrétiens mis à mort par un despote insensé ; rien de plus louable assurément. Toutefois notre Eglise avait à remplir d'autres devoirs de reconnaissance plus pressants encore que celui-là. Comment de ces marbres, de ces porphyres, de cet or prodigués à pleines mains une part, une large part n'est-elle point allée à ces héros d'immortelle mémoire dont la Lettre des deux Eglises a porté les noms jusqu'aux extrémités du monde, à ces Quarante-huit confesseurs du temple d'Auguste, vrais fondateurs du Christianisme à Lyon, et que précédait dans la carrière du martyre l'envoyé de saint Polycarpe, le premier évêque de Lugdunum ? La piété populaire, je le sais, honorait leurs cendres sous les majestueuses voûtes des Saints-Apôtres : cependant *le lieu*, quel qu'il soit d'ailleurs, *où ils souffrirent, locus in quo passi sunt;* le lieu qu'ils rougirent de leur sang, qu'ils illustrèrent de leur triomphe, restait abandonné de tous ; on n'y voyait pas le plus humble des oratoires, nul fidèle ne venait y prier, et Patient ne s'est pas ému d'un oubli si scandaleux ! Il a tenu, pour les martyrs de la montagne, à consacrer par deux monuments divers une simple date, un incident dont l'importance, après tout, n'était que secondaire : la lutte que les athlètes d'Athanacum ont soutenue, en présence de la Gaule rassemblée, contre le tout-puissant légat de Marc-Aurèle, celle qui a déterminé la victoire de l'Evangile et le règne de la Croix de ce côté des Alpes, il n'en a pas le moindre souci ! La jugerait-il peu digne des souvenirs de la postérité ?

La surprise est ici d'autant plus vive que Patient érigea bien d'autres églises à Lyon même et dans la contrée : « Grâce à vous, lui écrivait Sidoine, on voit en un grand nombre de lieux les basiliques sortir de terre ou se parer d'ornements qui leur donnent une beauté toute nouvelle (1). » Et pourtant, en dehors des quatre créations que nous lui avons attribuées, Saint-Jean-l'Evangéliste, les Machabées, Saint-Romain, Saint-Pierre-le-

_____

(1) « Omitto per te plurimis locis basilicarum fundamenta consurgere, ornamenta duplicari. » Ad papam Patientem, lib. VI, epist. 12.

Vieux, cherchez quels sont les patrons titulaires des autres édifices religieux bâtis dans notre ville par lui ou du moins d'après ses inspirations. On nomme Saint-Michel, Saint-Saturnin, Saint-Pierre des Terreaux, Saint-Etienne, peut-être : jamais, pas même en seconde ligne, n'apparaît le nom d'un seul des grands martyrs de l'amphithéâtre ! Nous opposera-t-on que parmi les basiliques indiquées vaguement par Sidoine Apollinaire, il a pu s'en trouver quelqu'une dédiée aux Confesseurs de l'autel d'Auguste ? Non, les sanctuaires de l'ancien Lyon nous sont connus soit par les documents antiques, soit par la correspondance qu'entretint avec Charlemagne l'archevêque Leidrade, chargé par l'empereur, après les ravages affreux des Arabes, de rendre au culte divin nos temples dévastés ou démolis. Or, les vocables de Sainte-Blandine, de Saint-Pothin, ne se rencontrent pas plus dans les lettres de Leidrade que sous la plume de Sidoine ou de saint Avite.

Ajoutons, pour donner à notre argument toute sa force, que le même oubli serait imputable à bien d'autres qu'à saint Patient. Durant tout le moyen-âge et au delà, nos annales n'accordent à aucune autre église qu'à Saint-Nizier et à Saint-Martin d'Ainay l'honneur d'avoir servi de centre et de foyer à la dévotion du peuple pour les Quarante-huit confesseurs : en sorte que, Ainay disparaissant, une immense lacune se révèle tout à coup, et l'on est tenté d'accuser de la plus condamnable indifférence les évêques, le clergé, la population tout entière. Est-il rien de plus anormal, est-il rien de plus incompréhensible ?

Mais rendez au monastère de saint Badulphe, avec ses souvenirs traditionnels, sa crypte de sainte Blandine, son autel de saint Pothin, sa Journée des Miracles : aussitôt les faits se classent et se régularisent, l'harmonie brille partout, l'Eglise lyonnaise est reconnue irréprochable dans l'accomplissement de ses devoirs envers les saints qui lui donnèrent la vie au prix de leur sang versé dans les douleurs des plus horribles supplices. Quant au successeur d'Eucher, la parfaite sagesse de ses plans devient manifeste à tous les yeux. Pourquoi son cœur généreux s'est-il

tourné vers la grotte obscure de Saint-Jean-l'Evangéliste? C'est
que, le monastère de la presqu'ile établi et florissant, la basilique
des Apôtres construite, la fête des Merveilles instituée, le culte
des enfants de saint Pothin ne laissait plus rien à désirer, tandis qu'un éclat bien moindre, il faut en convenir, entourait
les modestes autels de saint Irénée et de ses compagnons.
Patient se proposa de faire pour les Confesseurs de la montagne
ce qu'avait fait pour ceux du confluent son immortel prédécesseur ; et ces deux grands hommes payèrent ainsi, au nom de toutes les générations lyonnaises, la dette de la patrie à la double
phalange de ses martyrs.

Donc, pour revenir à notre question capitale, le rôle que
nous avons assigné à l'abbaye d'Ainay dans le concert d'hommages que Lyon élevait alors vers les trônes de ses bienheureux
patrons, ce rôle si honorable est plus qu'un fait certain, c'est
un fait qui a dû nécessairement être ; tel, par conséquent, qu'il
nous serait permis d'en affirmer l'existence, alors même qu'on
en découvrirait à peine quelques vestiges dans les récits trop
courts, hélas ! et trop peu nombreux que nous a laissés le moyen-
âge. Les chroniqueurs d'Ainay, Bullioud et la Mure, ne sont pas
seulement justifiés ; l'exactitude de leurs écrits se trouve démontrée
comme le fut bien rarement celle des meilleurs historiens.

Appuyés sur cette triple base de l'archéologie, de l'histoire,
du culte catholique, les souvenirs d'Ainay nous paraissent inébranlables : aussi, comme jugement, ou plutôt comme éloge
dernier et définitif, déclarons-nous qu'à notre sens, ils constituent, ainsi que l'indique du reste le titre de cet ouvrage, une
tradition locale digne de toute créance, une tradition vraiment
historique, que les écrivains religieux peuvent adopter avec
assurance, et dont le clergé lyonnais consentira peut-être un
jour à s'avouer, à se proclamer le défenseur et le gardien.

Mais quoi ! pour être décorée du nom de tradition, une
croyance locale en est-elle plus recommandable ? Oui, sans nul
doute, et les hommes, si nombreux de nos jours, pour qui tradition est synonyme de légende, ne savent certainement pas à quel
examen sévère l'Eglise catholique soumet les souvenirs popu-

laires avant de les ranger honorablement dans la classe des traditions ; ils ignorent que toute tradition religieuse accompagnée des conditions dont la théologie exige qu'elle soit entourée, porte nécessairement en elle des caractères qui imposent le respect et forcent les convictions. Le préjugé tout moderne que je rencontre ici en face de moi est si général, si tenace, qu'avant de me prononcer sur la valeur des traditions athanaciennes, il m'a paru indispensable d'expliquer, en peu de mots, d'après quels principes un écrivain catholique rejette une tradition comme fausse, en accepte une autre comme vraie. Nos lecteurs jugeront ensuite si l'Eglise pouvait procéder avec plus de sagesse, pour que les souvenirs qu'elle consacre de son suffrage dans un passé obscur méritent en effet la créance et la vénération du chrétien.

L'Eglise tout entière nous dit par la bouche de Vincent de Lérins : « Tenez pour infaillible ce qui a été cru toujours, en tous lieux et par tous ; car c'est là, indubitablement, la vérité catholique. *Id teneamus quod ubique, quod semper, quod ab omnibus creditum est ; hoc enim vere proprieque catholicum* (1). » Antiquité, universalité, perpétuité, telles sont, d'après tous les docteurs du catholicisme, les trois notes caractéristiques de la tradition religieuse.

Cette loi, nos lecteurs l'ont compris, concerne avant tout la grande tradition appelée *dogmatique* ou *divine,* celle qui, des Apôtres dont elle émane, est descendue à travers les âges, propagée par un enseignement que nulle révolution humaine, que nulle catastrophe n'ont jamais interrompu, et qui ne s'arrêtera qu'à la consommation des siècles. Conserver et transmettre d'une génération à l'autre, intact, éternellement le même, le trésor des vérités que les Apôtres recueillirent des lèvres de l'Homme-Dieu, voilà l'Eglise tout entière dans sa fin, dans sa hiérarchie, dans ses œuvres, dans sa constitution. Il fallait cette immutabilité dans la doctrine pour que l'Eglise, au nom du Sauveur

---

(1) Commonitorium pro catholicæ fidei antiquitate et universitate adversus profanas omnium hæreticorum novitates, I.

qu'elle représente, fit de la tradition dogmatique une règle
infaillible de la foi. L'Eglise commande aux hommes de croire
ce qu'elle enseigne, parce qu'elle enseigne, sans y ajouter ni en
retrancher un iota, ce qu'elle apprit des Apôtres, qui l'apprirent
eux-mêmes à l'école de la Vérité incarnée. Sans doute son
divin Fondateur lui ordonna *d'instruire toutes les nations* (1);
mais la science dont elle éclaire le monde n'est pas sienne :
l'Eglise n'est que le plus fidèle des interprètes, elle ne sait que
répéter les oracles que lui dicte le ciel. « O Timothée, s'écriait
le grand Apôtre, gardez le dépôt, *Depositum custodi* (2) ! »

Voilà pourquoi les Pères tant grecs que latins recommandaient
si fortement aux fidèles d'avoir pour tous les points de croyance
ou de discipline fondés sur la tradition apostolique le même
respect qu'ils professaient pour l'Ecriture sainte. Ecoutez, par
exemple, saint Jean Chrysostome commentant ce passage de
saint Paul : *Mes frères, soyez fermes et conservez les traditions
que vous avez reçues de moi, soit par la parole, soit par ma
lettre* (3). « Il est donc évident, disait le saint Docteur, que les
Apôtres n'ont pas tout mis dans leurs épîtres : ils ont enseigné
beaucoup de choses sans les écrire, et celles-là aussi méritent
d'être crues. De là vient que nous devons encore ajouter foi aux
traditions de l'Eglise. La tradition existe, ne cherchez pas au
delà (3). » Sur toute question de dogme ou de discipline, le prêtre
a le droit de dire à quiconque hésiterait à se soumettre : Puisque
la loi que l'Eglise vous impose a pour elle l'antiquité, l'universalité, la perpétuité, un doute prolongé serait un acte déraison-
nable en même temps que criminel ; « la tradition existe, ne
cherchez pas au delà. »

---

(1) Euntes docete omnes gentes. Matth.. xxviii, 19.

(2) Timoth., vi, 20.

(3) « Itaque, fratres, state et tenete traditiones quas didicistis sive per
sermonem, sive per epistolam nostram. » Ad Thessalon. II ᵃ, cap. 2, v. 14.

(4) « Hinc patet (Apostolos) non omnia per epistolam tradidisse, sed
multa etiam sine scriptis: hæc verosimiliter sunt fide digna. Quamobrem
Ecclesiæ quoque traditionem fide dignam esse censeamus. Traditio est,
nihil amplius quære. » (Homil. iv in 2ᵃᵐ ad Thessalonicenses.) — Nous
avons cru sans utilité de reproduire le texte grec.

Ces règles sont-elles applicables dans toute leur rigueur à la tradition purement historique? Evidemment, non. Un point de dogme que tout catholique est tenu de connaître, de croire, de professer, a dans les âmes des racines autrement profondes qu'un fait auquel, après tout, il est permis de rester indifférent, qu'on serait même libre de rejeter sans compromettre son salut éternel. Le souvenir des événements passés ne peut donc, dans un peuple, résister à la mobilité des choses humaines aussi énergiquement qu'une croyance que la religion maintient vivante dans les cœurs, et qui participe ainsi à l'immutabilité de la foi. Aussi, sera-ce dans un sens mitigé que nous demanderons à la tradition locale les garanties que la tradition dogmatique offre à l'obéissance du chrétien.

L'universalité. Nous voulons que la tradition locale ait obtenu l'acquiescement incontestable de l'opinion publique, ce qui ne serait pas si les faits dont se compose le fond de la croyance traditionnelle avaient donné lieu à des réclamations graves et nombreuses, s'ils avaient soulevé les protestations d'hommes intègres qu'animait non l'intérêt ou la passion, mais le seul amour du vrai. La perpétuité. Une génération peut s'égarer. Chez les peuples comme chez les individus l'enthousiasme irréfléchi amène des heures de démence; toutefois cet aveuglement dure peu, et tôt ou tard la raison à son tour. Il faut donc que la tradition locale ait vécu de longs siècles, dans le trouble et dans la paix, sous tous les régimes politiques, au milieu des perturbations sociales: quand elle a résisté à de pareilles épreuves, elle n'a qu'un fondement possible, la vérité. Par dessus tout, on exigera, comme condition essentielle de son authenticité, qu'elle soit contemporaine ou du moins très voisine des faits qu'elle atteste à la postérité. Les théologiens font de l'antiquité de la tradition une loi indispensable, témoin cette définition que j'emprunte au remarquable traité *De locis theologicis* du P. Perrone, le célèbre professeur du Collège Romain. « Le mot tradition, dit-il, a un sens très étendu. Sous cette dénomination est comprise toute croyance ou coutume établie, qui, *dérivée de quelque source primitive*, a traversé les siècles jusqu'à nous, à l'aide soit

des livres, soit de souvenirs transmis de bouche en bouche, soit
de pratiques passées en usage (1). » Seulement, remarquons de
nouveau qu'il n'est plus question ici d'une société immortelle
où, par un secours spécial d'en haut, tout se conserve et rien ne
périt. Pour un souvenir local qui remonterait aux premiers âges
du Christianisme, il serait injuste de ne pas tenir compte de la
ruine des peuples, des civilisations, des écrits, des monuments.

Ce critérium est tellement sûr, il pénètre si avant dans les
détours d'une erreur historique et l'attaque par tant de points à
la fois, que jamais tradition fausse n'a tenu contre un tel examen.
Eût-elle réussi, après avoir trompé la simplicité du moyen-âge,
à s'entourer durant des siècles d'un prestige usurpé ; eût-elle vu
la science elle-même, dans la personne de ses représentants les
plus illustres, accepter pour véritables ses titres mensongers ;
dès qu'une critique plus éclairée lui a dit : « Prouvez-nous d'a-
bord votre antiquité. Avant de croire, nous avons le droit de
vous demander quelle filiation authentique vous rattache à l'époque d'où vous prétendez être issue ; » devant une sommation
aussi précise, la ruse aussi bien que l'ignorance est restée muette
et confondue. C'est ainsi que, dans l'âge des Sirmond, des
Mabillon, des Bollandistes, ont disparu quantité de traditions
erronées qu'autrefois une piété mal entendue fit éclore dans
notre pays, particulièrement au milieu du chaos qui suivit le
règne si brillant de Charlemagne.

Et maintenant les traditions d'Ainay présentent-elles au critique les trois caractères de la tradition vraie ?

D'abord, leur antiquité a pour garants saint Badulphe, Grégoire de Tours, Adon, le culte de saint Pothin et de sainte Blandine établi au confluent de temps immémorial, la crypte des
Quarante-huit confesseurs avec ses deux caveaux d'origine évidemment romaine, la réunion à Ainay des reliques les plus
insignes des Martyrs, reliques dont les donateurs ne furent
jamais connus dans le monastère ; enfin les mystérieuses préro-

---

(1) « *Traditionis* nomen amplissimam habet significationem ; complec-
titur enim institutum quodvis à primævo aliquo fonte profluens, quod
sive scripto, sive viva voce, aut praxi ad posteritatem pervenerit. » (Partis IIᵉ sectio 2ᵃ, De Traditione.)

gatives de l'abbaye dans la grande fête des Merveilles. Tout cet ensemble de témoignages et de faits relie visiblement au martyre lui-même la chaîne de nos traditions.

Leur perpétuité ou, si l'on aime mieux, leur longévité, n'est pas moins certaine. La solennité patriotique du 2 juin fut instituée par les Gallo-Romains de Lugdunum ; nous l'avons appris d'un contemporain des fils de Charlemagne. Or, au xiv⁰ siècle, la ville entière, clergé, religieux, magistrats, citoyens notables, venaient encore, dans cette grande journée, honorer saint Pothin et ses glorieux émules d'héroïsme, au lieu désigné par Grégoire de Tours comme le théâtre de leur victoire, *locus in quo passi sunt Athanaco vocatur*. Et si, plus tard, les souvenirs d'Ainay s'affaissèrent sous une double pression, au xvi⁰ siècle dans les masses, au xviii⁰ parmi les savants, lorsqu'on les voit se relever tout à coup, s'affirmer et reconquérir en partie le terrain perdu, niera-t-on qu'un très petit nombre de traditions locales ont montré, dans une lutte si longue contre tant d'éléments hostiles, une résistance plus tenace, une vitalité plus énergique ?

Quant au troisième caractère, l'universalité, je ne me lasserai pas de le redire. Si le témoignage des évêques de Tours et de Vienne en faveur d'Ainay se fût trouvé faux, un peuple aussi dévoué que les Lyonnais à la gloire de ses martyrs ne pouvait laisser, dans la journée du 2 juin, l'abbaye de saint Badulphe jouir paisiblement de privilèges qui n'étaient que la consécration d'une erreur et d'une injustice. Le quartier que les Quarante-huit confesseurs avaient réellement illustré par leur mort, eût fait valoir ses titres. Lyon tout entier les eût appuyés, le pouvoir épiscopal se fût prononcé, le droit eût remplacé l'usurpation. Eh bien, consultons nos vieilles chroniques. De pareils débats ont-ils jamais troublé la célébration du jour des Miracles ? Est-ce que jamais une protestation s'est élevée à l'encontre des honneurs insolites déférés au monastère bénédictin ? Loin de là. Les églises métropolitaines des Machabées, des Apôtres, de Saint-Etienne, de Saint-Jean, sont venues successivement, accompagnées des autres églises de la ville et de la contrée, célébrer chaque année le martyre des compagnons de saint

Pothin dans le sanctuaire du confluent. Et quand nos archevêques ont maintenu avec une vigilance si scrupuleuse l'ancien
cérémonial fixé déjà, suivant toutes les probabilités, dès l'âge
de saint Eucher, ils ont, par cela même, conservé bien volontairement à Ainay ses prérogatives, son rang exceptionnel
dans la principale des solennités lyonnaises. Ne sont-ce pas là
des preuves palpables de l'assentiment unanime des habitants
de la cité au récit de Grégoire de Tours ?

L'antiquité, la durée, l'universalité, il n'est pas une des conditions nécessaires de toute tradition authentique qui ne soit remplie, et au delà, par les souvenirs athanaciens : c'est donc avec
une assurance entière que l'école traditionaliste d'Ainay peut
désormais tenir tête à l'anti-traditionnalisme qui semble avoir
fulminé contre nous son *Delenda Carthago*.

Je n'accuse point ici les intentions ; Dieu lit seul dans les
replis du cœur humain ; mais le fait est là, évident, lumineux
comme la clarté du jour. Il est parmi nous des hommes que le
49º chapitre de la *Gloire des martyrs* importune ; ils ne supportent plus, chaque fois qu'ils remontent un peu haut dans l'histoire
de Lyon, d'avoir à se heurter aux légendes, comme ils disent, de
nos pieuses chroniques. A leurs yeux, tous les auteurs qui ont
fourni des matériaux à nos annales ecclésiastiques, de Grégoire
de Tours et saint Adon à Bullioud et Théophile Raynaud, sont,
en ce qui touche la question d'Ainay, atteints d'une complète
cécité. C'est là ce que nous a signifié M. Steyert quand il a écrit
ces mots : « L'ignorance dans laquelle nos meilleurs historiens
sont demeurés à ce sujet (sur les causes de l'institution du Jour
des Miracles) les a entraînés dans des erreurs graves qui ont
altéré l'histoire des débuts du Christianisme à Lyon (1). » Et
quel autre sens attacher aux pompeux éloges dont M. Raverat
comble M. C. Guigue, pour avoir « rejeté dans le domaine de la
fable des faits jusqu'alors considérés comme des vérités incontestées? Grâce à lui et à l'étude attentive des textes, poursuit-il, les
légendes et les traditions qui cachaient la plupart de nos origi-

(1) Article de la *Revue hebdomadaire* du diocèse de Lyon, 22 mai 1885.

nes en archéologie, histoire, généalogie, philologie, ont disparu à tout jamais, au grand regret des gens qui ne se décident que difficilement à faire table rase des préjugés au milieu desquels ils ont vécu (1). »

Vainement les novateurs s'efforcent de laïciser « l'histoire des débuts du Christianisme, » dans notre ville ; vainement, de ces vieilles traditions athanaciennes dont les racines plongent dans les profondeurs de l'époque gallo-romaine, ils prétendent faire une collection de fables ridicules ; quinze siècles protestent con-tre leurs téméraires assertions. Qu'ils le veuillent, qu'ils ne le veuillent pas, le surnaturel plane sur le berceau de l'Église de Lyon ; anges et martyrs se donnent la main à la première page de notre histoire. Le Lugdunum chrétien et la cité lyonnaise d'une partie du moyen-âge, avec leurs vertus anachorétiques, avec leur sainte exaltation, avec leurs incomparables solennités, n'ont pu sortir que des prisons, du prétoire, de l'amphithéâtre d'Athana-cum. Telle est l'histoire vraie, attestée par soixante générations ; il n'est pas en notre pouvoir de la changer.

Vous nous répéterez, tant qu'il vous plaira, que le récit de l'apostolat de saint Pothin est entremêlé de « graves erreurs, » de fictions absurdes. Nous répondrons invariablement que la conversion des païens de Lugdunum, prix du sang des martyrs, fut une des plus merveilleuses conquêtes de la grâce divine, et que le seul tort de nos historiens a été de n'avoir pas su peindre dans toute sa grandeur un si mémorable événement. Vous essaierez encore de glisser quelque dieu de pierre ou de bois dans la procession triomphale du 2 juin, fête d'origine païenne, à vous en croire : nous n'en porterons que plus haut la bannière de nos immortels Confesseurs, et nous persisterons à soutenir, au nom de la science, que l'institution des Merveilles naquit du prodige opéré par la main de Dieu près du rivage que le Rhône baignait alors à quelques pas au dessous d'Ainay. Toujours, en dépit de vos dédains pour nous et des louanges que vous vous décernez, il sera vrai que vous êtes la nouveauté, la nouveauté en contra-

(1) *Salut Public*, 1er octobre 1880.

diction éternelle avec toute l'histoire lyonnaise, la nouveauté
sans passé, j'ai presque ajouté sans avenir : tandis qu'avec nous
militent l'antiquité, la perpétuité, l'universalité des faits et des
témoignages ; d'où tout homme de sens conclura qu'avec nous
est la vérité.

Cette lutte se prolongera jusqu'à ce qu'il plaise aux disciples
de M. Martin-Daussigny d'y mettre un terme : nous attendrons
patiemment que la lumière se fasse dans les esprits. Quant au
succès final, il ne saurait être douteux. Pour dire toute notre
pensée, ce ne sont pas nos vénérables traditions qui risquent
d'être rejetées par le jugement du public « dans le domaine de
la fable. » Ce sont bien plutôt les théories malheureuses, les
inventions déplorables, les pauvretés inouïes, dont nous allons
bientôt rendre compte dans les trois chapitres d'un appendice
non moins important que tout le reste du livre pour l'issue définitive du procès.

Voilà pour le côté historique. Mais les *Traditions d'Ainay*
furent écrites aussi dans un but religieux ; nous avons à tirer,
par conséquent, une autre conclusion qui tient au cœur de l'é-
crivain plus encore que la première et qui sera le couronnement
de notre ouvrage. C'est aux catholiques de notre ville que je
m'adresse maintenant.

L'historien a rappelé le zèle que les Lyonnais déployèrent, du
IIIᵉ au XVᵉ siècle, pour la gloire de leurs compatriotes morts sous
le glaive des persécuteurs : sont-ce là des vérités purement spécu-
latives ? Non, certes ; Dieu, qui nous donna dans les saints des
médiateurs secondaires, désire, sans nul doute, qu'héritiers de
la foi de nos ancêtres, nous recourions à ces mêmes intercesseurs dont l'amour pour une cité qui fut leur patrie, se signala
par tant de bienfaits en des temps plus heureux.

Lyon a complètement réparé les graves négligences que déplorait le P. Théophile Raynaud. Cette belle crypte de Saint-
Irénée, tout encombrée de ruines au XVIIᵉ siècle et toute souillée
par les dévastations des Huguenots, est aujourd'hui très convenablement restaurée. Les ossements sacrés, recueillis pieusement
après les profanations de 1562, sont réunis dans un lieu honora-

ble où la population lyonnaise peut les vénérer. Une de nos paroisses principales est placée sous le patronage de saint Pothin ; une autre, aussi vaste et d'un beau style, vient de s'élever à la gloire de sainte Blandine. L'héroïne de l'amphithéâtre est honorée d'un culte particulier au jour de sa mort ; la fête de saint Pothin et des Quarante-huit martyrs est élevée au degré le plus haut dans nos rites sacrés (1) ; le diocèse a reconnu saint Irénée pour son patron. Ainsi notre Eglise, en ce qui la concerne, acquitte intégralement chaque année son tribut d'hommages ; c'est dans les cœurs, c'est dans un amour plus vif, plus généreux qu'il faut chercher l'accroissement et la perfection.

Or, l'antique piété se ranimerait en nous, autant que le permet la différence des époques, si tous les catholiques se pénétraient profondément d'une vérité, savoir, que les martyrs d'une ville ont reçu pour mission de veiller sur le peuple pour le salut duquel ils firent le sacrifice de leur vie. Nos modèles, ils le sont assurément ; mais, de plus, Dieu a voulu qu'ils fussent nos patrons, nos protecteurs spéciaux.

C'est là ce que saint Eucher ne cessait de redire aux Lyonnais qui se pressaient autour de sa chaire ; et qu'on ne s'imagine pas que son enthousiasme religieux, qu'une tournure d'esprit qui lui était propre, aient inspiré, comme par hasard, cette idée au grand orateur de Lugdunum. Un contemporain d'Eucher, saint Léon pape, ne parlait pas autrement aux Romains quand il leur recommandait d'invoquer avec plus de confiance que les autres chrétiens de l'univers les Princes des Apôtres, Pierre et Paul. Ainsi raisonnait saint Basile, au jour de la fête

(1) C'est à la prière de Son Eminence Mgr le cardinal Caverot, et sur le vœu exprimé par le Chapitre primatial, que la Congrégation des Rites a décrété en 1884 que la fête de saint Pothin serait dorénavant du rite double de première classe pour la ville de Lyon et le diocèse. « Les raisons à l'appui de cette demande étaient, dit M. l'abbé Comte : 1° le titre de fondateur de l'Eglise de Lyon ; 2° le souvenir de cette fête dans l'antiquité chrétienne ; 3° le vœu de l'éminentissime archevêque, de son clergé et du peuple lyonnais ; 4° un patronage plus puissant pour la conservation de la foi dans Lyon. » (*Revue hebdomadaire*, etc., 8 mai 1885.)

des Quarante martyrs de Sébaste, dans le magnifique discours où il exhortait les habitants de Césarée à s'abriter sous l'égide des saints de la Cappadoce. Nous retrouvons le même langage sur les lèvres de saint Ennodius évêque de Pavie. A Turin, où la persécution moissonna tant de victimes, saint Maxime, évêque de cette ville, se servait des mêmes considérations pour stimuler la foi de ses auditeurs. « Partout, leur disait-il, on invoque les Bienheureux, et partout ils accueillent nos demandes ; mais comme ils sont plus disposés à intervenir pour nous quand c'est pour nous qu'ils ont enduré l'horreur des supplices ! Car le martyr souffre non seulement pour lui, mais encore pour ses concitoyens. Il souffre pour lui afin de parvenir à la couronne, pour ses concitoyens afin de les conduire au salut. Honorons les martyrs avec une tendre dévotion, mais, préférablement à tous les autres, ceux dont nous possédons les restes sacrés. Les premiers offrent en notre nom des prières ; ceux-ci offrent leur sang et leurs tortures, parce qu'ils voient en nous des proches et des amis (1). »

Cette disposition divine bien comprise, nous Lyonnais, à quels patrons célestes aurons-nous recours plutôt qu'à ceux que nous assigna une admirable faveur de la Providence ?

Les Martyrs de Lugdunum ne devinrent avares de leurs dons, ils ne se refroidirent pour leurs concitoyens qu'à l'époque où le zèle de nos pères s'attiédit, où l'amour en eux fit place à une triste indifférence. Est-il nécessaire de rendre ce fait sensible par un exemple ? Les cendres et les ossements rejetés par le Rhône étaient comme le gage visible de l'alliance des protecteurs avec les protégés. Eh bien, tant que Lyon se montra fidèle à ses bienfaiteurs, les Vandales, les Huns, les Lombards, les Arabes, les Hongrois ne nous enlevèrent pas une parcelle de ce trésor : quand le flot avait passé, toujours, on ne sait par quel miracle, Ainay, Saint-Nizier, la crypte de Saint-Jean-l'Evangéliste se trou-

(1) S. Leo, serm. 1, de SS. Apostolis Petro et Paulo. — S. Ennodius in Apolog. — S. Maximus, homil. de SS. Octavio, Adventore et Solutore, Taurinensibus.

vaient en possession de leur dépôt sacré. Mais, dans la fatale année de 1562, le pacte était rompu par notre faute. Alors, le farouche des Adrets, le ministre Ruffy et les hordes calvinistes eurent pouvoir de faire disparaître les reliques vénérées qui, depuis quatorze siècles, rapprochaient en quelque sorte de nous les Martyrs d'Ainay. Eux, le mal ne les atteignait pas ; car « le Seigneur conserve les corps de ses élus (1), » même quand l'impie a cru les anéantir ; c'est pour nous que la perte était sans remède.

N'allons pas croire, cependant, malgré cet abandon passager, que Dieu ait limité le patronage de nos saints à un temps déterminé. Lyon leur fut confié ; nous sommes de droit leurs clients de prédilection. Si nous revenons à eux, si nous les implorons avec une piété sincère et toute filiale, pourquoi ces amis de nos ancêtres ne nous écouteraient-ils pas aujourd'hui ?

Sans doute leur protection sera moins apparente qu'aux jours de saint Just et de saint Eucher ; sans doute elle ne s'attestera plus par des miracles multipliés ; ainsi l'a réglé la volonté souveraine qui dirige les destinées de l'Église. Déjà, sur la fin du VI siècle, le pape saint Grégoire instruisait le monde chrétien de ce changement. « Eh quoi, mes frères, disait-il, cesseriez-vous de croire parce que vous n'apercevez plus les prodiges des premiers temps ? Ils furent nécessaires dans les commencements du Christianisme. Pour que la multitude des croyants pût s'accroître, il fallait que l'enfance de la foi fût nourrie par des faits miraculeux. L'homme aussi, quand il plante de jeunes arbres, ne leur mesure pas l'eau tant que les sucs de la terre n'ont pas développé leur vigueur ; sitôt qu'ils ont pris solidement racine, il cesse de les arroser. De là cette parole de saint Paul : Le don des langues est accordé d'en haut pour les incroyants, non pour les fidèles (2). »

Mais, en dehors de la sphère des miracles proprement dits, que de grâces spirituelles et temporelles, que de faveurs signalées

(1) Custodit Dominus omnia ossa eorum. (Ps. 33, v. 21.)
(2) Gregor Magnus, Homil. 29 in Evang.

l'assiduité d'un culte fervent ne pourra-t-elle pas obtenir de la bienveillance de nos saints, même pour la cité, même pour la France entière? Rétablissons seulement l'alliance brisée, et leur pouvoir tutélaire saura bien trouver d'autres voies pour vérifier le mot de Grégoire de Tours et de saint Adon : « Ils ne cessent par d'éclatants prodiges de prouver qu'ils habitent avec le Dieu tout-puissant, *semper virtutibus manifestis se cum Deo habitare declarant.* » Est-ce que les douleurs actuelles de la religion, est-ce que nos dangers chaque jour croissants ne sont pas un titre de plus à leur compassion?

Ah ! demandons au premier de nos évêques, demandons à la Vierge magnanime qui, du haut du ciel, s'est montrée, dans sa tendresse immense, la mère de tant de générations lyonnaises, demandons à tous ces généreux Confesseurs s'il serait vrai que leur miséricordieuse charité se soit affaiblie avec les années ! Disons-leur, comme le fils déshérité de cet ancien patriarche, mais avec plus de confiance que lui : Pères de nos âmes, « est-ce que vous n'avez pas aussi en réserve pour nous une bénédiction, *numquid non reservasti et mihi benedictionem?* » Nous, venus après ceux que vous avez tant favorisés, nous, vos enfants du dix-neuvième siècle, se peut-il que nous trouvions en vous des cœurs las d'avoir pitié de nos maux ? O patrons des Lyonnais, « est-ce que vos mains paternelles n'auraient qu'une seule bénédiction, *num unam tantum benedictionem hab. s, pater?* » Vous avez, au temps passé, veillé sur cette ville avec tant d'amour : protégez, bénissez encore vos fils des derniers âges, contre qui l'enfer est aussi violemment déchaîné qu'il le fut autrefois contre vous ! *Mihi quoque obsecro ut benedicas* (1).

Voyez ; dans ces murs où vous entendîtes une multitude forcenée demander avec des cris de rage l'extermination des chrétiens, des hommes qu'animent les mêmes haines accablent aussi de leurs malédictions les serviteurs du Dieu à qui vous avez rendu témoignage. Leur vœu le plus ardent serait d'abolir nos fêtes, de fermer nos temples, de déchristianiser les peuples que

(1) Genèse, ch. xxvii, 36, 38.

vos triomphes ont conquis à l'Évangile ; et notre plus grand
malheur c'est que le courage nous manque, à nous, défenseurs
de la sainte cause, il nous manque pour imiter vos vertus, pour
être les dignes enfants de nos généreux martyrs. Soldats de la
Croix, volontiers nous resterions neutres, tandis que le signe
adorable de la rédemption est arraché de nos cimetières et de nos
places publiques, tandis que l'athéisme marche le front levé, que
la redoutable armée du mal poursuit sans relâche, par tous les
artifices du mensonge et d'une tyrannie hypocrite, la guerre que
les césars faisaient à la religion de Jésus-Christ par le fer et par
le feu. O vous qui, les premiers sur la terre que nous habitons,
avez terrassé l'ange des ténèbres, apprenez-nous par vos exemples à le combattre ; aidez-nous par vos secours à le vaincre !
Que votre assistance compatissante soit pour nous, à l'heure du
péril extrême, cette bénédiction céleste qui sauve de la mort, qui
rend le calme après la tempête ; *mihi quoque obsecro ut benedicas!*

L'hymne qu'on chante dans nos temples pour la fête de saint
Pothin et de ses compagnons bienheureux, renferme une recommandation que les catholiques lyonnais ne peuvent oublier :
« O ville fortunée que tant de martyrs couronnent de gloire,
qu'elle soit toujours pour toi la première entre les fêtes, cette
solennité consacrée aux héros immortels qui t'engendrèrent à la
foi ! » Elle se termine par une prière qui, fréquemment, devrait
sortir de nos lèvres : « Athlètes invincibles, nous sommes votre
postérité : sanctifiez vos descendants, et que, par vous, notre
cité demeure immuable dans la religion de ses aïeux (1) ! »

(1) Fausta Lugdunum civitas
Ditata tot martyribus,
Summa sit hæc festivitas
Tuis dicata Patribus.

Et nos, invicti pugiles,
Vestra sumus posteritas :
Sancta per vos sit soboles,
Stet fide firma civitas.

APPENDICE COMPLÉMENTAIRE

IV. Autel d'Auguste.

ORNEMENTS EMBLÉMATIQUES

1. **Victoires** tenant en main une couronne. Allusion aux victoires d'Auguste et à celles qu'on remportait dans les jeux augustaux.

2. **Couronne de chêne et branches de laurier.** Lorsque Octave eut mis fin à la guerre civile, un décret du Sénat décora la porte de son palais d'une couronne civique, ou CIVES SERVATOS, entre deux rameaux de laurier, emblèmes de ses triomphes.

3. **Trépieds** surmontés d'un orbe, reproduits dans la partie supérieure. L'orbe ou globe est l'insigne du pouvoir suprême. Le TRÉPIED rappelle en même temps le pontificat d'Auguste et le culte d'Apollon, Dieu de la poésie, que ce prince fit en quelque sorte régner dans le monde romain : JAM REGNAT APOLLO, a dit Virgile.

4. **Hastes** ou lances. Signe de la puissance guerrière des deux divinités Rome et Auguste, et, de plus, allusion aux jeux troyens dépeints par Virgile, LUDI HASTICI, jeux favoris du premier des empereurs romains.

QUESTIONS ARCHÉOLOGIQUES

I

LES NOVATEURS ET L'AUTEL D'AUGUSTE

Annonce pompeuse de la découverte faite par M. Martin-Daussigny, au nouveau Jardin des Plantes, du véritable autel d'Auguste, ainsi que de l'amphithéâtre où moururent les Martyrs. M. Alphonse de Boissieu l'a victorieusement réfuté. — Raison pour laquelle, dans ce débat, nous avons préféré reproduire l'argumentation de M. de Boissieu. — L'immense édifice enseveli sous le Jardin des Plantes n'était pas un amphithéâtre, mais une naumachie. Ce serait un amphithéâtre, qu'il n'aurait pu servir aux Assemblées générales de la Gaule. — Quant à l'autel d'Auguste, on ne tire pas une inscription d'une lettre et d'une demi-lettre ; jamais, d'ailleurs, ces mots : *Roma et Augusto*, ne furent gravés au bas de l'*ara lugdunensis*. De plus, la forme que l'inventeur donne à son autel, les emblèmes décoratifs qu'il lui atribue sont inacceptables, et l'emplacement choisi est une autre impossibilité. — En réponse à une série d'objections formulées par M. Martin-Daussigny, M. de Boissieu examine successivement : s'il est vrai que l'église d'Ainay ne renferme dans sa construction aucun débris de l'autel d'Auguste ; si jamais on n'en a trouvé un seul dans le quartier ; si, au contraire, ils sont tous dans le voisinage des Terreaux. Or, l'étude approfondie de ces questions confirme les souvenirs traditionnels de notre Eglise sur l'état de la presqu'ile, au nord, où l'oratoire de saint Pothin se cachait dans l'épaisseur des saulaies ; au midi, où s'élevait l'autel national. — Examen des systèmes de M. Aug. Bernard qui transporte l'autel d'Auguste à Saint-Pierre, de M. Raverat qui le place près de Saint-Jean, de quelques écrivains du siècle passé d'après qui les compagnons de saint Pothin auraient souffert dans le théâtre gallo-romain des Minimes.

Au seuil même de cette histoire, avec la question de l'emplacement du temple d'Auguste, s'ouvraient devant nous deux immenses controverses archéologiques, l'une relative à l'autel national que trois ou quatre d'entre les novateurs prétendent avoir découvert, chacun, bien entendu, en un lieu différent ; l'autre au sujet du point de jonction de nos deux fleuves qu'ils transportent tous à 1,500 mètres plus haut qu'Ainay, au pied de la colline de Saint-Sébastien. Entamer dès le début cette double discussion, je ne pouvais même y songer : c'était obstruer les abords du livre, c'était m'engager dans un dédale d'explications dont je voyais les sinuosités s'allonger et fuir bien loin de l'objet principal de mon ouvrage.

Que serait devenu dans ce temps-là le drame de la presqu'île ? Quelle fatigue pour mes lecteurs d'attendre si longtemps l'apparition des héros qui devaient occuper la scène ? A la rigueur, j'aurais pu suspendre mon récit après le martyre, et me livrer à l'examen des systèmes nouveaux avant d'entreprendre l'histoire du culte des Quarante-huit confesseurs ; mais, alors, j'interrompais assez désagréablement le sujet commencé, et l'œuvre, une sans doute quant au but, eût perdu, ce me semble, de son intérêt, et, pour ainsi dire, de son homogénéité.

On sait à quel parti je me suis arrêté de préférence. « L'auteur, disais-je au chapitre premier, ne donnera, pour le moment, qu'un petit nombre d'arguments généraux ; il n'exposera que les notions strictement nécessaires pour que le lecteur, après avoir lui-même exploré d'un coup d'œil le terrain où il va mettre le pied, consente à marcher sans trop de défiance, sur les pas de l'historien. Quant à l'examen des systèmes inventés par la nouvelle école lyonnaise, nous le renvoyons, sous forme d'appendice, à la fin du volume. » A cette heure, la grande démonstration tirée du culte a reçu tous ses développements : abordons sans plus de retard la première des deux controverses archéologiques, celle qui roule sur l'*Ara lugdunensis*.

Au premier rang de nos adversaires apparaît M. Martin-Daussigny. Longtemps l'ancien Conservateur de nos collections antiques avait témoigné d'un respect sincère pour l'histoire lyonnaise et, tout spécialement, pour les traditions d'Ainay. Un jour vint, cependant, où lui aussi, atteint de la maladie de son époque, éprouva le besoin de sortir des routes battues et de se poser en réformateur. On exécutait en 1857 des travaux de nivellement au dessus de la place des Terreaux, dans l'ancien enclos des religieuses de la Déserte transformé en Jardin des Plantes. Sous les Romains, la remarque en a été faite précédemment, de vastes édifices et de nombreuses habitations particulières couvraient le versant de la colline ; aussi, de tout temps, les fouilles pratiquées à l'entour ont-elles amené de précieuses découvertes, notamment les fameuses Tables Claudiennes : il en fut de même cette fois.

Parmi les marbres et les débris divers que mit au jour la pioche des travailleurs, M. Martin-Daussigny crut avoir retrouvé des fragments détachés de l'autel d'Auguste. A quelques pas plus haut, dans les ruines souterraines d'une immense construction il vit les restes de l'amphithéâtre des Martyrs vainement cherché jusqu'alors. Deux notices annoncèrent l'importante nouvelle au monde savant : « Les dernières découvertes archéologiques, disait l'auteur, ne permettent plus de croire que l'emplacement de l'autel d'Auguste ait été à Ainay. Le texte de Grégoire de Tours a dû être altéré, puisqu'il se trouve en contradiction avec la lettre des chrétiens de Lyon et de Vienne qui établit de la manière la plus claire et la plus authentique que les martyrs ont souffert à l'amphithéâtre. Or, cet amphithéâtre n'étant pas à Ainay, ce n'est pas sur ce point de notre ville qu'il faut placer le lieu de leur supplice (1). » Les Lyonnais se souviennent encore que l'approbation un peu hâtive de quelques Académiciens de Paris qui, par hasard, visitaient alors le midi de la France, donna dans le moment une solennité singulière aux déclarations déjà passablement étourdissantes du Conservateur de nos antiquités.

Nous serions tenté de rendre des actions de grâces à M. Martin-Daussigny, puisque la bruyante apparition de ses deux brochures nous a valu la bonne fortune de voir descendre dans l'arène M. Alphonse de Boissieu. L'éminent auteur des *Inscriptions antiques de Lyon* publiait en 1864 la défense des traditions athanaciennes sous ce titre : *Ainay, son autel, son amphithéâtre, ses martyrs.* « Arrivé à la fin de ma tâche, disait-il en termi-

(1) Notice sur la découverte des restes de l'autel d'Auguste à Lyon, par M. Martin-Daussigny, p. 24 et 29.

nant, je me demande s'il est encore quelque objection à laquelle je n'ai pas répondu. Je n'en découvre aucune, et, plein de confiance, pour le succès de ma thèse, dans le nombre et l'enchaînement des preuves sur lesquelles elle repose, j'ai le droit d'exiger de ceux qui seraient tentés de la combattre encore, les mêmes scrupules et la même bonne foi (1). » Si le vœu exprimé par ces dernières paroles ne s'est pas réalisé, à coup sûr le témoignage que se rend M. de Boissieu ne saurait être mieux justifié. J'ai dû suivre pas à pas l'écrivain dans les routes qu'ont frayées ses laborieuses recherches, et je ne fais que rendre hommage à la vérité en reconnaissant qu'il n'est pas un coin si obscur de la question qu'il n'ait soigneusement exploré : du premier coup, le savant archéologue a épuisé son sujet. Je ne pourrais donc ici que le choisir pour mon guide ; je ne pourrais que lui faire, quant aux idées du moins, de larges emprunts. A la réflexion, j'ai pris le parti d'aller encore au delà, et de me réduire assez généralement, dans ce chapitre, au modeste rôle de rapporteur : voici les motifs qui m'ont déterminé :

Depuis que M. de Boissieu a fait paraître son plaidoyer en faveur d'Ainay, les novateurs ont gardé sur cet écrit un silence profond, et n'en ont pas moins persisté à ranger parmi les faits accomplis le triomphe de M. Martin-Daussigny sur nos traditions. On a vu durant des années une coterie de lettrés malmenés, battus, déconfits, se donner, à peine relevés de terre, des airs de victorieux. Trop prudents pour tenir tête à leur redoutable antagoniste, dès qu'ils n'avaient plus en face d'eux qu'un public débonnaire et tout disposé à croire quiconque affirme avec audace, ces doctes ennemis de l'ignorance cléricale s'attribuaient carrément la gloire d'avoir débarrassé nos annales des fables qui les déshonoraient. Cette petite comédie doit pourtant avoir une fin.

L'intérêt de la cause à la fois scientifique et religieuse que j'ai embrassée exige de moi que je dévoile l'intrigue, que je mette à nu le jeu caché des acteurs : pour cela, quel est le

(1) *Ainay, son autel,* etc., p. 125.

moyen le plus efficace et le plus sûr ? — Au lieu de discuter moi-même, je n'ai qu'à reprendre le débat de 1864, qu'à reproduire les réponses mêmes, ou textuelles ou résumées, de M. de Boissieu. Ces pages, malheureusement inconnues à la grande majorité de mes lecteurs, ne les convaincront pas seulement de la faiblesse des systèmes nouveaux ; par l'évidente supériorité de l'avocat des traditions athanaciennes, elles démontreront ce qu'ont été depuis vingt ans la délicatesse et « les scrupules » des néo-archéologues de notre ville. Lyon comprendra peut-être alors qu'on a surpris sa bonne foi et que l'équité réclame la révision d'un procès mal instruit. C'est en vue de ce résultat que je m'efface momentanément derrière l'habile défenseur d'Ainay.

En premier lieu, la prétention d'avoir retrouvé à la Déserte le grand amphithéâtre de Lugdunum est-elle justifiée ? Nullement ; M. de Boissieu va nous expliquer pourquoi.

Nos plus anciens historiens, dit-il, avaient aperçu et signalé les vestiges d'un amphithéâtre naumachique dans le terrain des religieuses de la Déserte (1). En 1818, Artaud obtint de l'administration municipale l'autorisation de faire des fouilles sur cet emplacement et quelques fonds destinés à cet intéressant travail. Il put s'assurer de la forme elliptique du monument, fixer très approximativement les dimensions de l'enceinte intérieure, constater l'existence d'un canal régnant tout autour du *podium*, déterminer la profondeur du bassin naumachique, la direction de l'aqueduc qui lui fournissait l'eau et des dégorgeoirs par lesquels on le mettait à sec, observer le sol de l'arène, formé d'un double rang de briques revêtues de ciment, etc. (2). Les travaux exécutés plus tard au Jardin des Plantes ont fourni à M. Martin-Daussigny l'occasion de compléter, autant que possible, et de rectifier sur quelques points le mémoire d'Artaud.

---

(1) Symeoni, l'*Origine e le antichità di Lione*, p. 28. — Spon, *Recherches*, 39 et 45. — Ménestrier, Dissert. sur l'orig. de la ville de Lyon, 37.

(2) Artaud, *Mémoire sur les vestiges d'un amphithéâtre naumachique de Lyon*. Manuscrit de l'Académie, n° 13.

« Les précieuses indications d'Artaud et de M. Martin-Daussigny permettent de retrouver, dans les ruines de ce monument, des indices caractéristiques de sa destination primitive. C'est d'abord le vaste et remarquable aqueduc, signalé depuis longtemps par nos vieux historiens (au flanc des balmes de Saint-Clair), dont on constate ici le point d'arrivée et l'objet. Cet aqueduc apportait à notre bassin naumachique les eaux abondantes recueillies à l'extrémité du plateau de la Bresse, dont la Croix-Rousse forme la pointe. C'est ensuite un dégorgeoir pratiqué dans le fond et sur un des côtés adverses du dit bassin. Mais aucune fouille, pas même celle du tunnel creusé pour le chemin de fer, n'a démontré l'existence, sous l'ellipse de la scène, de ces caves ou corridors souterrains qui sont établis sous l'arène d'un grand nombre d'amphithéâtres (1), et qui étaient si nécessaires à la pompe et au caractère des représentations qui s'y donnaient. Le canal circulant tout autour du *podium*, ne rappelle en rien la vaste euripe des autres amphithéâtres ; il a pu être destiné à recevoir les dépôts fangeux et le résidu des eaux que le developpement de la surface inondée ne laissait pas parvenir jusqu'au dégorgeoir ; il remplaçait ainsi les puits perdus que l'on remarque assez ordinairement au milieu des arènes et dont on n'a découvert aucune trace ici. Ajoutons que le carrelage à double rang de briques et le cimentage du sol dénotent plutôt un réservoir qu'une arène, celle-ci devant être en grande partie perméable, pour que le sang des victimes de ces jeux barbares n'offusquât pas les regards des spectateurs et ne rendit pas les luttes impossibles en faisant glisser les combattants (2). Enfin la profondeur du bassin (3), eu égard à l'évasement des gradins, n'aurait permis qu'à un petit nombre d'assistants de jouir du spectacle, si le niveau de la scène n'avait pas dû être relevé par les deux ou trois mètres d'eau qu'on y introduisait.

« Si, malgré les observations précédentes, on persiste à croire que le monument de la Déserte était un amphithéâtre, ou bien encore une scène mixte pouvant se prêter alternativement aux combats de l'arène et aux jeux nautiques, double destination dont on a cité ailleurs des exemples souvent contestables, je n'éprouverai aucun embarras à accepter la discussion sur ce terrain, et il me sera facile de démontrer que cet amphithéâtre n'a dû ni appartenir ni servir à la communauté gauloise, que, par conséquent, il ne faut pas le confondre avec celui qui s'élevait dans le voisinage de l'autel d'Auguste.

« La première condition d'un édifice public est d'être proportionné au nombre des personnes qui sont appelées à y prendre place. Or, d'après

(1) Par exemple, au Colisée, à Pouzzoles, à Syracuse, à l'amphithéâtre d'Arles. — Louis Jacquemin, Monographie de l'amphithéâtre d'Arles, liv. 3, ch. 2.

(2) Nam si lapide aut ruderato, in tam crebra effusione sanguinis. lubrico statim pavimento, quæ ratio standi aut pugnandi ? — Just. Lips., de amphith., III.

(3) Dix-huit à vingt pieds, selon Artaud.

les calculs les plus larges, et en supposant que notre amphithéâtre ait compté quatre précinctions, ce qui est au moins douteux, il pouvait contenir de 20 à 21,000 spectateurs. Un chiffre de places aussi restreint répond à peine à celui qu'exigeait la seule population de Lugdunum ; il classe le monument lyonnais à côté des amphithéâtres de Nîmes, de Saintes et de Pompéi. Mais répond-il à l'immense concours qu'attiraient sur les rives de nos fleuves les assemblées nationales des peuples des trois provinces gauloises et les foires célèbres qui avaient fait de Lugdunum l'*emporium* de la Gaule ? Evidemment non. Il fallait, dans ces circonstances, une enceinte qui pût recevoir de 80,000 à 100,000 assistants. Si, pour les villes, on compte que le quart environ des habitants devait trouver place aux arènes, quand il s'agit d'étrangers riches et puissants, attirés loin de leurs demeures par les intérêts de leur pays, de leur ambition, de leur commerce, ou simplement par l'appât des fêtes et du plaisir, on peut certainement établir une proportion inverse, et calculer la moyenne des places sur les trois quarts des hôtes que cette invasion temporaire amenait. Ajoutez à ce nombre celui que la population lyonnaise ne manquait pas de fournir, et les 80,000 places du Colisée paraîtront à peine suffisantes pour satisfaire à l'empressement de cette foule avide de jouissances et d'émotions. »

Après ces deux preuves capitales, l'auteur en tire une troisième d'un certain nombre d'inscriptions attestant que, dans l'amphithéâtre de la Déserte, les places de la première précinction étaient, à peu près en totalité, réservées à plusieurs petites nations, Arvernes, Bituriges, *Tricastini,* ou du moins à leurs représentants ; ce qui ne peut convenir à l'amphithéâtre du temple national, propriété commune des soixante peuples gaulois. En effet, dans celui-ci, la première précinction tout entière revenait de droit aux gouverneurs des provinces et des villes, aux préfets du Trésor et des flottes, à tous les grands dignitaires des Gaules, à tous les prêtres de l'autel d'Auguste, sans distinction de nationalité. Derrière venaient les chevaliers, les tribuns, les sévirs ; puis, la masse des citoyens, non groupés par contrées, mais formant tous la classe de ceux qui jouissaient du droit de cité, *civis, populus;* droit qui les séparait de la vile plèbe reléguée aux *cavæ* supérieures. Voilà, très certainement, l'ordonnance qui eût régné dans un amphithéâtre appartenant en commun aux trois provinces de la Gaule. Cet ordre, le suivait-on à la Déserte dans la distribution des places ? Non, d'après le témoignage même des inscriptions ; et, d'ailleurs, il n'eût pas été possible de le suivre, vu l'exiguïté du monument.

« En résumé, conclut M. de Boissieu, ce qui ressort de la première découverte archéologique, à l'aide de laquelle on prétend saper une tradition dont nous suivons la trace pendant plus de douze siècles, c'est qu'il y avait, au flanc de la colline de la Croix-Rousse, un monument en forme d'amphithéâtre ; que ce monument était probablement une naumachie ; qu'il n'a pu ni appartenir ni servir à la communauté gauloise, et que ce n'est pas le lieu où les disciples et les émules de saint Pothin ont subi leur glorieux martyre. »

L'amphithéâtre écarté, j'arrive à la seconde découverte faite au Jardin des Plantes. Les débris de décorations antiques exhumées dans le voisinage de la naumachie proviennent-ils de l'autel de Rome et d'Auguste ?

« Au mois ce juin 1859, dit M. Martin-Daussigny, on trouva dans la partie basse du Jardin des Plantes, au midi et bien en dehors de l'amphithéâtre... de larges fragments de magnifiques dalles de marbre blanc antique, ornées de guirlandes de chêne de grande dimension, relevées par des haches de licteurs et rattachées par des bandelettes. Ces dalles de 2 mètres 15 centimètres de hauteur, sur 1 mètre 35 centimètres de largeur, ont 12 à 15 centimètres d'épaisseur. Le nombre de ces fragments indique que les guirlandes, plusieurs fois répétées, n'étaient pas toutes égales : quelques-unes atteignaient jusqu'à 5 mètres de développement.

« Déjà, en février 1858, nous avions découvert au même point un magnifique dessus de balustrade en marbre, orné de moulures des deux côtés et sculpté à feuille de laurier (1).

« Un de ces fragments qui n'avait aucune trace de guirlandes, se distingue par deux lettres d'une grande importance et d'une dimension tout à fait extraordinaire : un R et un O dont il ne reste qu'une partie... Ces lettres ne peuvent être que le commencement des mots *Romæ et Augusto* (2)... Tout à côté on découvrit un massif de maçonnerie ruiné par le haut et les deux extrémités, mais dont la partie conservée était encore de 4 mètres 50 centimètres. Ce massif, contrairement à toutes les courbes de l'amphithéâtre, formait une ligne exactement droite et parementée comme pour recevoir un revêtement (3). »

(1) *Notice sur la découverte de l'amphithéâtre antique et des restes de l'autel d'Auguste à Lugdunum*, page 27.
(2) Ibidem, page 28.
(3) Ibid., page 29.

M. Martin-Daussigny se persuada que ce massif était un reste du corps de l'autel d'Auguste, que les marbres retrouvés non loin de là en étaient le splendide revêtement, et, s'inspirant d'une restitution qu'Artaud avait tentée jadis, il crut pouvoir, avec les pièces nouvelles heureusement tombées sous sa main, présenter aux Lyonnais le dessin complet de leur autel national. De même que dans la restitution d'Artaud, l'autel et les deux colonnes de granit reposent sur une plinthe où se lit l'inscription : *Romæ et Augusto*. Mais à la décoration d'Artaud M. Martin-Daussigny ajoute, au dessous de la plinthe, un vaste soubassement formé des placages enguirlandés que la Notice nous a décrits. Le tout est supporté par une série de gradins.

De ces diverses découvertes les seules qui peuvent avoir quelque importance et servir de base à un système sont : 1° les deux lettres d'où le chef de la nouvelle école fait sortir l'inscription *Romæ et Augusto;* 2° les dalles de marbre blanc ornées des guirlandes que soutient la hache des licteurs.

Écoutons M. de Boissieu discuter la première de ces preuves.

« En admettant que ces lettres ne soient pas des sigles, que la seconde ne soit ni un C ni un Q, ce que les fractures ne permettent pas d'affirmer, *Roma*, et ses dérivés *Romana, Romanus,* ont très bien pu se lire sur quelque monument de Lugdunum, ne fût-ce que comme dénomination d'une porte, d'un lieu public, d'un portique ou d'un autre édifice(1). A Rome même, sur le Palatin, il y avait une porte fort ancienne appelée *Romana*. Ce peut être d'ailleurs le commencement de tout autre mot, ou de tout autre nom. Ne cherchons pas dans une lettre le point de départ d'un système; ce serait nous fonder sur le doute et, dans tous les cas, appeler la contradiction. »

Mais il y a mieux; jamais l'inscription *Romæ et Augusto* n'a été gravée sur l'autel de Lugdunum.

« Lorsque Artaud imagina la restitution de l'autel d'Auguste, d'après le type conservé sur le revers des médailles qui le représentent, il ne prit pas garde à un détail important, c'est que, sur aucun des bronzes

_____

(1) ROMÆ ÆTERNÆ, in Cumbria, Gruter. — *Romanus Pagus, Romana Regio,* Th. Mommsen, *Inscript. regni Neapolit.* Note de M. de Boissieu.

lyonnais, la légende ROM. ET AUG. ne fait partie de l'autel ni de sa base. Elle est simplement gravée à l'exergue, pour faire distinguer ce monument de ceux que d'autres communautés avaient aussi élevés au fondateur de l'empire. Elle ne pouvait être omise sans inconvénient, ni placée ailleurs sans qu'on s'écartât des règles, ou tout au moins de l'usage reçu et conservé jusqu'à nous.

« Par une distraction incroyable, Artaud fit de l'exergue une base, et sans s'inquiéter du peu de convenance de la chose, il transporta cette base, avec son inscription, dans sa malencontreuse restitution qu'on a si souvent reproduite. Or, je le demande, quel monument, ancien ou moderne, a jamais offert l'exemple d'une dédicace ainsi placée ? Les noms de Rome et d'Auguste qui faisaient alors trembler la terre, ces noms auxquels on allait rendre un culte divin, relégués sur une plinthe, au bas d'un autel ! C'est à n'en pas croire ses yeux. S'il fallait absolument une légende pour décorer cette base imaginaire, on n'avait qu'à inscrire la formule TRES PROVINCIÆ GALLIÆ qui se lit sur la plupart des bases honorifiques votées par les assemblées de la Gaule. Mais la dédicace ROMÆ ET AUGUSTO ne devait s'offrir aux regards que sur le fronton ou la frise de la façade du temple, ou sur le point central des portiques sur lesquels s'élevaient les statues des soixante peuples de la Gaule, et qui formaient probablement l'enceinte vénérée que les anciens désignaient sous le nom de *templum*. C'est pourtant cette déplorable image avec ses colonnes que rien ne relie au corps de l'autel, c'est cette image que M. Martin-Daussigny a empruntée au travail d'Artaud, et qu'il a rendue plus invraisemblable encore par le soubassement dont il l'a gratifiée. »

Quoi donc ! Les « magnifiques dalles de marbre blanc, » les « guirlandes de chêne, » les « haches de licteurs, » tout cela ne servirait qu'à « rendre plus invraisemblable » l'autel du Jardin des Plantes ? Oui, ces mêmes détails d'ornementation présentés comme autant de preuves par M. Martin-Daussigny, auraient dû le convaincre qu'il avait rencontré les débris d'un monument tout autre que l'autel national.

« L'ornementation du soubassement, continue M. de Boissieu, suffirait à elle seule pour démontrer que ce revêtement n'a jamais fait partie de la décoration de l'autel d'Auguste. Les anciens avaient à un très haut degré le sentiment des attributs et des symboles ; la destination ou l'origine de leurs monuments se reconnaît toujours aux bas-reliefs dont ils sont ornés. Par quelle maladresse insigne, par quelle ignorance, dans quelle intention menaçante ou servile le sculpteur aurait-il représenté ici la hache à chaque point de raccord des festons ? Passe pour les guirlandes, ornement banal qui se prête à tout ; mais la hache, en guise de patères, a une véritable signification, et l'on ne saurait s'expliquer

l'instrument de la justice, de la vengeance et de la mort sur un autel
spécialement destiné à sceller la paix et l'union de toutes les Gaules.
C'eût été plus qu'un manque de tact de la part des maîtres, s'ils l'eussent ordonné, et plus que de la soumission de la part de ceux qui auraient ainsi rendu hommage au plus redoutable attribut de la puissance.
Non, cette décoration n'a pas appartenu à un autel, et moins à celui de
Rome et d'Auguste qu'à tout autre. Par ses proportions et ses emblèmes
elle donne l'idée d'une estrade publique, peut-être d'un tribunal ; et il
ne serait pas impossible que le dessus de balustrade qui s'est rencontré
tout auprès, dans la même fouille, n'appartînt aussi à cette tribune. »

Il était bien difficile que l'ensemble d'un dessin tout de fantaisie ne se trouvât pas en contradiction avec les règles de l'art :
c'est encore là un reproche que le critique adresse à M. Martin-Daussigny. En regard de l'énorme soubassement dont nous
avons parlé, il place l'étroite plinthe que les artistes de cette
époque donnaient pour base à leurs autels :

« Jamais, s'écrie-t-il, l'art romain n'a connu de telles proportions...
Dans les médailles qui nous ont transmis la forme générale de ce monument, l'autel repose sur une base qui consiste en une sorte de double
moulure, à laquelle il serait tout au plus permis d'ajouter de simples
degrés. La bande ou plinthe, intercalée entre la nouvelle base et l'autel,
à l'effet de recevoir la malheureuse inscription ROMÆ ET AUGUSTO, n'est
pas moins étrangère à l'art antique. Ces deux corps de pure imagination,
et d'une imagination qui ne s'est pas inspirée aux véritables sources de la
belle ligne classique ; ces colonnes isolées, juchées sur un gradin, et qui
rompent, sans la rendre meilleure, la déplorable progression des plans ;
tout cela a un air de misère et de fausse grandeur qui rappelle le beau
style romain... de l'empire français. L'ensemble de la composition donne
l'idée d'un grand catafalque : c'est une architecture de pompes funèbres...
« ... Et c'est en nous montrant cet autel fantastique, incapable de
résister au moindre souffle de la critique, qu'on nous dit avec une assurance dont plus d'un archéologue, étranger à notre ville, a été dupe :
Arrière la tradition qui place l'autel d'Auguste à Ainay ; nous l'avons
retrouvé à la Déserte ; en voilà les débris que nous avons ingénieuse-
ment rapprochés, et nous avons l'honneur de vous le présenter tel qu'il
est éclos des fantaisies de notre imagination.
« Je finirai, dit le défenseur d'Ainay, par une dernière observation.
Même en supposant que l'autel d'Auguste ait eu les proportions que la
nouvelle restitution lui attribue, placé à quelque vingt mètres des
immenses murs de soutènement qui flanquaient la naumachie, et dominé
par les deux ou trois étages de ce monument, il aurait fait une assez

pauvre figure. Il eût été perdu dans la masse de l'amphithéâtre naumachique. Écrasé, au nord, par cette masse et la colline ; resserré, à l'est, par le canal qui, dit-on, mettait en communication le Rhône et la Saône, ou plus probablement par les murs d'enceinte de la ville ; entouré, sur ses deux autres faces, d'édifices publics et d'habitations dont chaque fouille a fait reconnaître les traces, il eût offert aux assemblées nationales de la Gaule et aux fêtes du culte augustal un emplacement suffisant à peine aux marchés ordinaires d'un quartier de la colonie. Ce n'est pas ainsi que les anciens entendaient l'espace nécessaire à la vie publique et la disposition de leurs monuments. L'autel d'Auguste a dû être isolé, à la pointe d'un vaste Champ-de-Mai, et se montrer de prime abord, à tous ceux qui arrivaient à Lugdunum, comme le phare de la Gaule et le symbole de la soumission à l'empire, soumission scellée par cette apothéose anticipée, sous la garantie, trop souvent illusoire, d'une participation de nos provinces à leur administration intérieure.

« J'en ai dit assez sur cette seconde découverte qui a fait tant de bruit ; pas plus que la première elle n'infirme la tradition dont je me suis constitué le défenseur. La base sur laquelle on a voulu asseoir le célèbre autel de notre confluent ne lui appartient pas ; l'inscription dont on l'a décoré est apocryphe. Il n'y a encore qu'un type certain, quoique barbare, de ce monument, c'est celui que les bronzes d'Auguste, de Tibère et de Claude nous ont transmis, comme il n'y a qu'un lieu où le modèle original de ce prototype ait pu se trouver, c'est le lieu fixé par nos anciens chroniqueurs : *locus ille Athanaco vocatur.* »

Nous voici bien loin déjà des affirmations hautaines qui ne permettaient même plus d'ajouter foi aux traditions d'Ainay. Au fond, l'inventeur du nouveau temple d'Auguste était-il aussi sûr de la réalité de ses découvertes qu'il affectait de l'être? Il y a lieu d'en douter lorsqu'on observe de quel luxe de précautions stratégiques il a eu soin d'entourer son prétendu temple national dn Jardin des Plantes. Nous dirons dans le chapitre suivant par que's moyens ingénieux le chef de l'école nouvelle s'est efforcé de mettre sa création à l'abri des coups de l'ennemi : occupons-nous seulement ici des attaques dirigées contre Ainay à propos de l'autel d'Auguste.

M. Martin-Daussigny a formulé contre les traditions athanaciences ces graves objections : « Si l'église d'Ainay avait été bâtie sur les ruines du temple d'Auguste, on en trouverait des débris dans sa construction, tandis qu'il n'en existe *aucun* et qu'on n'en a jamais trouvé *un seul* dans le quartier. Au contraire, ils sont *tous* dans le voisinage du lieu où nous avons trouvé les précieux restes de l'autel lui-même (1). »

Quand le Conservateur de nos collections antiques jetait son défi à Ainay, il avait espéré qu'une tâche si lourde épouvanterait les écrivains religieux tentés de prendre parti pour nos vieilles traditions : il se trompait. Ici, comme pour tant d'autres questions archéologiques, M. de Boissieu se trouva prêt à la lutte, grâce aux profondes études sur les inscriptions gallo-romaines de Lugdunum qui lui avaient valu le glorieux suffrage de l'Académie française. Cinquante pages remplies de faits, accumulant preuves sur preuves, ne laissèrent pas lieu à la réplique ; elles étaient d'un bout à l'autre écrasantes pour les témérités de M. Martin-Daussigny. Les adeptes de la nouvelle archéologie n'avaient qu'une ressource, le silence : ils en ont largement usé. Mais plus ils mettent d'habileté à étouffer une voix importune, plus nous, champions de la même cause, nous devons, par de justes représailles, travailler à répandre l'excellente réfutation qu'on voudrait soustraire à la connaissance du public. Je vais donc analyser très succinctement une discussion où toutes les raisons que j'aurais pu déduire moi-même sont exposées avec cette élégante lucidité qui n'abandonne jamais le docte écrivain dans l'aridité même des plus minutieux détails.

Avant tout, demande l'avocat d'Ainay, qu'appelle-t-on : débris de l'autel d'Auguste ? Assurément M. Martin-Daussigny n'entend pas contraindre ses adversaires à lui présenter des marbres, du porphyre, du jaspe ayant appartenu à un temple dont nul auteur ancien n'a indiqué la matière, la forme, les dimensions. Ce qu'on peut exiger raisonnablement, le voici. Puisque l'autel des Césars, propriété de la communauté gauloise, desservi par les hommes les plus considérables de la nation, avait dans son voisinage un autre temple d'une rare magnificence, un Athénée impérial et de nombreux palais, c'est, évidemment, aux inscriptions rappelant les noms soit des prêtres de la divinité augustale, soit des nobles délégués qui géraient à

---

(1) Notice sur la découverte des restes de l'autel d'Auguste, etc., p. 24.

Lugdunum les affaires politiques ou commerciales des autres provinces de la Gaule ; c'est aux fragments divers provenant des mêmes lieux et révélant, par un certain air de grandeur, leur origine et leur destination première, qu'on doit appliquer ces mots : débris de l'autel d'Auguste.

Cette base de la discussion une fois établie, M. de Boissieu se demande :

Si, effectivement, l'église d'Ainay ne renferme dans sa construction aucun débris de cette nature ;

Si jamais on n'en a trouvé un seul dans le quartier ;

Si, au contraire, ils sont tous dans le voisinage des Terreaux et de la Déserte.

L'examen des deux premières questions nous permettra de donner une liste plus complète des richesses archéologiques dont Ainay a le droit de revendiquer la propriété ; la troisième question nous intéresse en un sens plus encore, car cette dernière objection de M. Martin-Daussigny n'irait à rien moins qu'à détruire la tradition de l'Église lyonnaise qui vit toujours dans la crypte de Saint-Nizier le sanctuaire où se rassemblait autour de saint Pothin la chrétienté naissante de Lugdunum.

D'abord, est-il vrai que l'église de Saint-Martin n'offre aucun débris assez remarquable pour avoir pu figurer dans le temple national ou dans quelqu'un des palais environnants?

« Il suffit, dit M. de Boissieu, de jeter les yeux sur la façade pour apercevoir que le premier étage, jusqu'au cordon au dessus du portail, est... construit avec ces beaux blocs de calcaire de Fay que les Romains employaient à leurs monuments et dans leurs édifices publics. L'art roman n'exigeant pas ce grand appareil, il paraît évident que l'on s'en est servi parce que ces matériaux avaient été trouvés sur place, ou tout au moins dans le voisinage. Ces blocs antiques ne présentent à l'extérieur aucune inscription ; ce n'est pas une raison péremptoire pour affirmer qu'on n'en découvrirait point sur les faces engagées dans la maçonnerie. Mais peu importe ; leur nombre, leurs dimensions, leur emploi dans un système architectural qui d'ordinaire ne les comportait pas, tout atteste qu'il y avait là des ruines antérieures et des ruines d'un établissement considérable. Le linteau, en magnifique granit gris, qui couronne la porte intérieure du porche, est, avec les colonnes dont je parlerai plus loin, une preuve de la richesse de ces ruines. Dans la sacristie, le chœur élevé au dessus de la crypte de sainte Blandine est bordé par des bandes de choin, et les deux rampes qui le desservent ont aussi tous leurs degrés de la même pierre. Quelques fragments qu'on aperçoit encore du côté des hangars, adossés à la sacristie, font regretter que l'exhaussement successif du sol attenant à l'église ne permette plus de constater la nature des matériaux sur lesquels elle est fondée.

« Ainsi les parties les plus anciennes de l'église d'Ainay non seulement ne sont pas dépourvues de restes antiques, et de restes qui n'ont pu appartenir qu'à de grands édifices, mais elles en sont presque exclusivement formées. Si notre vieille basilique avait eu le triste sort des chapelles Saint-Côme et Saint-Saturnin, de Notre-Dame de la Platière, de Saint-Pierre-le-Vieux, de Sainte-Eulalie, de Saint-Romain, de Saint-Etienne, de tous ces vénérables sanctuaires qu'avaient élevés les premiers âges de la rénovation chrétienne, et que le temps, les Barbares et les révolutions ont fait disparaître, elle aurait sans doute rendu à la lumière de nombreux et importants débris des édifices sur les ruines desquels elle a été bâtie. Par ce qui est demeuré apparent, on peut, sans témérité, supposer que plus d'un titre de notre histoire monumentale à l'époque romaine est caché dans ses murailles ou enfoui dans ses fondations... (1). »

« ..... Si maintenant nous pénétrons dans l'église même, les premiers objets qui attirent nos regards et captivent notre attention sont les quatre colonnes de granit sur lesquelles repose la coupole au dessus du chœur. Ces colonnes, qui primitivement n'en formaient que deux, ont toujours été regardées comme les fûts qui supportaient les statues de la Victoire dont était flanqué l'autel de Rome et d'Auguste. On peut attaquer encore cette tradition, il n'en restera pas moins évident que ces quatre monolithes ont appartenu à un édifice antique d'une grande magnificence et à quelque partie de celui qui les dominait tous : le temple de notre confluent (2). Il n'est pas moins probable qu'ils ont dû être découverts non loin du lieu où ils ont été employés, sans quoi ils auraient décoré telle autre église antérieure à celle d'Ainay ou contemporaine de sa fondation. Mais, en avant de ces colonnes, il y en a d'autres qui règnent dans toute la longueur de la grande nef et la séparent des nefs latérales. Quoiqu'on ait semblé jusqu'ici ne pas y prendre garde, ces colonnes plus modestes que les premières et d'un moindre intérêt comme sou-

---

(1) *Ainay, son autel,* etc., p. 57 et 58.

(2) Le P. Ménestrier voulant s'assurer que les quatre colonnes d'Ainay avaient formé autrefois deux monolithes, s'enferma un jour dans notre église, avec l'architecte de la Monce et un amateur distingué, du nom de Meyer : ils étaient munis de tous les engins nécessaires et accompagnés d'aides nombreux. On reconnut que chacun des deux fûts voisins de l'autel s'adaptait avec la dernière précision au dessus de celui qui le précédait par derrière à l'entrée du chœur. (V. *Hist. civile de Lyon,* p. 70, 71.) Autre particularité non moins remarquable. Contrairement à la loi

venir, sont aussi un héritage de l'art antique. Leur pierre, d'un grain
très fin et d'un ton chaud, reçoit le poli du marbre et provient des belles
carrières de Fay, dont l'exploitation en grand a été fort délaissée par
nous, sinon totalement abandonnée depuis les Romains. Leurs fûts
sont composés de dés tellement inégaux que les plus petits, hauts de
40 à 50 centimètres, n'ont aucun rapport de proportion avec les plus
grands et paraissent n'être là que pour l'appoint. Des fractures anciennes
ont été assez mal dissimulées à l'aide d'un ciment rougeâtre. A la simple
inspection, il est facile de reconnaître que de tels matériaux n'ont pas
été primitivement destinés à l'emploi et au lieu dans lesquels on les
retrouve aujourd'hui. D'où proviennent ces colonnes ? A quel monument ou à quel ensemble se rattachent celles que nous signalerons
encore dans le voisinage ? Ornaient-elles le péristyle d'un temple ? Fai-
saient-elles partie d'un vaste portique formant hémicycle autour de
l'autel d'Auguste? Nous n'en savons rien, et nous ne prétendons nous
livrer, à ce sujet, à aucune conjecture. Mais notre réserve n'ira pas jusqu'à admettre que ces beaux restes d'un art antérieur à la construction
de l'église d'Ainay, ainsi que les nombreux fragments du même caractère qui gisent encore dans le sol de ce quartier et tout auprès dans le
lit de la Saône, y aient été transportés d'un autre point de la ville. Nous
avons pour nous la tradition et la possession ; il faut des titres autrement certains que des doutes, des opinions et des rapprochements plus
ou moins fondés, pour ébranler ces deux bases sur lesquelles a reposé
jusqu'à nos jours la croyance commune. »

« Tradition, possession, » ce sont là des arguments dont les
néo-archéologues lyonnais ont toujours fait bon marché ; je
m'étonne peu qu'ils n'aient compté pour rien le consentement
unanime de nos auteurs à reconnaître dans nos quatre piliers de
granit les deux colonnes de l'autel d'Auguste. Une chose me
paraît plus surprenante ; j'admire qu'en face de ces blocs énormes, aucun d'eux n'ait songé à se poser cette question : d'où et
par quel chemin de pareilles masses sont-elles venues autre-

d'après laquelle les colonnes des trois ordres grecs, tout en se rétrécis-
sant peu à peu, offraient un léger renflement vers le milieu, l'amincisse-
ment graduel des deux monolithes commence au pied même du fût et se
continue sans interruption jusqu'au sommet. Or, cette forme singulière
se retrouve dans les colonnes de granit du Panthéon et du temple de la
Concorde à Rome ; preuve manifeste que des artistes romains, les mêmes
peut-être qui avaient travaillé au Panthéon d'Agrippa, gendre d'Auguste, coopérèrent à la décoration du monument érigé dans notre ville
par Drusus, fils adoptif d'Auguste.

fois au monastère de saint Badulphe ? Comment ! ils font d'Ainay une île tout environnée de canaux, de bas-fonds, de marécages, et ils prétendraient qu'à travers de tels obstacles il a été
possible de traîner, des pentes de la Croix-Rousse ou du sommet de Fourvière, deux monolithes mesurant à leur base
1 mètre 08 de diamètre sur 8 mètres 50 de hauteur !

Est-ce la voie de terre ou la voie d'eau que choisissent les disciples de M. Martin-Daussigny ? La voie de terre, d'après les
systèmes nouveaux, était fermée du côté de la Croix-Rousse
par une triple barrière de confluents et par des marécages assez
fangeux pour qu'il soit impossible, au dire de M. Raverat,
qu'un seul monument ait jamais existé en ces lieux. Du côté de
Fourvière, notre abbaye n'était guère plus abordable, puisque,
sans parler de bien d'autres difficultés, notre ville n'eut sur la
Saône, durant les deux tiers du moyen-âge, que des ponts de
bois trop faibles, évidemment, pour résister à une si formidable
pression. Le pont du Change, on le sait, ne fut bâti que vers
l'an 1072, lorsque, par la cession que firent les comtes de Forez
de leurs droits sur la partie occidentale de la cité, Lyon se trouva
soumis tout entier au pouvoir de nos archevêques : or, à cette
date, Amblard avait, depuis un siècle, tiré de ses décombres
l'église abbatiale d'Ainay.

Il eût donc fallu, comme moyen de transport, recourir à nos
deux fleuves. Le pouvait-on pour le nord de la presqu'île, où
MM. Aug. Bernard et Martin-Daussigny placent chacun leur
autel d'Auguste ? Non, les novateurs sont forcés de convenir
que cette voie était, pour eux du moins, absolument impratica-
ble. Pourquoi ? C'est que le Rhône coulait alors près de Villeurbanne, à une distance de trois ou quatre kilomètres, et,
dans une plaine qui n'offre pas la plus petite ondulation de terrain, il est clair que nos infortunées colonnes devaient rester
embourbées, à l'est aussi bien qu'au midi, dans les marécages
de M. Raverat. Quant à la Saône, pense-t-on que le vaste et
lourd radeau chargé des pesants monolithes, eût aisément flotté
sous des ponts de bois grossièrement construits, parmi les roches
semées à fleur d'eau qui jusqu'à nos jours ont obstrué la navi-

gation, sur l'étroit et dangereux chenal que ces roches formaient
vis-à-vis de Saint-Nizier? Au dessous, j'en conviens, la rivière
eût présenté aux blocs amenés du haut de la montagne un passage beaucoup moins difficile entre le pont du Change et le confluent; mais, d'autre part, quel travail que celui de manœuvrer
ces immenses colonnes, même sciées en quatre, d'abord à la
descente de l'abrupte versant de Saint-Just et par des routes
telles qu'on les traçait au moyen-âge; puis dans l'opération
laborieuse de l'embarquement sur la Saône et du débarque-
ment! A-t-on réfléchi à l'état de décadence où, chez nos aïeux,
étaient tombés tous les arts mécaniques, la dynamique par conséquent, dans les siècles qui suivirent la chute de la puissance
romaine? L'histoire de notre abbaye nous en fournit un exemple
frappant. Au xe siècle, lors de la reconstruction de l'église
par l'archevêque Amblard, la grosse maçonnerie terminée, on
ne put, faute d'ouvriers capables, exécuter les travaux d'ornementation, et les moines rentrés en possession de leurs biens,
enrichis même par de nombreuses donations, durent forcément
attendre que, cent ans plus tard, le mouvement de la première
croisade eût conduit d'Orient en France les artistes byzantins
qui ont opéré en Europe la rénovation de la science architec-
turale.

Ce n'est pas seulement aux vaines hypothèses de nos adversaires que s'appliquent ici mes conclusions. Restituons à la
presqu'île sa forme véritable, je dis encore que le transfert de
ces masses granitiques, de la Croix-Rousse ou de Fourvière à
l'abbaye du confluent, était au moyen-âge une entreprise
presque irréalisable, et dont, au surplus, les avantages se réduisaient à si peu de chose que nul homme sensé ne se fût arrêté
vingt-quatre heures à un projet si extravagant. Encore une fois,
ces matériaux furent mis en œuvre dans la construction de
l'église Saint-Martin parce qu'ils étaient sur place, et nos pères
ont eu raison de croire que, dans la présence à Ainay des monolithes de l'*Ara lugdunensis,* on avait une preuve de plus que là,
suivant l'opinion commune, s'élevait le temple national des
Gaules. S'il est vrai, comme le raconte M. Meynis, que, long-

temps après les dévastations des Sarrasins, on retrouva sous les ruines de la basilique bâtie par le fils aîné de saint Eucher « les colonnes jadis accolées à l'autel d'Auguste, chacune composée de deux blocs (1), » il suivrait de là que l'architecte de Salonius en 460, peut-être même, un siècle plus tôt, les ouvriers qu'employa saint Badulphe, les avaient déjà partagées en quatre fûts. Pour le fond du débat, tenons-nous en à ces mots de Ménestrier : « Les deux colonnes (de l'autel de Lugdunum) sont aujourd'hui en nature au même endroit où fut autrefois construit ce temple. Ce sont les quatre gros piliers qui portent la voûte du chœur de l'église d'Ainay. »

On nous reprocherait d'avoir omis, dans la nomenclature des antiquités de notre église, l'admirable linteau de la petite porte extérieure ouverte sur le flanc de la chapelle Saint-Martin, en face des Incurables. On dirait une ciselure, tant il y a dans le dessin de délicatesse et de légèreté : c'est, en dehors de nos mosaïques, un des morceaux les plus finis que nous aient laissés les artistes romains de Lugdunum. Nous aurions bien, je crois, une part à revendiquer dans les divers fragments dont se compose la porte en marbre blanc du baptistère de la paroisse. Ces beaux débris « utilisés avec bonheur, » dit Leymarie, appartenaient au monastère de temps immémorial, riche épave sans doute des temps anciens, dépouilles du paganisme, que les moines avaient déjà fait servir, il me semble, à quelque usage sacré. L'agrandissement du quartier, au dernier siècle, a fait disparaître de la place d'Ainay un autel païen, l'autel que les Gallo-Romains avaient érigé près du confluent aux mères des Augustes, divinisées comme leurs fils et leurs époux (2). On voyait, il n'y a pas si longtemps encore, engagé dans la façade de l'église, un bas-relief symbolisant ces déesses-mères : cette sculpture curieuse occupe maintenant une place plus convenable dans notre musée.

(1) *Les grands souvenirs de l'Eglise de Lyon*, p. 140.
(2) M. Alph. de Boissieu, *Ainay, son autel*, etc., p. 160. — *Inscriptions antiq.*, p. 428.

Mais j'en ai dit assez : le lecteur a certainement reconnu toute la fausseté de cette première assertion de M. Martin-Daussigny : « les murs de l'église d'Ainay ne renferment aucun fragment qu'il soit permis d'attribuer aux constructions voisines de l'*Ara lugdunensis*. » En second lieu, le chef de l'école nouvelle nous objecte-t-il avec plus de raison que jamais on ne trouva *un seul* débris antique dans toute la circonscription d'Ainay?

Déjà le nombre et la magnificence des mosaïques dont il a été parlé au premier chapitre de cet ouvrage infligent à notre téméraire antagoniste le plus éclatant démenti ; mais ce n'est là que le commencement de la déroute, car M. de Boissieu a dressé l'inventaire des antiquités sorties à différentes époques des entrailles du sol de notre quartier. Dans cet arsenal de preuves bornons-nous à faire choix de quelques citations. Je fais passer en première ligne les inscriptions dont le sujet rappelle de près ou de loin l'autel d'Auguste.

Spon et Ménestrier nous ont conservé les textes incomplets de deux inscriptions qu'on vit longtemps, l'une rue Sainte-Colombe, l'autre sous les murs du monastère des Dominicaines, voisin de celui de Saint-Michel. De ces fragments, dit M. de Boissieu, le premier « avait dû appartenir à quelqu'une de ces grandes légendes honorifiques dont les peuples de la Gaule gratifiaient leurs bienfaiteurs, leurs mandataires et leurs représentants auprès de l'autel de Lugdunum (1). » Sur le second, trop mutilé pour qu'on puisse en donner une interprétation plausible, on lisait la formule usitée pour les ministres de l'autel national : *ad aram.*

« J'ai été moi-même, continue M. de Boissieu, témoin et éditeur de deux autres exhumations antiques... Au mois de février 1847, j'ai vu démolir sur l'emplacement de l'ancien couvent de Saint-Michel, rue Martin, un mur qui n'avait pas moins de deux mètres d'épaisseur. Dans ce mur, bâti en beaux blocs analogues à ceux qu'on a retirés du pont du Change, se trou-

(1) *Ainay, son autel*, etc., p. 62, 64.

vaient employés comme alléges quatre énormes tronçons de
colonnes engagées à moitié de leur diamètre et qui très certainement ne pouvaient provenir que des ruines d'un édifice antérieur. Ces colonnes étaient en calcaire de Fay et comptaient
soixante-seize centimètres de diamètre. » Dans la masse de
débris qui gisaient à l'entour, M. de Boissieu distingua surtout
deux fragments d'inscription dont l'un portait : Augusti Filio...
IMO IMP. IV. C'est à Tibère, encore César, que l'auteur des
Inscriptions antiques de Lyon fait hommage de cette légende,
tout en confessant son extrême embarras pour appliquer à ce
prince peu guerrier l'honneur d'un quatrième triomphe et le
qualificatif présumé dont il n'existe que la finale IMO. J'ose à
peine avoir, en matière d'épigraphie, une opinion contraire à
celle de M. de Boissieu : il semble pourtant que toutes les difficultés s'aplaniraient si l'on substituait au nom de Tibère celui
de son frère Drusus, adopté par Auguste bien avant le fils aîné
de Livie. Les exploits du père de Germanicus au delà du Rhin
furent, certes, assez nombreux pour qu'on ait pu écrire sur le
marbre : Druso Cæsari AuguSTI Filio..... invictissIMO IMPe-
ratori IV. Quelle importance a pour la thèse que nous défen-
dons la présence, tout proche d'Ainay, d'une inscription à la
gloire du fondateur de l'autel de Lugdunum et des fêtes augustales, il n'est pas un de nos lecteurs qui ne le comprenne sans
qu'il soit nécessaire de le faire observer. Le second fragment
consacrait le nom de Titus Julius, prêtre du pays des Carnutes
(Chartres), *attaché à l'autel des Césars*. On voit sur la même
pierre, à gauche, les lettres finales de la légende honorifique
d'un autre Carnute, et le mot *Augusti* qu'on y lit en entier indique manifestement qu'il remplissait dans la presqu'île des fonctions analogues à celles de son compatriote Titus Julius.

La petite rue Martin recélait encore un trésor archéologique
dont M. de Boissieu va aussi nous rendre compte. « Le 17 avril
de la même année 1847, en continuant les fondations qui
m'avaient valu les inscriptions précédentes, on mit au jour un
monument d'un volume peu ordinaire ; aucune des tables en
pierre de Fay de notre collection épigraphique ne lui était com-

parable comme dimension. Quoique fracturé sur tous ses bords,
sa hauteur était encore de 1 mètre 58 ; sa largeur de 1 mètre 68,
et son épaisseur de 57 centimètres. Sur sa face polie on lisait
une inscription presque entière et les lettres finales d'une autre ;
au bas, des capitales hautes de 30 centimètres, et dont l'interprétation n'était pas douteuse, rappelaient cette solennelle
sanction des trois provinces de la Gaule, qu'on rencontre sur la
plupart des titres honorifiques de notre presqu'île. Il n'est pas
probable que les constructeurs du moyen-âge aient été chercher
bien loin ce superbe banc, dans le seul but de l'employer
comme allége à la construction d'un monastère... Je m'estime
heureux d'avoir conservé à la science et à notre histoire le nom
et la légende honorifique du Nervien Lucius Osidius, « prêtre à
l'autel des Césars, auprès du temple de Rome et d'Auguste,
situé entre le confluent du Rhône et de la Saône (1). »

« Voilà les titres exhumés de ce sol classique qu'on voudrait
deshériter. La plupart ont été rendus depuis un petit nombre
d'années. Combien d'autres ont été perdus ! Combien restent
encore enfouis ! Ils se rapportent sans exception à un même
ordre de souvenirs : le culte de la divinité impériale, la mémoire
de ceux qui y étaient attachés, la glorification des agents par
lesquels la communauté gauloise exerçait son activité commer-
ciale ou exploitait ses débouchés. Point de légendes funéraires ;
point d'intervention municipale ; point de concession de terrain.
Nous sommes ici en pleine terre gauloise, et l'homogénéité des
monuments permet de supposer qu'un certain nombre de ceux
du même genre qui ont été rencontrés ailleurs, comme appareils
de construction, ont été extraits de ce quartier où le moyen-âge
les avait laissés sans emploi.

« Veut-on maintenant un rapport très sommaire sur les débris
antiques qu'il nous a restitués ou qu'il a laissé apercevoir ? Je
ne pourrai en citer qu'une faible partie, mais elle suffira, j'espère, pour démontrer aux plus prévenus que, sur aucun autre
point de la presqu'île, la couche romaine n'est plus compacte,
plus riche et, si je l'ose dire, plus parlante. »

(1) *Ainay, son autel*, etc., p. 70, 71.

En 1740, on déterre une jambe de bronze colossale à plus de 6 mètres de profondeur dans l'enclos des religieuses de Sainte-Claire, et M. Perrache, le sculpteur à qui Lyon est redevable du prolongement de sa presqu'île, possédait le pied d'une statue de marbre trouvé dans le même jardin. En 1766, à 10 mètres environ de ce couvent, on découvre une jambe de cheval en bronze admirablement travaillée. Vers 1833, vis-à-vis de la Quarantaine, on retire du lit de la Saône un autre bronze du même genre. Quelques années auparavant, en 1827, on avait extrait des graviers du fleuve une fraction de la jambe gauche d'un troisième cheval, toujours dans la partie de la Saône qui longe la rue Vaubecour.

« Lors des fouilles pratiquées pour la recherche de la statue équestre que l'on croit exister non loin du pont d'Ainay, sur une partie de la rive gauche de la Saône qui a été remblayée pour l'établissement du quai Tilsitt, l'architecte Flachéron éprouva de grandes difficultés à faire pénétrer les pilotis de son batardeau à cause d'un amas de pierres énormes que ces pieux rencontraient. » On retira du milieu de ce barrage un fragment d'un très beau style et de proportions grandioses, qui appartient à l'art monumental aussi bien qu'à l'épigraphie. Il est malheureusement trop incomplet pour qu'on en restitue le texte : l'auteur du *Lyon souterrain* a cru néanmoins y lire le nom des Césars (1). Puis, apparurent « de nombreux morceaux anti-ques parmi lesquels, dit Artaud : « une portion de pilastre can-
« nelé d'une grande dimension ; un fût de colonne en deux
« sections, dont le diamètre était de 57 centimètres ; quantité
« de marbres précieux ayant servi de revêtement ; des mou-
« lures, des modillons, des fragments de frises et d'architraves ;
« la partie supérieure d'un autel portatif ; un chapiteau de
« pilastre angulaire, dont la hauteur de 73 centimètres au des-
« sous de l'astragale indique un fût de 8 mètres à 8 mètres 50 ;
« la tête d'un gros clou *capitatus* en bronze tourné, d'environ
« 7 centimètres de diamètre sur près de 11 centimètres en

(1) Artaud, Notice du Musée, p. 25.

« longueur, dans le genre de ceux qui décorent les vantaux
« du Panthéon de Rome, et un vase d'airain, *præfericulum,*
« de 30 centimètres de hauteur, à l'usage des sacrifices (1). »
Est-ce assez de débris dans la petite enceinte d'un batardeau?
Précédemment, on avait extrait, à peu près du même lieu,
deux précieuses colonnes : l'une, en albâtre oriental, fut transportée à Paris ; l'autre, de marbre cipolin, a longtemps servi
de borne dans la rue Vaubecour. »

Artaud, à qui M. de Boissieu emprunte les renseignements
qui précèdent, dit encore dans son *Lyon souterrain* : « Quantité
de grosses pierres sont éparses dans la Saône, entre le pont
d'Ainay et celui de l'Archevêché. Nous avons eu occasion de
faire plonger plusieurs fois dans cet espace de la rivière lors de
la recherche de la statue équestre ; les plongeurs nous ont
rapporté qu'ils avaient aperçu, çà et là, de gros blocs de choin,
et le sieur Dutel, qui a présenté une machine pour faire des
recherches dans l'eau, prétend qu'il a remarqué, près du pont
d'Ainay, quelques pierres écrites, et une, entre autres, fort
grande qui ressemble à une statue ou à quelque chose de
sculpté (2). »

« Ainsi, d'une part, malgré l'affirmation contraire, l'église
d'Ainay n'est presque qu'un centon de fragments romains, et,
de l'autre, le quartier qui l'avoisine est encore de nos jours
une mine inépuisable de débris de l'art antique, après avoir été
au moyen-âge une carrière souvent exploitée par les constructeurs de cette époque (3). » La seconde objection n'a,
comme la première, attiré qu'un humiliant échec à l'auteur
des découvertes de la côte Saint-Sébastien.

La troisième objection de M. Martin-Daussigny nous transporte hors du quartier d'Ainay : « Les débris de l'autel d'Auguste,
affirme-t-il, sont *tous* dans le voisinage du lieu où nous avons
trouvé les précieux restes de l'autel lui-même. » C'est dire

(1) Artaud, Mémoire sur les recherches d'une statue équestre, etc.,
p. 3, 4 et 5.
(2) Artaud, *Lyon souterrain,* p. 156 et 172.
(3) *Ainay, son autel.* etc., p. 80.

qu'il existe, non loin du Jardin des Plantes, un lieu où se sont trouvés réunis, sans en excepter *un seul,* tous les débris qui peuvent passer pour avoir fait partie de notre autel national et de ses dépendances ! L'hyperbole est effrontée, la proposition dans son ensemble est insoutenable, et, toutefois, nos lecteurs l'ont senti, M. Martin-Daussigny vient de soulever contre les traditions de l'Eglise de Lyon une difficulté très sérieuse. Il est parfaitement exact que, dans la portion de la presqu'île qui touche aux Terreaux, les deux églises de Saint-Côme et de Notre-Dame de la Platière, maintenant détruites, le territoire de Saint-Nizier, Saint-Pierre et son pourtour, ont fourni à nos musées une abondante moisson de monuments, et, parmi eux, plusieurs tables honorifiques où figurent les noms de divers prêtres du temple de Rome et d'Auguste. Or, d'après la tradition lyonnaise, le premier sanctuaire chrétien de notre ville, identique avec la crypte de Saint-Nizier, se cachait parmi des touffes épaisses d'arbres qui croissaient en liberté sur le limon déposé par les inondations de nos fleuves. Le quartier était complètement désert : ni monuments, ni demeures somptueuses ; à peine de rares cabanes éparses le long des rives.

Les deux opinions, on le voit, sont inconciliables. S'il est vrai qu'à la hauteur de Saint-Pierre et de Saint-Nizier, on a extrait du sol de nombreux débris, je ne dis pas du temple des Césars et du célèbre Athénée de la Gaule, mais simplement de plusieurs édifices romains du premier ou du second siècle, les anciens souvenirs de notre Eglise relatifs à la chapelle où prêcha saint Pothin n'ont plus de base, et les néo-archéologues, battus sur d'autres points, l'emportent pleinement dans une discussion dont il serait inutile de dissimuler la haute gravité. Voilà pourquoi j'ai tenu à montrer encore ici tout ce qu'il y a de superficiel et de vide dans les démonstrations scientifiques de l'adversaire obstiné de nos traditions.

M. de Boissieu n'envisage pas tout à fait la question sous le même jour que nous : c'est lui néanmoins qui nous guidera, lui qui se chargera de faire bonne justice des derniers sophismes de M. Martin-Daussigny. Suivant l'éminent écrivain, une différence profonde, au point de vue des débris antiques, distingue Ainay d'avec la partie nord de la presqu'île lyonnaise. Pour le démontrer, il énumère les richesses épigraphiques recueillies à Saint-Pierre, à Saint-Côme, à Notre-Dame de la Platière et dans leurs environs ; puis, après avoir fait observer combien cet amas d'inscriptions présente peu d'homogénéité, il poursuit ainsi : « Essayons maintenant d'apprécier à sa juste valeur cette agrégation singulière. Quand sur un si petit espace de terrain on trouve réunis, et presque exclusivement dans les assises inférieures des édifices, tant de monuments divers, indiquant des fondations plus ou moins importantes en l'honneur de Jupiter, de Mars, de Vesta et de Vulcain, d'Apollon, de la Divinité des empereurs ; avec cela les légendes honorifiques de prêtres à l'autel de Rome et d'Auguste, de ministres du culte de Vesta et de Vulcain, de hauts fonctionnaires publics dans les Gaules, et jusqu'à une inscription funéraire, que doit-on en conclure? Rien autre chose, sinon que ces monuments disparates ont été apportés là comme matériaux de construction. La seule nomenclature de ces titres me semble rendre cette démonstration évidente. »

Et voici les principes sur lesquels s'appuie M. de Boissieu : « Il y a une géologie archéologique dont les lois sont moins sûres peut-être que celles de la science toute moderne à laquelle nous devons la connaissance des diverses formations de notre globe : cette géologie arrive néanmoins à fixer le siège des civilisations antérieures par l'appréciation et la comparaison des éléments que les sols divers nous ont conservés. Quand on rencontre des couches successives de débris antiques émiettés, pour ainsi dire, dans un terrain et tellement assimilés à ses autres parties constitutives qu'il est presque impossible de les en séparer, on doit convenir, à moins de preuves contraires et péremptoires, que là d'autres générations étaient établies avant nous. C'est ce que nous avons constaté à Ainay. La nature et le plus ou moins de richesse de ces dépôts témoignent à la fois de la race ou de la classe à laquelle ces anciens habitants appartenaient et du degré de culture auquel ils étaient arrivés :

l'histoire et la tradition achèvent de coordonner ces témoignages. Lorsque, au contraire, sur un sol d'alluvion et de remblais, on retrouve dans des constructions relativement modernes des monuments que leur masse et leur solidité ont dû faire rechercher comme appareils excellents et économiques, une très forte présomption porte à croire que ces monuments isolés et peu homogènes ne proviennent pas originairement du sol sur lequel on les voit employés, et l'on se demande quel courant et quelles circonstances ont pu les y amener.

« Dans l'espèce, il n'est pas nécessaire de chercher bien loin la réponse à cette question et l'explication très plausible et très naturelle de ce fait: La démolition de notre vieux pont du Change, qui a considérablement accru les archives de l'archéologie lyonnaise et fourni à notre Musée lapidaire des titres nombreux et intéressants, a permis de constater la diversité des dépôts antiques auxquels les constructeurs des xiᵉ et xiiiᵉ siècles ont emprunté leurs matériaux.

« On en a retiré onze inscriptions ou fragments honorifiques des trois provinces de la Gaule ; deux autels tauroboliques ; une table votive en l'honneur de Jupiter et de la divinité augustale; un fragment relatif à quelque sévir de la colonie ; un second fragment sur lequel figurent la viᵉ, la xiᵉ et la xiiiᵉ légion ; une partie d'autel votif érigé par un *stationarius* ; les cippes funéraires d'un marchand de soies, d'un *cretarius* et d'un inconnu qui avait été tué par des voleurs ; huit autels ou tablettes tumulaires ; enfin deux fragments *ad honores* d'une attribution incertaine. En outre une bonne partie des pierres de taille employées à sa construction provenaient des ruines d'anciens édifices, et quelques-unes étaient ornées de moulures d'un grand style.

« Il ressort de ce simple énoncé que tous les quartiers de l'ancienne ville et de la nouvelle avaient fourni leur contingent de débris antiques, de même qu'ils avaient apporté leur quote-part d'offrandes pécuniaires, pour l'établissement de cette utile voie de communication. Le vieux Lugdunum avait donné ses tauroboles, peut-être les autels votifs et le marbre du légionnaire ; la presqu'île avait livré les tables des trois Gaules; et les voies publiques des deux rives de la Saône, en remontant son cours, s'étaient dépouillées de ce qui restait encore de leurs mausolées pour contribuer à l'entreprise de l'archevêque Humbert. L'incompatibilité et l'incohérence des titres sont un sûr garant de la diversité de leur provenance. Or, ce qui apparaît avec évidence doit nous servir de règle pour l'appréciation des restes antiques qui nous sont signalés dans les anciens édifices du voisinage et du centre de la ville actuelle. Partout où il y a mélange de légendes honorifiques et de légendes funéraires, d'inscriptions de la colonie et de celles des trois Gaules, on peut, à bon

droit, soupçonner que les monuments ne proviennent pas originairement des lieux où on les retrouve. »

Mais puisque l'extrême diversité dans les monuments gallo-
romains observée au pont du Change voisin de Saint-Nizier,
l'a été pareillement à Saint-Pierre, à Saint-Côme, à la Platière,
nous avons donc partout la même conséquence à tirer, et dès
lors que reste-t-il de l'objection de M. Martin-Daussigny? Rien,
si ce n'est la constatation du fait admis par tous nos anciens
chroniqueurs, savoir, le transfert, en dehors du territoire d'Ainay, d'une masse énorme de matériaux qui depuis le règne de
Constantin encombraient le sol appartenant à l'abbaye. Le monastère en prit sa part, ainsi que le couvent de Saint-Michel
fondé entre 480 et 490 par la reine bourguignonne Carétène;
après quoi tout fut laissé à l'abandon, et les larges blocs de
pierres taillées, les entablements, les piédestaux, les superbes
inscriptions, ornement de l'enceinte du Temple national, furent
les uns après les autres emportés dans toutes les directions.

Car, n'omettons pas cette remarque importante, Saint-Pierre
et les terrains adjacents n'eurent pas le privilège de posséder
seuls les titres lapidaires des trois provinces gauloises. Il s'en
est rencontré aussi, lisons-nous dans M. de Boissieu, « hors la
porte d'Halincourt (Serin), à Saint-Paul, dans le cimetière de
Sainte-Croix, dans les fondements de cette église, dans le porche
de Saint-Étienne, et même de l'autre côté du Rhône, *en la
grange de la Violette, près la Guillotière* (1). » Il est assez curieux
qu'Ainay, à part les deux monastères de saint Badulphe et de
Carétène, soit un des quartiers qui profitèrent le moins des
ruines dont l'avait enrichi la domination romaine, fait qui s'explique très naturellement par la solitude où la moitié de la presqu'île est demeurée pendant le moyen-âge et d'où elle est sortie
presque de nos jours.

Grâce aux profondes connaissances de M. Alph. de Boissieu
dans les antiquités du pays, l'histoire de notre Église que deux

(1) *Ainay, son autel,* etc., p. 89 et 90. — Bellièvre, *Lugd.*

ou trois écrivains ont eu la prétention de refaire, apparait ici dans tout l'éclat de la vérité. Nous, clergé lyonnais, nous n'avons pas cessé d'affirmer que l'humble sanctuaire où saint Pothin rassembla ses premiers disciples, se trouvait dans les conditions les plus favorables pour échapper à l'inquiète défiance des magistrats païens. Toujours nous avons dit que cette extrémité de la presqu'île était inhabitée, inculte, couverte de vastes saulaies par où les fidèles se glissaient clandestinement sous la hutte du marinier, du pêcheur qui prêtait l'abri de son toit à la célébration des mystères chrétiens. Les novateurs, eux, veulent au contraire que là fût le temple d'Auguste, que là du moins le Lugdunum de la Croix-Rousse étendit ses demeures et ses monuments. — On a fouillé mille fois, leur répondrons-nous, le sol de Saint-Pierre et de Saint-Nizier : a-t-on, de même qu'à Ainay, rencontré des mosaïques? Jamais. Des morceaux de porphyre, d'albâtre, de marbre cipolin, de brèche d'Égypte, amoncelés à la hauteur de deux mètres? Jamais. Des bronzes, des fragments de statues équestres, des membres de figures colossales? Jamais. Des chapiteaux de 73 centimètres de haut, des fûts de colonnes dont le diamètre atteignait 80 centimètres, ou même le mètre entier et au delà? Jamais, jamais. Dans tout ce quartier les débris antiques ne sont qu'à la surface, visiblement étrangers au sol romain de la localité.

Que faut-il de plus pour trancher la question? Quel homme sincère, après avoir pesé les raisons pour et contre, ne dira pas : Rien dans les faits ne contredit les traditions lyonnaises qui fixent à Saint-Nizier l'oratoire consacré par saint Pothin? Quant à l'endroit de la presqu'île où les trois Gaules venaient adorer la divinité de Rome et d'Auguste, ce lieu, on n'en saurait douter, s'appelle Athanacum, *locus ille Athanaco vocatur.*

M. Martin-Daussigny a eu l'art de parer ses fausses découvertes d'une certaine pompe scientifique éminemment propre à éblouir une foule d'esprits superficiels. Ses moyens de démonstration sont, en réalité, très faibles ; mais, pour en avoir raison, quelle étude approfondie de la matière ne fallait-il pas? Au prix de quels labeurs M. de Boissieu est-il arrivé à nous convaincre pleinement que l'*Ara lugdunensis* ne fut jamais, qu'il ne put jamais être sur les pentes voisines de la place des Terreaux ! Dieu merci, la peine sera bien moindre pour les autres novateurs qui se sont montrés jaloux de découvrir, eux aussi, leur autel d'Auguste.

Pour asseoir le temple de Lugdunum entre Saint-Pierre et Saint-Nizier, M. Aug. Bernard n'avait qu'un prétexte, la présence dans le quartier de plusieurs fragments de tables honorifiques autrefois érigées près de l'autel national. Notre réponse est faite; n'y revenons pas. Les écrivains catholiques ont remarqué, de plus, que jamais saint Pothin n'eût réuni son petit troupeau sous les murs du grand Panthéon romano-gaulois, au centre d'un mouvement considérable, au milieu d'un nombreux collége de prêtres augustaux, tous intéressés à l'extirpation du Christianisme. De toute nécessité, disaient-ils, une des deux opinions est erronée. C'est alors que la jeune école a mis au jour cet argument phénoménal : « Nous vous montrons des pierres de l'autel d'Auguste, montrez-nous-en de votre autel de saint Pothin ! » Est-ce que les néo-archéologues, pour constater, par exemple, la naissance, en 356 avant Jésus-Christ, d'un prince nommé Alexandre, fils de Philippe de Macédoine et d'Olympias, demanderaient qu'on leur exhibe quelque pierre ou quelque brique du palais royal de Pella? Les croyances de l'Eglise lyonnaise dérivent d'une chaîne historique et traditionnelle de témoignages tout aussi respectables que ceux où s'appuie un million de faits de l'histoire profane reconnus de tous comme parfaitement authentiques. Exiger, en outre, un moellon de l'oratoire lyonnais du deuxième siècle tourne à la facétie. Deux mots résument ce débat : d'un côté, l'ensemble des conditions qui font du témoignage humain, dans certains cas, un critérium assuré de certitude; de l'autre, une vingtaine de titres honorifiques totalement dénués de force probante. Un ton tranchant et les affirmations que l'auteur, d'un bout à l'autre de son ouvrage, prodigue en guise de preuves, ne modifient point à son avantage la thèse de M. Aug. Bernard.

Une publication récente : *Fourvière, Ainay et Saint-Sébastien,* place l'autel des Césars à Saint-Jean, et l'amphithéâtre des Martyrs en face, au pied du coteau de Fourvière. Devant ce nouveau système se dressent tout d'abord plusieurs questions préalables qui semblent avoir échappé complètement à M. le baron Raverat.

J'admets un instant que le drame de l'an 177 s'est accompli à Saint-Jean. Ce grand souvenir constituait une des gloires de l'église métropolitaine : archevêques, chanoines-comtes de Lyon, prêtres, laïques, nul, au moyen-âge et même plus tard, ne devait y rester indifférent. Comment se fait-il qu'au lieu d'être dans toutes les mémoires et sur toutes les lèvres, un pareil événement n'ait jamais été rappelé ni du haut de la chaire, ni dans aucune allocution sacerdotale ou pontificale? Comment se fait-il que, de tant d'historiens, de tant d'annalistes, pas un seul n'ait mentionné ce titre si honorable pour notre métropole? M. Raverat est-il à même de produire une citation, un lambeau de texte? Non ; ainsi, premièrement l'histoire se tait.

En second lieu, nous pour qui les lois et les coutumes du catholicisme ne sont pas lettre close, nous affirmons que là où moururent les disciples de saint Pothin s'éleva un monument commémoratif, temple, chapelle, simple oratoire, si l'on veut. Les fidèles s'y portèrent en foule, et le culte des Martyrs y fut solennellement établi. Où sont, dans votre système, les traces de ce culte? Quelle preuve, écrite sur le papier ou sur la pierre, atteste que notre premier pontife, que sainte Blandine et ses compagnons furent particulièrement honorés dans le quartier Saint-Jean? Ils ne l'ont jamais été ; jamais, dans les annales de la piété lyonnaise, il n'a existé de relation entre Saint-Jean et les Quarante-huit confesseurs. Ce serait là, on doit l'avouer, une singularité des plus étranges, et dont l'auteur de *Fourvière, Ainay et Saint-Sébastien* aurait eu quelque motif de se préoccuper.

En troisième lieu, Saint-Jean, à l'époque romaine, se trouvait-il au confluent de nos deux fleuves, condition indispensable pour qu'on puisse y reconstruire le temple des Césars? Nous allons démontrer tout à l'heure que la théorie des cinq confluents inventée par M. Martin-Daussigny, n'est — qu'on nous pardonne une franchise rude mais nécessaire — qu'un tissu de contradictions et d'absurdités. L'unique point où le Rhône et la Saône aient joint leurs eaux, depuis la fondation de Lugdunum par Plancus jusqu'au XVIIIe siècle, est la rive qui s'étendait au dessous d'Ainay. Nous en avons pour garants, outre l'universalité des historiens lyonnais, la *Vie de saint Romain,* écrite par un de ses disciples, le diplôme de Louis l'Aveugle, dont il a été question sur la fin du chapitre Ier, enfin l'usage attesté par la GALLIA CHRISTIANA (1) de désigner l'abbaye de saint Badulphe par la seule épithète d'*interamnis :* le monastère *situé entre deux rivières,* le monastère *inter-fluvial,* expression qui ne fut jamais employée dans la langue latine pour une île, mais seulement pour une terre dont deux cours d'eau différents baignaient les côtes. Je n'ai pas besoin d'en savoir davantage. Puisque le confluent se trouvait plus bas, ni l'autel d'Auguste ni l'amphithéâtre où les premiers martyrs de Lyon subirent leur supplice n'ont pu être à Saint-Jean.

De plus, d'après les preuves données au second chapitre des *Traditions d'Ainay,* il est extrêmement probable que, dans le monument gallo-romain de la rue Tramassac, on doit voir le temple érigé en 172 à la divinité d'Antonin le Pieux. Mais, alors même qu'on reconnaîtrait, ce qui n'aura jamais lieu, qu'il y eut là des arènes, cet édifice eût été l'amphithéâtre de la colonie de Plancus, non celui des soixante peuples fondateurs. L'amphithéâtre national, ainsi que l'explique M. de Boissieu, devait être mobile en partie, et dessiné sur de trop vastes proportions pour s'adapter aux exigences des habitants d'une seule cité. De tout point les assertions de M. Raverat sont purement gratuites. Cet écrivain qui affiche la prétention de clore les interminables débats de nos érudits sur l'*Ara lugdunensis,* n'a créé, comme M. Aug. Bernard, qu'une de ces hypothèses qui seraient parvenues peut-être à se maintenir debout tant bien que mal si

---

(1) « Cœnobium Athanacense... ad confluentes Araris et Rhodani, ob id etiam Interamne appellatum. » T. IV, Athanacum.

leurs auteurs ne les avaient, par mégarde, édifiées sur le vide.

Je n'ai plus contre moi que l'honorable groupe de savants qui s'imaginèrent, vers le commencement du xviii° siècle, mettre nos traditions à l'abri de toutes les critiques en transportant sur la montagne, dans le clos des Minimes, le théâtre de la lutte immortelle des Quarante-huit martyrs. Comment, dans l'effroi que lui causaient les violentes controverses de Launoy et de ses adeptes sur les origines de nos Églises de France, Ménestrier conçut l'idée d'un système mixte qui devait, pensait-il sans doute, satisfaire tous les partis, nous l'avons raconté quand nous avons fait l'histoire de la période décroissante de nos traditions dans les temps modernes. Ménestrier a pour lui Brossette et le P. de Colonia : Cochard et le P. Cahour sont, dans la génération qui nous a précédés, les derniers de nos érudits dont le nom ait recommandé une conception incohérente dans toutes ses parties, en contradiction palpable avec les documents les plus authentiques. Rigoureusement, dans un chapitre dont l'autel d'Auguste est l'objet, nous n'aurions pas, ce semble, à nous occuper de l'opinion qui patronne les Minimes, puisque Ménestrier et toute son école, Cochard y compris, reconnaissent que l'*Ara lugdunensis* fut indubitablement à Ainay ; mais, d'un autre côté, il nous est difficile de laisser sans réponse la prétention qu'ils affichent d'avoir découvert l'amphithéâtre où souffrirent Attale, Blandine, Ponticus. Cette prétention émise pareillement par M. Martin-Daussigny, nous l'avons combattue, et, de fait, qu'on parle de l'autel d'Auguste ou de l'amphithéâtre voisin, ce n'est là, nous l'avons toujours dit, qu'une seule et même question sous deux titres différents. Je demande la permission de les réunir encore ici ; jetons, avant de finir, un coup d'œil sur le théâtre gallo-romain dont le fils de Drusus, assure-t-on, orna la cité de Lugdunum.

Le système de Ménestrier est condamné d'avance, parce que les Martyrs furent immolés au lieu où la Gaule rassemblée tenait, au commencement d'août, près du confluent de nos deux fleuves, ses grands marchés et ses jeux annuels : or, le confluent n'était sans doute pas au sommet de la colline de Four-

vière. Il est condamné, parce que jamais au moyen-âge, non
plus qu'aujourd'hui, la piété des fidèles ne s'attacha aux ruines
du théâtre romain ; il l'est, parce que jamais, avant l'époque où
la pureté des traditions s'altéra parmi nous, l'histoire lyonnaise
n'avait accordé au clos des Minimes l'honneur de figurer dans
les récits de la mort des fils de saint Pothin. Mais ce triple
argument a paru déjà plusieurs fois dans cet ouvrage : afin
d'éviter les redites, descendons du général au particulier.

Pour que Blandine et les compagnons de son supplice aient
pu être livrés aux bêtes dans le monument qu'avait, dit-on,
construit l'empereur Claude, il fallait que cet édifice eût une
destination double, qu'il fût à la fois théâtre et amphithéâtre.
Ainsi l'avait pensé Ménestrier, et voici la démonstration que ses
partisans nous en ont donnée, peut-être d'après lui. Au dessous
de la scène, dans un débris de voûte, on avait cru reconnaître
une de ces caves où l'on enfermait les animaux féroces avant de
les lâcher dans l'arène. Puisqu'on retrouvait aux Minimes des
loges de fauves, le théâtre de Lugdunum servait donc indifféremment soit aux jeux scéniques, soit aux combats de bêtes et
de gladiateurs. Brossette, l'ami et le correspondant de Boileau,
le P. de Colonia et plusieurs autres se sont rangés à cette opinion.

Or, la voûte dont la configuration insolite a causé l'erreur du
P. de Colonia n'avait d'autre objet, ainsi qu'il a été reconnu
depuis, que de soutenir un escalier à deux rampes (1) ; mais,
surtout, on a constaté dans notre siècle, grâce à des fouilles
consciencieuses, que le monument des Minimes était construit
uniquement en vue des représentations théâtrales. Artaud établit cette distinction en termes très nets dans son *Lyon souterrain :* « Il existe encore, dit-il, d'assez beaux restes de ce théâtre
qu'on attribue à Claude, et que nos historiens ont pris pour un
amphithéâtre. Il y a cinq ans qu'à l'aide du premier magistrat
de ce département nous avons pu faire quelques excavations

---

(1) Artaud, *Discours sur les médailles d'Auguste et de Tibère;* voyez
aussi *Les grands Souvenirs de l'Egl. de Lyon*, par M. Meynis, p. 42.

parmi ces ruines, où nous avons trouvé des massifs de gradins, des escaliers latéraux et les traces d'une colonnade recouverte que M Chenavard, professeur d'architecture à l'Ecole des Beaux-Arts de cette ville, compare à celle du théâtre de Taormina, en Sicile (1)... »

Dans cette description, toute sommaire qu'elle est, nous retrouvons un des signes caractéristiques du théâtre romain, la colonnade qui régnait d'un aile à l'autre au sommet des gradins : c'est donc bien d'un théâtre que l'empereur Claude avait doté Lugdunum. Dès lors il est aisé de se représenter celui des Minimes dans chacune de ses parties, puisque tous les monuments de ce genre avaient chez les Romains une forme consacrée : l'hémicycle garni de gradins demi-circulaires ; au centre de ces gradins, l'*Orchestre* qu'à Rome on réservait aux sénateurs ; en face et dominant les plus bas degrés, le *proscenium* où jouaient les acteurs. Telle était aussi la disposition des théâtres grecs : les nôtres, sauf les proportions, sauf la nature et la disposition des sièges, sont construits à peu près sur le même plan. Dans les amphithéâtres, un large canal qu'on nommait Euripe, ou du moins une ligne d'obstacles infranchissables, protégeait les spectateurs contre l'invasion possible d'un animal échappé de l'arène (2); mais, cette arène entourée de barrières, où la découvrir dans l'édifice de Claude? Il n'y avait là, comme dans nos théâtres modernes, d'autre vide que la scène, et de la hauteur où se trouvait le *proscenium*, les bêtes sauvages n'auraient eu qu'un bond à faire pour tomber au milieu de la foule qu'on leur avait livrée en proie. Ajoutez à cela les dimensions médiocres du théâtre de Fourvière, et dites-nous comment les Lyonnais du deuxième siècle s'y seraient pris pour organiser en ce lieu un combat de tigres, de lions, de taureaux, de panthères.

(1) Artaud, *Lyon souterrain*, p. 12.

(2) Si Néron, pour donner aux chevaliers romains une place particulière (Tacite. Annal., XV, 32, Plin., VIII, 7), supprima l'euripe dans le grand cirque de Rome, il n'est pas douteux qu'il n'ait pourvu par quelque autre moyen à la sûreté des spectateurs.

S'il est dans notre ville des érudits qui persistent à soutenir l'idée paradoxale de Colonia, libre à eux ; toujours leur est-il interdit d'en tirer aucune conséquence contre les traditions d'Ainay. Théâtre, cirque, amphithéâtre, dès là que le monument de Claude était situé loin du confluent et de l'*Ara lugdunensis*, dès là que nos pieux ancêtres n'y portèrent jamais les hommages de leur foi, ce n'est pas sur l'emplacement occupé par ces ruines que les Confesseurs de l'autel d'Auguste offrirent à Dieu le sacrifice de leur vie.

Tels sont en substance les systèmes nouveaux qui ont affiché la prétention de détrôner les traditions de l'Église lyonnaise. De ces découvertes annoncées avec tant d'apparat est-il sorti une révélation, un argument capables d'ébranler l'autorité de nos vieux historiens ? Non, l'idée seule de retrouver le temple des Césars et l'amphithéâtre de nos premiers martyrs, sans le secours des documents et des souvenirs religieux, révolte le simple bon sens. Rarement le parti-pris et le besoin fatal de s'attaquer aux croyances du passé ont entraîné à une plus complète absence de critique des hommes dont je suis loin, d'ailleurs, de contester le mérite personnel. Nos arrière-neveux souriront peut-être un jour en lisant l'histoire de ce petit bataillon d'archéologues lyonnais — je ne les ai pas nommés tous — qui, trente années durant, se sont mis tour à tour en campagne à la conquête de l'introuvable autel du confluent, sans plus de succès, hélas ! que les alchimistes du moyen-âge n'en obtinrent en poursuivant la chimère de la pierre philosophale. Combien de temps encore durera cette manie des novateurs ? Il est difficile de le prévoir ; mais, quoi qu'il arrive, nous sommes sans inquiétude sur le résultat final. Sans doute, comme l'espère M. de Boissieu, lorsqu'on sera las de faire ainsi voyager ce malheureux autel d'Auguste, on prendra le parti de le remettre à sa première et véritable place.

II

LES NOVATEURS ET LA QUESTION DU CONFLUENT

Dans quel but M. Martin-Daussigny a créé d'un trait de plume, en avant de la Croix-Rousse, quatre îles et cinq confluents. Inutile d'examiner les deux derniers, situés au dessous d'Ainay. Le troisième, assure l'inventeur, coulait sur l'emplacement de la gendarmerie à cheval, rue Sala. Or : 1°, du Rhône à la Saône, ce terrain fut habité sous les Romains et sous les Burgondes. Amphores vinaires trouvées çà et là, recluserie Sainte-Hélène, poterie de Sabinus Gatisius, église Saint-Michel ; 2°, sur cette ligne même, un banc de galet très étroit court au milieu d'un terrain en contre-bas d'un mètre et demi, et tout parsemé de riches mosaïques. M. Martin-Daussigny a choisi ce banc de gravier pour y faire passer son troisième confluent. — Restes de nombreux monuments antiques en remontant vers les Terreaux. — Le cours du deuxième confluent n'offre pas moins de difficultés que le précédent. — Le premier n'a existé que lorsque, au moyen-âge, on creusa pour la commodité du commerce le canal des Terreaux. — La théorie des cinq confluents jugée dans son idée première. L'égalité de niveau, d'un bout à l'autre de la presqu'île, dans le sol romain et dans les habitations romaines, condamne irrémissiblement les systèmes archéologiques de M. Martin-Daussigny ; l'inventeur des cinq confluents leur a donné pour lit le terrain même que les Romains foulaient aux pieds. — Origine des erreurs où il est tombé. — M. Martin-Daussigny mal défendu par M. Steyert.

L E chef de la nouvelle école avait compris de quelle importance était la position du confluent de nos deux rivières dans un débat sur l'emplacement de l'*Ara lugdunensis;* aussi, dans la notice où il publie son heureuse découverte du Jardin des Plantes, se hâte-t-il de fixer le point de jonction du Rhône et de la Saône au pied de la colline Saint-Sébastien. Une

circonstance fortuite semblait militer en faveur de ce système.
Au moyen-âge, on avait, pour l'avantage du commerce, creusé
d'un fleuve à l'autre un large canal qui longeait le flanc nord-
est de la place des Terreaux : or, du fait de l'existence de ce
canal à la persuasion qu'il n'avait fait que remplacer un ancien
confluent, pour une foule de lecteurs, il n'y avait qu'un pas. Cette
moitié de preuve n'a pas, avec raison du reste, satisfait M. Martin-Daussigny.

Afin de mieux défendre les abords de son chimérique temple
d'Auguste, afin d'en rendre comme impossibles les approches,
le voilà qui bouleverse la presqu'île, transformée d'un trait de
plume en une succession d'îles et de confluents. Je tiens à citer
le texte même de la notice. « Au temps de la fondation de notre
ville par Plancus, dit l'auteur, ces îles se trouvaient au nombre
de quatre, très inégales en importance et en élévation. La première commençait à partir du quartier des Terreaux, où existait
le premier point de jonction des deux rivières, et se terminait
à la rue Dubois, où les eaux se réunissaient de nouveau. La
seconde comprenait l'espace compris entre la rue Dubois et la
caserne de la gendarmerie, sur l'emplacement de laquelle était
un passage du Rhône. La troisième était formée par le quartier
d'Ainay, et la quatrième par celui de Perrache ; après cette
dernière île, les eaux des deux fleuves se réunissaient définitivement (1). » Comment se nomme l'ancien géographe qui dessina
la topographie de notre presqu'île avec tant de précision?
M. Martin-Daussigny n'a pas cru nécessaire de nous en instruire, et toute son école semble avoir jugé, comme lui, ce
détail insignifiant. Soit, nous pouvons être généreux sans danger : allons droit au fait.

Inutile de discuter sur le cinquième confluent placé en dehors
de la presqu'île, et sur le quatrième, celui d'Ainay, dont tous
nos historiens ont reconnu l'existence ; arrêtons-nous sur les
bords du troisième : celui-ci, nous assure-t-on, traversait le

(1) M. Martin-Daussigny, *Notice sur la découverte des restes de l'autel
d'Auguste*, p. 14.

terrain que, de nos jours, occupe « la caserne de la gendarmerie. »

A quelle fâcheuse inspiration obéissait le Conservateur de nos antiquités lorsqu'il dirigeait son troisième « passage du Rhône » sur l'emplacement de la caserne des gendarmes à cheval, rue Sala ? « Une théorie, a dit Voltaire, est une souris. Elle était passée par neuf trous, un dixième l'arrête. » Si la théorie de M. Martin-Daussigny était de force à ne succomber qu'à la dixième épreuve, on ne lui refuserait pas quelque estime, tout en la repoussant ; mais, hélas! la souris va rester prise au premier trou, sans qu'il reste à la malheureuse une issue pour s'évader.

Je nie qu'au deuxième siècle, l'emplacement de la gendarmerie servît de passage au Rhône, par la raison que la bande de terrain comprise entre les rues Sala et Sainte-Hélène était certainement habitée au temps des Gallo-Romains et des Burgondes. Écoutons M. Alph. de Boissieu : « ... J'ai eu chaque jour sous les yeux les travaux de la caserne des gendarmes, et, dans la crainte que mes souvenirs ne fussent pas assez fidèles, j'ai interrogé tout récemment l'entrepreneur qui les a exécutés. Or, sur ce dernier emplacement, le gravier du Rhône s'est rencontré à dix pieds... Sur ce gravier on découvrit des lignes d'amphores vinaires qui se retrouvent à peu près partout à l'entour. Les Romains auraient-ils eu par hasard l'ingénieuse idée de mettre leurs vins dans le Rhône pour les tenir au frais (1) ? »

Il est en particulier un angle de la gendarmerie dont les antiques habitants nous sont un peu moins inconnus que les propriétaires des amphores, leurs voisins. La gendarmerie, on le sait, remplace un ancien couvent de la Visitation. Or, là même s'établirent, probablement dès le IVe siècle, les recluses qui ont donné son nom à la rue Sainte-Hélène. « On estime, dit la Mure, que saint Badulphe institua sous les auspices de sainte Hélène une recluserie de filles que plusieurs anciens titres mon-

(1) *Ainay, son autel*, etc., p. 38.

trent avoir été bâtie près de Bellecour, sur le territoire dépendant d'Esnay. Et même, on a vérifié que cette dévote recluserie était située au même endroit où, depuis, fut construite la
maisonnette habitée par un jardinier, dans laquelle saint François de Sales mourut l'an 1622, comme l'a fait observer le
P. Menestrier en son *Eloge historique de la ville de Lyon* (1). »
L'ermitage mis sous l'invocation de la mère de Constantin n'a
pas duré moins de douze siècles : Ducange le cite au mot *Inclusus* parmi les recluseries les plus célèbres. M. Martin-Daussigny serait-il d'avis que, depuis saint Badulphe jusqu'à l'an
mille, ces pieuses femmes eurent, par un nouveau genre d'austérités, la dévotion de passer leur vie dans les eaux d'un canal?

Remontons de quelques pas vers le Rhône, sans nous écarter
de la ligne tracée au troisième confluent. Au point de rencontre
des rues Sala et Saint-Joseph, en jetant les fondations de la
maison Dittmar, « on a reconnu, dit M. Alph. de Boissieu, les
ruines non équivoques d'un vaste atelier de poterie dont les
produits sont répandus presque partout dans nos contrées : plusieurs amas de différentes terres rougeâtres, quantité de lampes
et de vases d'argile, d'amphores, de contre-poids, de tuiles ; la
plupart de ces objets, entre autres un plat à large rebord terminé par un bec, étaient marqués du nom de SABINUS GATI-
SIUS. De distance en distance, on a déterré des cubes ou dés de
pierre, dans lesquels existait une cavité conservant encore une
partie des montants calcinés qui avaient soutenu la toiture d'un
hangar. Une médaille d'Auguste, au revers de l'autel de Lyon,
et un bronze de Trajan, recueillis dans ces décombres, ont fait
présumer que cet établissement florissait dès les premiers temps
de notre colonie. Evidemment cet artiste ne triturait pas ses
terres et ne les faisait pas sécher et cuire dans un bras du
Rhône (2). »

Nous marchons de surprise en surprise. Vers la Saône, le lit

---

(1) La Mure, *Chronique de l'abbaye d'Ainay.*
(2) *Ainay, son autel,* etc., p. 39. — V. Artaud, *Lyon souterrain,* p. 150, 151.

du troisième confluent qui déjà nous a offert les vestiges de deux vastes habitations, se trouve renfermer un monument célèbre dans l'histoire du vieux Lyon, l'église Saint-Michel, bâtie vers l'an 490 sous le roi bourguignon Gondebald ou Gondebaud.

Des écrivains dont le nom sera toujours respecté, André Duchesne, Ménestrier, Brossette, Artaud, M. Alph. de Boissieu, et beaucoup d'autres à leur suite, ont attribué à une reine burgonde, nommée Carétène, l'érection, au ve siècle, d'une basilique dédiée à l'archange saint Michel et d'un monastère de femmes où, descendue de son trône, elle vécut d'une vie de mortification et de prière, en compagnie des deux jeunes princesses Chrona et Clotilde. Carétène, morte l'an 506, fut ensevelie dans le sanctuaire qu'elle avait élevé. On a retrouvé son tombeau il y a 250 ans, et c'est la belle épitaphe gravée sur le marbre funéraire qui a révélé le nom et les œuvres de la fondatrice de l'église Saint-Michel. Le poète y disait :

> Condidit hæc templum præsens quod personat orbe,
> Angelicisque dedit limina celsa choris.

« Elle a fait construire elle-même ce temple vanté par tout l'univers ; elle a consacré ces voûtes magnifiques à la gloire des esprits bienheureux (1). »

Aux attestations de l'histoire joignons les preuves archéologiques. S'il est vrai que la basilique Saint-Michel fut bâtie au ve siècle, l'examen des ruines enfouies dans le sous-sol doit confirmer cette date. Artaud ne saurait manquer, sur un point de cette importance, d'apporter au débat quelque utile renseignement.

(1) Duchesne, *Hist. Franc. scriptores*, t. I. — Ménestrier consacre à Carétène plusieurs pages de son *Hist. consulaire de Lyon* : « Cette reine, dit-il, fit bâtir en cette ville une église qu'elle dédia à S. Michel archange, où elle se fit religieuse et où elle éleva la jeune Clotilde qui fut depuis reine de France. Carétène fut enterrée dans cette église, et voici son épitaphe... » p. 190 et suivantes. — Brossette, *Nouvel Eloge historique de Lyon*, p. 92. — Artaud, *Lyon souterrain*, p. 165 et suiv. — Alph. de Boissieu, *Inscriptions antiques... Epitaphium Caretenes, religiosæ reginæ, quæ condita est Lucduni, in basilica S. Michaelis.*

L'église Saint-Michel, dit-il, « se trouvait, en 1351, immédiatement hors des portes de la ville, dans la direction de la rue Sainte-Hélène, comme on peut le voir par le plan de Ménestrier. M. Martin, marchand de meules, en faisant creuser les fondements de sa maison dans la rue Sainte-Colombe, a réveillé le souvenir de ce vénérable édifice. Il a rencontré des pans de murailles et d'autres vestiges d'antiquité bien précieux pour nos recherches souterraines. Quelques-uns de ces murs, établis à 9 ou 10 pieds de profondeur, appartenaient au temps des Romains ; d'autres, plus épais, construits avec des roches granitiques, ont dû faire partie du monastère Saint-Michel ou des remparts dont il se trouvait entouré... Au commencement de la rue Martin, nous avons reconnu les fondements de l'église que nous venons de nommer qui, dit-on, existait encore aux trois quarts, il y a environ 70 ans. On voit qu'elle a été assise sur de gros blocs de pierre de choin qui ont fait partie d'un édifice antique. Ces cubes, assez mal assemblés, reposent, ainsi que les murs du monastère, tantôt sur des ruines, tantôt sur le gravier du Rhône, et enfin sur des quartiers de granit qui ont servi à un pavé des Romains : ce qui prouve que le tout a été fait sans beaucoup de soin et dans un siècle peu éclairé (1). »

Les fondations de la basilique ont été mises à découvert sur un autre point, et cette fois encore les mêmes défauts de construction, les mêmes signes caractéristiques accusent l'architecture en décadence de la période burgonde. « Au mois de février 1847, nous a dit M. Alph. de Boissieu, j'ai vu démolir sur l'emplacement de l'ancien couvent de Saint-Michel, rue Martin, un mur qui n'avait pas moins de deux mètres d'épaisseur (2). » Trente-deux ans après, le prolongement de ce mur large de deux mètres a été retrouvé dans le sous-sol de l'immeuble qui porte le n° 3 de la rue Martin, et l'auteur de ces lignes a pu considérer à loisir l'extrémité de la même muraille, au fond d'une tranchée ouverte le long du quai Tilsitt dans le mois de juillet 1884.

(1) *Lyon sout.*, p. 165.
(2) *Ainay, son autel*, etc., p. 68.

Le troisième confluent de M. Martin-Daussigny parait déjà bien compromis ; il ne reste plus qu'à lui administrer le coup de grâce. Quand même ne les terrains situés entre les rues Sala et Sainte-Hélène n'eussent pas compté un seul habitant, l'existence de ce bras du Rhône dans les conditions que suppose l'auteur, serait encore matériellement impossible. Voici notre démonstration ; elle sera courte.

Grâce aux fouilles pratiquées en grand nombre au centre de la cité, entre les quais du Rhône et de la Saône, il est constaté que le dépôt de sable et de gravier laissé par les deux fleuves, et qui forme aujourd'hui le fond solide, inébranlable de la presqu'île, se trouve généralement à la profondeur d'une quinzaine de pieds : mais, au dessous de la gendarmerie à cheval, comme sous l'antique poterie de Gatisius, le gravier s'est rencontré à dix pieds seulement (1). Sur cette dernière ligne, il existait donc un banc de galet dépassant d'environ un mètre soixante le niveau ordinaire qui se retrouve à quelques pas plus loin sous l'église de Saint-François (2). De là une conséquence qui va rejeter l'infortuné confluent dans la région des fables.

En effet, au bord même de ce cours d'eau fantastique, et, pareillement, à dix pieds au dessous du niveau actuel, une grande mosaïque, nous l'avons dit, s'étendait sur l'emplacement de l'ancienne prison Saint-Joseph, aujourd'hui caserne de la gendarmerie à pied, rue Sainte-Hélène (3). Un peu plus bas, dans la même rue, les amphores vinaires découvertes, il y a peu d'années, par les R. R. Pères jésuites dans l'enceinte de leur collége Saint-Joseph, à cinq mètres environ au dessous du sol, attestent la présence d'une habitation qui avait son rez-de-chaussée à la même hauteur que la mosaïque voisine, à dix pieds. Un peu plus loin, les mosaïques de la rue de Jarente, d'Ainay, des Incurables, de la rue Vaubecour, de la rue de Pusy, reposaient aussi à la même profondeur (4). Vit-on jamais pareil phénomène,

(1) *Ainay, son autel*, etc., p. 38 et 39.
(2) Artaud, *Lyon souterrain*, p. 151.
(3) Ibid., p. 148.
(4) *Ainay, son autel*, etc., p. 37 ; V. Artaud, ibid., p. 161, 162, 164.

et quels principes, en fait d'hydraulique, suivait donc M. Martin-Daussigny ?

Voilà un bras du Rhône qui doit contenir plusieurs mètres d'eau, et le fond du lit que vous lui donnez est juste au niveau des rez-de-chaussée du quartier ; il est de deux ou trois pieds plus élevé que les places, que les rues adjacentes ! Mais, ce n'est pas un confluent qu'il fallait dessiner sur votre carte, c'est un lac, un vaste lac sous lequel vous noyez Athanacum tout entier ! Et, pourtant, ce lac parsemé de mosaïques renfermait de riches demeures, des palais somptueux : comment accordez-vous tout cela ? — Comment ils l'accordent ? — Jamais l'école nouvelle n'a pris la peine de nous le dire, et nous croyons qu'elle n'a pas même soupçonné d'aussi grossières contradictions. Et-ce que, par hasard, il en serait de l'état du sol romain dans la presqu'île comme il en est de nos annales religieuses que tous, maître et disciples, ont si peu et si mal étudiées ?

Les partisans de M. Martin-Daussigny se récrient sans doute sur la rigueur de nos critiques. S'il eût reculé de quinze mètres son troisième canal, nous dit-on, nos arguments portaient à faux et son système demeurait intact ! — Non, le système des cinq confluents ne demeurait pas intact, alors même que son inventeur eût repoussé de quinze mètres vers le nord-est son troisième canal. Rien n'est plus facile au défenseur d'Ainay que de signaler au delà des poteries de Gatisius, des amphores de la gendarmerie et des fondements de la basilique Saint-Michel, d'autres demeures, d'autres constructions gallo-romaines, assez nombreuses pour qu'il soit certain que la presqu'île fut partout habitée, de la rue Sala, que nous laissons derrière nous, jusqu'à la hauteur des Célestins, de la galerie de l'Argue, ou même de Saint-Bonaventure. Indiquer un à un les débris antiques retrouvés dans le quartier Bellecour, c'est, je n'en disconviens pas, une méthode un peu longue ; elle aura toutefois l'avantage de réduire enfin au silence les dénégations les plus obstinées. D'ailleurs ce travail d'investigation, à le prendre dans son ensemble, est déjà très avancé. Quelques preuves encore, et, si difficiles qu'ils soient à convaincre, les néo-archéologues seront forcés de convenir ou qu'ils ignoraient les premiers éléments de la question, ou qu'il se sont joués de la crédulité publique en avançant que « la place Bellecour fut conquise sur un confluent et sur des marécages comblés plusieurs siècles seulement après l'ère chrétienne. »

Outre l'église Saint-Michel, la reine burgonde Carétène fonda sur la rive gauche de la Saône une communauté de femmes consacrées à Dieu. Le mur de clôture commençait, nous l'avons dit, près de la petite rue Sainte-Colombe, et le couvent se prolongeait assez loin, sur l'espace qui s'étend aujourd'hui entre la rivière et la rue du Plat. Si les saintes filles, postérité spirituelle de Carétène, durent quelquefois se soutraire par la fuite à l'horreur des invasions, leur absence ne fut jamais de bien longue durée, et le terrain ne cessa pas de leur appartenir du ve au xve siècle, époque où le couvent devint propriété particulière, avant de faire place aux constructions de l'Arsenal. Je n'affirme ici rien qu'il ne me soit aisé d'appuyer sur l'autorité de nos meilleurs historiens.

On lit dans l'*Eloge historique de la ville de Lyon,* par Ménestrier: «... Saint-Michel fut autrefois un monastère de religieuses d'Ainay; c'est ainsi qu'elles sont appelées dans les anciens titres. Elles demeuraient au lieu où est l'arsenal, dont on a démoli, il y a environ quatre-vingts ans, une chambre où étaient peintes des religieuses. Les anciens obituaires d'Ainay font mention de plusieurs abbesses et religieuses de ce monastère au jour de leur mort (1). » « N'oublions pas, ajoute la Mure dans son histoire de notre abbaye, n'oublions pas que, aux portes mêmes du monastère, sur l'emplacement de l'arsenal actuel, ainsi qu'on l'a reconnu aux démolitions qui s'y sont faites sur la fin du siècle passé, les religieuses d'Esnay, *moniales athanacenses,* vivaient soumises à l'autorité de l'abbé d'Esnay (2). » La démolition des restes authentiques de l'ancien couvent des religieuses d'Ainay lors de la construction de l'ar-

(1) P. 60.
(2) Mss. de la bibl. de Lyon. Cette remarque, faite incidemment par la Mure, est mêlée   la Vie de l'abbé Aurélien, 4e restaurateur d'Ainay

senal est confirmée par Brossette (1) ; or, on sait que les échevins lyonnais qui chargèrent l'ami de Boileau de la composition de cet ouvrage, remirent entre ses mains tous leurs documents les plus précieux. C'est en vain qu'on voudrait infirmer le témoignage de tels auteurs attestant un fait presque contemporain.

Aussi n'est-ce pas sans une profonde surprise que nous avons vu un adversaire déclaré de nos traditions nier récemment l'existence des religieuses d'Ainay. Dans son *Obituarium S. Pauli lugdunensis,* notre honorable archiviste, M. Guigue, dit en termes absolus : « Il n'y a jamais eu à Ainay de monastère de femmes en portant le nom. Le titre de *Monacha athanacensis,* de même que celui de *Soror nostræ congregationis,* que l'on rencontre assez fréquemment dans ce nécrologe, signifie que la dame dont il est fait mention avait été participante de tous les priviléges spirituels et temporels qui avaient été concédés aux religieux (2). »

Si, dans les temps futurs, quelqu'un des successeurs de M. Guigue, heureux, lui aussi, d'avoir mis la main sur une pièce inédite, soutenait que les sœurs de Sainte-Claire aujourd'hui domiciliées rue Sala, que les dominicaines dont les murs touchaient la place Bellecour au dix-septième siècle, n'ont jamais existé à Lyon ; s'il disait gravement au public : « Le titre de clarisse ou de dominicaine signifie que la dame dont il est fait mention fut jadis participante de tous les priviléges spirituels et temporels concédés aux fils de saint François et de saint Dominique ; » on aurait le droit de répondre au savant archiviste : Ce n'est pas tout de déterrer un parchemin, on doit en outre le lire, on doit l'interpréter à la grande lumière de l'histoire. Une foi moins aveugle aux systèmes archéologiques de M. Martin-Daussigny, plus de respect pour nos vieux auteurs lyonnais, auraient préservé M. Guigue d'une erreur qui dépare ce nécrologe de Saint-Paul dont les érudits de notre ville avaient accueilli avec faveur la publication (3).

---

(1) *Nouvel éloge historique de la ville de Lyon,* p. 92.

(2) *Registre obituaire de Saint-Paul de Lyon,* p. 2.

(3) Les annales de notre abbaye expliquent très naturellement l'insertion des moines et des religieuses de la presqu'île dans l'obituaire de

A droite du couvent Saint-Michel, nous rencontrons des restes d'une très haute antiquité sur la place Bellecour. Des ouvriers y découvrirent au XVIe siècle les débris d'un de ces bûchers en maçonnerie que les Romains appelaient *Ustrinum* (1), construction quadrangulaire formée d'épaisses murailles. « C'était là, dit le P. Ménestrier, que les corps étaient brûlés, comme on a reconnu par quantité de charbons, d'urnes et de cendres que l'on a trouvés en creusant les fondements des maisons nouvellement bâties en ce quartier-là (2). » L'*ustrinum* de Bellecour, très commodément placé pour recevoir, aussitôt après leur décès, les corps des gladiateurs et des bestiaires que les jeux de l'amphithéâtre moissonnaient en si grand nombre, était, d'ailleurs, relégué hors de Lugdunum, conformément à la loi romaine qui défendait que les cadavres fussent brûlés dans l'enceinte des cités.

Aux environs de la place Bellecour, si ce n'est sur la place même, passait un chemin très fréquenté qui, par un pont jeté plus loin sur le Rhône, mettait Lugdunum en communication avec la rive gauche du fleuve et le territoire viennois : voici nos preuves. Il est certain que Lyon et Vienne communiquaient ensemble par deux voies, l'une de 23 milles de longueur, celle que la table Théodosienne marque sur la rive droite du Rhône ; l'autre, de 16 milles seulement et qu'on nommait pour ce motif *Compendium*, route abrégée. Celle-ci, comme le démontre

Saint-Paul. Après la destruction par les Sarrasins du monastère de saint Badulphe et, sans doute aussi, du couvent de Saint-Michel, plusieurs d'entre les moines allèrent demander asile aux chanoines réguliers de Saint-Paul, qui les accueillirent comme des frères. Une communauté de femmes, voisine et dépendante de Saint-Paul, dut en même temps ouvrir ses portes aux religieuses athanaciennes ; et c'est ainsi que, dans les fragments du nécrologe qu'a publiés M. Guigue, le nom du défunt est, de temps à autre, accompagné de cette qualification : *monachus* ou *monacha athanacensis*.

(1) *Ustrinum*, de *urere*, brûler, foyer destiné à la combustion des cadavres. Les Romains avaient ordinairement, sur la lisière de leurs cités, des *ustrina* publics, où, moyennant salaire, des esclaves consumaient les corps de ceux à qui la modicité de leur fortune n'avait pas permis de se construire un *ustrinum* particulier à côté de leur tombeau.

(2) *Hist. ecclés. de Lyon*, I, p. 81. Manuscrit de la biblioth. de Lyon.

fort bien M. Gui   dans ses *Recherches sur Notre-Dame de
Lyon,* « devait être   t sur la rive gauche. » Il pense et
nous croyons avec lui que cette route abrégée franchissait le
Rhône sur « un pont de bateaux ou de chevalets (1) : » des raisons
stratégiques avaient dû interdire la construction d'aucun pont de
pierre sur le Rhône aussi bien que sur la Saône aux approches
de Lugdunum. Mais, que le pont fût de pierre ou de bois, tous
les raisonnements de M. Guigue concourent à prouver que le
Compendium parti de la ville haute coupait ou longeait Bellecour.
Puis, comme à l'époque de nos martyrs la presqu'île avait une
tout autre largeur qu'aujourd'hui, la route continuait au milieu
des tombeaux qui lui servaient de bordure, suivant la coutume
romaine ; et c'est pour cela, sans doute, que les moines d'Ainay
ont employé au moyen-âge tant de monuments funéraires pour
défendre l'île voisine des remparts de l'abbaye contre les
empiètements du Rhône, après que ce fleuve se fut creusé un
lit nouveau le long des hauteurs de la Croix-Rousse. Dans cet
exposé, qui n'est pas une description de fantaisie, que deviennent les marécages de M. Raverat ?

Au delà de Bellecour, je trouve, rue Simon-Maupin, de
beaux vases de grès extraits d'une tranchée creusée en
mars 1884, et, précédemment, une mosaïque enfouie tout près
du théâtre des Célestins. Ce morceau, d'une pureté de dessin
admirable, fut attribué généralement par les connaisseurs à
la plus brillante époque de l'art romain. Un peu plus loin, les
travaux exécutés bien des années auparavant pour l'ouverture
du passage de l'Argue et l'établissement de la rue de la Préfecture, mirent au jour sur le sable de la Saône, à quinze pieds
de profondeur, des tuiles romaines, divers dépôts d'amphores
et des médailles frappées sous le règne d'Antonin. A l'est,
sur l'emplacement du presbytère de Saint-Bonaventure, on a
découvert des amphores couchées sur le gravier du Rhône, à
quatre mètres environ de profondeur (2).

(1) *Recherches sur Notre-Dame de Lyon*, p. 16.
(2) Artaud, *Lyon souterrain*, p. 142 et 145.

Mais nous voici parvenus au deuxième confluent. A M. Martin-Daussigny de nous renseigner sur cet autre canal : « A l'intersection de la rue Dubois et de la rue de l'Impératrice, dit-il, on a rencontré à 5 mètres de profondeur le gravier du Rhône sur lequel reposaient une certaine quantité d'amphores vinaires rompues à la base. Elles étaient recouvertes de limon et enfin de terre de remblai. Cette découverte a donné la profondeur des eaux de cette partie du confluent (1). » La profondeur d'un confluent déterminée par « une certaine quantité d'amphores vinaires ! » Exactement comme si, dans mille ans, Lyon n'existant plus, nos fleuves ayant même changé de cours, un grave antiquaire, désireux de fixer, pour l'instruction des hommes de son âge, le niveau de l'ancien lit du Rhône, prenait pour mesure le fond d'une cave de la rue Saint-Joseph où le hasard lui aurait fait découvrir des pots, des jarres, des cruchons échappés aux ravages du temps. Il n'y a que des archéologues possédés de la manie des systèmes pour écrire, sans sourciller, des naïvetés de cette force.

Ce n'est pas tout ; près de la rue Dubois nous rencontrons la crypte de saint Pothin. Là, suivant nos traditions que l'archéologie elle-même est venue confirmer, les premiers chrétiens de la cité se réunissaient autour du fondateur de l'Eglise lyonnaise. Là encore, après la persécution de Marc-Aurèle, les cendres miraculeuses des Quarante-huit martyrs furent déposées sous l'autel ; d'où il est permis de juger combien grand fut, dans les âges qui suivirent, le concours des fidèles à ce sanctuaire vénéré. Or, à une aussi faible distance du confluent de la rue Dubois, pense-t-on que cette crypte établie sur des monceaux de galets, sur des terres d'alluvion perméables au plus haut degré, pût servir de lieu de réunion à des créatures humaines ? Quoi ! si nous en croyons M. Martin-Daussigny, un bras du Rhône coulait à cinq mètres au dessous du niveau de nos rues, sur un terrain dont la perméabilité, nous le répétons, est extrême ; la crypte descendait à 3 m. 40,

---

(1) *Notice sur la découverte des restes de l'autel d'Auguste*, p. 15, note 1.

enfoncée bien au dessous de l'étiage du canal voisin, et c'est dans une pareille excavation, nécessairement envahie par les eaux, que les chrétiens de Lugdunum au second siècle se seraient volontairement rassemblés! Il faut pourtant se rendre à l'évidence : il est clair que le confluent de la rue Dubois doit aller rejoindre au pays des chimères le confluent de la rue Sala.

Quant à la première rencontre des deux rivières, condition essentielle et base du système qui transporte l'autel d'Auguste au Jardin des plantes, je n'ai pas à m'en occuper : nos historiens sont d'accord sur ce point que le canal des Terreaux fut creusé au moyen-âge pour la commodité du commerce, très actif alors dans cette partie de la cité. M. Martin-Daussigny a supposé pour les besoins de sa cause, mais il n'a jamais pris la peine de prouver que le Rhône et la Saône s'étaient, sans le secours de l'homme, ouvert ce passage bien avant l'occupation de Lugdunum par les Romains.

Jusqu'ici je n'ai réfuté qu'en détail et partiellement la théorie du principal adversaire d'Ainay sur l'état de la presqu'île lyonnaise au temps des Césars ; je voudrais maintenant juger cette théorie à fond ; je voudrais convaincre mes lecteurs que la conception première en est absolument vicieuse, que tout cet ensemble ne présente, au fond, qu'incohérence dans les idées, contradictions, impossibilités.

A Dieu ne plaise que je combatte le système de M. Martin-Daussigny relativement à l'ancienne configuration de notre presqu'île, par un autre système dont je serais moi-même l'inventeur! Je me rappelle trop bien les prudents conseils que M. de Boissieu donnait à son antagoniste sur le sujet même qui va fixer notre attention.

   « Ne cherchons pas, disait en excellents termes l'avocat des traditions d'Ainay, ne cherchons pas dans quelques faits exceptionnels légèrement constatés les éléments d'un plan détaillé et certain de notre antique presqu'île, tant de fois bouleversée, ruinée, inondée et restaurée depuis l'ère romaine. Méfions-nous, dans nos recherches, du trouble et de la confusion que les guerres, le passage destructeur des

Barbares, les inondations fréquentes auxquelles la dépopulation de cette plaine n'opposa longtemps aucune digue, ont dû forcément apporter dans les divers gisements qui nous sont signalés... Ce que l'homme a conquis dans un temps peut être perdu dans un autre par sa faute et son abandon ; et la configuration d'un territoire incessamment menacé par deux fleuves a dû se modifier profondément chaque fois que l'incurie, l'inhabileté, le défaut de ressources ou d'entente n'a pas permis de mettre obstacle aux funestes invasions des eaux. »

Toutefois, malgré les changements que tant de causes diverses ont apportés dans les terrains de la presqu'île lyonnaise, il est vrai aussi, remarque le même écrivain, qu'on y rencontre partout « des points de repère, de riches pavés, des restes de constructions qui en fixent les lignes principales et le niveau. » Je m'arrête à cette dernière indication. Le niveau du sol romain, le niveau des habitations romaines, voilà deux témoins que nul ne peut récuser et qui condamnent irrémissiblement les théories archéologiques de M. Martin-Daussigny.

J'ai dit en premier lieu : *le niveau du sol romain*. S'il est un fait constaté par l'examen du sous-sol au centre de notre ville, c'est l'égalité de niveau que la couche primitive de gravier conservait sur toute l'étendue de la presqu'île à l'époque romaine. De l'aveu de M. Martin-Daussigny, le sable est à cinq mètres (15 pieds) dans le second de ses confluents, rue Dubois. Au centre de sa deuxième île, près de la galerie de l'Argue, il se montre pareillement à 15 pieds (1). On le trouve à 12 ou 13 pieds sous le presbytère de Saint-Bonaventure, à 14 pieds 1/2 sous l'église de Saint-François (2). Ces chiffres donnent une moyenne qu'on peut accepter de confiance pour tous les autres points de la presqu'île.

(1) Artaud, *Lyon souterrain*, p. 142.
(2) Ib., ibidem, p. 145 et 151. — « Depuis les travaux présents qui ont transformé notre ville, fait observer M. de Boissieu, la voie publique, particulièrement dans les quartiers du centre, a été notablement relevée. Les indications empruntées au livre d'Artaud seraient donc aujourd'hui en défaut, sur plusieurs points, de soixante à quatre-vingts centimètres. »

« Sous les Romains, dit M. de Boissieu, le terrain ferme et solide où les eaux avaient autrefois déposé leur gravier et leur arène se rencontrait généralement à quatre ou cinq mètres en contre-bas du sol actuel, sauf quelques traces de tourbillons et de courants qui font exception à ce niveau (1). »

Mais si le sol romain se trouve à une profondeur uniforme de quatre à cinq mètres, quelle place reste-t-il pour les quatre confluents ? Leur lit creusé par l'un des fleuves les plus rapides de l'Europe, leur lit qui parfois contenait d'énormes masses d'eau, devait avoir, en contre-bas des îles, trois, quatre, cinq mètres de profondeur. Lorsque, plus tard, ces canaux furent supprimés, — je parle dans l'hypothèse de nos adversaires — c'est avec du remblai qu'on les combla : les galets et le sable qui en formaient le fond, devraient aujourd'hui s'étendre à neuf ou dix mètres au dessous du sol actuel. En est-il ainsi ? Demandez plutôt à M. Martin-Daussigny qui vient vous dire avec une imperturbable sérénité : « A l'intersection de la rue Dubois et de celle de l'Impératrice, on a rencontré à 5 mètres de profondeur le gravier du Rhône... Cette découverte a donné la profondeur des eaux de cette partie du confluent (2). » Comment l'auteur de la *Notice* n'a-t-il pas compris que si le Rhône s'était ouvert dans la presqu'île quatre passages différents vers la Saône, la différence des couches eût, même après dix siècles, fait distinguer sans peine ces quatre lignes transversales d'avec les terres habitées qu'elles découpaient ? Comment n'a-t-il pas entrevu la gravité de ce fait inconciliable avec son système, que les dépôts de nos rivières ont toujours apparu au même niveau sur les 1640 mètres qu'on mesure du chevet de l'église d'Ainay à l'extrémité nord de la place des Terreaux ?

L'égalité de niveau du sol romain sur toute la longueur de la presqu'île est donc une preuve palpable que jamais confluent n'a existé en amont d'Ainay : la même impossibilité ressort, en second lieu, du *niveau* que les fouilles pratiquées entre nos deux

(1) *Ainay, son autel, etc.*, p. 36.
(2) *Notice sur la découverte, etc.*, p. 15 ; note 1.

fleuves attribuent constamment aux pavés *des constructions ro-*
maines.

C'est, observons-le bien, à la profondeur de dix pieds que
reposaient toutes les mosaïques découvertes jusqu'ici, celles du
Berger, de la maison Graff, du jardin Macors, des Incurables
de la rue Vaubecour, des Célestins, de la rue Saint-Joseph (1).
On se rappelle que la crypte de saint Pothin est assise également à dix pieds au dessous de la place voisine ; tel était donc
alors le niveau général des rez-de-chaussée entre les deux
fleuves. Au dessous des mosaïques, les caves de l'habitation
romaine nous font descendre encore de quatre ou cinq pieds
jusqu'aux dépôts de sable et de gravier laissés autrefois par les
eaux : nous nous retrouvons ainsi à la profondeur de cinq mètres,
celle-là même que le chef de la nouvelle école lyonnaise d'archéologie assigne au lit de ses confluents. Sur quoi je demanderai
sinon au Maître disparu, du moins aux disciples qui le prônent
encore, quelle dimension il leur plaît de donner aux canaux de
communication qui, suivant eux, traversaient la presqu'île.

Du premier, par exemple, de celui des Terreaux, font-ils un
confluent proprement dit, une complète fusion des deux rivières ?
Cette fusion représenterait au minimum un volume d'eau de 450
mètres de largeur (300 pour le Rhône, 150 pour la Saône), en
supposant que le fleuve roulât dans un lit régulier sur une profondeur de plusieurs mètres. Mais comme la presqu'île n'offrait
d'une extrémité à l'autre qu'une plaine parfaitement unie, les
eaux répandues au loin l'auraient recouverte dans son entier : des
Terreaux à Ainay il n'y aurait pas eu un mètre carré de terrain
habitable. Et, pourtant, de cette langue de terre, on ne cesse
depuis un millier d'années d'exhumer des amphores vinaires,
des inscriptions, de remarquables débris d'édifices anciens, irrécusables témoins de la présence de l'homme. Il suffit ; cette première hypothèse ne mérite pas qu'on lui fasse l'honneur de la
discuter.

Les néo-archéologues en sont réduits à métamorphoser leurs

(1) M. Alph. de Boissieu, *Ainay, son autel, etc.*, p. 37.

quatre confluents en de simples ruisseaux; misérable échappa-
toire qui n'aboutira qu'à de nouvelles absurdités.

Dans cette supposition, les canaux dont les eaux avaient, par
exemple, un mètre de profondeur, eussent coulé, selon M. Martin-Daussigny, sur un lit qui s'étendait à 15 pieds en contre-bas
du niveau de nos rues; par conséquent, à 5 pieds seulement au
dessous des mosaïques, au dessous des planchers de chaque habitation. Par une suite nécessaire, en vertu des lois de l'hydrosta-
tique, les deux fleuves qui descendaient le long des bords de la
presqu'île, auraient maintenu leur niveau habituel à un mètre
au dessus du fond des canaux. Mais nous avons remarqué plus
d'une fois combien le sous-sol de notre presqu'île est perméable,
en raison surtout, paraît-il, de la couche épaisse de galets qui
lui sert de lit. Grâce à l'inébranlable rempart de ses quais, le
centre de la ville ne voit plus depuis quelques années ses places
transformées en lacs et ses rues en rivières; pourtant, tout l'art
des ingénieurs et des architectes n'est point parvenu à préserver
les caves qu'à chaque crue un peu considérable du Rhône, rien
ne peut défendre contre l'invasion souterraine des eaux. Il est
impossible que les mêmes inconvénients ne se fissent pas sentir,
et plus fortement encore, il y a dix-huit siècles, avant l'exhaussement dont nous bénéficions aujourd'hui.

Donc, supposer qu'au temps des Césars l'étiage du Rhône était
d'un mètre plus élevé que le lit de quatre canaux de communication affleurant eux-mêmes le rez-de-chaussée des maisons romaines, équivaut à dire que la presqu'île était, du premier jour
de l'année jusqu'au dernier, inondée sur toute sa surface par d'a-
bondantes infiltrations, quelques barrières que l'homme opposât
d'ailleurs à l'envahissement des flots. A ce fléau ajoutez celui
des crues en quelque sorte incessantes. Qu'à la suite d'un orage,
qu'à la fonte des neiges, le fleuve vînt à monter : le pavé des
habitations et des temples, les mosaïques, le pied des colonnes
et des portiques disparaissaient sous l'eau. Sans parler des pluies
extraordinaires, ce n'est guère moins de cinq ou six fois l'an que
les prêtres augustaux eussent été forcés d'abandonner ainsi l'autel national à demi submergé et ses divinités en détresse. Bi-

zarres architectes, on en conviendra, que ces Romains qui, maîtres des collines environnantes, s'étaient fait un jeu de construire leurs palais, leurs académies, leurs sanctuaires, au milieu d'un étang tour à tour liquide ou fangeux !

A la vue de tant de conséquences absurdes, le lecteur est ramené de lui-même à la réalité des faits. Nécessairement, le Rhône et la Saône coulaient en contre-bas de la presqu'île ; c'est là, du reste, ce que fait clairement entendre un passage de Grégoire de Tours cité par tous les historiens lyonnais : « La cinquième année de Childebert (580), la pluie ne cessa de tomber pendant douze jours... La Limagne fut inondée... Les rivières de Loire et d'Elavaris (l'Allier), ainsi que les autres torrents qui viennent s'y jeter, se gonflèrent à ce point qu'elles sortirent des limites qu'elles n'avaient jamais franchies... Le Rhône s'étant joint à la Saône, se répandit bien loin de ses bords. Il causa aux populations de grands dommages et renversa une partie des murs de la ville de Lyon (1). » Dans la presqu'île même, la couche de gravier qui apparaît partout à quatre ou cinq mètres sous nos pieds, est non pas le fond d'anciens confluents, mais le terrain sur lequel les Romains étendirent leurs voies publiques et posèrent leurs monuments. Les édifices et les demeures particulières étaient généralement établis à un mètre environ au dessus de ce plateau, comme l'indiquent les riches pavés dont il a été tant de fois question. Nous disons sans crainte avec M. de Boissieu : « Ces jalons, reconnus sur divers points, doivent suffire et prouver qu'on a pris pour le lit de nos fleuves le niveau de leurs rives pendant la période historique qui nous occupe. »

Les novateurs ont fait graver des cartes de la presqu'île sous

---

(1) *Hist. Franc.*, l. V, c. xxxiv. — Si, comme le soutient M. Martin-Daussigny, les deux puissants cours d'eau avaient opéré leur jonction au pied de la Croix-Rousse ; si la presqu'île entrecoupée de confluents ne présentait que de pauvres petits îlots incessamment dévastés par les inondations, dès lors, à partir des Terreaux, il n'y avait plus qu'un fleuve, le Rhône ; l'affluent avait perdu son nom. Pourquoi donc Grégoire de Tours distingue t-il encore ici deux rivières ? Pourquoi dit-il que le Rhône, « franchissant ses bords, *ripas excedens* », vient battre et détruire les remparts de Lyon que nos historiens placent justement aux Terreaux ?

la domination romaine: les fameux confluents y sont dessinés avec autant de précision que peut l'être le cours du Rhin ou du Danube sur un atlas de géographie. On voit — s'il était permis de rapprocher deux choses heureusement très dissemblables — que, même en dehors des luttes politiques, il est parfois utile de pratiquer la grande loi des réformateurs de 93 : « De l'audace, de l'audace, encore et toujours de l'audace ! »

De peur cependant que le blâme ne paraisse excéder la mesure, je consens à rechercher si des faits géologiques précédemment observés dans la presqu'île, si des conjectures hasardées par d'autres auteurs, et de nature à séduire un esprit aventureux, ne pourraient pas servir d'excuse à M. Martin-Daussigny. Cet examen des pièces à décharge est un devoir pour tout adversaire consciencieux.

Je n'ai jamais eu l'intention de contester que les zones par où le chef des néo-archéologues dirige ses confluents, n'aient offert en quelques endroits des phénomènes assez singuliers. Ainsi, les constructions de la gendarmerie où M. Martin-Daussigny place son troisième passage du Rhône, furent un moment contrariées par un courant souterrain qui a reparu dans les fondations de plusieurs maisons voisines, et l'on peut supposer que la même cause avait nécessité l'emploi des pilotis et des enrochements rencontrées sur la même ligne, lorsqu'on posa les premières assises de l'habitation élevée par M. Dittmar sur l'antique poterie de Gatisius. Mais, qu'on y prenne garde, ce courant souterrain a été reconnu depuis que la presqu'île oppose à nos fleuves la double ceinture de ses quais, ou tout au moins depuis que la jonction du Rhône et de la Saône est rejetée jusqu'à la Mulatière ; il ne peut donc rien avoir de commun avec un confluent : c'est une infiltration des eaux du Rhône, et rien de plus. L'obstacle, d'ailleurs, s'est toujours montré faible et facile à surmonter. Le plus souvent, sans même qu'il fût nécessaire de recourir à l'usage des pilotis, une épaisse couche de béton ou des amas de matériaux ont pu fournir aux architectes, pour les bâtiments les plus lourds, une as-

siette parfaitement solide (1). Voilà, croyons-nous, l'argument
le plus fort que M. Martin-Daussigny ait pu tirer de l'état géo-
logique de notre presqu'île, et c'est pour mettre à profit ce mince
avantage, qu'il mène d'une rivière à l'autre son troisième confluent sur une arête dont le niveau dépasse de cinq pieds les terrains environnants (2)!

C'est en vain que les novateurs prétendraient se couvrir du
nom et de l'autorité d'Artaud. Artaud eut le tort de glisser trop
souvent ses vues personnelles dans son *Lyon souterrain,* qui
n'est, au fond, que le catalogue des découvertes archéologiques
faites dans notre ville durant une trentaine d'années (3). Ce
journal, « pour être plus utile, aurait dû, remarque M. de Boissieu, être fait avec plus d'ordre et moins de commentaires. Un
travail de ce genre ne devrait être qu'un recueil de notes et de
faits, sans aucune préoccupation d'enchaînement ou de système. Ce sont des matériaux qu'on prépare, et non une histoire
qu'on écrit. Dès que le parti pris ou l'opinion préconçue se fait
sentir, on se méfie de l'exactitude et même des renseignements

---

(1) M. Alph. de Boissieu : *Ainay, son autel, etc.*, p. 38, 39.

(2) Les observations d'Artaud et de M. de Boissieu mettent hors de
doute cette particularité, déjà signalée, qu'à l'époque romaine, sur la
ligne de maisons qui court aujourd'hui entre les deux rues parallèles Sala
et Sainte-Hélène, un banc de galets s'élevait à une hauteur de cinq ou
six pieds : sa longueur constatée s'étend de la rue Saint-Joseph à la rue
du Plat. Le lecteur s'en convaincra par les citations suivantes que j'emprunte à mon guide habituel.

Pour la maison Dittmar, ancienne poterie Gatisius: « Le gravier du
Rhône s'y est montré à neuf ou dix pieds. » (*Ainay, son autel, etc.*, p. 39.)
— Pour la gendarmerie: « Sur cet emplacement, le gravier du Rhône
s'est rencontré à dix pieds, c'est-à-dire au même niveau que les mosaïques
du quartier. » (Ibid., p. 38.) Et encore: « A la gendarmerie, au couvent
de Sainte-Claire, dans la rue Bourbon, le sol antique a été de même retrouvé à dix pieds du niveau de nos rues, il y a quelques années. » (Ibid.,
p. 37.) Faut-il voir dans cette élévation du gravier un dépôt naturel
du Rhône ou l'œuvre de l'industrie humaine? Cette question n'est pas
de mon ressort; je tiens seulement à faire toucher au doigt l'incurie prodigieuse de M. Martin-Daussigny dans le choix des lieux où, affirme-t-il
ses confluents coulaient au temps jadis.

(3) Artaud, longtemps directeur du Musée et de l'Ecole des Beaux-
Arts, mourut en 1838 à Orange, son pays natal.

de l'annotateur, quelle que soit d'ailleurs l'estime qu'on ait
pour son caractère (1). » Il est donc vrai que, de phénomènes
analogues à ceux que nous venons d'exposer, Artaud conclut un
peu légèrement à l'existence de tel ou tel canal ancien, qu'il
oriente suivant le côté que regarde le verre de sa lunette. En ce
sens, nous convenons que la première idée du plan topographique de M. Martin-Daussigny apparaît en germe dans le *Lyon
souterrain*. Mais Artaud, en traçant quelques bouts de canaux
sur la carte de la presqu'île, n'a jamais songé à la couper par une
série de confluents, ni à faire mentir les traditions athanaciennes
dont il fut le partisan déclaré, comme le démontre notamment
son ouvrage sur l'autel d'Auguste. Un abîme sépare Artaud de
M. Martin-Daussigny.

On a beau retourner sous toutes ses faces le système des cinq
confluents, on ne parvient pas à découvrir quel point d'appui
lui a donné son auteur. L'a-t-il basé sur le témoignage de quelque historien? Non. Des affirmations, partout ; des preuves,
nulle part. Et ce qu'il y a ici d'incroyable c'est qu'après vingt-
cinq ans révolus, un système aussi profondément absurde soit
encore en honneur auprès d'un bon nombre d'érudits lyonnais.
Il semble, vraiment, que les rêveries de l'ancien Conservateur
de nos antiquités fassent loi désormais parmi nous, puisque des
hommes qui siégent dans les assemblées savantes de notre ville
se croient, sur une pareille autorité, le droit de railler en masse
nos écrivains les plus estimables, le droit de leur reprocher une
confiance puérile dans leurs devanciers. Nos concitoyens, il
faut bien le croire, finiront par reconnaître de quel côté sont les
investigations patientes et les études consciencieuses ; ils pourront dire alors qui, de nos antagonistes ou de nous, est plus ami
de la saine critique et de la vraie science, de la science désin-
téressée, modeste, indifférente aux bruits de la foule, exclusivement vouée au culte de la vérité.

Mais, au moment où j'accuse M. Martin-Daussigny de trahir
dans sa topographie de la presqu'île lyonnaise une profonde

(1) *Ainay, son autel,* etc., p. 76.

insouciance de l'histoire et de l'archéologie, voici un champion
de la même cause qui s'avance armé de parchemins poudreux.
Celui-ci a compulsé les chartes du moyen-âge, et les chartes du
moyen-âge ont, à l'en croire, tranché contre nous la question du
confluent. J'ai nommé M. Steyert, écrivain qui se recommande
à l'estime publique par d'utiles travaux, et que nous ne comp-
tons pas sans quelque regret parmi les plus intraitables ennemis
des traditions d'Ainay.

Il y a bien des années déjà, M. Steyert formulait dans un
journal religieux de notre ville l'opinion, ou plutôt l'arrêt que
voici : « Un seul fait suffit pour mettre un terme à toutes les
discussions. L'autel d'Auguste était situé au confluent, par conséquent loin d'Ainay, par la raison toute simple qu'Ainay étant
une île, le confluent se trouvait en amont. Un tel argument ne
souffre pas d'objection, et la particularité topographique sur
laquelle il se base est tellement certaine qu'elle est constatée
par des documents du xᵉ siècle ; il suffit d'ouvrir le cartulaire
d'Ainay pour y trouver la preuve qu'à cette époque ce lieu était
encore séparé de la presqu'île. On y lit à chaque page ces mots
décisifs : *Insula quæ vocatur Athanacus*, l'île qui s'appelle
Ainay (1). »

La même année que M. Steyert se prononçait contre nos traditions, parut l'ouvrage de M. de Boissieu : *Ainay, son autel, son
amphithéâtre, ses martyrs*. A la fin de la deuxième partie, l'article de l'*Echo de Fourvière* eut, en commun avec la notice de
M. Martin-Daussigny, les honneurs d'une réfutation qu'il
serait plus exact peut-être d'appeler une exécution. On se figure
difficilement, après l'avoir lue, que le vaincu, si le courage lui a
manqué pour avouer sa défaite, ne se soit pas du moins réfugié
dans un silence prudent. Nous croira-t-on? Le 28 août 1879,
M. Steyert a recommencé dans le *Nouvelliste* la campagne qui
lui avait si mal réussi dans l'*Echo de Fourvière* (2). Du victo-

(1) *Echo de Fourvière*, numéro du 12 mars 1864, p. 91.
(2) Sous la signature Y, lettre qui forme le milieu de son nom,
M. Steyert a donné dans le *Nouvelliste* une série d'articles intitulés :
Les rues de Lyon.

rieux plaidoyer de M. de Boissieu, pas un mot : et, cependant, mêmes affirmations, mêmes erreurs, même assurance ; plus, toutefois, une teinte fortement accusée d'amertume et d'ironie. Le collaborateur du *Nouvelliste* ouvre le feu en se moquant de l'étymologie grecque d'Ainay, imaginée, dit-il, par les savants et les académiciens, « à cause du fameux autel d'Auguste. Le malheur est qu'un autre savant (M. Martin-Daussigny) a découvert, depuis, que l'autel en question n'avait jamais été à Ainay, mais bien loin de là, vers les Terreaux... d'autant mieux qu'anciennement Ainay était une île. En effet, le plus ancien recueil de documents historiques sur Ainay constate que, dès 950 environ, ce territoire portait le nom d'Ainay ou Ainac, *Ainacus*, et que c'était une île. Peu à peu l'île se réunit à la ville elle-même par l'ensablement des bords du Rhône qui la séparait de la terre ferme. »

Si, dans sa dernière attaque contre Ainay, M. Steyert avait joint à ses redites opiniâtres une seule raison nouvelle, je ne refuserais pas de la discuter avec lui. Mais personne, assurément, n'apercevra une raison dans cette affirmation toute gratuite, que « peu à peu l'île d'Ainay s'est réunie à la ville par l'ensablement des bords du Rhône qui la séparait de la terre ferme. » Le nombre des maisons et des édifices antiques semés depuis l'abbaye jusqu'au delà des Célestins, l'uniformité de niveau que le sol romain de la presqu'île nous a offerte sur toute sa longueur, contredisent directement une assertion que jamais son auteur ne prouvera mieux que M. Martin-Daussigny n'a prouvé l'existence des quatre îles et des cinq confluents de sa carte topographique. Comme, d'ailleurs, lorsqu'on a été battu, le dédain et le persiflage ne démontrent pas que l'on soit devenu plus fort, mieux vaut, je pense, négliger une page éphémère qui ne peut influer en rien sur l'issue de la controverse. Je ne vois de sérieux en tout ceci que l'allégation réitérée à quinze ans d'intervalle, savoir, que les chartes du xe siècle donnent aux moines d'Ainay la qualification d'insulaires : *Insula quæ vocatur Athanacus*.

D'abord, est-il bien possible qu'on trouve, relativement à la configuration du territoire d'Ainay, une opposition réelle entre des chartes contemporaines? Est-il possible que les uns voient une île où les autres affirment qu'il existe une presqu'île? On a pu lire au premier chapitre de ce volume un diplôme du roi Louis, fils de Boson, en date de l'an 892. Ce prince transfère aux archevêques de Lyon les biens du mona..t..re bénédictin, et, de son palais situé sur le versant de la C...i..-Rousse, il fixe en ces termes la position d'Ainay : « En deçà de la Saône, l'abbaye de Saint-Martin qu'on nomme Athanacum ; *cis Arari vero, abbatiam sancti Martini quæ Athanacus vocatur.* » Si, au témoignage d'un roi de Bourgogne et de ses ministres, Ainay se trouvait en deçà de la Saône, *cis Ararim,* paroles qui ne se plient à aucune autre interprétation, il faut de toute nécessité que, dans la formule employée par les chartes du moyen-âge, *Insula* ne signifie pas une terre environnée d'eaux, une île, et que ce nom eût alors dans le langage usité une autre acception.

C'est là, précisément, ce que M. de Boissieu a démontré dans sa réponse à M. Steyert ; en sorte que, pour réduire à sa juste valeur l'objection tirée du cartulaire d'Ainay, je n'aurai moi-même qu'à glaner dans les pages toujours si remplies du savant écrivain. En reproduisant cet autre passage du débat de 1864, mon but, ainsi que je m'en suis expliqué précédemment, est d'obliger enfin les adversaires d'Ainay à prendre connaissance des écrits publiés pour la défense de nos traditions. En tout cas, le public sera désormais instruit des procédés que semblent habitués à suivre avec leurs contradicteurs les disciples de M. Martin-Daussigny.

« Sans remonter à l'époque romaine qui n'a rien à faire ici, sans rappeler les splendides *Insulæ* des Clodius et des Lucullus, ou les *Insulæ* des pauvres gens, je me bornerai, dit M. de Boissieu, à constater que, dans la langue du moyen-âge, *insula* veut dire lieu isolé, hors de l'enceinte des villes, et, par extension, temple, basilique, monastère, château-fort, séparés du monde ou des autres habitations comme les îles le sont du continent (1). Cette acception se rencontre souvent dans les

(1) « Dans quelques villes on appelle encore île, comme en Italie *Isola,* un groupe de maisons entouré de rues; c'est l'ancienne dénomination latine. »

chroniqueurs et les hagiographes, elle est attestée par la plupart des lexiques. *Templa etiam insulas dixere ecclesiastici scriptores, quod ab aliis ædibus undique sejuncta essent* (1). Je pourrais en citer de nombreux exemples ; trois ou quatre devront suffire. Sous le règne de Dagobert, *Beatus Geremarus... de propria facultate fundavit monasterium quod dicitur Insula ; construxitque ibi omnia ædificia sanctæ regulæ convenientia* (2). Sous les fils de Clovis II, saint Frodoberg fonda un monastère, *in suburbio Trecassinæ urbis qui antiquo ritu Insula germanica vocabatur* (3). Vers une époque moins reculée, la ville de Lille, qui n'est comme Lyon qu'une presqu'île, dut son origine à un château qu'un des comtes de Flandre y fit bâtir, et, dans les *Gestes de Philippe-Auguste*, il est dit, en parlant de cette résidence : *Movit rex de Tornaco ut iret ad castrum quod Insula nuncupatur* (4). On lit dans la Chronique d'Hildesheim : *Similiter Insulam castrum apud nostram civitatem situm* (5). »

Donc, pour Ainay, de même que pour les monastères de saint Gérémar et de saint Frodobert, de même que pour les châteaux de Lille et d'Hildesheim, le mot *insula,* par lui-même, signifie un ensemble d'édifices isolés de toute autre habitation : il désignerait une île seulement dans le cas où cette locution serait accompagnée d'accessoires qui en modifieraient le sens. Ainsi, pour l'abbaye de l'Ile-Barbe, la formule invariable était celle-ci : *Monasterium Insulæ Barbaræ situm in medio Araris fluvii, non procul ab urbe Lugduni* (6). Ici, pas d'équivoque ; c'est bien d'une île qu'il est question : les trois premiers mots suffiraient pour lever toute ambiguïté. Dans le cartulaire d'Ainay, au contraire, le donateur qui, d'après le langage du temps, peut appeler la maison conventuelle soit *monasterium,* soit *insula,* indifféremment, fait son choix et n'use pas des deux synonymes à la fois. M. de Boissieu, après avoir parcouru ce recueil en entier, s'exprime ainsi :

« Il résulte de l'examen des titres de la célèbre abbaye que, dans tous, ces deux dénominations s'excluent ; on ne les rencontre jamais ensemble. »

(1) Forcellini. — Parmi les dictionnaires en usage dans les colléges de France, voyez Theil, 2ᵉ édition ; Paris, Firmin Didot, 1857.
(2) Duchesne, *Historia Francorum,* t. I, p. 655.
(3) Id., ibid., p. 670.
(4) Id., ibid. — Rigord, *de Gest. Philip. Aug. ad annum 1215.*
(5) *Monument. german. Chron. Hildes. 861,* t. VII.
(6) Masures de l'Ile-Barbe, *ubique.*

Et un peu plus bas :

« On se sent en présence d'une dénomination convenue et vulgaire, d'un *pour ainsi parler* continuel, d'un idiotisme que la langue de l'époque, encore toute romaine dans sa barbarie, a retenu du latin et qui va bientôt disparaître. Cela est d'autant plus sensible que les actes émanés des abbés ou du couvent, les ordonnances ou concessions des archevêques, les missives des princes et les bulles des papes n'offrent aucune trace du mot *insula*. »

« Le cartulaire d'Ainay, continue M. de Boissieu, ne nous laisse d'ailleurs aucune incertitude sur la situation du monastère et de son église au confluent de nos deux fleuves et non dans une île. Une donation de l'an 966 débute en ces termes : *Sacrosancta ecclesia ac venerabilis quæ est instructa in honore Beati Martini confessoris, inter duos fluvios, Rodano et Segonna, in loco ubi* (qui) *dicitur Aynacco*, etc. Paradin nous a conservé une formule analogue « tirée d'une vieille pancarte » : *Impignoramus vineam quæ est sita in pago lugdunensi, in loco quod vocabulum est Atha naus nominatum, inter amnem Rhodanum et Ararim.* Comme on le voit, rien n'avait été changé depuis le temps où les inscriptions romaines nous montrent l'autel des Césars *ad confluentes ou inter confluentes Araris et Rhodani...* Une des plus anciennes et des plus authentiques mentions du monastère d'Ainay se lit dans la Vie de saint Romain, fondateur et premier abbé du couvent de Saint-Claude, au vᵉ siècle ; elle est ainsi conçue : *Qui priusquam religionis professionem arriperet, quemdam venerabilem virum, Sabinum nomine, lugdunensis Interamnis abbatem viderat, ejusque strenua instituta et monachorum illius vitam,* etc. A cette occasion, les doctes auteurs de la *Gallia christiana* font remarquer que très souvent, *sæpius,* l'abbaye d'Ainay a été désignée par l'épithète « *interamnis* (1). »

Ce formidable argument qui « ne souffrait pas d'objection » à quoi se réduit-il? A rien, et M. Raverat essaie en vain de le consolider en faisant de cette insignifiante formule d'un idiome à demi barbare une définition positive qu'il met faussement dans la bouche de saint Adon (2). M. de Boissieu est donc parfaitement fondé à conclure en ces termes :

(1) *Ainay, son autel,* etc., p. 48. On peut lire également dans Bullioud une donation faite à Saint-Martin d'Ainay peu après que l'archevêque Amblard en eut relevé les murs. « *Sacrosanta et venerabilis ecclesia quæ est constructa in honore B. Martini confessoris inter duos fluvios Roda et Sago, in loco dicto Athanato, ubi Dominus Amblardus archiepiscopus præfuit, et R. abbas Eldebertus esse videtur : Ego quidem Theobardus et uxor mea nomine Liegardis,* etc. »

(2) « ... Ainay, qui était alors une île, *in insula quæ vocatur Athanacus,*

« Si cet argument, comme on l'a dit, doit trancher la question du lieu où s'élevait l'autel d'Auguste, il ne la décide certainement pas au profit de nos contradicteurs. Ils seront, je pense, forcés de convenir qu'aux II⁰ et III⁰ siècles, comme au V⁰ et au X⁰, le confluent de nos fleuves était à la pointe d'Ainay. Tous les documents l'attestent, et l'étude topographique de notre sol le confirmerait au besoin...

« Qu'avant leur union définitive nos deux fleuves aient dû souvent, au moyen-âge, enlacer leurs bras sur quelques points intérieurs de la presqu'île, dans ses parties basses; que des communications et des canaux de décharge, naturels ou sagement ménagés, aient facilité l'équilibre de leurs eaux et paré, dans une certaine mesure, au danger des crues subites, j'en conviendrai sans peine, quoique les preuves ne me paraissent pas évidentes; mais ce n'est pas là ce qui aurait constitué une île et, en particulier, celle qu'on a voulu nommer l'île d'*Athanacum.*

« Je ne crois donc pas téméraire de clore cette seconde partie de ma thèse par les conclusions suivantes: pendant l'ère romaine, le confluent n'était pas aux Terreaux; le canal de ce nom est une œuvre du moyen-âge. Les autres confluents sont de pure imagination; et des invasions temporaires, des courants successivement formés et comblés par les crues et les inondations, des délaissés plus ou moins persistants, des parties basses souvent marécageuses ne peuvent pas s'appeler un confluent. Le grand Rhône n'était pas là; ce qu'on a pris pour le lit de nos fleuves n'est que le niveau de leurs bords à cette époque. Enfin ni l'autel d'Auguste ni l'abbaye d'Ainay n'ont été élevés dans une île, mais tous les deux, d'après des titres inscrits sur la pierre et sur le vélin, étaient situés *inter amnes, ad confluentes Araris et Rhodani* (1). »

L'auteur de ce livre avait-il tort de répéter que, si les novateurs sont condamnés par nos historiens les plus recommandables, condamnés par le culte religieux des Lyonnais pendant douze siècles, ils le sont aussi, et non moins sévèrement, par l'archéologie? Cependant la faveur du public, je veux dire cet engouement irréfléchi, vice incorrigible de notre caractère natio-

dit saint Adon, évêque de Vienne au IX⁰ siècle. » (*Fourvière, Ainay et Saint-Sébastien*), par le baron Raverat). L'auteur aurait-il l'obligeance de nous indiquer celui des ouvrages du saint d'où il a tiré cette citation ? Voudrait-il bien aussi, dans sa réponse, éclaircir un léger doute ? A tort ou à raison, une chose nous étonne. Lui qui semble attacher un si haut prix au témoignage même supposé de saint Adon, pourquoi repousse-t-il comme indigne de toute créance l'affirmation parfaitement authentique du même archevêque de Vienne : *Locus in quo passi sunt Athanaco vocatur ; ideòque dicuntur martyres Athanacenses?*

(1) *Ainay, son autel,* etc., p. 50 et 51.

nal, a fait dès le principe une auréole à M. Martin-Daussigny.
Et qui ne sait qu'en ce moment l'opinion générale des lettrés de
notre ville se prononce de plus en plus contre les traditions
d'Ainay? Demandez à nos journalistes, à nos avocats, à nos magistrats, peut-être aux Présidents de nos sociétés savantes, ce
qu'ils pensent de cette question. — « Que me demandez-vous ?
répondent-ils en hochant la tête ; Ainay? mais c'est là une
cause depuis longtemps jugée ! » — Dans les Facultés de l'Etat,
les professeurs d'histoire prennent parti contre nous. Il n'est pas
jusqu'à la municipalité républicaine qui n'ait tenu à honneur de
manifester son zèle contre les vieilles légendes. La montée par
où l'on accède à la Déserte vient de changer de nom, et quiconque gravit l'escalier du Jardin des plantes est maintenant
averti qu'il va fouler les ruines de l'amphithéâtre gallo-romain.

Tout cela, au fond, nous touche médiocrement. Un symptôme
plus grave c'est la disposition d'esprit d'un certain nombre de
catholiques peu éloignés de se montrer favorables aux nouveautés dangereuses que cet ouvrage a pour but de dévoiler. Ces
nouveautés, ils les accueillent avec empressement, persuadés
qu'aujourd'hui la lumière nous vient des disciples de M. Martin-
Daussigny, et que chacune de leurs découvertes est un jalon de
plus sur la route de la vérité. Nous avons eu de fâcheux exemples de ces étranges sympathies, un surtout dont il nous sera,
malheureusement, impossible de ne point parler.

Sans doute, parmi nos lecteurs, ceux qui tiennent à la parfaite orthodoxie des idées, en dehors même des sphères de la foi,
n'ont plus besoin qu'on les exhorte à se défier des réformateurs
prétendus de nos annales ecclésiastiques. Ils n'ignorent plus que
les traditions d'Ainay pourraient aussi bien se nommer : Traditions de l'Eglise lyonnaise, qu'elles expriment la croyance de
nos pontifes, de notre clergé, de l'universalité des fidèles, durant
une période qui ne s'étend pas à moins de quinze siècles : c'en
est assez pour eux, et, s'ils furent surpris un instant, nul sophisme, nulle autorité ne seront désormais capables de les séduire. Mais combien d'autres pour qui la supériorité de la science
laïque est un véritable dogme ! Combien d'autres aux yeux de

qui le docteur du jour doit l'emporter sur celui des âges passés, par la seule raison qu'ainsi le veut le Progrès, cette loi si mal définie et, la plupart du temps, si décevante, si pleine des promesses les plus mensongères! A cette classe de lecteurs il faut des avertissements redoublés, il faut une leçon plus directe encore et qui, je l'espère, achèvera de dissiper leurs illusions : c'est par où nous mettrons le sceau à la défense des traditions d'Ainay.

III

LES NOVATEURS AU TRIBUNAL DE LA CRITIQUE

Les néo-archéologues ont-ils le droit de mépriser nos annalistes religieux et de se targuer d'une érudition transcendante ? Voilà sur quoi va rouler la dernière controverse des *Questions archéologiques*. Nous affirmons, nous, que les tentatives de la nouvelle école ne tarderaient pas à transformer les origines de notre Eglise en un véritable chaos. — Deux preuves : I. Le *Podium athanacense* de MM. Guigue et Raverat. — Révélation inattendue : les Quarante-huit martyrs ne sont pas morts près de l'abbaye d'Athanacum, mais sur la colline, au lieu nommé autrefois *Podium athanacense* ou Puy d'Ainay. Cette invention n'a de fondement ni dans l'histoire ni dans le culte catholique. M. Raverat ne peut reporter son Puy d'Ainay au delà de 1284. — Déplorables raisons qu'il essaie de faire valoir. — II. *L'identité prétendue de Saint-Just et de Saint-Irénée jusqu'à la fin du XIe siècle*, autre invention de M. Guigue, malheureusement patronnée par M. Meynis. — Réponse : les deux églises eurent toujours une existence indépendante. Car, 1° la basilique construite par saint Patient, vers 480 sur le tombeau de saint Irénée fut appelée non basilique de Saint-Just, mais basilique de Saint-Jean l'Evangéliste, jusqu'en 1562. — 2° La préexistence des Machabées à partir du IVe siècle est absolument certaine. — 3° Les Machabées et Saint-Just sont une seule et même église. — Si les Machabées n'avaient pas existé au IVe siècle, les chrétiens de Lugdunum n'auraient eu pour lieu de prière qu'une grotte obscure jusqu'en 480, ce qu'il est impossible d'admettre. L'objection qu'on pourrait faire au sujet de Saint-Etienne ne soutient pas l'examen. — Les deux chartes qu'allègue M. Meynis pour défendre sa thèse n'ont pas le sens qu'il leur prête, et ne prouvent rien contre l'antiquité de Saint-Just. — Habileté des néo-archéologues à se faire, de chartes sans valeur historique, une arme contre les traditions de l'Eglise lyonnaise. — Au résumé, l'œuvre antitraditionnaliste de M. Martin-Daussigny et de ses disciples n'a jusqu'à ce jour apporté que le doute et les ténèbres dans les questions scientifiques ; au point de vue historique et religieux, elle ne peut être qu'une œuvre de démolition et de ruine.

Nos adversaires, si fiers des fausses découvertes et des vains systèmes dont nous venons de faire justice, ont pareillement vanté outre mesure la supériorité que des méthodes, nouvelles dans l'étude de l'histoire, leur donnaient sur nous, pauvres annalistes formés dans l'étroite routine d'une époque arriérée. S'ils dédaignent nos

traditions et nos légendes, c'est qu'ils ont réussi à soulever le
voile du passé, c'est qu'ils possèdent, pour en percer les ténèbres, des moyens que la vieille école ne sut jamais employer.
Nous sommes, nous, condamnés par notre faute à l'impuissance ; ils sont, eux, les hommes de l'avenir ! Je ne leur prête
ici que le langage qu'ils ont tenu bien des fois ; une citation en
convaincra mes lecteurs.

C'était au mois d'octobre 1880. M. le baron Raverat venait
de faire sa première excursion sur le terrain de l'archéologie
religieuse ; il avait eu l'honneur de présenter à deux savantes
académies, celles de Paris et de Lyon, son Mémoire intitulé :
Fourvière, Ainay et Saint-Sébastien, et l'auteur, qui devait à
M. C. Guigue, notre archiviste, outre l'indication du sujet, un
ou plusieurs documents inédits, ne demandait que l'occasion de
lui témoigner publiquement sa profonde gratitude. De plus, à
cette heure, le camp des néo-archéologues était tout à la joie
d'un succès flatteur qui se préparait pour eux. Un de nos écrivains catholiques les plus estimés était venu solliciter leurs
conseils, il offrait de leur sacrifier ses propres idées, c'est-à-dire
les souvenirs traditionnels de notre Eglise, ignorant que, par cet
acte d'abnégation aveugle, il humiliait l'antiquité chrétienne
aux pieds de ses superbes détracteurs. M. Meynis, en effet, dans
l'Avertissement placé en tête de sa *Montagne sainte,* s'exprime
ainsi : « Depuis la publication de l'édition précédente, nous
avons eu connaissance de plusieurs manuscrits découverts dans
nos archives départementales et que M. Guigue, leur savant
Conservateur, a bien voulu nous communiquer. » Ailleurs, lorsqu'il lui faut convenir qu'il déserte les opinions professées par
lui jusque-là dans tous ses ouvrages, quelle raison apporte-t-il
de ce brusque changement ? Il rappelle encore les « recherches
nombreuses faites dans les archives départementales par les
savants archéologues de notre ville. » Le résultat de ces doctes
« communications » a été, de la part de M. Meynis, l'abandon
à peu près formel des traditions athanaciennes, puis, l'adhésion
assez timide, il est vrai, au monstrueux système qui prétendrait
identifier jusqu'à la fin du XIe siècle les deux églises de Saint-
Just et de Saint-Irénée.

Les choses en étaient là lorsque M. Raverat fit paraître dans le *Salut Public* le compte rendu d'un travail de M. C. Guigue sur *L'Hôtel et la prison de Roanne*. Au ton de l'article, on s'aperçoit tout d'abord que la publication de l'archiviste du Rhône n'est ici qu'un prétexte. L'écrivain oublie son sujet pour généraliser la question, pour exalter son école et célébrer ses brillantes victoires, parmi lesquelles il espérait peut-être que l'on compterait *Fourvière, Ainay et Saint-Sébastien :* on dirait un cri de triomphe.

« Il était commode le système en usage autrefois de faire des livres avec les livres des autres ! Ah ! c'était le bon temps où, sans peine, sans fatigue aucune, et sans bouger de son fauteuil, on composait une histoire, et Dieu sait quelle histoire !... La convention, les interprétations plus ou moins fantaisistes régnaient alors en souveraines dans le monde des lettres : la vérité était le moindre des soucis. Que d'exemples on pourrait citer à ce sujet ! Que d'ouvrages modernes composés à l'aide d'ouvrages anciens ! Il n'y avait de nouveau que la forme, le style, mais de fonds, point ! Point non plus de contrôle ni de critique ! Aussi que d'erreurs propagées et perpétuées !

« A notre époque, il en est autrement ; un courant s'est établi qui n'admet rien sans preuves, sans pièces à l'appui. Une phalange de jeunes érudits a vu que nos archives recélaient de précieux matériaux, témoins irrécusables de la vie, des mœurs, des faits et gestes de nos aïeux, écrits, pour ainsi dire, au jour le jour et comme sous la dictée des événements eux-mêmes. Parmi ces érudits, l'un des plus laborieux, des plus ardents, est bien certainement l'homme qui se trouve actuellement préposé à la conservation de nos archives départementales. Nous avons nommé M. Guigue.

« Qui n'a sous les yeux les remarquables monographies qu'il a publiées et qui ont éclairé d'un jour tout nouveau les points les plus obscurs de notre histoire locale, en rejetant dans le domaine de la fable des faits jusqu'alors considérés comme des vérités incontestées ! Grâce à lui et à l'étude attentive des textes, les légendes et les traditions qui cachaient la plupart de nos origines en archéologie, histoire, généalogie, philologie, ont disparu à tout jamais, au grand regret des gens qui ne se décident que difficilement à faire table rase des préjugés au milieu desquels ils ont vécu (1). »

Aujourd'hui, sans nul doute, on s'efforcera d'atténuer la portée de cette violente sortie qui n'a pas besoin de commentaire pour que le lecteur la dirige contre la masse de nos annalistes. Mais ce qui est écrit est écrit, et la pensée intime s'est échappée au milieu des enivrements du succès. Ce qu'on nous a signifié crûment, sans ambages, le voici : Les copistes de Grégoire de Tours ont fait leur temps, l'histoire va sortir des Archives départementales réformée et refondue. Seulement, adieu « traditions et légendes ! » et tant pis pour les bonnes gens qui mettent dans leur *Credo* de semblables billevesées !

Je n'ai pas, le premier, appelé sur les Archives départementales du Rhône l'attention des Lyonnais ; mais, puisqu'on me dispense de le faire, que le conflit est engagé, que les explications sont inévitables, je dirai la vérité simplement et sans détour. Il y a plusieurs années déjà que le quatrième étage de l'Hôtel de Ville est l'arsenal où nos antagonistes vont se munir de toutes pièces avant de livrer l'assaut à nos traditions. Chacun en revient avec l'arme de son choix, chacun a reçu sa charte inédite : l'un pour laïciser l'institution du Jour des Miracles ; l'autre, pour effacer de l'histoire des Quarante-huit martyrs Ainay, « le lieu où ils souffrirent, *locus in quo passi sunt ;* » un troisième, pour enlever huit siècles de son existence à la basilique des Machabées. En cela, les disciples de M. Martin-Daussigny mettent à profit leurs avantages, et je n'ai nullement la pensée de les en blâmer ; là n'est pas la question.

Les novateurs ont-ils le droit de préconiser avec tant de fierté leurs travaux historiques? Peuvent-ils légitimement conspuer, comme ils le font, nos vieux auteurs et s'attribuer à eux-mêmes le monopole des méthodes scientifiques? Est-il vrai que les

(1) *Salut Public,* 1er octobre 1880. Deux mois plus tard la *Montagne sainte* de M. Meynis sortait des presses de l'*Imprimerie Catholique,* rue de Condé.

Archives départementales soient présentement le sanctuaire
d'une érudition transcendante? Voilà sur quoi va rouler la dernière controverse des *Questions archéologiques*. Encore une
fois, ce n'est pas nous qui l'avons soulevée ; mais, on le reconnaîtra bientôt, nous n'avions aucune raison de la redouter. Non,
aucune ; car, — pour user nous-mêmes de la rude franchise que
les néo-archéologues ne craignent pas de se permettre — nous
affirmons et nous prouverons que l'œuvre accomplie aux
Archives départementales, relativement à nos traditions religieuses, bien entendu, est une œuvre lamentable. Les méthodes
et les divers procédés de la jeune école, bien loin d'atteindre à
l'apogée de la science, méritent au plus haut degré la qualification d'antiscientifiques : rien ne serait plus désastreux que leur
application prolongée, si l'opinion des hommes éclairés n'opposait pas une barrière à des tentatives qui ne tarderaient guère
à transformer les origines de notre Eglise en un véritable chaos.

Plus délicate que les deux précédentes, cette troisième étude
sera, néanmoins, telle qu'on doit l'attendre de la cause que je
défends, modérée, grave, libre de tout esprit d'animosité. Le
mérite personnel de nos adversaires, leur réputation de savant
ou d'écrivain, sont ici complètement hors du débat. Leurs publications contre nos croyances traditionnelles, l'érudition de
mauvais aloi dont ils se servent pour les discréditer, c'est tout
ce que nous voulons connaître d'eux en ce moment. Mais, si
nous respectons les personnes, si nous écartons tout ce qui
serait, de sa nature, étranger à la discussion présente, d'autre
part, nous ne saurions oublier qu'il est de notre devoir de révéler
enfin au public l'exacte valeur de ces brochures, de ces articles
de Revues ou de journaux, destinés, de l'aveu même de leurs
auteurs, à débarrasser « de fables, de légendes indignes » l'histoire ecclésiastique de Lyon.

Deux exemples montreront aux plus incrédules combien
nous sommes fondés à reprocher aux néo-archéologues leur
manque absolu de logique et de connaissances sérieuses, toutes
les fois du moins que leur mauvais génie les pousse à combattre
les traditions de l'Eglise lyonnaise. J'emprunte la première de

·ces preuves à la brochure de M. Raverat, *Fourvière, Ainay et Saint-Sébastien*. La seconde sera précisément le système conçu par M. C. Guigue à propos des basiliques de Saint-Just et de Saint-Irénée, cette triste invention qui nous a valu ce que nous sommes forcé d'appeler du seul nom qui lui convienne, la défection de M. Meynis. Parlons d'abord de M. Raverat et de son Puy, ou comme il dit, de son promontoire d'Ainay, *Podium Athanacense*.

Que vient faire ici le *Podium Athanacense* que jamais jusqu'à cet instant nous n'avons rencontré sur nos pas ? Je dois présenter à mes lecteurs cet inconnu, ou plutôt ce rival que la nouvelle école suscite inopinément à notre abbaye.

Les œuvres de Grégoire de Tours ne sont pas le monument le plus ancien où l'on découvre le nom d'Athanacum ; dans une pièce historique d'une authenticité incontestable, Anselme, supérieur des moines de saint Badulphe avant le milieu du VI⁰ siècle, porte le titre d'*Abbas athanacensis*. Le saint abbé fondait en 546, au milieu d'épaisses forêts, le couvent de Saint-Pierre de Lémen dont l'emplacement est occupé aujourd'hui par un des faubourgs de Chambéry. ·L'acte de fondation conservé jusqu'aux âges modernes dans les archives d'Ainay, commence par ces mots : « L'an de Jésus-Christ cinq cent quarante-six, sous le gouvernement de dom Anselme, abbé du monastère lyonnais d'Athanacum, homme d'une sainteté et d'une prudence admirables, voué tout entier au service divin et célèbre par de nombreux miracles ; etc., etc. (1). » En 859 les Pères du Concile de Langres, à propos de la fondation du couvent de Seyssieu, louaient la piété « du vénérable Aurélien, abbé d'Athanacum, *venerandus vir Aurelianus, abbas athanacencis*. » En 892, dans un décret de Louis, roi de la Bourgogne Cisjurane, il est question de « l'ab-

_____

(1) « Anno quingentesimo quadragesimo sexto, Dominus Anselmus, abbas cœnobii Athanacensis lugdunensis, vir miræ sanctitatis et prudentiæ, totus divino dedicatus servitio, multisque coruscans miraculis ; dùm, etc. » Voir Theoph. Raynaud, *Hagiol. lugd.* de sancto Anselmo, et Severt, de Amedæo primo. Ce document fut imprimé par les Bénédictins d'Ainay parmi les annotations historiques de leur missel de 1531.

baye de Saint-Martin qu'on appelle Athanacum, en deçà de la Saône, *Cis Arari vero, abbatiam sancti Martini quæ Athanacus vocatur ;* » et, durant tout le reste du moyen-âge, ce même nom d'Athanacum est donné par des chartes et des diplômes sans nombre au monastère d'Ainay.

En présence de cette suite non interrompue de témoignages, il semblait impossible que l'Athanacum de Grégoire de Tours ne fût pas l'abbaye fameuse construite dès l'époque romaine aux bords du confluent, celle qu'avait désignée aussi saint Adon, celle où la dévotion populaire avait, de temps immémorial, établi le culte de saint Pothin et de ses illustres enfants. Ainsi l'avaient cru jusqu'à nous quinze siècles entiers, sans qu'une voix se fût élevée jamais pour transporter ce nom et les glorieux souvenirs qui s'y rattachaient à une autre localité. Mais est-il un mystère si obscur qui puisse échapper à l'œil d'un néo-archéologue ?

Une révélation inattendue surprit, il y a peu d'années, le très petit nombre d'érudits qui suivent dans notre ville les questions d'archéologie religieuse. La découverte d'une pièce de la plus haute importance modifiait toute l'histoire du martyre de notre premier évêque et de ses compagnons. Les faits racontés dans la lettre des deux Eglises de Lyon et de Vienne se seraient passés non à l'Athanacum de saint Badulphe, mais à un autre Athanacum connu au moyen-âge sous la dénomination de *Puy d'Aïnay* (Puy, hauteur, colline), *Podium Athanacense*. Grégoire de Tours, dans sa bonhomie insouciante, aurait confondu les deux quartiers, l'Athanacum d'en bas avec l'Athanacum d'en haut, situé vis-à-vis, sur le plateau de Saint-Irénée. De là l'erreur universelle de nos historiens, heureusement réparée par MM. Guigue et Raverat.

M. Guigue avait découvert le document parmi les trésors des Archives départementales, M. Raverat s'était chargé de le publier. Un mémoire solennellement présenté aux académies de Paris et de Lyon, quelle occasion plus belle pour lancer dans le monde savant le *Podium Athanacense!* M. Guigue fils, éditeur de la *Chronique* de notre abbaye par la Mure, à l'endroit où le chanoine de Montbrison fait mourir les Quarante-huit martyrs dans la presqu'île, ne manque pas de rappeler que la brochure : *Fourvière, Ainay* et *Saint-Sébastien,* a résolu ce problème historique et qu'en réalité, l'immolation des Confesseurs s'accomplit sur la montagne, au *Podium Athanacense* (1). La découverte du Puy d'Ainay était donc pour la petite Église des novateurs un grand événement. Le coup allait déterminer la chute irrémédiable de ces ridicules traditions défendues en vain par quelques demeurants d'une autre époque, incapables de se résigner « à faire table rase des préjugés au milieu desquels ils ont vécu. »

Je me permettrai de poser à MM. Guigue et Raverat trois questions :

1° Le *Podium athanacense* est-il nommé une seule fois dans l'histoire de la Gaule romaine, ou seulement dans la première moitié du moyen-âge ? Était-ce une ville, un château-fort, un bourg, un monastère ?... Point de réponse ; il n'est rien de plus inconnu que ce nom auquel l'esprit de parti essaie tout à coup de créer une célébrité.

(1) J'ai répété diverses fois que M. Raverat transformait en amphithéâtre le temple des Antonins dont on voit les derniers restes rue Tramassac, et que, s'appuyant sur une conjecture aussi fragile comme sur un fait presque établi, il fixait dans le quartier Saint-Jean le lieu où combattirent les Confesseurs d'Athanacum. Et, cependant, voici M. Guigue fils qui dit, p. 24 de la *Chronique d'Ainay :* « L'auteur *démontre* que les premiers chrétiens de Lyon ont été martyrisés non pas dans l'île d'Ainay, mais au *Puy d'Ainay,* c'est-à-dire sur la montagne de Saint-Just et de Saint-Irénée, appelée depuis le *Mons sanctus* dans le cours du moyen-âge. » Ces deux versions contradictoires, et pourtant exactes l'une et l'autre, s'expliquent par les variations de M. Raverat. Il est certain que la première annonce du *Podium Athanacense* faite dans le *Salut public* désignait cette partie de la colline comme le théâtre de la mort des Compagnons de saint Pothin. L'inventeur parait s'être ravisé depuis : au surplus, il ne nous appartient à aucun titre d'accorder M. Raverat soit avec lui-même, soit avec ses amis. Je me permettrai une seule observation. Ce n'est pas des Quarante-huit martyrs que les hauteurs de Saint-Just ont reçu la dénomination de *Montagne sainte :* sans doute les fidèles de Lugdunum virent dans le massacre de l'an 208 un motif suffisant pour saluer du nom de *Mons sanctus* un plateau inondé du sang de vingt mille chrétiens.

2° Le *Podium athanacense* est-il mentionné dans les annales de notre Eglise ? On n'a pas oublié le principe sûr, infaillible, établi dès le commencement de cet ouvrage : « Où n'existe nulle trace de culte, ne cherchez pas les traces d'un martyre. » Eh bien, voudrait-on nous dire à quelle époque la piété chrétienne rechercha le *Podium athanacense ?* Voyons-nous qu'un Frédald, qu'une reine burgonde ou franque ait bâti en ce lieu un sanctuaire ? Quel genre d'hommages les fidèles y rendaient-ils aux Confesseurs de l'autel d'Auguste ? Ici encore les novateurs ne répondent que par leur silence. Or, comme il a été remarqué si fréquemment, dès que l'histoire et le culte font défaut, nous serions en droit d'arrêter ici l'examen et de ranger immédiatement le *Podium athanacense* parmi les nombreuses mystifications dont l'école de M. Martin-Daussigny s'est rendue coupable envers le public lyonnais.

3°, et c'est ici l'argument capital : pour avancer avec certitude que l'historien des Francs a confondu l'Athanacum du confluent avec le *Podium athanacense,* il faudrait avant tout être assuré que le *Podium* existait au deuxième siècle ; nos adversaires en sont-ils certains ? La seule pièce qu'ils produisent est une convention passée en 1284 entre les chanoines de Saint-Just et ceux de Saint-Irénée, relativement à certaines vignes situées, dit l'acte, sur les pentes du Puy d'Esnay : *Super venationem quarumdam vincarum sitarum in costis del Puey d'Esnay.* Si je suis bien informé, et je crois l'être, M. Guigue avoue n'avoir rien pu découvrir dans les temps antérieurs. Quant à M. Raverat, il se tire de cette difficulté d'une manière trop ingénieuse pour que je ne fasse pas admirer au lecteur sa merveilleuse dextérité. L'écrivain dauphinois comprenait fort bien que de 1284 au temps des empereurs romains la distance est longue, et quel moyen de jeter un pont sur cet abîme en l'absence de tout document ? Il ne désespère pas cependant de dissimuler, aux yeux du moins de bien des lecteurs confiants et d'un bon naturel, les mille et quelques années qui manquent à son *Podium athanacense ;* et il écr. imperturbablement : « En suite d'un accord passé en septembre 1284 entre les chanoines de Saint-

Just et ceux de Saint-Irénée, il est certain que cette pointe *portait* ENCORE *ce nom.* » On signale dans les écoles un sophisme qui consiste à feindre avoir démontré ce qui, précisément, est en question. « *Portait* ENCORE *ce nom !* » ces trois mots sont, à eux seuls, un petit chef-d'œuvre du genre.

Il est donc impossible aux patrons du rival d'Ainay de s'autoriser d'une demi-ligne de n'importe quel annaliste établissant que, sous les dynasties mérovingienne et carlovingienne, on connaissait à Lyon le *Podium athanacense :* mais, dès lors, il est une conséquence qui s'impose. A l'époque où la puissante abbaye étendait ses droits de suzeraineté sur cent cinquante églises et possédait aux portes de Lyon Cuire, Vaise, Vernaison, une partie du coteau voisin reçut le nom de *Podium athanacense,* apparemment en raison des propriétés que le monastère avait dans les environs de Saint-Irénée. Objecterait-on que les vignes désignées dans la charte de 1284 appartenaient non aux moines de saint Badulphe, mais aux chanoines de Saint-Just? Je réponds que l'histoire de notre abbaye rappelle justement la vente d'un immeuble considérable faite à Saint-Just par la communauté d'Ainay.

Lorsque l'archevêque Amblard rendit aux religieux du confluent les biens dont les avait dépouillés Louis l'Aveugle et qu'il les réunit tous dans leur ancienne demeure, il exigea certaines dispositions jugées par lui favorables à une observation plus stricte des règles de saint Benoît. « De là, rapporte le P. Bullioud, de là, dans le cours de la même année 956, cet échange célèbre de quatorze manses livrées par le couvent d'Ainay à l'abbé de Saint-Just Adhémar, échange dont Paradin a fait mention (1). »

En quoi la propriété dont l'archevêque exigea la vente pou-

---

(1) « Abbatem et monachos... collectos in unum et bonis auctos in rigida S. Benedicti regulæ observantia esse voluit. Inde exivit celebris illa permutatio ejusdem anni 956 de bonis abbatiæ athanacencis, Ademaro abbate S. Justi, de mansis quatuordecim, de qua Paradinus, l. 2, cap. 29. » — *Abbatiæ Athanacensis reparatio et restitutio.* Tom. 2. Index 10.

vait-elle nuire à l'observation de la règle, sinon par les visites trop fréquentes qu'y faisaient les moines, à cause de sa proximité? Il est donc assez vraisemblable que les terres dont l'abbé Adhémar fit l'acquisition, composaient une métairie voisine de la maison-mère.

Paradin dit seulement que « les quatorze maz ou mansions » étaient dans la vallée de Saint-Ferréol, et j'avoue que rechercher le val de Saint-Ferréol dans les cartulaires du moyen-âge m'a semblé une peine superflue : le fait acquis à la discussion nous suffit. En 956 le monastère de saint Badulphe cédait aux chanoines de Saint-Just, moyennant échange, un vaste domaine : une transaction de même nature a pu intervenir à une autre date, et, dans ce cas, l'immeuble dut conserver, en souvenir de son origine, sa dénomination primitive de Puy d'Ainay. Voilà ce que nous maintiendrons jusqu'à ce que MM. Guigue et Raverat soient parvenus à dépasser l'an 1284 ; je dirai plus, jusqu'à ce qu'ils aient découvert dans les épaves des deux premiers siècles de notre ère l'acte de naissance, légal, authentique, de leur *Podium athanacense;* il sera temps alors de revenir à la question.

M. Raverat, dans sa brochure, allègue pour la défense de son *Podium athanacense,* des raisons qu'il nous reprocherait peut-être d'avoir omises ; les voici textuellement : « Le P. Ménestrier nomme à diverses reprises *Rempart d'Ainay* le rempart qui était au dessus de la porte Saint-Georges. D'autres documents du moyen-âge, dit M. Vermorel, ex-agent voyer de la ville de Lyon, établissent que la hauteur où sont assis la porte des Farges, l'église de Saint-Just et le Grand Séminaire, s'appelait *Puteus athanacensis,* le Puy d'Ainay, la montagne d'Ainay, tandis que, par opposition, la plaine en regard, de l'autre côté de la rivière, s'appelait à la même époque *Plateum athanacense, aliàs* le Plat d'Ainay. »

On demeure stupéfait lorsqu'on voit des hommes qui aspirent à diriger l'opinion des érudits présenter de tels arguments comme une démonstration de la très haute antiquité du Puy d'Ainay : notre adversaire continue à jongler avec des dates postérieures de mille ans à celles qu'il aurait dû fournir. N'est-il pas de toute évidence que Ménestrier, que « l'ex-agent voyer Vermorel » décrivent ici le Lyon de la dernière période du moyen-âge, et non le Lugdunum gallo-romain? « Il nous semble, conclut M. Raverat, que ces faits sont catégoriques. Inutile donc de les appuyer sur d'autres preuves qui existent dans nos vieux cartulaires et dans nos archives municipales. » Inutile? Oui sans doute, en ce sens que les chartes mêmes du Xᵉ, du IXᵉ siècle, n'auraient aucune valeur, et qu'il eût fallu remonter ni plus ni moins qu'à l'époque des Antonins. Toujours les « vieux cartulaires, » toujours les « archives départementales » pour élucider des événements qui eurent lieu sous le règne de Marc-Aurèle ! Décidément, nous luttons contre une idée fixe, et le *Podium athanacense* suffirait pour montrer jusqu'où, d'inconséquence en inconséquence, a pu se fourvoyer la logique des novateurs lyonnais.

Le plaidoyer de M. Raverat pour cette déplorable invention fait naître dans l'esprit du lecteur bien d'autres étonnements. Alors même qu'il eût existé à Lyon, sous le règne des fils de Clovis, un *Podium athanacense,* confondre une abbaye déjà très célèbre avec un quartier des plus obscurs était-ce là une erreur possible? Non. Elle ne l'était pas de la part de Grégoire de Tours, un des esprits les plus remarquables de l'ère mérovingienne et qui, d'ailleurs, connaissait parfaitement notre ville ; elle ne l'était pas davantage de la part des Lyonnais. Lugdunum voyait encore, aux IVᵉ et Vᵉ siècles, fleurir dans son sein la civilisation romaine ; il avait donné le jour au premier poète de l'époque, Sidoine Apollinaire, et saint Eucher, saint Patient, saint Rustique, saint Étienne, saint Viventiol, ces pontifes immortels, sortaient des rangs de son clergé. Comment, au milieu de tant de lumières et sous de tels pasteurs, la piété du peuple aurait-elle pu s'égarer vers un lieu autre que celui où les Quarante-huit confesseurs avaient remporté la palme du martyre?

Mais une impossibilité de plus ou de moins n'inquiète guère M. Raverat ; lisez plutôt : « Il faut supposer que cet historien (l'évêque de Tours) a confondu le promontoire d'Ainay avec l'île d'Ainay ; ou bien que, dans un intérêt facile à comprendre, les moines du monastère, nouvellement fondé dans l'île, ont attribué à ce lieu la faveur d'avoir été témoin de l'immersion et de la découverte des saintes reliques. Grégoire de Tours n'est que l'écho des traditions de ces religieux. On pourrait aussi invoquer l'ignorance de ces temps reculés (1). » La question n'est pas plus embarrassante que cela. Comme le singe de la fable, Grégoire de Tours a pris le nom d'un port pour un nom d'homme. Les moines ont forgé une criminelle imposture qui leur profitait, et les bons chrétiens de « ces temps reculés » où l'on distinguait à peine sa main droite de sa main gauche, ont tout accepté... pieusement !

On croirait au parti pris le plus révoltant si M. Raverat n'avait, de lui-même, révélé le principe de son erreur. Le mépris secret de tout ce qui porte le sceau du Christianisme, voilà bien une des sources de ces bévues colossales que, dans les régions du voltairianisme, tant de lettrés commettent chaque jour, sans même soupçonner les inénarrables sottises dont ils émaillent leurs élucubrations. Dogme, institutions catholiques, histoire de l'Eglise, ils tranchent sur tout, et, par malheur, ne connaissent le dogme, les institutions catholiques, l'histoire de l'Eglise que par le journalisme antireligieux, ou par ces détestables productions, historiques ou autres, fidèlement écrites d'après le conseil que le patriarche de l'incrédulité moderne donnait à ses disciples : « Mentez, mentez, il en restera toujours quelque chose. Le mensonge n'est un vice que lorsqu'il fait du mal ; c'est une très grande vertu quand il fait du bien : soyez donc plus vertueux que jamais. Il faut mentir comme un diable, non pas timidement, non pas pour un temps, mais hardiment et toujours (2). »

Après avoir traité si lestement Grégoire de Tours, les fils de saint Badulphe et la population lyonnaise du moyen-âge, l'au-

---

(1) *Fourvière, Ainay*, etc., p. 22.
(2) Voltaire, Correspondance, lettre à Berger et à Thieriot.

teur de *Fourvière, Ainay et Saint-Sébastien* ne pouvait tenir en bien haute estime nos annalistes qui tous, du IXe au XVIIIe siècle, ont placé, non sur la colline, au *Podium athanacense,* mais dans la plaine, au confluent, le combat des Quarante-huit martyrs. Aussi n'hésite-t-il pas un moment à repousser en bloc les témoignages d'écrivains « qui n'ont fait, dit-il, que se copier les uns les autres. » Du reste, M. Raverat n'est point seul dans son part à formuler de tels jugements. On ne me contredira pas si j'affirme qu'un des premiers articles du symbole des novateurs c'est le dédain ouvertement professé pour les historiens religieux de la cité lyonnaise.

« Ils n'ont fait que se copier les uns les autres ! » — En effet, les Bénédictins qui ont tant illustré l'abbaye parisienne de Saint-Germain-des-Prés, le Forézien la Mure, Théoph. Raynaud, ce méridional aussi connu pour sa verve satirique et l'indépendance de son caractère que pour l'ampleur de ses facultés intellectuelles, ont dû, naturellement, recevoir des Lyonnais, avec la plus profonde indifférence, une leçon toute faite sur les martyrs d'Athanacum ! Leur conscience d'historien, le soin de leur renommée, l'honneur de la religion, tout cela était si peu de chose pour eux ! Ce qu'ils ont trouvé dans les livres, ils l'ont transcrit. Les premières têtes de bétail avaient enfilé sottement cette voie, et le reste du troupeau a suivi !

« Se copier les uns les autres ! » Ah ! peut-être, pour sacrifier ainsi leur dignité personnelle, nos hagiographes eurent-ils à redouter une censure occulte ; peut-être, de la part du pouvoir ecclésiastique, subirent-ils en secret une pression odieuse? Rien de plus inexact. Que nous a dit Théoph. Raynaud lorsqu'il exprimait sa douleur de voir partout délaissés les autels de nos saints indigènes ? « J'ai, raconte-t-il au début de son *Hagiologe lyonnais,* j'ai développé mes sentiments sur ce triste sujet soit dans des entretiens privés, soit en public du haut de la chaire. Je n'ai pas craint de les exposer à ceux qui avaient le pouvoir et le devoir de porter remède au mal. Jamais on ne m'a blâmé ; mes demandes ont été accueillies avec de froids éloges ; mais, en dé–

finitive, elles sont demeurées vaines et sans résultat (1). » Quand
Ménestrier et le P. de Colonia crurent prudent d'abandonner la
route universellement suivie avant eux, a-t-on rapporté que leurs
supérieurs, que les archevêques de Lyon aient gêné en rien leur
liberté ? Si la nouvelle école avait pris la peine d'étudier de près
nos auteurs anciens, elle aurait bien vite reconnu que le mobile
de leur adhésion unanime aux traditions d'Ainay se trouve, non
dans leur négligence ni dans leur servilisme, mais dans une
conviction raisonnée, mais dans l'empire nécessaire de la vérité sur tout esprit droit et judicieux.

M. Raverat nous avait annoncé l'entrée dans le monde des
lettres d'une phalange d'érudits lyonnais qui « n'admettent rien
sans preuves, sans pièces à l'appui ; » qui ne consentent à écrire
que « sous la dictée des événements : » seraient-ce là, par hasard,
les ouvriers à qui nous devons la stupéfiante construction du *Podium athanacense ?* Au dire de M. Raverat, les travaux archéologiques du Conservateur de nos archives « ont éclairé d'un
jour tout nouveau les points les plus obscurs de notre histoire et
rejeté dans le domaine de la fable des faits considérés jusqu'alors
comme des vérités incontestées. » Serait-il permis de demander
à l'auteur si le Puy d'Ainay est une de ces grandes réformes
historiques, si les titres séculaires de notre abbaye sont au
nombre de ces faits rejetés maintenant « dans le domaine de la
fable ? » Je doute que le public applique au *Podium athanacense*
l'éloge du panégyriste de M. Guigue, et, certainement, le nouveau venu ne supplantera pas dans nos annales l'antique fondation de saint Badulphe. Du même coup le Puy d'Ainay
condamne les ambitieuses visées de la nouvelle école à une supériorité que nul ne lui reconnaîtra. Prétendre, en foulant aux
pieds le témoignage humain, le respect dû aux croyances de
seize siècles et, par cela même, toutes les données du bon sens,
prétendre, dis-je, que la mémorable tragédie de l'an 177 s'est
passée dans un vignoble, dans une métairie dont on n'a pu retrouver la trace avant 1284, et qui, manifestement, reçut au

(1) *Hagiol. lugd.*, p. 3.

moyen-âge son nom du grand monastère de la presqu'île, est-ce
là, de bonne foi, un progrès dans la science, est-ce un pas de
plus dans la réforme de notre histoire? Une aussi pauvre création autorise-t-elle les néo-archéologues à regarder du haut de
leur dédain Grégoire de Tours, Adon et notre école historique
du xviiᵉ siècle?

Mes lecteurs, je le suppose, commencent à se former, par
rapport au débat que je soutiens, une opinion plus nette des
hommes et des choses : passons à la seconde preuve par où j'ai
promis de compléter ma démonstration.

Je tire mon second exemple du brillant triomphe que les novateurs remportèrent il y a juste cinq années, lorsqu'ils virent le
doyen de nos historiens catholiques soumettre ses œuvres au
jugement de M. C. Guigue, consentir à les modifier conformément à ses conseils et se charger, aussitôt après l'apparition du
Podium athanacense, de patronner une autre invention non
moins audacieuse de l'homme qui passait aux yeux de tous pour
l'inspirateur, pour le chef d'une école d'archéologie notoirement
hostile aux traditions de notre Eglise. Il m'est douloureux de
signaler ici l'erreur d'un écrivain dont la plume fut constamment vouée à la glorification des saints lyonnais. M. Meynis
comprendra que je ne le combats que pour défendre ce qu'il a
toujours vénéré, pour le défendre lui-même, avec ses meilleurs
écrits, avec ses convictions les plus chères, contre une heure de
surprise où, malheureusement, il ne sut pas mesurer l'étendue
des concessions qu'on arrachait à sa bonne foi trompée. Si le
changement que nous déplorons avait eu moins d'éclat, j'aurais
gardé le silence; mais est-il donc possible de paraître ignorer
ce qu'ont publié les innombrables voix de la presse, ce que
chacun peut lire dans des ouvrages répandus partout et plusieurs fois édités? A part cet incident regrettable, les divers
points que nous aurons à démêler ne peuvent être que d'un très
grand intérêt pour l'histoire ecclésiastique de notre vieux Lugdunum.

Quel est, pour aller droit au nœud de la controverse, quel
est le principe fondamental du système de M. C. Guigue? C'est

l'identité prétendue des basiliques de Saint-Just et de Saint-Irénée jusque vers la fin du XIe siècle. Ainsi que M. Meynis l'explique dans son livre *amendé* suivant les vues de notre honorable archiviste, saint Patient aurait construit sur la colline une seule église, et cette église unique serait le double édifice « bâti sous un même toit, *tecto fundata sub uno,* » dont la partie inférieure, nommée crypte de Saint-Jean, renfermait, avec les corps d'Irénée, d'Alexandre, d'Epipode, ceux des martyrs de la seconde persécution ; tandis que la partie supérieure, placée sous l'invocation de saint Just, aurait servi longtemps de cathédrale aux fidèles de la cité gallo-romaine, circonscrite alors presque tout entière sur la hauteur où s'élevaient encore le forum de Trajan, le théâtre de Claude et l'ancien palais impérial. La scission en deux églises, d'un côté Saint-Irénée, de l'autre Saint-Just, se serait accomplie un peu après l'an 1000, à une époque qu'il est impossible de préciser et dans des circonstances inconnues (1).

L'hypothèse de M. Guigue tombe devant l'inflexible réalité de l'histoire. Car : 1° jamais l'édifice supérieur qui recouvrait le tombeau des vingt mille martyrs ne fut dédié à saint Just ; depuis le jour de sa fondation jusqu'à celui de sa ruine en 1562 on l'appela toujours : la basilique de Saint-Jean-l'Evangéliste ; 2° les Machabées furent, dès le IVe ou même dès le IIIe siècle, la vraie cathédrale de Lugdunum. Quand j'aurai solidement établi cette double vérité, mes lecteurs concluront que M. Guigue n'a pas exercé son génie inventif avec plus de bonheur à Saint-Irénée que dans les vignobles voisins du *Podium athanacense.*

On semble ignorer aujourd'hui dans notre ville qu'avant la reconstruction au XVIIe siècle de l'église que nous appelons Saint-Irénée, une basilique monumentale, érigée au même lieu par l'évêque Patient, vers l'an 480, resta sous le vocable de Saint-Jean-l'Evangéliste jusqu'à sa complète destruction en 1562. Les traces de ce fait n'existent pas, très probablement,

---

(1) *La Montagne sainte,* de la p. 35 à la p. 41 ; et, de plus, p. 45, 51, 72, etc.

aux Archives départementales, mais il eût, certes, été bien facile de les retrouver dans nos annalistes religieux, si l'on eût daigné les consulter.

Grégoire de Tours put admirer le bel édifice de saint Patient moins d'un siècle après sa construction. Dans son traité *De gloria martyrum*, quelle dénomination emploie-t-il pour la haute et pour la basse église ? Saint Irénée, dit-il, « fut inhumé dans *la crypte de la basilique de Saint-Jean*, au dessous de l'autel, ayant les martyrs Épipode et Alexandre l'un à sa droite et l'autre à sa gauche (1). » On lit de même dans le martyrologe de saint Adon, au 28ᵉ jour de juin, anniversaire de la mort de saint Irénée : « Il fut enseveli par le prêtre Zacharie, dans *la crypte de la basilique de Saint-Jean*, entre les deux martyrs Épipode et Alexandre. La splendeur de cette crypte a quelque chose de si vénérable qu'elle semble ajouter encore à l'illustration des martyrs (2). » Saint Grégoire et saint Adon pouvaient-ils faire entendre plus nettement que la basilique, distincte de la crypte, portait cependant le même nom ? Beaucoup plus tard, dans un testament qui respire la foi la plus profonde, Artaud, comte de Beaujeu, décédé en 1494, s'exprimait en ces termes : « ..... Le même seigneur, persuadé qu'il n'existe aucun lieu qui se recommande par autant de mérites et par la société d'un aussi grand nombre de martyrs que l'église du Bienheureux martyr et pontife du Christ Irénée,... pour ces motifs, a voulu que sa sépulture soit creusée en face des portes *de la basilique de Saint-Jean-l'Evangéliste* (3). »

Soixante ans après la destruction par les soldats huguenots

---

(1) « Hic in crypta basilicæ B. Johannis sub altari est sepultus, et ab uno quidem latere Epipodius, ab alio vero Alexander martyr est tumulatus. » *De glor. mart.*, l. 1, c. 50.

(2) « Sepultus est a Zacharia presbytero in crypta basilicæ B. Johannis : cui ab uno latere Epipodius, ab altero Alexander est tumulatus. Hujus cryptæ tam veneranda est claritas ut meritum martyrum signare videatur. » Ado, martyrol.

(3) « .... . Ideo sepulturam suam ante valvas basilicæ Johannis Evangelistæ fieri fecit... » Apud Bollandistas. Appendix ad diem XXVIII junii, nᵒ 24. Tom. 6ᵒ junii, p. 268.

de l'œuvre admirable de saint Patient, un hagiographe de Besançon, le P. Chifflet, étudiait ces tristes ruines. Dans une relation que les Bollandistes ont jointe, comme appendice, au 28e jour de juin, le docte Jésuite se sert, en désignant la haute église, du même vocable qu'Adon et Grégoire de Tours. De plus, il note cette particularité que l'autel de saint Irénée se trouvait en ligne perpendiculaire « *au dessous de l'autel de saint Jean* dont il n'était séparé que par l'épaisseur de la voûte (1). » Puisqu'il s'agit ici du maître-autel de l'église supérieure, il est difficile de nier que l'apôtre saint Jean soit demeuré le patron principal de la basilique jusqu'à l'invasion des calvinistes en 1562. On le savait si bien à Lyon, il n'y a pas encore trois siècles, que, dans le *Lugdunum sacro-profanum* du P. Bullioud, le chapitre sur l'église et le prieuré de Saint-Irénée a pour titre ces mots : « Église de Saint-Jean-l'Evangéliste, plus tard Saint-Irénée (2). »

Je pardonnerais encore aux novateurs d'avoir ignoré le vocable du double édifice de saint Patient; ce que je ne puis comprendre c'est qu'ils n'aient pas connu la préexistence des Machabées, plus anciens d'un siècle et demi que la basilique de Saint-Jean-l'Evangéliste. « Il est un fait remarquable, lisons-nous dans M. Meynis, c'est qu'on ne trouve aucune trace positive de l'existence d'une église placée sous le vocable de Saint-Just, entièrement distincte de Saint-Irénée avant l'an 1106. Pour la première fois il en est question officiellement dans une bulle du pape Alexandre III, en date de 1170. » L'auteur de la *Montagne sainte* a mille fois rencontré dans ses lectures l'inscription célèbre : *Machabæis primo, deinde sancto Justo;* ce sanctuaire fut consacré aux Machabées d'abord, ensuite à saint

_____

(1) « In sancti Patientis recentiore cryptâ jacebat quidem Irenæus directe sub altari sancti Johannis in superiore basilica constituto, sed in æde inferiore, sive in crypta jacebat et in proprio altari, quod media testudine à sancti Johannis altari sejungebatur. » (Appendix ad XXVIII diem junii, n° 30, p. 269.)

(2) « Ecclesia S. Joannis Evangelistæ, posteà S. Irénæi. » T. II, indice IX, p. 59; et *Pièces diverses,* IX, p. 30.

Just. S'il ne joue pas sur les mots, il doit nous autoriser à lui répondre par des témoignages historiques où soit mentionné non le second vocable, mais le premier, employé beaucoup plus fréquemment par les hagiographes des temps antiques. Posée en termes exacts, la question est donc celle-ci : Existe-t-il dans les martyrologes du moyen-âge des traces d'un temple des Machabées antérieur à l'épiscopat de saint Patient, et ce temple est-il identique avec l'église de Saint-Just?

Adon rappelle au deuxième jour de septembre la déposition au tombeau des restes de saint Just, ramenés en 390 des déserts de la Thébaïde : « Son corps, dit-il, rapporté à Lyon par le zèle pieux des citoyens, avec les ossements de saint Viateur, son disciple, fut enseveli en grande pompe, le 2 septembre, dans la basilique des sept frères Machabées et des glorieux martyrs. » Ces *glorieux martyrs,* suivant l'explication de Bullioud, de Ménestrier, de M. Meynis lui-même dans ses *Grands Souvenirs de l'Eglise de Lyon,* ne sont autres que les vingt mille confesseurs de la colline, patrons titulaires de la cathédrale, conjointement avec les frères Machabées dont ils s'étaient montrés les imitateurs et les émules. D'autres hagiographes ont relaté l'ensevelissement des saints Just et Viateur dans l'église des Machabées, notamment Usuard de Saint-Germain-des-Prés, contemporain de saint Adon, et Pierre Exquilinus.

Un jeune prêtre nommé Antiochus, plein d'une tendre vénération pour saint Just, avait traversé la mer dans l'espoir d'obtenir du pasteur qu'il quittât l'Egypte pour revenir au milieu de son troupeau, et le saint pontife, tout en refusant d'abandonner les douceurs de la solitude, avait prédit à son visiteur que lui-même serait un jour évêque de Lyon, prophétie qui se vérifia vers l'an 420. Or, Adon, au xv° jour d'octobre, nous apprend encore que saint Antiochus eut son tombeau à côté de saint Just, dans la même basilique des Machabées. A saint Antioche succède en 425 saint Elpidius. Adon et Pierre Exquilinus disent de lui, en termes à peu près semblables : « Il reçut la sépulture dans l'église des sept frères Machabées, près du

monument où reposait le corps de saint Just, son prédécesseur (1). »

Ainsi, au ivᵉ siècle déjà, l'enceinte de la ville gallo-romaine
renfermait une église placée sous l'invocation des Machabées et
des martyrs égorgés avec saint Irénée. Cette église, qualifiée de
basilique par les plus anciens martyrologes, ne peut être confondue avec le lieu où l'évêque Zacharie déposa les corps des
chrétiens lyonnais massacrés l'an 208, par la raison que ce dernier sanctuaire n'était pour lors qu'une grotte creusée dans la
montagne, toute recouverte de broussailles, étroite, ténébreuse,
sans architecture, et que d'ailleurs on l'avait dès le principe
dédiée à saint Jean l'Evangéliste. L'histoire nous permet donc
de répondre affirmativement à cette première question : Existe-
t-il des traces d'un temple des Machabées antérieur à l'épiscopat
de saint Patient?

Mais nous sera-t-il possible de prouver en outre que l'église
où saint Antioche et saint Elpide furent ensevelis auprès du
pontife-anachorète, est précisément celle qui prit dans la suite
le nom de Saint-Just?

Oui, si nous en croyons nos historiens, car voici ce qu'ils ont
tous raconté. A peine déposé sous les voûtes des Machabées,
le corps du vénérable cénobite de la Thébaïde opéra de si fré-
quents miracles, qu'insensiblement la basilique où les fidèles
obtenaient tant de faveurs signalées reçut de la reconnaissance
populaire le nom d'église de Saint-Just, de même que, de
l'autre côte de la Saône, les Saints-Apôtres changèrent, peu
à peu et pour un semblable motif, leur dénomination première
en celle de Saint-Nizier. Sur la fin du moyen-âge l'ancien
vocable des Machabées n'était plus guère pour les chanoines
de Saint-Just que le titre indiscutable de leur noble origine :
Machabœis primo, deinde sancto Justo. Ce témoignage est
assurément d'un grand poids ; je me contenterai néanmoins de
le rappeler ici, pour m'attacher à un fait qui, dans l'espèce, me
paraît capital.

(1) Petrus Exquilinus, lib. VIII, catal., c. 27.

L'an 1288, Guillaume de Valence, archevêque de Vienne, assisté de huit théologiens dont quatre appartenaient à l'Ordre de Saint-Dominique et quatre à celui de Saint-François, procéda canoniquement à la reconnaissance des saints ensevelis dans les caveaux de la basilique de Saint-Just. Le catalogue ou *Syllabus* dressé par le prélat, et qui se conservait encore dans l'abbaye au xviiᵉ siècle, doit être regardé, dit le P. Théoph. Raynaud, comme « un document de la plus grande autorité et digne d'une confiance absolue (1). » Or, sur cette liste figurent plusieurs évêques de Lyon appartenant aux époques romaine, burgonde et franque : saint Albin ou Alpin, successeur immédiat de saint Just, 390 ; saint Antiochus, 420 ; saint Elpidius, 425 ; saint Patient, 460 ; saint Lupicin, 492 ; saint Etienne, 500 environ ; saint Arige, 608 ; saint Remy, 850. Guillaume de Valence reconnut aussi un martyr du nom de Constant ; puis, parmi les confesseurs, outre les saints Eusèbe et Antioche sur lesquels on ne sait rien de précis, saint Viateur dont il a été parlé plus haut et saint Pérégrin prêtre. D'après l'opinion la plus reçue, saint Pérégrin vécut vers la fin du second siècle, et chercha un refuge à l'Ile-Barbe au moment où sévissait la persécution de Septime Sévère selon les uns, de Marc-Aurèle suivant d'autres. « Le catalogue des reliques de Saint-Just, lisons-nous dans le P. Théoph. Raynaud, atteste que le corps de saint Pérégrin reposait en ce lieu de temps immémorial, et les théologiens trouvèrent clouée à son cercueil une inscription en langue grecque certifiant que là était renfermée la dépouille mortelle du saint (2). »

Quant aux restes de saint Just, je n'ai qu'à transcrire ce qu'en disent les Bollandistes : « Les Actes du saint attestent qu'il fut inhumé dans la basilique des sept frères Machabées, appelée depuis Collégiale de Saint-Just, et qui servit de sépulture à un grand nombre d'autres saints. L'an 1288 son sépulcre

(1) « Scriptum justissimæ auctoritatis ac fidei. » *Hagiol. lugdun.* de S. Arigio, p. 31.

(2) *Hagiol. lugd.*, p. 77.

fut ouvert et ses reliques juridiquement examinées, comme le rapporte un document de la même année cité par nous au tome V° de juin, p. 345, dans la Vie de saint Irénée. Le corps de saint Just demeura dans la même église jusqu'au jour où, en 1562, elle fut renversée de fond en comble et les reliques dispersées par la rage impie des calvinistes qui s'étaient emparés de Lyon (1). » Le procès-verbal de l'enquête ordonnée par le roi Charles IX, constate que les ossements du saint, placés derrière le maître-autel, étaient enfermés dans une châsse d'albâtre que soutenaient quatre colonnes de marbre d'un pied de diamètre sur dix de hauteur.

Ces divers témoignages sont irrécusables, je demande maintenant : Si le sanctuaire qu'Usuard, Adon et même saint Jérôme ont mentionné sous le nom des Machabées n'était pas Saint-Just, comment se fait-il qu'au XIIIᵉ siècle on trouve la collégiale en possession de tous les corps saints qui, suivant l'hypothèse des néo-archéologues, auraient dû avoir leur sépulture dans la basilique de Saint–Jean-l'Evangéliste ? Etrange pérégrination que celle de ces tombes épiscopales rencontrées dans une église toute récente, sans qu'il soit possible de savoir quand et d'où elles y sont venues, sans qu'une translation si extraordinaire ait laissé le moindre vestige dans l'histoire du pays !

Ai-je besoin de faire observer que toujours et dans toutes les contrées les évêques, sauf d'assez rares exceptions, furent enterrés dans leur cathédrale ? A Lyon même, le siége épiscopal n'est pas plus tôt transféré des Machabées aux Saints-Apôtres, vers la fin du règne de Gondebaud, que la série constituée par les saints Just, Alpin, Antioche, Elpide, Patient, Lupicin, Etienne, s'interrompt, et c'est dans la basilique des Apôtres qu'en 1308 on découvrira les restes de saint Rusticius, 494 ; de saint Viventiol, 508 ; de saint Sacerdos, 542 ; de saint Nizier, 551 ; de son successeur Priscus, 573. Il en sera de même pour Saint-Jean-Baptiste sitôt qu'il deviendra église métropolitaine. Vainement les néo-archéologues exhument-ils

_____

(1) Tome Iᵉʳ de septembre, p. 372 ; Commentarius prævius, 32.

de la poussière les parchemins de leurs archives départementales ; cette longue suite de pontifes des IV° et V° siècles que
nous rencontrons dans les caveaux de Saint-Just, est, quoi
qu'ils en puissent dire, un argument péremptoire, irréfutable :
encore est-il question dans le *Syllabus* de 1288 des seuls évêques
à qui les fidèles rendaient un culte public. La présence des
corps de saint Pérégrin et d'autres saints lyonnais inconnus,
sans nous offrir une preuve absolument démonstrative, ne
laisse pas d'être en parfait accord avec la destination que,
d'après nos vieux historiens, la crypte des Machabées reçut
du troisième évêque de Lugdunum, saint Zacharie. Les novateurs veulent qu'aussitôt après sa construction, la basilique de
Saint-Jean-l'Évangéliste, faussement nommée par eux basilique de Saint-Just, fut élevée au rang de cathédrale : mais,
alors, pourquoi cette église n'a-t-elle jamais servi de tombeau
à aucun évêque lyonnais ? Est-ce que du moins son fondateur,
après l'avoir édifiée si magnifiquement, ne devait pas y choisir
le lieu de son repos ? Patient ne devait-il pas attendre la résurrection auprès de son prédécesseur Irénée, au milieu de ce
peuple de martyrs couchés dans la crypte et sous le pavé de
l'édifice supérieur ?

Sous quelque jour qu'on envisage la conception de M. Guigue, on va se heurter à des conséquences que le bon sens
réprouve : en voici une, entre bien d'autres, qui fixera, je pense,
le jugement de mes lecteurs.

Lorsque l'empereur Constantin autorisa par tout l'empire la
profession du Christianisme, les fidèles qui remplissaient depuis
longtemps les villes et les armées, se hâtèrent de construire
des temples où l'on vit affluer bientôt d'innombrables prosélytes. Cette liberté de la prière et de l'adoration n'eût pas été
pour les disciples du Christ un bonheur indicible que, par
conscience et pour obéir au précepte de l'Evangile, ils auraient
pratiqué leur religion au grand jour, de même qu'ils s'étaient
fait un devoir de la confesser en face des proconsuls et des
bourreaux. Les chrétiens lyonnais du IV° siècle n'agirent pas
autrement, d'après toutes nos chroniques, puisque, des deux

sanctuaires qu'elles placent dans les murs du Lugdunum gallo-
romain, la crypte de Saint-Jean-l'Evangéliste et les Machabées,
celui-ci, auquel tous les martyrologes donnent le titre de basilique, était, sans nul doute, un temple ouvert où le Christianisme
déployait sans contrainte les pompes de son culte, où il prê-
chait ses dogmes à toute espèce d'auditeurs, amis ou ennemis.
Voilà ce qu'avait toujours dit l'histoire de notre Eglise : les
néo-archéologues ont changé tout cela. Mais si, comme ils
l'affirment, Saint-Irénée et Saint-Just ne firent jusqu'à la fin du
XIe siècle qu'un seul et même sanctuaire, les chrétiens de Lyon
s'étaient donc condamnés, jusqu'à la construction du double
édifice de saint Patient, à prier, à célébrer leurs fêtes religieuses
dans les ténèbres du souterrain de Saint-Jean, comme leurs
aïeux l'avaient fait par nécessité durant l'ère des persécutions.
Oui, alors même que la tyrannnie païenne n'était plus pour eux
qu'un souvenir, sous Constantin, sous Théodose, sous Honorius,
ils auraient continué, de gaîté de cœur, à s'emprisonner dans
un antre humide et malsain, sans air, sans clarté, et cela, pendant plus d'un siècle et demi, de l'an 313 à l'an 480 !

Nullement, me réplique-t-on. Ne sait-on pas qu'en 390 le
successeur de saint Just, saint Alpin, érigea au pied de la montagne de Fourvière l'église qui devait, sous le nom de Saint-
Etienne, devenir la troisième des cathédrales de notre ville?
Ménestrier l'a assuré dans son *Eloge historique de Lyon,* et
l'Hagiologe des saints lyonnais de Théoph. Raynaud s'accorde
en ce point avec Ménestrier. Suivant un auteur forézien du XVIe
siècle, Papire Masson, la pièce de vers de Sidoine Apollinaire,
Quisquis Pontificis, etc., eut pour objet de célébrer la restauration de Saint-Etienne, et non celle des Machabées, opinion
qui prouve du moins que les deux basiliques remontent l'une et
l'autre à une très haute antiquité. « Ce fut dans cette église, dit
M. Meynis, en parlant de Saint-Etienne, que le corps de saint
Just fut placé provisoirement lorsqu'on le rapporta d'Egypte (1). »
On pourrait citer, je le reconnais, vingt autres écrivains, mais
nulle affirmation ne prévaut contre la vérité.

---

(1) *Les Grands Souvenirs de l'Egl. de Lyon,* p. 87.

L'Occident tout entier n'eut pas de sanctuaire dédié à saint Etienne avant l'an 415 où, par révélation divine, le corps du premier des martyrs fut découvert avec ceux de trois autres victimes du cruel fanatisme des Juifs, Nicomède, Abibon et Gamaliel. Ménestrier, dans son histoire manuscrite de l'Eglise de Lyon, lorsqu'il arrive à saint Alpin, rétracte ce qu'il avait avancé trente années auparavant. « Quand, dit-il, je mis au jour en 1669 cet *Eloge historique,* je n'étais pas aussi instruit dans notre histoire que je le suis à présent, en 1702 (1). » « Il est certain, poursuit-il, que saint Etienne a été en grande vénération dans les Gaules, mais ce culte ne put commencer qu'après l'invention de ses reliques, qui ne furent apportées en Occident qu'en l'année 418, par un prêtre espagnol nommé Orose. »

En quittant la Palestine, Orose visita saint Augustin et lui laissa des reliques du Martyr de Jérusalem. Les miracles qu'elles opérèrent dans toute la région furent si éclatants que l'évêque d'Hippone voulut se faire lui-même, dans son beau livre de *La Cité de Dieu,* le panégyriste d'un saint que jusqu'à ce jour l'Eglise latine avait connu de nom seulement. Les deux premières églises dédiées dans Rome à saint Etienne le furent par saint Simplicius, qui siégea sur le trône pontifical de 468 à 483 ; et c'est vers le même temps que la Gaule, d'après ce que raconte Grégoire de Tours, vit plusieurs sanctuaires s'élever sous l'invocation de saint Etienne, à Marseille, à Autun, à Tours, à Choisy (2). Ménestrier termine cet aperçu historique par une réflexion qui ne laisse pas d'être ici d'un certain poids. Sidoine Apollinaire et saint Avite, évêque de Vienne, aimaient dans leurs épanchements épistolaires à décrire les fêtes célébrées

(1) *Hist. ecclés. de Lyon.* T. 2, p. 88.

(2) Metz est peut-être la première ville des Gaules qui ait élevé un temple en l'honneur de saint Etienne. En 451, lors de l'invasion d'Attila les Huns, raconte M. Dareste, mirent cette ville à feu et à sang, « et ne laissèrent debout que la chapelle de Saint-Etienne, dont la conservation, fut regardée par la tradition comme un fait miraculeux. » (*Hist. de France,* I. 165.)

avec tant de magnificence et de piété par les catholiques
lyonnais; or, jamais, dans leur volumineuse correspondance, le
nom d'une église consacrée à saint Étienne ne s'est rencontré
sous leur plume.

Mais, alors, par quelle inadvertance nos historiens ont-ils
attribué à saint Alpin la construction d'un temple, postérieur à
tout le moins d'une centaine d'années? Voici, toujours selon
Ménestrier, la source de l'erreur. Saint-Etienne, devenu église
métropolitaine après Saint-Nizier, eut son martyrologe particulier écrit, d'après la coutume des copistes du moyen-âge, avec
de fréquentes abréviations. Ce martyrologe marquait, au 15ᵉ
jour de septembre, la mort de saint Alpin, puis, la dédicace
commune de la cathédrale nouvelle et du baptistère de Saint-
Jean contigu à Saint-Etienne. Le texte portait: *Lugduni, depo-
sitio S. Alpini confessoris, episc. Dedic. eccles. S. Stephani et bap-
tister.* Il aurait fallu traduire: « A Lyon, la mort de saint Alpin
confesseur, évêque. La dédicace de l'église de Saint-Etienne et
de son baptistère. » Mais, au lieu de *dedicatio*, on lut *dedicavit;*
sur quoi, dans le catalogue de nos évêques, on imagina de faire
honneur à saint Alpin de la construction de ce monument.
L'Histoire littéraire de Lyon, par le P. de Colonia, renferme
sur l'église de Saint-Etienne un chapitre où l'on retrouve la
même explication, et tout le fond des idées que j'ai empruntées
à son illustre confrère.

On voit par là que le temple auquel la plupart de nos auteurs
ont mêlé si mal à propos le nom du successeur de saint Just, ne
fut bâti qu'après l'établissement du royaume de Bourgogne, soit
sous la dynastie burgonde par saint Patient, comme le décide un
peu à la légère le P. de Colonia; soit plutôt sous les princes
mérovingiens. Leur palais, ainsi le pense Ménestrier, occupait sur la rive droite de la Saône les terrains que traverse la
rue Saint-Jean : aussi la population abandonnait-elle de plus en
plus les hauteurs de Fourvière pour se rapprocher du quartier où
tendaient à se concentrer les affaires et les intérêts de la cité. Le
viᵉ siècle ajouta Saint-Paul et Sainte-Eulalie, aujourd'hui
Saint-Georges, aux deux églises de Saint-Romain et de Saint-

Pierre-le-Vieux. En 608, sous la régence de Brunehaut, saint Arige élève Sainte-Croix dans le voisinage de l'habitation royale. Enfin, la basilique de Saint-Etienne apparait en 653 : l'archevêque saint Ennemond lui donne le titre de « siége primatial des Gaules » dans la lettre où il notifie aux fidèles de son diocèse sa nomination à l'épiscopat (1). Tout fait présumer que cette troisième cathédrale dont les âges précédents n'ont point parlé, était nouvellement construite, ainsi que Saint-Jean, devenu, en raison même du changement de l'église métropolitaine, le baptistère commun des Lyonnais.

Bon gré mal gré, les novateurs sont donc ramenés en face de l'objection à laquelle ils avaient espéré se soustraire. Jusqu'à l'an 480, leur dirons-nous de nouveau, il n'y eut certainement sur la colline que deux sanctuaires, la grotte de Saint-Irénée et Saint-Just. En retranchant le dernier, en identifiant les deux églises, quelle situation faites-vous à la masse des fidèles de la ville gallo-romaine pendant tout le IVe siècle et une partie du ve? Forcément, vous devez admettre qu'après la conversion de Constantin et lorsque la liberté religieuse régnait dans le monde entier, les chrétiens lyonnais, de leur plein gré, préférèrent pour la célébration de leur culte une caverne où ils restèrent confinés jusqu'à la chute de l'empire d'Occident ! L'absurdité seule d'une telle supposition nous autoriserait à repousser le système patronné par M. Meynis, alors même que l'histoire, les martyrologes et les nombreuses tombes de saints, de martyrs, d'évêques, trouvées dans les caveaux des Machabées, ne fourniraient pas la preuve irréfutable que, dès le IVe siècle pour le moins, Saint-Just était, comme le racontent nos annales ecclésiastiques, la cathédrale des chrétiens de Lugdunum.

La cause de Saint-Just est instruite, il nous reste à produire, à peser les raisons de nos adversaires : sur quels documents ont-ils essayé d'asseoir leur bizarre paradoxe ? Les deux pièces communiquées par M. Guigue et citées par M. Meynis dans sa *Montagne sainte,* concernent les religieux que nos arche-

(1) Monfalcon, *Lugdunensis Eccles. monumenta*, p. 252.

vêques avaient chargés de desservir l'une et l'autre basilique ;
dès lors il devient indispensable de connaître l'origine de cette
communauté, son organisation et les changements divers
qu'elle eut à subir dans le cours de son existence. Ecoutons le
peu qu'ont pu nous en apprendre les historiens.

Les Bollandistes tracent en quelques lignes l'historique des
deux églises. « La basilique de Saint-Irénée, disent-ils, fut
construite par saint Patient. Plus ancienne, celle de Saint-
Just porta, en premier lieu, le nom des Machabées : non seulement saint Patient, mais ses prédécesseurs, les saints Just,
Alpin, Antiochus, Elpide, y furent ensevelis. Saint-Irénée et
Saint-Just étaient, dans le principe, desservis par une seule
famille religieuse que divisa pour la première fois Hugues,
d'abord évêque de Die et légat du Saint Siége, puis archevêque
de Lyon, prélat digne d'être compté parmi les plus grandes
illustrations de son siècle. En vertu des pouvoirs apostoliques
dont il était revêtu, Saint-Just sécularisé fut érigé en église
collégiale, et Saint-Irénée soumis à la discipline religieuse sous
la règle des chanoines de Saint-Augustin (1). » Cette esquisse,
toute rapide qu'elle est, distingue dans la longue période où
subsistèrent les religieux gardiens de Saint-Just et de Saint-
Irénée deux époques, celle de l'union et celle de la séparation.
C'est là aussi le point saillant qu'ont signalé nos auteurs lyonnais.

D'après eux, en 868 saint Remy, archevêque de Lyon, établit
comme desservants, tant des Machabées que de Saint-Jean-
l'Evangéliste, des réguliers appartenant au même Ordre et qui
ne formaient, à vrai dire, qu'une communauté ; aussi les biens
des deux basiliques restèrent-ils indivis. Bullioud note avec
soin cette particularité : « De l'exposé que nous venons de
faire il suit évidemment, dit-il, que depuis l'institution des
monastères de Saint-Irénée et de Saint-Just par nos évêques,
l'une et l'autre église n'eurent que des possessions commu-

---

(1) Bolland. *Acta Sanctorum.* T. V junii, p. 342.

nes (1). » Deux siècles après, en 1089, l'archevêque Hugues, afin, on peut le croire, de remédier à des inconvénients nés du contact des intérêts, modifia l'œuvre de saint Remy; d'un corps unique, il fit deux communautés distinctes et complètement séparées de biens. ,

Ces notions suffisent ; elles nous permettront de discerner le vrai sens des parchemins de M. C. Guigue. Il faut, en vérité, les avoir parcourus avec des préventions bien étranges pour y découvrir de quoi réduire au silence tous les écrivains du moyen-âge, de quoi réformer l'histoire des vieilles basiliques de Lugdunum !

Je laisse la parole à M. Meynis. « On lit dans la charte d'institution de la nouvelle congrégation religieuse que saint Remy, évêque de Lyon, préposa en 868 à la garde des reliques de nos saints martyrs, cette phrase significative : « C'est pourquoi nous instituons auprès des bienheureux Irénée et ses compagnons, et des saints évêques et confesseurs du Christ, une congrégation de serviteurs de Dieu, pour qu'ils y desservent continuellement avec une pieuse vénération ces lieux sacrés, et y demeurent assidus au culte du Dieu tout-puissant (2). »

Assurément, le style des chartes de l'ère carlovingienne a moins de clarté, moins de précision que les actes officiels du XIXᵉ siècle ; néanmoins, à qui se rappelle que « Saint-Just et Saint-Irénée furent, au commencement, desservis par une seule famille religieuse, » comme nous l'avons lu dans les Bollandistes, la phrase de saint Remy ne présente aucune difficulté. Elle signifie : « Nous instituons à *Saint-Jean-l'Evangéliste*, auprès des bienheureux Irénée et ses compagnons ; *aux Machabées*, auprès des saints évêques et confesseurs du Christ, une congrégation *unique* de serviteurs de Dieu, afin qu'ils desservent... ces lieux sacrés. » Si la même église avait pos-

---

(1) « Ex dictis superiore paragrapho licet evidenter videre, ab institutione monasteriorum SS. Irenæi et Justi per episcopos lugdunenses, utriusque ecclesiæ bona fuisse communia. » (*Lugd. sacro-prof.* T. 2, Index IX, p. 83.)

(2) *La Montagne sainte*, p. 38

sédé les corps « des saints évêques et confesseurs » en même temps que ceux « des bienheureux Irénée et ses compagnons, » pourquoi faire deux parts dans cette masse de reliques ? Saint Remy sépare les évêques et les confesseurs d'avec les martyrs, précisément parce qu'il veut distinguer deux sanctuaires, et c'est encore pour cela qu'il éveille une idée de pluralité par la recommandation qu'il fait aux moines de desservir pieusement « ces lieux sacrés, » à savoir chacune des deux basiliques.

Mais, prétend M. Meynis, de la contexture du décret archiépiscopal « *on pourrait induire* que les saints évêques et confesseurs du Christ reposaient dans la même basilique que saint Irénée et ses compagnons. » — On le pourrait, si les anciens martyrologes ne nous apprenaient pas que les chrétiens de Lyon avaient dès le IVe siècle les Machabées pour cathédrale ; on le pourrait, s'il n'était pas certain que « les évêques et confesseurs du Christ » dont il est ici question, furent ensevelis dans les caveaux de cette même cathédrale ; on le pourrait, si les Bollandistes, Bullioud, Théoph. Raynaud n'avaient pas donné sur l'institution de saint Remy des renseignements sûrs puisés dans les documents précieux que les chanoines de Saint-Just sauvèrent du désastre de 1562. L'histoire est faite, elle a parlé, et le texte des archives départementales doit être expliqué d'après l'histoire, non l'histoire elle-même imaginée, fabriquée à plaisir, d'après un texte dont l'interprétation n'a d'autre loi que le caprice des systèmes. Que MM. Guigue et Meynis renversent d'abord notre thèse historique sur les Machabées, nous consentirons ensuite à discuter avec eux le sens de leur première charte !

De ce côté nos adversaires sont bien faibles ; ils ne le sont pas moins, ajouterai-je, dans la pièce même qui leur a paru sans doute une machine de guerre formidable, et qui se trouve n'être, en réalité, qu'un vieil engin des plus inoffensifs. Une simple remarque fera comprendre ma pensée. Supposons qu'il n'existât sur l'antique organisation du service divin dans les deux églises de la colline qu'un seul document, la charte de saint Remy. Mon interprétation étant, pour ne rien dire de

plus, aussi plausible que celle de M. Meynis, jamais de ces lignes
susceptibles, si l'on veut, de deux sens divers il ne serait possible de tirer, ni pour ni contre, un argument décisif ; jamais
on n'en ferait sortir le dernier mot de la question. Dans des
conditions pareilles, deux combattants resteraient aux prises dix
ans de suite, sans se faire une égratignure. Et, pourtant, on
connaît les incroyables prétentions des réformateurs de nos
annales religieuses. Même avec ces parchemins insignifiants
et dépourvus de toute force probative, ne se flattent-ils pas
hautement d'avoir convaincu d'ignorance nos meilleurs historiens ? Tant il est vrai que la suite logique des idées, que la
justesse du coup d'œil et du raisonnement sont les qualités
qui manquent surtout à l'école de M. Martin-Daussigny !

Maintenant, au tour de la seconde charte. « Voici, dit
M. Meynis, qu'il se trouve dans nos archives départementales
une pièce fort curieuse, c'est le texte même du serment que nos
archevêques prêtaient, du xi° siècle jusqu'au milieu du xv°, en
présence des chanoines de Saint-Irénée et de Saint-Just ; on
y lit ces remarquables déclarations : « Je ne distrairai rien du
trésor ni des ornements de votre église... je respecterai invio-
lablement les privilèges apostoliques qui concernent les demeures de votre chapitre, et ceux qui leur ont été concédés par les
rois et par les évêques de la ville... Je ne ferai rien contre
aucun d'entre vous, à moins que le chapitre de votre couvent
n'y ait consenti... » Ainsi : votre église, votre chapitre, votre
couvent ; il n'y avait donc au xi° siècle qu'un couvent, un chapitre et une église (1). »

Comment ne pas être frappé du vice de cette singulière argumentation ? L'auteur de la *Montagne sainte* constate que,
durant une période de 350 années, les archevêques de Lyon se
servirent toujours de la formule suivante : « Votre église, votre
chapitre, votre couvent, » bien qu'il existât deux églises, deux
chapitres, deux couvents. Or, ce qui était possible après le
xi° siècle l'était sans doute aussi dans les deux siècles anté-

(1) *La Montagne sainte*, p. 39.

rieurs ; et, par conséquent, de saint Remy en 868 à Hugues
en 1089, alors que la famille religieuse desservant les Machabées et Saint-Jean-l'Evangéliste était partagée en deux branches, les archevêques purent employer la formule usitée plus
tard : « Votre église, votre chapitre, votre couvent. » Voilà ce
qu'indiquait la logique ; mais le système inventé aux archives
départementales réclamait une autre conclusion, et M. Meynis
écrit : « Il n'y avait *donc* au XIe siècle *qu'un* couvent, *un* Chapitre et *une* église ! »

Si nous allons au fond des choses, le serment de nos archevêques est la confirmation formelle de l'histoire que les annalistes religieux nous avaient laissée de l'institution de saint
Remy. D'après eux, de 868 à 1089, un seul Ordre monastique,
la même discipline, la possession en commun des biens de l'un
et l'autre monastère, un supérieur général à qui tous obéissaient
également ; quoi de plus naturel que de dire aux membres des
deux communautés : Votre couvent, votre église, votre chapitre ? Le sous-entendu de ce langage était compris et accepté
de tous. Après la scission de 1089, l'interprétation dut s'élargir encore, et rien cependant ne fut changé à la cérémonie de
la prestation du serment. Peut-être, au moment de la séparation, les deux maisons étaient convenues de maintenir cette
réunion fraternelle en souvenir de leur commune origine, et
d'autre part les archevêques jugèrent inutile de rien innover.
Quel inconvénient pouvait donc avoir l'unité fictive que sup-
posait la vieille formule ? L'autorité diocésaine avait déclaré
s'engager par ses promesses envers chacune des deux communautés, et l'on pouvait, apparemment, se fier en ce point à
l'honneur, à la conscience des intéressés. En fin de compte,
ces difficultés énormes que la *Montagne sainte* faisait pressen-
tir se sont évanouies sitôt que nous les avons regardées en face.
De cette charte fameuse de saint Remy qui a pu, mystère
incompréhensible pour nous, modifier si profondément les
convictions historiques de M. Meynis, qu'avons-nous vu sortir ? Un argument des plus enfantins, un trait impuissant, qui
n'a pas même de pointe pour déchirer, *telum imbelle, sine ictu*.

Et, maintenant, que disent mes lecteurs des progrès accomplis dans l'étude de l'histoire par les érudits des archives départementales, et de la prodigieuse supériorité qu'on leur attribué
sur les auteurs ecclésiastiques du vieux Lyon ? Tous ces magnifiques éloges semblent-ils bien justifiés ? Il est temps de parler
sans réticence. Nos adversaires ont usé jusqu'ici avec un rare
bonheur d'un procédé qui serait singulièrement audacieux si,
comme je le pense, une illusion complète ne mettait leur bonne
foi à couvert. Le tour est des plus simples. On exhume du
4ᵉ étage de l'Hôtel de Ville une ancienne charte relative à quelque événement d'assez peu d'importance, pour l'ordinaire :
l'humble charte n'en acquerra pas moins, sous la plume des
adeptes, une portée immense. L'annonce en est faite à grand
bruit. « Plusieurs de nos écrivains, assure-t-on, pour s'être
fiés aux chroniques du moyen-âge, se trouvent condamnés par
la science moderne. Un document inédit qu'on vient de découvrir aux Archives présente les faits sous un jour tout nouveau.
Les savants seront fixés désormais, et cette partie de l'histoire
heureusement rectifiée ! »

Par malheur, autant l'affiche est pompeuse, autant le fond
est vide, témoin le décret de saint Remy, le serment prêté par
nos archevêques devant les chanoines de Saint-Just, et la charte
de 1284 d'où M. Raverat a fait jaillir son *Podium athanacense*.
On se rappelle aussi la discussion que nous avons dû soutenir
contre cet autre novateur qui tentait il y a six mois environ de
rayer le Jour des Miracles des annales de notre Eglise. Dans un
Acte capitulaire de 1459 il était rapporté qu'antérieurement, on
avait transféré la fête de saint Pothin du 2 juin au mardi avant
la Nativité de saint Jean-Baptiste. Pas un mot de plus, nulle
date qui fût indiquée. M. Steyert, donnant de cette pièce une
interprétation toute de fantaisie, en a tiré ces trois conclusions
dont aucune n'a le moindre rapport avec l'ordonnance des
chanoines de Saint-Jean : « La solennité des Merveilles ne fut
pas instituée en l'honneur des Quarante-huit martyrs ; le jour
de sa célébration n'était pas le 2 juin ; de graves erreurs ont
altéré l'histoire des débuts du Christianisme à Lyon. » Pareil abus

a été fait de la formule autrefois en usage : *Insula quæ vocatur Athanacus*. Jusqu'à présent cette manœuvre s'est renouvelée toujours avec un égal succès, car le public qui n'a guère le loisir de peser le pour et le contre, croit nos archéologues sur parole, fermement persuadé que Lyon possède, dans les disciples de M. Martin-Daussigny, des critiques de premier ordre et les réformateurs infaillibles des naïfs récits du bon vieux temps.

Nos lecteurs, du moins, emporteront, des études consciencieuses multipliées dans cet ouvrage, de bien autres convictions. Non seulement la prééminence intellectuelle dont se targuent les novateurs est usurpée, non seulement elle est toute chimérique, mais, en réalité, ils n'ont su que répandre dans les esprits le doute et les ténèbres, depuis qu'il leur a plu de s'emparer de la question de nos martyrs comme d'un domaine qui leur appartenait. Avec leurs éternelles recherches d'un autel d'Auguste toujours introuvable ; avec leurs quatre confluents dont le lit n'est autre que le sol romain habité, couvert de monuments ; avec leurs marécages où les mosaïques se rencontrent à chaque pas, leur « île d'Ainay » qui ne fut jamais qu'une presqu'île, et leurs chartes travesties presque jusqu'à la falsification, qu'ont-ils appris au public de sérieux ? A quoi ont-ils abouti, si ce n'est à remplacer nos traditions si claires par l'incertitude des systèmes les plus incohérents ? Tel a été l'unique résultat de leur tumultueuse invasion sur le terrain des origines de notre Eglise.

Et cependant, les néo-archéologues ne nous permettent même plus de rappeler de loin à loin les souvenirs que dix-sept siècles nous ont légués : immédiatement surgit une contradiction indignée, hautaine, qui nous intime l'ordre de renoncer au plus vite à des vieilleries déshonorantes pour le sanctuaire ! D'où vient cette hostilité que le temps ne calme pas ? Dans quel but cette ligue de savants conjurés contre la seule opinion à laquelle, entre tant d'autres hypothèses plus que hasardées, on soit forcé de reconnaître des titres solides, respectables ? Est-ce que le petit cénacle des antitraditionnalistes tiendrait à nous convaincre de plus en plus qu'il est parfaitement inutile dans Lyon, qu'il n'a pas même de raison d'être ?

Non, il n'a pas de raison d'être ! Des lieux divers où les néo-archéologues ont essayé de transporter l'autel d'Auguste et l'amphithéâtre de nos martyrs, le Jardin des Plantes, Saint-Pierre, Saint–Jean, aucun n'a, ainsi qu'Ainay, une notoriété historique, un passé où l'on retrouve les traces du culte rendu par le moyen-âge aux fils de saint Pothin, conditions, nous l'avons dit, essentielles, indispensables, pour que toute prétention de cette nature soit reconnue légitime ; il en serait de même pour tous les autres quartiers de la cité. Or, puisque l'école de M. Martin-Daussigny n'a plus qu'un but, contredire nos traditions, chercher à l'abbaye d'Ainay un rival qui lui enlève sa couronne, en quoi cette école pourrait-elle servir la science ? A chaque tentative nouvelle, un nouvel échec lui est infailliblement réservé. Comme on l'a vue jusqu'ici, toujours on la verra tâtonner misérablement dans l'ombre et trébucher d'erreur en erreur. A moins donc qu'elle ne se transforme, à moins qu'elle ne change de direction et de pensée, condamnée par avance à des efforts stériles, à des humiliations qu'il lui faudra dévorer tôt ou tard, quand le jour de la vérité aura lui, son existence est inutile ; mieux vaudrait qu'elle ne fût pas.

Et plût à Dieu que le laïcisme des Archives départementales fût seulement inutile ! Décrier sans cesse les temps héroïques de notre Eglise, s'acharner contre les plus beaux souvenirs de son premier âge, affirmer d'un ton dogmatique et tranchant que « des erreurs graves ont altéré l'histoire des débuts du Christianisme à Lyon, » les novateurs ont-ils bien réfléchi au danger de ces déclamations imprudentes ? S'il en est parmi eux qui se soient faits les ennemis de nos traditions parce qu'ils repoussent le surnaturel, parce qu'ils se moquent des saints et de leurs miracles, des martyrs et de leurs reliques, à ceux-là je n'ai rien à dire : ce qu'ils ont prémédité ils l'exécutent avec la conscience de leurs actes. Mais peut-être aussi avons-nous affaire à d'estimables érudits qu'une assertion irréfléchie aurait poussés peu à peu dans une théorie erronée, d'où jusqu'ici l'amour propre leur a interdit de sortir ; ou bien encore à des archéologues improvisés, heureux d'avoir découvert dans l'autel d'Auguste, dans le martyre de saint Pothin, une matière toujours prête pour une brochure, pour un article de journal ; sans parler, ce qui ne déplaît jamais, des faciles triomphes qu'on est sûr d'obtenir en l'absence de tout contradicteur. Dans le cas probable où le camp opposé compterait des soldats recrutés de la sorte, un peu fortuitement, c'est à eux que j'adresse une réflexion qui pourra sembler dure, mais dont la justesse ne saurait être contestée.

Dans l'état où le vandalisme des Huguenots du XVIe siècle a laissé l'histoire de notre pays, les traditions athanaciennes, incomplètes sans doute, sont encore un des rares monuments de nos antiquités religieuses où nous puissions voir revivre la foi si énergique, les vertus si pures de cette bonne population lyonnaise des âges anciens. Les novateurs, en tout ce qui touche à la question des Martyrs, se sont montrés incapables de rien édifier que de fragile et de ruineux ; toutefois nous ne leur contestons pas une force réelle pour ébranler dans les esprits la vérité historique, pour extirper des cœurs l'utile souvenir de la piété de nos aïeux. Eh bien, quand, au milieu de la décadence universelle des mœurs, de tous les nobles sentiments, ils s'obstinent à déployer cette force funeste contre les traditions d'Ainay, alors, sciemment ou inconsciemment, peu importe, ils coopèrent à la grande œuvre de la Révolution, ils démolissent, ils détruisent. Nos adversaires ont beau se récrier ; qu'ils en conviennent ou non, leur rôle se réduit à imiter, sur le terrain de la science et de la foi, la stupide manie de ces autres démolisseurs que nous voyons désorganiser de fond en comble notre vieille et puissante société française, l'armée, les finances, la justice, la religion, sans s'inquiéter un instant de ce qu'ils pourront mettre à la place. Est-ce de la sorte que les néo-archéologues ont résolu d'épurer les annales de notre Eglise ? Est-ce là le genre de gloire qu'ils ambitionneraient ?

Quoi qu'il en soit des plans secrets de ce laïcisme qui s'efforce d'expulser de notre histoire le surnaturel, comme il a chassé Dieu de nos écoles et de nos hôpitaux, les saints Martyrs protecteurs de nos pères ne souffriront pas qu'une œuvre si néfaste s'accomplisse dans la catholique cité de Lyon ; et, d'ailleurs, en raison même de leur nature, le sophisme, le faux n'ont qu'une puissance limitée. Aussi, malgré la torpeur d'un trop grand nombre d'âmes, malgré ce mortel fléau de l'indifférence qui glace et paralyse l'action du bien, espérons-nous, même de la généralité de nos concitoyens, un retour, lent peut-être, mais progressif, aux croyances traditionnelles du passé. On verra s'apaiser insensiblement le bruit factice qui s'est fait autour du nom de M. Martin-Daussigny, autour des systèmes entés sur les idées du maître, et, cependant, des preuves accumulées par les défenseurs d'Ainay, la vérité finira par se dégager pure et sans nuage. Les motifs de notre confiance ne reposent pas sur les résultats plus ou moins probables d'un travail dont nous sommes loin de nous exagérer le mérite ; ils ont pour fondement ces paroles du grand Apôtre : « L'homme ne peut rien contre la vérité, il peut beaucoup lorsqu'il combat pour elle ; *non possumus aliquid adversus veritatem, sed pro veritate* (1). »

(1) Ad Corinth. secunda, xiii, 8.

TABLE DES MATIÈRES

APPENDICE COMPLÉMENTAIRE

QUESTIONS ARCHÉOLOGIQUES

784. — Imprimerie Générale de Lyon, rue Condé, 30. — E. Paris, Philipona et Cie.

ERRATA

—

Page 41. — *Sommaire*, ligne 11, *lisez :* Témoignages historiques des premiers siècles chrétiens.

Page 291. — *Sommaire, lisez :* Conséquences à tirer de notre ouvrage.

Page 6. — *Note 2.* Les premiers mots renferment une légère incertitude. Bien avant Artaud, la Mure avait maladroitement dérivé *Athanacum* du grec *Athanatos;* c'est lu que j'aurais dû nommer ici. Mais, au moment où j'écrivais, le manuscrit de la Mure que j'avais dépouillé à la hâte, reposait au fond des armoires de la bibliothèque publique ; et, quand j'ai eu sous les yeux la *Chronique de l'abbaye d'Ainay*, publiée par M. G. Guigue, il était trop tard; l'imprimeur avait mis sous presse mon premier chapitre.

Page 132. — Les dernières lignes de la note exigent aussi une rectification. Le manuscrit de Bullioud a disparu de la grande bibliothèque pendant plusieurs années ; c'est dans cet intervalle que j'ai rédigé mes observations sur le *Lugdunum sacro-profanum*. En réalité, au commencement du premier volume, on trouve, imprimée en petit format et comme perdue derrière de nombreuses pièces de vers latins, non une Table analytique des matières — elle n'a jamais été faite, — mais un résumé de chacun des *Indices*, résumé tellement succinct qu'il n'est, pour ainsi dire, d'aucun secours, attendu qu'on pourrait mettre le plus habile au défi de deviner les développements qui se cachent sous le titre énoncé. Le fond même de ma critique, de ma plainte, est donc parfaitement établi. Quant à la perte des papiers du P. Bullioud, elle est plus regrettable encore que je ne le pensais. Montpellier possède une copie du *Lugdunum sacro-profanum* beaucoup plus lisible que le manuscrit lyonnais ; il possède une œuvre corrigée, enrichie par l'auteur d'additions importantes pour l'histoire de notre ville. On nous a laissé un brouillon informe ; le bon, le vrai *Lugdunum sacro-profanum* nous a été illégalement enlevé par un caprice administratif, contre lequel nos autorités locales ont jugé inutile de réclamer.

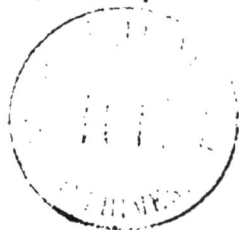

———

www.ingramcontent.com/pod-product-compliance
Lightning Source LLC
Chambersburg PA
CBHW050553270326
41926CB00012B/2030